KB040763

정당론 : 政黨論

강원택 지음

박영사

책을 내면서

　근대 민주주의를 만든 것은 정당이고 정당을 제외하고는 민주주의를 생각할 수 없다는 것이 서구에서 정당을 바라보는 관점이지만, 우리나라에서 정당은 오랫동안 그다지 좋은 평가를 받지 못했다. 근대 민주주의의 산물인 정당을 조선 시대의 붕당(朋黨)이나 사색당파(四色黨派)와 동일시하거나, 국가적 '총화(總和)'를 해치는 분열적 도당(徒黨)으로 비판받았다. 현실 정치에서 나타나는 정당 정치의 모습도 긍정적이지 않았다. 권위주의 시대에는 권력자가 통치 도구로 정당을 만들어냈고, 민주화 이후에는 김영삼, 김대중 같은 정치리더를 대통령으로 만들기 위한 선거 머신으로 정당이 활용되었다. 시민사회와 국가를 이어주는 연계 고리의 역할을 하는 것이 정당이지만, 그동안 우리 사회에서 바라보는 정당의 위치는 언제나 국가 쪽으로 편향되어 있었다. 이런 왜곡된 인식은 1962년 제정된 정당법으로부터도 영향을 받았다. 정당은 시민들이 자율적으로 결성할 수 있는 정치 결사체라기보다 국가 영역의 한 기구이거나 법적 규제 대상이라는 시각을 갖게 되었다.

　그러나 해방과 함께 본격적인 정당 정치가 시작되었다는 사실을 생각하면 우리 정치에서 정당의 역사는 결코 짧다고 할 수 없다. 더욱이 정당을 바라보는 부정적 인식에도 불구하고 우리 정치사에서 정당은 나름대로 중요한 역할을 수행해 왔다. 예를 들면, 민주화 과정에서 '대통령 직선제' 어젠더를 설정하고 이에 대한 정치적 협약을 이끌어 낸 것도, 또 뒤이은 개헌 과정을 통해 오늘날의 정치 질서를 만들어 낸 것도 당시의 여야 정당이었다.

　최근 정치학계에서 정치과정에 대한 연구가 활발해진 것은 반가운 일이다. 그것은 한국 민주주의의 진전과 함께 나타나는 자연스러운 현상이기도 하다. 그러나 정당 정치 그 자체를 대상으로 삼는 연구는 생각보다 많지 않다. 거기에는 여러 가지 이유가 있을 것이다. 새로운 정당의 출현이나 정당 조직에 대한 다양한 시도를 어렵게 하는 법적, 제도적 규제가 학문적 흥미를 이끌어 낼 만한 정당 정치의 역동성과 다양성을 제약하고 있다는 것이 가장 근본적 원인이라고 생각한다. 주기적으로 계량적 데이터가 만들어지는 선거 연구에 비해 본질적으로 폐쇄적이고 유동적인 정당 정치에 대한 자료 접근이 쉽지 않다는 점도 정당 연구를 어렵게 한 또 다른 이유이다. 여기에 더해 우리 정치학계에 미치는 미국의 영향도 한몫을 했다. 미국에서는 민주당, 공화당이라는 두 정당이 '제도적 상수'로 존재하기 때문에 새로운 정당의 출현이나 그로 인한 정당 체계의 변화와 같은 역동성을 찾기 어렵다. 연방제로 인해 분권화된 정당 구조를 가지며 유럽과 달리 사회주의 정당이 등장하지 않았다는 점도 미국 정치학에서 정당과 관련된 비교정치학적 연구가 상대적으로 덜 활발했던 이유일 것이다. 그 대신 고정된 두 정당 사이에서 변화하는 유권자의 선택과 관련된 미시적 연구와 방법론이 미국에서 발전되어 왔다. 이러한 미국 정치학의 연구 경향이 우리 학계에도 영향을 미쳐왔다.

이런 문제의식에서 이 책에서는 정당 정치가 갖는 다양한 속성과 역동성을 소개하고자 했다. 정당의 기원, 정당 계보에 대한 논의부터, 파벌, 야당, 정당의 미래 등 그동안 상대적으로 많은 논의가 이뤄지지 못했던 여러 주제를 이 책에서 다뤘다. 그러나 이 책에서의 관심은 결국 한국의 정당 정치이기 때문에 각 주제에 대한 서구에서의 경험과 논의와 연관하여 한국의 사례를 설명해 보고자 했다. 한국 정치에 대한 올바른 분석을 위해서는 비교정치학적 관점에서 우리의 경험을 살펴봐야 한다는 것이 나의 오래된 학문적 입장이다. 이 책은 여러 해 동안 학부의 정당론 수업, 그리고 대학원에서의 비교정당론 세미나에서의 논의에 기초해 있다. 신선하고 창의적인 질문과 토론으로 좋은 자극을 준 학생들에게 고맙다는 말을 전한다. 정당론을 강의할 때 도움이 되는 걸 염두에 두고 쓰기는 했지만, 사실 이 책은 정당 정치의 각 주제에 대한 일종의 연구 노트와 같다고 할 수 있다. 정당 정치에 관심이 있는 일반 독자들도 흥미롭게 읽을 수 있도록 써 보려고 노력했다. 정당의 역할에 대한 시민의 올바른 인식이 한국 민주주의의 진전에 매우 중요하다고 믿기 때문이다.

이 책을 쓰면서 대학 시절 정당론 수업을 들었을 때의 기억이 났다. 당시 사르토리(Sartori 1976)의 그 유명한 책이 교재였는데, 어려운 영어에 쩔쩔매면서도 정당이 그토록 정치(精緻)한 학문적 연구의 대상이 될 수 있다는 데 깊은 인상을 받았다. 당시 한국은 전두환 정권이 '제조(製造)한' 하나의 여당과 두 개의 야당이 존재하던 시절이었다. 많은 일깨움을 주신 이정복 교수님께 감사드린다. 또한 내가 연구자로 첫발을 뗄 때부터 정당 연구자로서 모범을 보여주시고 많은 가르침을 주신 심지연 교수님께 감사드린다. 정당 연구에 대한 다양한 관점을 제시하고 또 빼어난 학문적 성취로 지적 자극을 주신 김용호, 김수진, 마인섭, 정진민 교수님께도 감사드린다. 정당연구회 시절부터 정당 연구에 애정을 갖고 활발한 연구 활동을 하면서 귀중한 조언을 아끼지 않았던 장훈, 이현출, 곽진영 교수께도 이 기회를 빌려 감사의 말을 전하고 싶다.

겸양의 표현이 아니라, 이 책을 쓰면서 정말로 나의 부족함을 절감했다. 특히 최근 서구 민주주의에서 나타나는 극우 정당, 포퓰리즘 정당의 부상, 신생 민주주의 국가에서 정당 정치의 변화, 그리고 세계 곳곳에서 나타나는 민주주의 위기 조짐 등 새로운 현상의 원인을 분석하고 그 원인을 규명하려는 수많은 연구가 하루가 멀다 하고 쏟아져 나오지만 그 연구 성과를 충분히 이 책 속에 반영하기 어려웠다. 또한 노력은 했지만 우리 정당 정치를 비교정치학의 틀 속에서 설명해 내는 일도 만족스럽지 못했다. 부족함을 알지만 일단 한걸음 발을 떼는 게 더 중요하다고 생각되어 부끄러움을 무릅쓰고 이대로 책을 내기로 했다. 향후 부족한 점은 보완해 나가도록 하겠다.

이번에도 박영사의 신세를 지게 됐다. 원래 약속했던 때보다 원고의 마무리가 많이 늦어졌다. 오랫동안 기다리게 해서 미안했고, 묵묵히 기다려 준 데에 대해 고맙게 생각한다. 항상 밝은 모습으로 격려해 주는 이영조 팀장과 깔끔하게 책을 만들어 준 양수정 님께 감사드린다.

평소에 정치적 불신을 일으키는 한국 정치의 문제점이 대부분 정당 정치에서 기인한다고 생각해 왔다. 실제로 최근 우리가 겪고 있는 정파적 양극화나 극단적 대립의 정치 역시 폐쇄적인 양당제적 구도와 무관하지 않으며, 그만큼 보다 개방적이고 경쟁적 정당 정치가 중요하다는 사실을 새삼스럽게 일깨워 주고 있다. 보다 나은 한국 민주주의를 위해서는 무엇보다 비판만 할 것이 아니라, 민주주의 정치과정에서 차지하는 정당의 중요성을 깨닫고 정당이 제 역할을 할 수 있도록 애정과 관심을 갖는 일이 필요하다. 이 책이 그러한 인식 변화에 조금이라도 도움이 될 수 있기를 기대한다.

2022. 02.

학송재(壑松齋)에서

김 원 택

목차

1
CHAPTER

정당의
기능

정/당/론

제1장

정당의 기능

1. 정당이란 무엇인가

　대의 민주주의 체제에서는 사회적으로 제기된 각종 이슈와 요구가 의회와 행정부 등 국가 기관을 통해 수용되고 정책으로 형성되어 가는 과정 속에서 정치가 이뤄진다. 이를 정치과정(political process)이라고 한다. 경쟁하는 복수의 정당들이 서로 차별되는 대안을 제시하고, 이를 통해 선거에서 지지자를 규합하여 공직을 차지하게 되면, 선거 때 약속했던 정책 대안을 실행에 옮긴다. 이처럼 사회적 요구나 이해관계가 시민사회와 국가를 연계하는 매개체를 통해 국가 기구에 전달되는 정치과정에서 핵심적인 기능을 하는 것이 정당이다.

　그런데 사회적 이해관계나 요구를 대표하는 역할은 단지 정당만의 것은 아니다. 정치과정에 참여하는 다양한 집단이 존재한다. 예컨대, 노동조합, 변호사협회, 의사협회 등 이익집단(interest groups)은 소속 구성원의 이해관계를 관철하기 위한 정치적 활동을 하고, 참여연대, 경실련, 환경운동연합 등의 시민단체 혹은 비정부기구(NGOs)는 공공의 이해관계가 걸린 이슈들을 제기하고 그것의 해결을 국가에 요구한다. 이처럼 시민사회에서 제기된 요구, 이해관계, 정치적 의사를 국회, 청와대, 행정부 등 정책 결정과 집행의 권한을 가진 국가 기관에 전달하고 영향력을 행사하려는 단체나 조직은 다양하다. 이러한 다양한 집단들의 활동이 정치과정을 형성한다.

이러한 집단들은 모두 정책 결정 과정에 영향을 미치기 위한 일종의 정치적 행위를 하고 있지만, 우리는 이익집단, 압력집단, 시민단체를 정당이라고 부르지 않는다. 정당은 이들 집단과 구분되는 특성을 갖는다. 정당에 대한 몇몇 학자들의 정의를 살펴보면 다음과 같다.

- 샤츠슈나이더(Schattschneider 1942: 35) 정당은 무엇보다 권력을 획득하기 위한 조직적인 시도(an organized attempt)이다. 여기서 권력은 정부의 통제를 의미한다. 그것이야말로 정당 조직의 목적이다. 정당이 정부를 통제하고자 한다는 점이 압력집단과 정당을 뚜렷이 구분하게 하는 것이다.

- 다운즈(Downs 1957a: 25) 정당은 정당하게 치러진 선거에서 공직을 획득함으로써 통치기구를 통제하기를 원하는 이들의 집단(a team)이다.

- 사르토리(Sartori 1976: 64) 정당은 선거에 참여하고, 선거를 통해 공직을 차지하려는 후보자들을 내세울 수 있는 정치 집단이다.

- 엡스타인(Epstein 1967: 9) 정당이라는 것은, 아무리 느슨한 형태의 조직이라고 해도, 주어진 호칭(label)하에 정부의 공직 담당자를 당선시키고자 하는 집단이다.

- 웨어(Ware 1996: 5) 정당은 흔히 정부 내 직위를 차지하려고 함으로써 국가 내 영향력을 행사하고자 하고, 또 사회 내 대체로 하나 이상의 이익을 대표하며 그럼으로써 다소간에 '이익 결집'을 추구하는 기구이다.

위에서 제시한 다섯 학자의 정당에 대한 설명은 일관된 특성을 담고 있다. 이들이 지적한 '권력의 획득', '정부의 통제', '통치기구의 통제', '공직 담당', '정부 내 직위 차지' 등의 표현은, 권력 추구로 요약할 수 있다. 즉, 정당이 압력단체나 이익집단과 구분되는 중요한 차이점은 정당은 권력을 추구하는 집단이라는 점이다. 이익집단이나 시민단체, 압력단체 등은 정책 결정 과정에 자신의 요구가 관철되기를 원하지만, 스스로 권력을 추구하는 집단은 아니다. 그러나 정당은 요구의 전달에 그치지 않고 스스로 권력을 추구한다.

권력을 차지하기 위해서는 군사력을 동원해서 쿠데타를 자행할 수도 있고, 1917년 러시아에서처럼 혁명을 일으킬 수도 있다. 그러나 대의 민주주의가 확립된 국가에서 권력은 국민의 동의를 얻는 절차, 즉 선거를 통해서 권력 담당자가 결정된다. 정당이 권력을 추구하는 집단이라면 이를 위해서는 선거에 후보자를 내세워야 한다. 그런 점에서 정당은 선거에 후보자를 내세워 공직을 차지하고자 하는 사람들의 집단이라고 정의할 수 있다.

그러나 이것만으로는 정당을 정의하는 것이 충분하다고 보기 어렵다. 정당이 다수의 사람들로 구성된 집단인 만큼 그 구성원들이 공유하는 공통의 정치적 가치가 필요하다. 그것은 또한 정당이 왜 권력을 잡으려는지 유권자들에게 설득해야 하는 대의 명분이기도 하다. 선거 과정에서 정당은 유권자들에게 '우리가 권력을 잡게 되면 나라를 어떻게 바꾸겠다. 어떤 방향으로 우리 사회가 더 좋아질 수 있도록 하겠다'는 공약을 한다. '어떻게 바꾸겠다', '어떤 방향으로' 정책을 추진하겠다는 것이 각 정당이 자신에게 표를 달라고 하는 명분이다. 그 명분에는 가치, 방향성, 지향점, 세계관이 담겨 있다.

정당의 구성원들 간 공유된 가치나 세계관이 있어야 그 집단의 정체성이 확립된다. 또 이런 경우에만 유권자들에게 표를 얻기 위한 일관성 있고 신뢰받을 수 있는 정책 대안이 제시될 수 있다. 이처럼 정당은, 권력 추구라는 특성 이외에도, 그 구성원들이 공유하면서 집단적으로 추구하는 정치적 가치와 세계관, 이데올로기를 갖는다.

18세기 영국의 정치철학자 에드먼드 버크(Burke 1770; Scarrow 2002: 40)는 정당을 "그 구성원 모두가 동의하는 특정한 원칙(some particular principle)에 입각하여 공동의 노력으로 국가 이익(national interest)을 증진시키기 위해 결합된 사람들의 단체"[1]라고 정의했다. 정당에 대한 버크의 정의는 권력 추구만이 아니라, 정당으로 갖춰야 할 두 가지 중요한 요소를 추가적으로 제시하고 있다. 하나는 '구성원이 공유하는 특정한 원칙'이며, 또 다른 하나는 "국가 이익의 증진"이라는 공공성이다. 즉, 정당은 권력을 가진 후 어떤 형태의 사회를 만들어 나가겠다는 그 구성원이 공유하는 특정한 세계관, 특정한 원칙을 갖는다. 또한 정당은 사적인 이익을 추구하는 집단이 아니며, 사회적 이익, 국가적 이익과 같은 공공의 이익을 추구한다. 미국 레이건 대통령(Sidey 1984. White 2006: 6 재인용)은 1984년 시사 주간지 타임(Time)과의 인터뷰에서 "정당은 대학 내 사교클럽이 아니다. 정당은 자기가 졸업한 학교의 동창회 같은 것도 아니다. 한 정당에 사람들이 모여드는 것은 정부가 어떠해야 한다는 특정한 신념(certain beliefs) 때문이다."라고 말한 바 있다. 레이건 역시 정당이 갖는 공공성과 신념, 원칙의 중요성을 강조하고 있다.

이처럼 정당은 기본적으로 정치 권력을 추구한다는 점에서 다른 집단과 구별되며,

또 한편으로는 국가나 사회와 같은 공공의 이익 추구와 관련하여 정당의 구성원이 공유하는 공통의 이념, 세계관, 가치를 갖는다.

2. 정당의 기능

정당은 정치체계 내에서 어떤 기능을 할까? 정당이 존재하지 않는 나라는 거의 없다. 민주주의 국가는 말할 것도 없고 권위주의 체제에서도 정당은 존재한다. 한국 정치사에서 가장 권위주의적이었던 유신체제에서도 정당은 없어지지 않았다. 정치적 자유가 제한되고 복수 정당 간 경쟁이 허용되지 않는 중국이나 북한과 같은 공산주의 체제에도 정당은 존재한다. 이는 민주주의가 아닌 정치체제에서도 정당이 중요한 기능을 수행한다는 것을 시사해 준다. 복수의 정당 간 경쟁을 전제로 하는 대의 민주주의 체제에서 정당은 비민주주의 체제에 비해 훨씬 다양한 기능을 한다. 정당의 기능은 정당이 활동하는 영역에 따라 크게 세 가지로 구분해 볼 수 있다.

키(V. O. Key 1964: 163－165)는 정당의 기능을 '유권자 속의 정당(Parties－in－the－electorate)', '조직으로서의 정당(Parties－as－organization)', '정부 속의 정당(Parties－in－Government)' 등 세 가지로 나눴다.[2] '유권자 속의 정당'은 표현 그대로 유권자를 대상으로 하는 정당의 활동에 대한 것이다. 유권자들에게 정치참여를 독려하고 정치교육을 행하면서, 정당에 대한 호의적인 태도를 갖게 하고 궁극적으로 정당에 대한 일체감이나 충성심을 갖도록 하는 활동을 말한다. '조직으로서의 정당'은 당 조직 내부에서의 활동이다. 정치 엘리트를 충원하고 이들을 정치적으로 훈련시키고, 선거를 대비하여 선거 캠페인이나 득표 전략을 마련하고, 당 지도부를 선출하는 것 등이 여기에 해당한다. 당원의 확보, 당원의 훈련 등도 '조직으로서의 정당'에 해당되는 활동이다. '정부 속의 정당'은 집권당의 경우라면 통치를 위해 의회 내 안정 의석이나 지지를 확보하며, 또 선거 때 공약 사항이나 당의 주요 정책을 집권 과정에서 추진하는 것이 주요 활동이 될 것이다. 야당이라면 정부 정책에 대한 비판과 감시가 여기에 해당될 것이다. 키가 제시한 이러한 세 가지 영역의 정당 활동에 대해 달턴과 와튼버그(Dalton and Wattenberg 2000: 5－10)는 <표 1－1>과 같이 그 기능을 15가지로 상세히 제시했다.

▼표 1-1 유권자, 정당, 정부 영역에서의 정당의 기능

영역	유권자 속의 정당	조직으로서의 정당	정부 속의 정당
구체적 기능	유권자에게(정책, 이념의 정보를 제공하여) 선택을 단순화	정치 리더십의 충원과 정부 공직 추구	정부 내 다수파의 확보
	시민에 대한 정치교육	정치 엘리트의 훈련	정부의 조직
	일체감과 충성심의 상징을 형성	정치적 이익의 표출	정책 목표를 실행
	사람들의 참여를 동원	정치적 이익의 집약	이견과 반대의 조직
	-	-	정부 활동에 대한 책임성 확보
			정부 행정 조직의 통제
			정부 내 안정성 촉진

　　이러한 구분은 정당이 활동하는 상이한 영역을 구분함으로써 체계적으로 정당의 기능을 이해하도록 한다. 그러나 활동의 영역이 중심이 되기 때문에, 각 영역으로 전환되는 과정, 즉 선거 경쟁과 같은 역동적인 과정에서의 기능이나, 정당의 활동이나 정당 간 경쟁이 사회 전체에 미치는 결과적인 측면에 대해서는 효과적으로 설명하지 못한다는 단점이 있다.

　　한편, 건터와 다이아몬드(Gunther and Diamond 2001: 7-9)는 정당의 기능을 다음과 같은 일곱 가지로 정의했다.

　① 후보자 공천

　② 선거에서의 지지 동원

　③ 이슈 구조화(issue structuring): 여러 이슈에 대한 선택과 대안의 제시

　④ 사회적 대표성: 선거와 의회에서 다양한 이익 대표

　⑤ 이익 결집

　⑥ 정부의 구성과 유지

　⑦ 사회통합

　　이들의 정의를 앞서 본 <표 1-1>과 비교하면 설명은 단순화되었지만, 선거에서의 지지 동원과 같은 선거 수준에서 나타나는 기능이 포함되었다. 또한 사회적 대표성, 사회통합과 같은 정치 공동체 전체를 대상으로 하는 거시적 측면의 기능이 추

가되어 있다. 개별 정당 수준보다 경쟁하는 정당들로 구성되는 '정당체계(party system)'는 집합적으로 다양한 사회적 이익을 대표하고 그것을 통해 사회 통합에 기여하는 기능을 한다.

한편, 독일 정당법에서 규정한 정당의 정의와 기능에 대해 살펴볼 필요가 있다. 독일은 재앙적인 히틀러 시대를 거치면서 건전한 정당 정치 육성의 중요성을 깨닫고 정당법을 제정했다. 히틀러의 나치당은 1933년 선거라는 합법적 절차를 거쳐 제 1 당이 된 후 민주주의 체제를 붕괴시켰다. 건강하지 않은 정당 정치가 민주주의를 파괴한 것이다. 이러한 반성에서 독일은 정당이 민주주의의 근간이 되도록 올바르게 이끌어야 한다는 목적에서 1967년 정당법을 제정했다. 독일 정당법에서 규정한 정당에 대한 정의와 기능에 대한 조항은 다음과 같다.[3]

제1조
1항
정당은 자유롭고 민주적인 정부에서 헌정적으로 필수불가결한 한 부분이다. 국민의 정치적 의지 형성에 정당들의 자유롭고 지속적인 참여를 통해, 정당들은 독일 기본법에 따라 그들에게 의무로 부여된, 또 그들이 최선의 역량을 다해 실현하고자 하는 공공 책무를 이행한다.

2항
정당들은 공공 생활 영역의 모든 분야에서 국민들의 정치적 의지의 형성에 다음과 같은 방식으로 참여한다.
- 여론의 형성과 관련하여 그들의 영향력을 행사하고; 정치교육을 고무하고 진전시킨다.
- 개별 시민들이 정치 생활에 적극적으로 참여하도록 촉진하고; 역량 있는 사람들이 공공 책무를 담당하도록 훈련시킨다.
- 연방, 주, 지역 정부 선거에 후보자를 공천하여 참여한다.
- 의회와 정부에서의 정치적 방향(political trends)에 영향력을 행사하고;
- 국가 정책 결정 과정에서 제시된 그들의 정치적 목표를 추구한다.
- 국민과 공공 기관 간의 지속적이고 필수적인 연계를 확립한다.

독일 정당법에서 정당은 '자유롭고 민주적인 정부에 헌정적으로 필수불가결한 한 부분'으로 규정하고 있다. 정당이 없다면 자유롭고 민주적인 정부가 실현될 수 없다는 것이다. 이처럼 독일 정당법에서는 민주주의 정치에서 차지하는 정당의 의미를 대단히 중요하게 여기고 있으며, 정당의 역할 역시 폭넓게 규정하고 있다. 독일 정당법에서 제시한 정당의 기능은 다음과 같다.

① 여론의 형성
② 정치교육
③ 정치 참여 촉진
④ 공직 후보에 대한 훈련
⑤ 선거 공천
⑥ 정부 구성과 의회 다수파 형성
⑦ 정책 목표의 추구
⑧ 국가와 시민사회 간의 연계 등이다.

독일 정당법에서 제시한 기능을 앞의 <표 1-1>과 비교하면, '여론의 형성', '정치 교육', '정치 참여 촉진'은 유권자 속의 정당의 기능, '공직 후보에 대한 훈련', '선거공천'은 조직으로서의 정당의 기능, 그리고 '정부 구성과 다수파 형성', '정책 목표의 추구'는 정부 속의 정당의 기능을 각각 말하는 것으로 볼 수 있다. 이와 함께 '국가와 시민사회 간의 연계'라는 정당 정치의 집합적 기능을 '필수적인 연계'로 간주한다는 점에서 이러한 특성을 매우 중시한다는 것을 알 수 있다.

이러한 논의를 토대로 여기서는 정당의 기능을 다음과 같이 정리했다.

① 정치 공동체 전체에 미치는 집합적 기능
② 선거 수준에서의 기능
③ 유권자 속에서의 기능
④ 조직으로서의 기능
⑤ 정부 속에서의 기능

각각의 기능에 대해 살펴보고자 한다.

정치 공동체에 미치는 기능	선거 수준에서의 기능	유권자 속에서의 기능	조직으로서의 기능	정부 속에서의 기능
국가와 사회의 연계/사회통합	차별적 대안의 제시	정치 동원과 정치 교육	정치 충원과 정치 엘리트 육성	정부의 조직과 통제

(1) 국가와 사회의 연계

정당의 역할은 기본적으로 시민사회와 국가를 연계(link)해 준다. 사회적으로 제기되는 요구와 이해관계를 의회나 행정부 등 국가 기구에 전달하고 궁극적으로 정책으로 실현되도록 하고, 그에 대한 대가로 정치적 지지를 얻는다. 그런 점에서 우선 들 수 있는 정당의 기능은 이익 표출(interest articulation)과 이익 집약(interest aggregation)이다. 사회에는 다양한 이해관계와 입장이 공존한다. 정당은 개인이나 집단의 요구, 주장을 모아 그것을 정치적 이슈로 표출한다. 그리고 그렇게 제기된 다양한 요구를 모아 하나의 정책적 대안으로 전환될 수 있도록 하는 것이 이익 집약이다. 미세먼지로 인해 건강에 대한 우려가 시민들 사이에서 높아지면 이러한 문제의 심각성을 정치적으로 제기하는 것이 이익 표출이고, 또 이와 관련된 시민의 의견과 제안, 민원 등을 종합하여 이 문제를 완화하기 위한 환경 개선의 정책 대안을 제시하는 것이 이익집약이다.

일반적으로 선거에서 보다 많은 표를 얻고자 하는 정당들은 협소하고 특별한 이익에 국한되기 보다 넓은 범위의 이해관계를 대표하고자 한다. 권력 획득을 위해서는 폭넓은 이해관계를 대표하는 것이 유리하기 때문이다. 그러나 때로는 매우 구체적인 특정 이슈만을 제기하는 정당도 있다. 이를 단일 이슈 정당(single issue party)이라고 한다. 예를 들면 유럽연합 탈퇴를 주장했던 영국독립당(UK independence party)이 대표적인 단일 이슈 정당이다. EU 탈퇴 이슈가 정치적으로 부각되었을 때는 지지가 상승했지만 2016년 브렉시트(Brexit) 국민투표와 함께 이 정당이 제기했던 이슈가 해결되면서 당에 대한 지지는 급격하게 하락했다. 영국독립당은 유럽연합 탈퇴라고 하는 제한된 이슈에 대한 이익 표출과 이익 집약의 기능을 수행한 것이다.

사실 이러한 기능은 굳이 정당만이 행하는 것은 아니다. 이익집단이나 압력집단도 이익 표출과 이익 집약의 기능을 행할 수 있다. 또 여론조사 등을 통해 시민의 요구를 확인할 수도 있다. 그렇다면 정당과 이들 간의 역할의 차이는 무엇일까? 가장 중요한 차이는 정당에 대한 요구는 '압력에 의해서 뒷받침(demands backed by pressure)' 된다는 점이다(Sartori 1976: 28). '압력에 의해서 뒷받침된다'는 것은 정당이 대표하겠다고 약속한 요구가 이뤄지지 않거나 만족할 만한 결과를 가져오지 못했을 때, 유권자들은 약속 불이행에 대해 정치적 책임을 물을 수 있다는 뜻이다. 즉, 선거에서 그 정당에게 표를 주지 않음으로써 정치적 책임(political accountability)을 물을 수 있다. 선거를 통한 정치적 상벌의 메커니즘이 이익 집약과 이익 표출의 기능과 연계되어 있다는 점에서 정당은 이익집단이나 압력단체와는 다르다. 이익집단이나 압력단체가 단순히 이해관계나 의견을 표현(express)하는 것이라면 정당은 이 기능뿐만 아니라, 국가 기구와 시민사회 간의 의사와 정책 결과를 상호 전달하고 피드백의 과정을 거치는 채널(channel)의 기능을 한다(Sartori 1976: 28). 미국 대통령이었던 우드로 윌슨(Wilson 1885) 역시 정치적 상벌의 관점에서 정당의 역할을 바라보았다.

> 유권자들은 과거 어떤 정책 추진에 대해 책임을 져야 할 정당을 지지하지 않음으로써 그들의 표로 그에 대한 비난을 표출할 수 있다. 또한 유권자들은 수용할 만한 정책의 채택을 약속한 정당에 권력을 줌으로써 미래 행정부에 대한 그들의 의지를 드러내 보일 수 있다. 이를 위해 정당은 잘 알려진 지도자들의 주도하에 공언한 원칙에 따라 뚜렷이 구분되는 조직으로 활동해야 한다(Scarrow 2002: 164).

쌍방향의 채널이라는 것은 시민사회에서 제기된 의견이 정당을 통해 국가 기구에 전달되고 이것이 정책이나 법안의 형태로 실현되면 그에 대한 평가를 유권자들로부터 받게 된다는 것이다. 다시 말해 정치적 책임을 물을 수 있는 선거라는 정치적 상벌의 메커니즘을 통해서 유권자들의 요구는 '압력에 의해 뒷받침'되는 형태로 정당에 전달되고, 국가 기구를 통해 정책으로 실현되며 또 정책 추진에 대한 유권자의 평가를 받게 되는 것이다. 이처럼 정당은 시민사회와 국가를 연계하는 기능을 갖는다.
때로는 정치 지도자의 뜻이 정당을 통해 일방향적으로 전달될 수도 있다. 특히 대의 민주주의가 제대로 작동하지 않는 곳에서는 정당이 국가 기구나 정치 지도자의 의지와 목표를 국민에게 전달하고 지시하는 역할, 즉 상의하달(上意下達)이라고 하는 한 방향으로만의 의사 전달 기능을 할 수 있다. 예컨대, 이승만 대통령은 당파를 초월해 존재하는 국부(國父)로 존재하고 싶었다. 이 때문에 이승만은 처음에는 정당에 소속되지 않았다. 그러나 국회에서 간선으로 선출하도록 한 방식으로는 그렇게 재선의 가능성이 없다고 판단되자 정당을 창당했다. 1951년 자유당이 만들어졌다. 당시 자유당의 가장 중요한 임무는 국회 간선으로 되어 있던 대통령 선출 방식을 이승만에게 유리하도록 직선제로 바꾸는 여론을 조성하는 것이었다. 자유당의 역할은 처음부터 이승만의 의지를 전파하고 그 뜻을 '받드는 것'이었다. 자유당은 대통령의 뜻을 국민에게 일방적으로 전달하는 상의하달의 채널로 기능했던 것이다. 그 이후에도 권위주의 체제하에서 권력에 의해 만들어진 제3공화국의 민주공화당이나 제5공화국의 민주정의당 모두 비슷한 역할을 담당했다. 이러한 연계는 일방향적이고, 상의하달이라는 왜곡된 요구의 흐름이라는 점에서 정당이 제대로 된 역할을 하는 것이라고 보기 어렵다.

(2) 차별적 대안의 제시

대의 민주주의는 복수의 정치세력 간의 경쟁을 전제로 한다. 즉 다원주의(pluralism)적 경쟁이 대의 민주주의의 핵심이다. 다원적 정치 경쟁의 주체는 정당이다. 무소속으로 선거에 출마할 수도 있지만, 의회에서 의원 한두 명의 힘으로 할 수 있는 일은 많지 않기 때문에 정당이라는 정치 집단의 역할이 중요하다.

다원적이라는 것은 사회 현상의 원인에 대한 인식이나, 그 해결책에 대해서 각기 다른 복수의 대안이 존재한다는 것을 의미한다. 예컨대, 경제정책에 대해 한쪽에서는 효율과 시장 경쟁에 의한 성장과 발전의 중요성을 강조할 수 있고 다른 쪽에서는 분배와 형평을 더욱 중시할 수 있다. 질서와 권위를 중시할 수 있고 개인의 자유와 선택을 강조할 수도 있다. 이러한 다원성을 기반으로 선거 경쟁에서 차별화된 정책 대안이 제시되고 유권자들은 그중 자신의 이해관계나 생각을 가장 잘 대표하는 정당이나 후보를 선택한다. 그리고 선거에서 승리한 정당은 정부 구성 이후 자신이 내세운 그 공약을 집행하게 된다.

사회적으로 제기되는 이슈에 대한 각 정당의 태도는 이념(ideology)으로 축약되어 제시된다. 유권자는 경제정책, 교육정책, 대북정책, 외교정책, 산업정책, 문화정책 등 다양한 정책 영역에 대한 특정 정당의 입장에 대해 모두 다 잘 알기 어렵다. 그러나 그 정당이 어떤 이념적 위치를 취하는지 안다면 유권자는 다양한 정책에 대한 그 정당의 정책 방향을 짐작할 수 있다. 우리나라를 예로 들면, 보수정당이 집권한다면 대북 정책은 강경할 것이고, 시장경쟁과 효율을 강조할 것이고, 권위와 질서를 중시할 것으로 예상해 볼 수 있다. 진보정당이라면 보다 유화적인 대북정책을 펼 것이고, 분배를 중시하고 친노동 정책을 펼 것으로 기대할 수 있다. 각 정당의 구체적인 정책 대안을 알지 못해도 대체적인 정책의 방향을 이념을 통해 짐작할 수 있다(Downs 1957b: 142). 즉 선거에서 이념은 유권자가 정당이나 후보자의 정책 입장이나 이슈에 대한 태도의 차이를 알게 해 주는, 비용을 절감하는 수단(cost−saving device. Downs 1957a: 99)이 될 수 있다. 이 때문에 "각 정당은 이념에 따라 투표함으로써 투표의 비용을 줄이고 싶어하는 유권자들의 표를 모으기 위해 이데올로기를 발명(invent)한다."는 것이다(Downs 1957b: 142). 이는 앞서 <표 1−1>에서 본 달턴과 와튼버그(Dalton and Wattenberg 2000: 6)의 표현에 따르면 '유권자를 위한 선택의 단순화'이다.

이러한 이념적 차별화, 정책적 일관성은 유권자에게 선택의 편리함, 단순화를 주는 한편, 개별 유권자와 정당 간 보다 견고하고 항구적인 관계를 맺는 데 도움을 준다. 즉 유권자가 특정 정당에 대해 심리적 애착심과 충성심을 갖는 정당일체감(party identification)이 형성된다(Campbell et al. 1960). <표 1−1>에서 본 '일체감과 충성심의 상징을 형성'하는 기능을 정당이 하게 되는 것이다. 정당일체감은 정당 지지에 대한 안정적 기반을 형성하여 정당체계의 안정에도 기여한다.

이처럼 정당은, 건터와 다이아몬드(Gunther and Diamond 2001: 8)의 표현대로, 이슈를 구조화함으로써, 선거 경쟁에서 유권자들에게 상이한 정책의 대안을 제시한다. 특정 쟁점이 선거 경쟁을 좌우하는 경우가 아니라면, 일반적으로는 정당이 표방하는 이념이 유권자들의 선택에 중요한 기준이 될 수 있다.

(3) 정부의 조직과 통제

정당의 세 번째 기능은 정부의 조직과 통제이다. 정당의 정부 조직과 통제는 정부 형태에 따라 다소 차이가 있다. 의회제 혹은 내각제 국가라면 정당에 통치의 위임이 이뤄지기 때문에 정당의 역할은 절대적이다. 의회제에서는 원칙적으로 하나의 정당 혹은 정당 연합이 의회 내 다수 의석을 확보해야 행정 권력, 즉 정부를 구성할 수 있다.4) 이처럼 의회제에서는 정당 정부(party government)가 국정을 담당한다. 선거 때 공약한 정책을 집권 후 구체적으로 실천하도록 이끄는 것도 정당이 주도한다. 또한 의원들이 총리뿐만 아니라 내각의 장관, 차관 등 고위 정무직을 직접 맡아 행정 관료 조직을 통제한다.

의회제에서는 정당에 통치의 위임이 주어지기 때문에 다수 의석을 확보한 정당, 혹은 정당 연립의 지도자가 총리가 되어 국정을 주도한다. 이 때문에 총리가 임기 중 물러나는 경우에도 별도의 선거 없이 정당 혹은 정당 연립 내에서 새로운 총리를 선출할 수 있다. 또한 정당이 통치의 주도적 역할을 담당하기 때문에 한 정당의 집권이 지속되는 한 정책의 연속성 혹은 안정성이 유지될 수 있다. 즉 영국 보수당의 마가렛 대처(Margaret Thatcher)는 1979년 총선에 승리한 이후 1983년, 1987년 선거에서 잇달아 승리해서 장기간 집권해 왔다. 그러나 1990년 11월 지지도 하락과 당내 갈등으로 대처 총리는 사임했고, 보수당은 후임 당수 선출을 통해 존 메이저(John Major)를 후임 총리로 결정했다. 별도의 선거 없이 집권당에서 차기 총리를 결정한 것이다. 존 메이저는 1992년 총선을 승리로 이끌면서 보수당은 1979년부터 1997년까지 18년 간 연속 집권했다. 메이저 총리 역시 대처 내각에서 활동한 당내 중진이었기 때문에, 대처 총리의 사임에도 불구하고, 보수당 정책의 일관성은 유지되었다. 이처럼 정책 추진의 안정성, 연속성을 정당이 보장한다. 또한 정당이 집권하기 때문에 이로 인한 정책 추진의 결과에 대한 정치적 책임 역시 정당이 모두 지게 된다. 영국처럼 단일정당 정부(single party government)라면 정치적 책임성의 구현은 더욱 분명할 것이다.

야당은, 정부를 구성할 수는 없지만, 집권당의 정책 추진의 방향에 대해 이견을 제시하고 정책 추진으로 인해 생겨나는 문제점을 비판하는 역할을 한다. 야당의 비판이 국민의 높은 관심과 지지를 받게 되면 집권당의 정책 추진에 영향을 미칠 수 있다. 이처럼 큰 틀에서 보면 야당 역시 국가 통치 과정에서 중요한 역할을 하고 있다.

미국 대통령제에서는 내각제에 비해서는 정당의 역할이 제한적이다. 대통령 후보 선출 과정에서는 정당이 중요한 역할을 하지만, 통치 과정에서는 정당의 개입은 매우 제한적이다. 미국 대통령제는 입법, 사법, 행정 3부 간 권력분립을 엄격하게 규정하고 있기 때문에, 의회 의원이나 사법부 법관들은 대통령과 행정부의 활동에 참여할 수 없다. 예컨대 민주당 소속 대통령이 집권하고 있더라도 민주당 상원이나 하원의원이 그 직을 유지한 채 행정부에 참여할 수는 없다. 버락 오바마(Barak Obama) 정부가 출범한 2009년 국무장관으로 힐러리 클린턴(Hilary Clinton) 뉴욕 주 상원의원이 임명되었는데, 행정부에서 국무장관의 직을 맡기 위해 힐러리 클린턴은 뉴욕주 상원의원의 직에서 사임해야 했다.

그러나 미국에서도 대통령이 안정적으로 국정을 이끌기 위해서는 의회 내 대통령 소속 정당이 다수 의석을 차지하는 일은 매우 중요하다. 특히 최근 들어 미국 정치의 양극화가 매우 심각해지면서, 의회 내 투표는 상원, 하원을 막론하고 소속 정당 노선에 따른 표결이 이뤄지고 있다. 미국에서도 대통령의 정당이 의회 내 다수 의석을 확보하지 못하는 여소야대의 상황, 즉 분점정부(divided government)가 되면 대통령의 통치는 어려움을 겪게 된다. 즉, 의회를 어느 당이 지배하느냐가 미국 대통령제에서도 법안의 통과와 관련하여 매우 중요한 의미를 지닌다. 이처럼 미국 대통령제에서도, 비록 정당이 행정부를 직접 통제하는 것은 아니지만, 대통령의 주요 정책 목표의 입법화와 관련하여 의회 내 정당의 기능은 중요하다.

우리나라는 외형상 대통령제를 채택하고 있지만, 대통령제와 내각제의 혼합적 특성을 갖는다. 1948년 제헌국회 헌법기초위원회에서 만든 초안은 내각제를 기초로 한 것이었지만, 당시 영향력이 컸던 정치 지도자 이승만이 여기에 반대하면서 마지막 순간에 통치 형태가 대통령제와 내각제의 혼합형으로 타협이 이뤄졌다. 이러한 특성은 그 이후 정치적 격변과 수차례의 개헌에도 불구하고 지금까지도 이어져 오고 있다. 우리 정치 시스템에는 국무총리의 존재, 내각 회의와 같은 국무회의, 행정부의 법률안·예산안 제출권, 국회의원의 장관 겸직 허용 등의 내각제적 특성이 존재한다. 이 때문에 우리나라는 제도적인 측면에서 정당의 역할이 미국보다 훨씬 중요하다. 제3공화국에서는 집권당과 행정부 간의 주요 정책에 대한 정례적인 협의체인 당정협의회 제도가 도입되었고, 이는 오늘날에도 통치 과정에서 중요한 역할을 하고 있다.

그런 점에서 볼 때 우리나라에서도 통치의 영역에서 의회에서의 안정적 과반의석 확보(정부 내 다수파의 확보), 당 소속 의원과 정당 인사의 행정부 및 청와대 진출(정부의 조직, 정부 행정 조직의 통제), 당정협의회와 국회 내 여당의 역할(정책 목표의 실행) 등 정부의 조직과 통제의 기능과 관련하여 정당은 매우 중요한 역할을 담당하고 있다. 한편, 우리나라 대통령제는 5년 단임이기 때문에 대통령에게 국정운영의 공과에 대한 정치적 책임을 물을 수 없다. 이런 상황에서 정부 활동에 대한 정치적 책임성은 집권당을 통해서만 확보할 수 있다. 또한 한 정당이 재집권에 성공하는 경우라면 정부 내 정책의 연속성이나 안정성의 유지에도 정당이 역할을 할 수 있다. 이처럼 정당은 정부의 조직과 통제에 중요한 역할을 담당한다.

(4) 정치 충원과 정치 엘리트 육성

정당은 정치권력을 통제하기 위해 선거에 후보자들을 내세우고 그들이 공직을 담당할 수 있도록 하는 기능을 한다. 따라서 선거에 당선되어 공직을 담당할 인물을 발굴하고 육성하는 것은 정당의 중요한 기능이다. 이를 정치적 충원(political recruitment)이라고 한다. 즉, 정당의 고전적 기능 중 하나는 지방정부, 중앙정부 등 다양한 공직을 향한 후보자들을 추천하는 '문지기(gatekeeping)'의 역할을 한다는 것이다. 그런데 정치적 충원은 단지 선거에 출마할 후보자들을 추천하는 것뿐만 아니라, 대단히 넓은 범위의 공직을 채우는 정치적 임명권까지를 의미한다(Norris 2006: 89). 정당 공천을 받고 선거에서 당선된 후보자는 국회의원이든 지방의회 의원이든 정치 엘리트로 성장해 간다. 당내 주요 보직이나 청와대나 행정부에서의 직책을 맡으면서, 당내 인물들은 정치적인 경험을 쌓아가고 정치 지도자로 성장해 가게 된다. 이렇게 정치 엘리트를 충원하고 또 이들은 정치적으로 성장해 나가도록 이끄는 것이 정당의 중요한 기능 중 하나이다.

서구 민주주의 국가에서는 젊을 때부터 정당 활동에 참여하고 당내 활동을 통해 역량을 인정받으면서 점차 정치적으로 성장해 간다. 영국 보수당 15세, 영국 노동당은 14세, 독일 기민당은 정식 당원은 16세, 당 소속 청년 조직원은 14세, 독일 사민당은 14세부터 정식 당원으로 가입할 수 있다. 또한 뉴질랜드 노동당은 15세, 뉴질랜드 국민당은 12살 이상이면 정당 활동을 허용하고 있다.[5] 이처럼 이들 국가에서는 정당 활동을 일찍 시작할 수 있기 때문에 그만큼 젊은 나이에 국회의원 선거에 후보로 나서는 것이 가능하다. <표 1-2>는 2005년부터 2019년까지의 영국 총선에서 당선된 국회의원의 연령별 분포를 정리한 것이다. 30대 이하 젊은 연령대의 의원의 비율이 대략 20% 가까이 된다는 것을 알 수 있다. 2015년 영국 총선에서는 만 20세 7개월의 마이리 블랙(Mhairi Black)이 스코틀랜드민족당(Scottish National Party) 소속으로 당선되었다. 독일에서도 2002년 연방선거에서 녹색당의 안나 뤼어만(Anna Lührmann)이 19세의 나이에 연방의원으로 당선된 바 있다.

▼ 표 1-2 영국 의회 의원의 연령별 분포(2005-2019)[6]

연도	평균연령	18-29	30-39	40-49	50-59	60-69	70 이상	계
2005	51.2	3	89	191	249	100	14	646
2010	49.9	14	112	193	218	98	15	650
2015	50.6	15	92	209	214	98	22	650
2017	51.1	13	104	189	201	115	28	650
2019	51.0	21	109	182	194	105	21	632*

우리나라에서도 2022년 1월부터 정당에 가입할 수 있는 나이가 18세에서 16세로 낮아졌다. 다만 18세 미만의 경우 정당에 가입하고자 할 때 부모와 같은 법정대리인의 동의를 얻도록 했다. 또한 선거에 출마할 수 있는 나이도 이전의 25세에서 18세로 낮아졌다.

의회에 진출한 이후에는 정당 내의 활동, 정당을 통한 공직 활동을 통해 정치 지도자로 성장해 가게 된다. 독일의 앙겔라 메르켈(Angela Merkel) 전 총리의 정치 경력을 예로 들어보자. 메르켈은 1990년 12월 독일 통일 이후 첫 연방의회 선거에서 처음으로 독일연방의회 의원이 되었다. 1991년 1월 헬무트 콜(Helmudt Kohl) 내각에서 여성청소년부 장관으로 임명되었고, 1994년 11월에는 환경부 장관으로 자리를 옮기면서 정치적으로 두각을 나타내기 시작했다. 1998년 총선에서 쉬로더(Gerhard Schröder)가 이끄는 사민당에 기민–기사연합(CDU–CSU)이 패배하여 야당이 되면서, 1998년 11월에는 기민당 사무총장(Secretary–General)이 되어 당내 업무를 관장했다. 2000년 4월에는 사임한 전임당수 콜에 이어 기독민주당(CDU) 당수로 선출되었다. 2002년 총선에서는 자매정당인 기사연합(CSU)의 에드문트 슈토이버(Edmund Stoiber)에게 총리 후보를 양보하고 선거에 임했으나 패배했다. 그 이후 슈토이버를 대신해서 메르켈은 기민–기사연합의 대표, 즉 제 1 야당의 리더가 되었다. 그리고 2005년 총선에서 기민–기사연합이 승리하면서 총리가 되었고 2021년까지 집권했다. 메르켈은 199년 처음 연방의회에 진출한 이후 당과 내각에서 다양한 직책을 담당하면서 최고 정치지도자로 성장해 온 것이다.

미국 대통령의 경우에도 주 지사나 주 상원의원, 혹은 부통령을 거쳐 대통령에 당선되는 경우가 많다. 조 바이든(Joe Biden) 대통령은 1972년 11월 29세에 최연소로 델라웨어 주 상원의원에 당선된 이후 6선에 성공하며 36년간 상원의원으로 재임했다. 1988년과 2008년 대통령 선거에 출마했지만 당내 경선에서 패배했고, 2009년 이후 오바마 정부에서 부통령으로 8년간 일했다. 그리고 2020년 대통령 선거에서 마침내 대통령에 당선되었다. 미국은 의회제 국가처럼 정당이 직접 통치를 담당하는 것은 아니지만, '문지기'의 역할을 통해 후보자를 공천하고 당선된 인물이 공직을 통해 정치적으로 커나갈 수 있도록 한다는 점에서 마찬가지로 정치 엘리트의 성장에 도움을 준다.

그러나 정당의 '문지기' 역할로 인해 정치 엘리트의 충원이 사회적 대표성을 충분히 반영하지 못하는 경우도 생겨난다. 성, 연령, 계층, 지역 등의 사회적 특성이 공천 과정에서 균형 있게 반영되지 못하는 경우, 의회에서의 대표성이 특정 계층이나 집단에 편향된 형태로 나타날 수 있다. 예컨대, 한국 국회에서 여성 의원의 수를 예로 들면, 1996년 국회에 여성 의원은 9명으로 전체 의원의 3%에 불과했다. 이후 그 수가 꾸준히 늘어나서 2004년에는 10%를 넘었고 2020년 총선에서는 여성 의원이

전체 의석의 19%까지 그 비율이 높아졌다. 그러나 여전히 전체 성비에 비해 여성의원 수가 많다고 할 수는 없다.

▼ 표 1-3 한국 국회에서 여성의원 수

※ 괄호 안은 지역구 의원의 수

여성의원	1996	2000	2004	2008	2012	2016	2020
수	9(2)	16(5)	39(10)	41(14)	47(19)	51(26)	57(29)
비율%	3	5.9	13	13.7	15.7	17	19

연령 면에서도 우리나라 국회에는 젊은 세대의 비율이 낮다. 2020년 구성된 21대 국회를 예로 들면, 30세 미만은 2명, 30대는 9명으로, 20－30대의 비율이 전체 국회의원의 3.7%를 차지하고 있다. 또한 40대는 29명으로 9.7%이다. 이처럼 40대 이하 국회의원의 비율은 13.3%에 불과하다. 50대 이상 세대의 비율이 지나치게 높다는 것을 알 수 있다. 앞서 <표 1－2>에서 본 영국의 경우와 비교해 보면 우리 국회의 구성은 연령적으로 고령층으로의 편향이 매우 심하다는 것을 알 수 있다.

이러한 현상은 그 구성에 있어서 보다 개방적이고 다양해야 할 지방의회에서도 마찬가지로 나타나고 있다. 정치적 충원을 위한 정당의 문지기 역할이 보다 개방적이고 다양한 대표성을 확보할 수 있도록 또한 정당을 통해 정치 지도자로 성장해 나갈 수 있도록 정당의 충원 교육과 훈련 기능을 강화할 필요가 있다.

(5) 정치 동원과 정치 교육

정치사회화(political socialization)는 개인이 정치와 관련된 가치 체계, 신념, 태도 등을 획득하고 형성해 가는 과정이라고 할 수 있다. 베렐슨 등(Berelson et al., 1954: 73－75)은 이를 '정치적 선택의 사회적 전이(the social transmission of political choices)'라고 불렀다. 즉, 정치적 태도가 사회화의 과정을 통해 다음 세대에게 전수된다는 것이다. 정치 사회화는 자신을 둘러싼 정치 세계를 바라보고 이해하는 시각과 태도를 내재화해 가는 과정이라고 할 수 있는데, 다른 사람과의 접촉이나 교육을 통해서 그런 정치적 시각이나 정향이 형성되어 간다. 그런 점에서 일차적으로 정치 사회화에 중요한 집단은 가정이나 학교, 교회 등이 될 수 있지만, 정당 역시 정치 사회화에 중요한 역할을 수행해 왔다.

정당은 정치사회화를 통해 잠재적인 지지자들을 적극적인 지지자로 동원 (mobilization)하기 위한 노력을 해 왔다. 정당의 정치 사회화의 역할은 근대 민주주의 사회에서 특히 중요했다. 대중선거권의 확립으로 정치 참여의 권리를 갖게 된 유권자들이 다수 생겨났지만 당시에는 문맹율이 높고 교육수준이 낮고 또 대중매체의 보급도 제한적이었다. 이 때문에 이들은 자신이 어떤 정치적 판단을 해야 하고 어떤 정당이 자신에게 보다 유리한 정책을 제시하고 있는지 제대로 판단하기 어려웠다. 특히 학력이 낮고 정보 접근이 어려웠던 노동계급 유권자들의 경우에 이런 문제점이 더욱 심각했다. 이 때문에 노동계급을 대표하는 정당들은 이런 유권자들에게 국내외의 정치 환경이나 정치적 쟁점 등에 대한 정보를 제공하고, 이를 통해 노동자 정당의 중요성을 일깨워주는 정치 교육을 적극적으로 행했다. 이러한 노력은 당시에 상대적으로 정치 지식이나 관심에서 남성에 비해 뒤쳐졌던 여성 유권자들에 대해서도 마찬가지였다. 각종 홍보물이나 당보(黨報)를 제작하여 배포했고, 다양한 형태의 교육 프로그램도 운영했다. 정치 교육의 일환으로 정당들은 여가와 오락거리를 활용한 보다 친밀하고 일상적인 형태로도 이들을 정치 사회화시키기 위한 시도를 했다. 예컨대, 노동자들이 모이는 선술집(pub) 같은 곳을 정당이나 관련 단체가 직접 운영하기도 했다. 거기서 자연스럽게 '세상 돌아가는 이야기'를 나누도록 하면서 노동자들이 필요한 정보를 얻고 또 그 정당에 대한 연대감을 갖도록 만들었다.

> 특히 노동 계급과 하층 중산 계급으로 구성된 지역 사회에서, 정당은 그 지역 대다수 거주자들이 스스로 제공할 수 없거나 그럴 여력이 없는 오락거리(recreation)를 제공했다. 더구나 이러한 방식으로 정당을 위한 일꾼을 동원하려 한 것은 단지 대중정당만은 아니었다. (사회주의 대중정당이 그랬던 것처럼) 당원 등록과 함께 당내 권한을 양도하는 방식은 피하면서도, 정당을 위한 일꾼을 확보하고 싶어 했던 명사정당 역시 이러한 방식을 활용했다. 이것이 바로 1차 세계대전 전 20년 동안 프림로즈 리그(Primrose Leagues)[7]를 지원했던 보수당의 전략이었다. 정당은 '맥주와 놀이(beer and skittles)' 혹은 보다 일반적으로는 '차와 케이크(tea and buns)'와 함께 충원을 위한 정치교육을 제공하고자 했다(Ware 1996: 69-70).

'○○당 청년학교'처럼 정치 교육과 정치사회화를 위한 정당 활동이 존재하지만, 전반적으로 우리나라에서 정당의 정치 교육에 대한 역할은 소극적이었다.

그런데 최근 들어서는 서구 민주주의 국가에서도 정치사회화와 관련한 정당의 기능은 줄어들었다. 그 이유는 무엇보다 대중교육이 보편화되면서 문맹률이 크게 낮아졌고, 매스미디어의 발달로 인해 유권자들이 직접 정치에 대한 정보를 접하고 해석하는 일이 가능해졌기 때문이다. 인터넷 등장 이후 정보화의 발달로 인해 이런 추세는 더욱 강화되고 있다.

달턴(Dalton, 1984)은 이전에는 유권자들이 정당일체감과 같은 정당과 관련된 외부적 단서(cues)에 의해 정치를 판단하고 참여했다면, 이제는 교육기회의 확대, 매스미디어, 정보화의 발전으로 더 이상 정당을 비롯한 사회집단과의 연계에 의하지 않고 스스로의 정보와 지식에 의해서 정치를 해석하고 참여하게 되었다고 했다. 달턴은 정당과의 관계 속에서 이뤄지는 정치참여, 즉 정파적 동원(partisan mobilization)보다 유권자 스스로의 지식과 자원에 의한 판단으로 정치에 관심을 갖고 참여하는 인지적 동원(cognitive mobilization)이 더욱 중요해졌다고 주장했다. 정치적 관심이 높고 학력수준이 높아 정치지식이 많은 유권자들이 정파적 동원보다 인지적 동원에 의해 정치에 참여한다는 것이다.

이처럼 예전에 비해서 정당의 정치교육의 중요성은 크게 줄어들었다. 정치사회화에 대한 정당의 기능이 더 이상 의미가 없어졌다고 말할 수는 없지만, 교육 수준의 상승과 정보화 시대의 도래로 인해 이전에 비해서 그 역할의 중요성은 크게 낮아졌다. 그러나 정치적으로 중요한 이슈가 발생했을 때 그것에 의미를 부여하고 정치적 해석을 내림으로써 지지자들을 설득하고 정치적으로 동원해 내는 정당의 기능은 여전히 중요하다.

(6) 사회통합

한 정당은 사회적으로 하나의 부분(part)을 대표한다. 현실 정치에서도 정당은 개별 이념이나 특정 집단의 이해관계를 대표한다. 그러나 이러한 개별 정당들로 구성된 하나의 정당체계는 그 속에 사회적으로 제기되는 다양한 이해관계와 이념, 세계관을 모두 포함한다. 즉, 개별 정당이 '부분'이라면 정당체계는 각각의 부분이 모여 하나의 '전체(whole)'를 구성하게 된다. 이처럼 정당 정치는 사회적으로 존재하고 표출되는 다양한 이해관계를 대표하고, 이를 통해 사회 통합에 기여한다.

상당히 동질적인 사회가 아니라면 양당제보다는 사회적으로 존재하는 다양한 균열과 갈등을 대표할 수 있는 다당제가 정당의 사회통합 기능에는 보다 유리할 것이다. 또한 정당의 득표율과 의석 점유율 간에 상당한 차이를 보이는 다수제 방식의 선거제도보다는 각 정당이 얻은 득표율만큼의 의석 배분을 보장하는 비례대표제가 사회통합에 보다 도움이 된다. 정당의 사회통합 역할과 관련하여 레이파트(Lijphart 1977)의 협의제 민주주의(consociational democracy) 모델에 대해 살펴볼 필요가 있다. 레이파트는 다원적 사회에서는 "반대보다는 합의를 강조하고, 배제보다는 포용, 또 근소한 과반수 대신에 지배하는 다수의 규모를 최대화하려고 노력하는 민주주의 체제, 말하자면 협의제 민주주의"가 필요하다고 강조했다(Lijphart 1977: 21~52). 레이파트는 협의제 민주주의의 요소로, 집행권의 분담(대연합), 공식·비공식 권력 분립, 균형된 양원제와 소수자의 대표제, 다당제, 다차원의 정당제도, 비례대표제, 영토적 및 비영토적 연방주의와 분권화, 성문헌법과 소수파의 거부권(veto) 등을 그 특징으로 들었다. 레이파트가 제시한 조건 가운데 다당제, 다차원의 정당제도, 비례대표제, 소수자 대표제 등은 모두 정당 정치와 직접 관련이 있다. 정당이 사회통합의 기능을 보다 잘 수행하기 위해서는 정당 정치가 다수파에 의한 승자독식(winner-take-all)이 아니라 소수파의 이해와 입장을 고려해 주는 타협과 양보의 정치가 필요하다는 점을 협의제 민주주의 모델은 잘 보여주고 있다.

한편, 사회통합과 관련된 정당의 기능은 최근 인터넷이나 소셜 네트워크 서비스(SNS)를 통한 정치적 논의나 결집이 활발해진 상황에 더욱 중요한 의미를 갖는다. SNS나 인터넷 공간상에서 이뤄지는 논의는 종종 유사한 정치성향을 갖는 사람들끼리(like-minded people)의 소통에 그치는 경우가 많다(Sunstein 2011). 이 때문에 다양하고 상이한 견해를 듣고 입장의 차이를 좁혀가기보다는, 비슷한 이들끼리의 소통을 통해, 편향되거나 혹은 극단적인 것이라고 해도, 자신의 견해를 강화(reinforce) 시키는 경향이 나타나고 있다. 그만큼 사회 전체적으로 보면 정치적 견해가 양극화될 가능성이 커진다. 더욱이 인터넷 공간에서의 토론에서 주목을 받는 이슈는 감성을 자극하는 이슈인 경우가 많아서, 이성적이고 합리적인 토론보다 격한 감정이나 분노의 표출 형태로 논의가 진행되기 쉽다. 또한 '적과 아군'을 나누거나 더 나아가 '선과 악'이라는 양극적 대립으로까지 나아갈 수 있다(강원택 2007: 57~60).

이런 상황에서 정당의 역할은 더욱 중요하다. 사회적으로 존재하는 다양한, 그리고 때때로 갈등적인, 이해관계나 태도는 제도권 내 정당 정치를 통해 온건하고 절차적인 방식으로 그 차이를 해소해 간다. 다원주의 정당 정치의 근간은 다양성과 차이에 대한 인정이다. 개별 정당들은 서로 경쟁적이지만, 집합체로서의 정당체계는 사회 내 다양하고 서로 다른 견해와 이해관계를 정치적으로 대표하고 그 차이와 갈등을 해소하려고 노력한다는 점에서 사회통합에 중요한 역할을 담당하고 있다.

3. 한국에서 정당의 기능

(1) 정당법 규정

우리나라에서도 정당은 언제나 매우 중요한 정치 기구였다. 1948년 이래 정당은 언제나 권력을 향한 경쟁의 중심체로 기능해 왔다. 정당은 선거 때마다 후보자를 공천하고 지지자들을 규합해 왔다. 우리나라의 정당은 국가 권력을 둘러싸고 경쟁하는 정치집단이라는 특성은 강했지만, 이에 비해 시민사회와의 연계, 정치 교육, 정치 엘리트의 육성 등과 관련된 기능은 상대적으로 취약했다.

우리나라 정당 정치의 이런 특성은 정당법 규정을 통해서 확인할 수 있다(강원택 2015a). 우리나라의 정당법은 1962년 12월 31일에 제정이 됐는데 그 이후 내용이 크게 달라지지 않았다. 정당법이 제정된 당시의 상황을 보면, 1961년 5.16 쿠데타 이후 군부는 모든 정당과 사회단체를 해산을 시켰고, '정치활동정화법'을 통해 모든 정치인들의 정치활동을 금지시켰다. 이런 상황에서 정당법이 만들어졌다. 1963년 1월 1일부터 민간인의 정치 활동 재개가 허용했는데 그 전날 정당법이 공표된 것이다. 그런 점에서 볼 때 민정 이양 이후 쿠데타 주도세력에게 유리한 정치질서를 마련하기 위한 의도가 정당법 제정에 포함되어 있었다. 1962년 정당법이 만들어진 이후 전혀 바뀌지 않은 조항 중에 하나가 정당의 목적과 정당에 대한 정의이다.

> 제1조(목적) 본법은 정당이 국민의 정치적 의사형성에 참여하는 데 필요한 조직을 확보하고 정당의 민주적인 조직과 활동을 보장함으로써 민주정치의 건전한 발달에 기여함을 목적으로 한다.
> 제2조(정의) 본법에서 정당이라 함은 국민의 이익을 위하여 책임 있는 정치적 주장이나 정책을 추진하고 공직선거의 후보자를 추천 또는 지지함으로써 국민의 정치적 의사형성에 참여함을 목적으로 하는 국민의 자발적 조직을 말한다.

이들 조항에서 찾아볼 수 있는 정당의 주요 기능은 '정치적 의사 형성', '책임 있는 정치적 주장이나 정책을 추진', '공직 선거 후보자 추천 혹은 지지' 등이다. 이것은 물론 정당이 수행하는 중요한 기능이다. 그러나 '국민의 자발적 조직'이라는 제 2 조에서의 언급에도 불구하고, 전체적으로 볼 때, 정당법에서 바라보는 정당은 시민사회와 국가와의 연계의 기능보다는 국가 영역에 더 가까운 정치 조직의 특성을 갖는다. 다시 말해 정당법에서의 정당의 역할은 통치나 권력 획득과 관련된 측면을 더욱 중시하고 있다.

이러한 특성은 앞서 살펴본 독일의 정당법과 비교해 보면 그 차이를 분명하게 알 수 있다. 한국의 정당법은 제정 과정에서 서독 정당법을 참조했다.[8] 그러나 실제 내용에서는 상당한 차이를 보인다. 독일 정당법과 비교해 보면, 우리나라 정당법이 규정하는 정당의 역할은 시민사회 내에서 자발적으로 조직되는 결사체라기보다, 선거 참여를 통한 권력 획득의 조직이라는 점에 집중되어 있음을 알 수 있다. 독일 정당법에서 규정한, 정치교육, 정치 참여 촉진, 공직 후보에 대한 훈련, 국가와 시민사회 간의 연계 등의 기능은 한국 정당법에는 포함되어 있지 않다. 당시 만들어진 정당법은 이처럼 정당을 시민사회와 연계가 아니라 통치의 관점, 즉 상의하달이나 선거에서의 동원 조직의 측면에서 바라보았다. 자연히 시민사회와 국가 간의 연계자로서의 정당의 역할은 상대적으로 경시되었고, 정치 참여를 제고하고 정치 교육을 실시하고 정치인을 육성하는 정당의 기능 역시 소홀하게 다뤄졌다. 정당법이나 공직선거법에서의 수많은 규제 조항 역시 정당을 바라보는 이러한 시각의 결과이다. 시민사회 내의 자유로운 정치참여를 통한 결사체라기보다 규제의 대상으로 정당을 간주하는 관점은 오늘날까지도 크게 바뀌지 않은 채 지속되고 있다.

(2) 한국에서 정당의 기능

한국 정치에서 한 가지 흥미로운 특징은 권위주의 체제하에서도 정당 경쟁은 역동성을 유지했다는 점이다. 권위주의 체제하에서도 야당은 권력자와 집권당을 비판하고 견제하는 역할을 해 왔으며 선거 정치도 상당히 경쟁적이었다. 그런 점에서 여야 정당 간 차별성이 존재했다. 권위주의 시대에 정당 경쟁은 권위주의 체제를 뒷받침하는 여당과 체제에 도전하는 야당 간의 대결로 이뤄졌다. 권위주의 시대의 정당 정치는 체제에 대한 동의와 반대라는 정치적 태도의 차이에 따라 여당과 야당을 구분지웠다. 민주화 이후에는 지역주의가 정당 간 차별성을 만들어 냈지만, 정당 지도자의 연고라는 것 이외에 정당 간 이념적, 정책적 차이는 거의 없었다. 선거에서 유권자들은 연고와 출신 지역을 기준으로 한 선택 이외에는 상이한 정책과 같은 차별화된 대안을 제공 받지 못했다(김수진 2008a: 248).

그런데 2002년 대통령 선거에서 노무현 후보의 대통령 당선, 또 2004년 국회의원 선거에서 열린우리당의 승리 이후 정당 간 이념적, 정책적 차별성이 뚜렷해졌다. 노무현 후보와 열린우리당은 한국적 맥락에서 진보적 가치를 내세웠다. 2004년 국회

의원 선거 승리 이후 열린우리당은 이념성이 강한 정책이었던 국가보안법 폐지 등 이른바 4대 개혁 입법을 적극적으로 추진했고, 이에 대해 한나라당이 보수성을 강화하면서 한국 정당 정치는 사실상 이념 경쟁의 형태로 나아가게 되었다. 2002년, 2004년의 두 차례 선거를 거치면서, 이후 한국 정당 정치는 이념적 정체성의 분화가 생겨났고, 이는 유권자의 선택에도 영향을 미쳐 이념 성향이 정당 지지에 매우 중요한 결정 요인이 되었다(강원택 2018: 23-25). 이제는 한국 정치에서도 어느 정당이 집권하느냐에 따라 경제, 외교, 대북 정책 등 다양한 분야에서 정책 방향의 차별성이 분명해졌다. 이런 차별적인 정책 대안이 정당 정치를 통해 제시되고 선거를 통해 유권자의 지지를 얻기 위한 경쟁이 이뤄지게 되는 것이다.

정부의 조직과 통제에 대해서는 한국 정당은 부분적으로 그 기능을 수행해 왔다. 의회제 국가에서처럼 정당 정부가 구성되는 것은 아니지만, 집권당은 당정 협의를 통해 정책 추진에 관여해 왔고, 집권당 소속 의원이 장관에 임명되거나 대통령 특보로 임명되는 방식으로 정부의 조직과 통제의 기능을 수행해 왔다. 이 밖에도 국회에서의 법안 처리나, 국정감사나 국정조사, 혹은 인사청문회 등에서 청와대나 행정부와의 사전 협의를 통해 '정부 속에서의 정당'의 역할을 수행해 왔다.

한편, 선거 때마다 우리나라 정당의 현역 교체의 비율은 높은 편이다. 2020년 21대 국회를 예로 들면, 미래통합당의 경우 공천 과정에서 불출마자를 포함하여 현역의원의 교체율은 36.9%였고, 더불어민주당은 26.3%였다.[9] 이처럼 새로운 인물로 후보자를 공천해 왔다는 점에서 정치 엘리트 충원 기능은 우리나라 정당들이 활발하게 수행해 왔다. 하지만 정치권 외부에서 명망을 얻은 인사들을 선거를 앞두고 영입하는 방식이 대부분이었기 때문에, 당 내부에서 당원이나 정치 엘리트를 충원하고 훈련하고 교육시키는 기능은 그동안 제대로 이뤄지지 못했다. 즉, 정치 교육이나 정치 엘리트 육성의 기능에는 매우 소홀했다.

이익의 표출과 집약을 통한 국가와 사회의 연계는 선거 경쟁이라는 대의제 메커니즘 속에서 우리나라 정당들도 일정하게 그 기능을 수행해 왔다. 그러나 최근 들어서는 정당을 우회하는 정치적 요구의 표출도 활발하게 이뤄지고 있다. 대규모 촛불집회가 2002년 이후 2004년, 2008년, 2016년 이뤄진 데서 알 수 있듯이, 정당을 통하기보다 시민들이 직접 거리로 나가 정치적 요구를 표출하는 현상이 빈번해지고 있다. 또한 정보 통신의 발전으로 국가와 시민 간의 직접적인 연계가 가능해졌고, 여기에 문재인 정부에서 시도한 '청와대 청원 게시판'처럼 정당을 우회한 국가 기관과 시민 간의 직접적 소통의 방식도 나타나고 있다. 그런 만큼 한국 정당들의 연계 기능은 여러 가지 요인에 의해 '도전' 받고 있다.

한편, 민주화 이후 주요 정당들은 모두 체제 수용적인 구심적(centripetal) 경쟁을 해 왔기 때문에, 사회 통합과 관련된 중요한 역할을 담당해 왔다. 그러나 최근 들어 양당적 구도 속에서 적대적 양극화의 경향이 나타나는 것은 사회통합의 관점에서 볼 때 우려스러운 일이다.

정치 공동체에 대해 정당이 갖는 정당의 다양한 기능과 관련해서 볼 때, 한국은 시민사회에 기반을 둔 자발적 결사체(voluntary association)라기보다 통치의 기제로 바라보는 시각이 여전히 강하다. 그만큼 아래로부터의 참여와 대표성의 측면보다 정치 엘리트의 선출, 정부의 통제와 같은 국가 기구 속에서의 기능이 중시되고 있다. 정치 참여, 정치 교육, 정치 엘리트 육성 등 시민사회와의 연계 기능이 우리나라 정당 정치에서 보다 강화될 필요가 있다.

2

CHAPTER

정당의
기원

정/당/론

제2장

정당의 기원

정당은 역사적으로 언제 어떤 모습으로 생겨났을까? 우리나라에서는 일제강점기에 한반도나 중국 등 외국에서 독립운동을 위한 정치 결사체가 만들어졌고, 해방 후에는 국가 건설의 방향과 방법을 두고 수많은 정치 단체들이 생겨났다. 이처럼 우리나라에서 정당의 출현은 국가 건설과 긴밀한 관계를 갖는다.

이에 비해 서구에서의 정당은 민주주의 발전 과정 속에서 등장했다. 정당은 근대 민주주의의 산물이었다. "정당이 민주주의를 만들었다. 근대 민주주의는 정당에 대한 것을 제외하면 생각할 수 없다"는 샤츠슈나이더(Schattschneider 1942: 1)의 표현대로, 정당의 출현은 근대 이후 진행되어 온 민주화와 긴밀한 관계를 갖는다. '전력 생산을 위한 댐이나 제철소가 경제 영역에서 근대화의 상징이라면, 정당은 정치적 근대화의 상징이었다.'(LaPalombara and Weiner 1966: 4)

정당의 기원은 크게 두 가지 시각으로 나눠 설명해 볼 수 있다. 하나는 제도적 관점에서 설명하는 것으로, 의회 정치의 발전과 선거권 확대와 관련하여 정당의 기원을 설명하는 것이다. 또 다른 관점은 역사적—상황적(historical—situation) 요인에 주목하는 것이다. 위기가 발생하여 정치체제가 하중(loads)을 받게 되면 새로운 정치 조직이 등장한다는 것이다.

1. 제도적 관점

정당의 기원을 설명하는 첫 번째 관점은 의회와 선거권 확대라는 정치 제도의 측면에 초점을 맞춘다. 19세기 유럽에서 정당의 등장은 의회가 통치를 실질적으로 담당하게 되었다는 것, 즉 의회로의 정치권력의 이전과 그 이후에 이뤄진 참정권의 확대라는 두 가지 요인이 서로 결합하면서 정당 정치가 출현했다는 것이다. 이러한 관점에서 정당의 출현을 설명하는 학자는 뒤베르제(Duverger 1954)와 사르토리(Sartori 1976)가 대표적이다.

(1) 뒤베르제

뒤베르제(Duverger 1954: xxiii−xxxvii)는 서구에서 정당의 기원을 의회를 중심으로 두 가지로 구분해서 설명하고 있다. 하나는 '의회 안에서 만들어진 정당(electoral and parliamentary origin of parties)'이고 다른 하나는 '의회 밖에서 만들어진 정당(extra−parliamentary origin of parties)'이다.

의회 내에서 만들어진 정당의 기원은 대체로 단순하다. 우선 의회 내 의원들의 집단이 생겨났고, 그 후 지역에 선거 위원회(electoral committee)가 만들어지고, 그리고 이 두 가지 요소가 항구적으로 결합하게 되면 정당이 발생하게 된다는 것이다. 의회의 권한이 강화되어가는 과정에서 중요한 정치적 이슈가 부상했을 때, 그에 대한 의원들의 태도나 성향에 따라 의회 내 집단이 만들어진다. 이런 상황에서 참정권이 소수로부터 일반 대중으로까지 확대되어 가면서 선거의 중요성이 커지게 되었다. 이에 따라 선거운동을 효율적으로 전개하고 표를 얻기 위해 선거 위원회 조직이 만들어진다. 의회 내에서 먼저 형성된 집단과 지역의 선거 위원회 조직이 결합하게 되면서 정당이 만들어진다. 발생의 순서를 보면, 선거 관련 조직이 만들어지기 이전에 의회 내 집단이 먼저 생겨난 것이다. 그런데 당시 의회 내 정치 집단의 형성은 어떤 정치적 원칙(political doctrine)에 의해 이뤄진 것은 아니었다. 오히려 출신 지역의 유사함, 비슷한 분야의 직업적 이익을 지키려고 하는 열망이 의회 내 집단 형성에 보다 중요했고 정치적 원칙은 그 이후 등장했다. 이러한 정당 출현의 모습을 혁명 직후의 프랑스 사례에서 찾아볼 수 있다.

1789년 4월 삼부회에 파견된 지방 대표들이 베르사유에 도착했다. 그들은 그 곳이 낯설었다. 그들이 낯선 지역에서 느끼는 외로움에서 벗어나기 위해, 그리고 출신 지역의 이해관계를 지키기 위한 차원에서 같은 지방에서 온 대표자들이 매우 자연스럽게 서로 만나기 시작했다. 이러한 움직임은 브르타뉴 지방의 대표자들에 의해 시작되었는데, 이들은 카페의 방 하나를 빌려서 정기적인 모임을 조직했다. 그들은 그때 지역 문제뿐만 아니라 국가 정책의 근본적 문제점들에 대해 생각을 공유하고 있음을 알게 되었다. 그들은 자신들의 견해를 공유하는 다른 지방 출신의 대표자들을 모임에 끌어들이려고 애썼다. 그 결과 이들의 모임인 '브르타뉴 클럽(the Club Breton)'은 이념적 집단이 되었다. 국민의회가 베르사유로부터 파리로 옮겼을 때 처음에 이 클럽의 활동은 잠시 중단되었다가 곧 새로운 모임 장소를 확보했다. 이 때는 카페의 방을 빌리는 것이 여의치 않았다. 그 대신 클럽의 주도적 인사들이 한 수도원의 식당을 빌렸는데, 그 클럽이 유명하게 된 것은 바로 그 수도원의 이름 하에서였다. 거의 대다수의 사람들이 '브르타뉴 클럽'은 잊어버렸겠지만, 누가 자코뱅 당(the Jacobins)에 대해 모른다고 할까? 지방 출신 집단이 핵심적인 이념적 파벌로 변화해 간 유사한 과정을 거쳐 후에 지롱드 클럽도 등장하게 되었다(Duverger 1954: xxiv-xxv).

위의 글은 프랑스 혁명 이후의 국민의회(Assemblée Nationale) 내에서 정당이 등장한 과정을 보여 주고 있다. 혁명 이후의 정국 전개 과정에서 급진적이고 과격한 노선을 추구했던 자코뱅 당이 처음부터 대단한 이념적, 정책적 목표를 갖고 시작된 것이 아니었음을 알 수 있다. 이들이 모임을 가진 수도원은 파리 생토노레 거리(Rue Saint-Honoré)에 있는 자코뱅 수도원(Couvent des Jacobins)이었다. 브르타뉴 지방 출신들이 베르사유나 파리 같은 아는 사람이 별로 없는 낯선 곳에서, 동향이라는 이유로 혹은 같은 직업 종사자라는 이유로 서로 어울리다가 점차 사상적 공감대도 넓혀가고 참여하는 이들도 확대되면서 정당으로 변화해 갔음을 알 수 있다. 자코뱅은 프랑스혁명 이후 로베스피에르가 중심이 되어 급진적 혁명을 추진하면서 공포정치를 실시했지만 테르미도르 반동 이후 몰락의 길을 걸었다. 공포정치 시기 로베스피에르에 의해 많은 이들이 처형된 지롱드 당(Girondins)의 이름은 보르도(Bordeaux)가 중심 도시인 프랑스 남서부 지롱드(Gironde) 지역에서 유래된 것이다. 이처럼 프랑스의 사례에서 보듯 역사적으로 의회가 먼저 구성되었고, 그 다음으로 의회 내에 정치적 집단이 만들어졌고 그것을 토대로 정당이 생겨나게 된 것이다.

영국의 경우도 이와 유사한 과정을 거쳐 정당이 출현했다(강원택 2020: 27-34).

영국에서는 찰스 1세의 폭정에 대해 의회가 반발하면서 1642년부터 1651년까지 왕당파와 의회파 사이에 내전이 발생했다. 의회파가 승리하면서 찰스 1세는 1649년 교수형에 처해졌고, 올리버 크롬웰이 호국경이 되면서 영국은 공화국이 되었다. 그러나 크롬웰이 죽은 후 1660년 왕정복고가 이뤄지면서 찰스 1세의 아들 찰스 2세가 국왕으로 권좌에 복귀했다. 왕정복고 초기에 의회와 국왕의 관계는 매우 우호적이었다. 그러나 얼마 지나지 않아 의회는 찰스 2세가 국교인 성공회 대신 로마 교황의 통치를 받는 가톨릭을 다시 복원시키려 한다는 의구심을 갖게 되었다. 그런데 찰스 2세는 자식이 없었기 때문에 동생인 제임스가 왕위계승자가 되었다. 1534년 헨리 8세가 종교개혁을 단행하여 수장령(Acts of Supremacy)을 내리면서 성공회 교회를 로마 가톨릭 교회로부터 분리시켰는데 이러한 종교개혁은 영국 정체를 규정짓는 매우 중요한 정체성이었다. 그런데 제임스는 가톨릭 신자였다. 이 때문에 의회는 가톨릭 신자였던 제임스가 국왕직을 물려받지 못하도록 한 왕위배척법(Exclusion Bill)을 통과시키려고 했고 찰스 2세는 의회를 다시 해산했다. 그런데 왕위배척법을 둘러싼 갈등으로 의회는 두 정파로 분열되었다. 한쪽에서는 가톨릭을 믿고 로마 교황과 가까운 국왕은 절대로 받아들여질 수 없다고 주장한 반면, 다른 쪽에서는 국왕직에 오르는 권리는 신으로부터 내려진 것이므로 가톨릭 신자라고 해도 받아들여야만 한다는 것이었다. 이러한 입장 차이가 휘그(Whig)와 토리(Tory)라는 두 개의 정파로 나뉘는 계기를 마련했다. 휘그는 제임스의 왕위 계승에 반대하고 영국 성공회 등 개신교의 입장을 두둔한 반면, 토리는 가톨릭교도라고 해도 그가 영국 국왕이 되는 것에 반대하지 않았다. 결국 왕위에 오른 제임스 2세는 휘그파의 우려대로 즉위 후 왕권 강화 시도와 함께 가톨릭을 옹호했다. 이 때문에 그의 왕위 즉위를 지원했던 토리파는 난처한 입장에 놓였다. 국왕에 대한 충성과 성공회로 대표되는 잉글랜드의 국가 정체성 사이에서 고민하던 많은 토리들은 결국 국교회를 선택하게 되었다. 토리와 휘그는 이 문제에 의견을 같이 했고 비밀리에 오렌지의 윌리엄(William of Orange)에게 개입을 요청했다. 윌리엄의 군대가 잉글랜드에 상륙하면서 제임스 2세는 해외로 도피했고, 이로 인해 1688년 명예혁명(Glorious Revolution)이 이뤄졌다. 윌리엄과 메리는 영국의 새로운 국왕이 되었다. 이와 함께 권리장전(Bill of Rights)이 제정되었다.

이처럼 영국에서도 역사적으로 의회가 먼저 존재했고 의회 내에서 의원들의 입장 차이가 처음에는 휘그파와 토리파라는 정당으로 변모했고, 이후 자유당과 보수당이라는 두 정당으로 발전해 나갔다.

이처럼 '의회 내에서 생겨난 정당'은 정치 활동이 국왕, 귀족 등 소수의 손에 놓여 있던 시절에 그 모습을 드러냈다. 그러나 정당 정치가 본격적으로 발전하게 된 것은 선거권이 대중에게로 확대된 이후의 일이다. '의회 내에서 생겨난 정당'이라고 해도 대중 선거권이 확립되고 난 이후에는 유권자들의 표를 얻어야 했기 때문에 지역구에 선거위원회(local electoral committee)를 마련해야 했다. 이처럼 '의회 내에서 생겨난 정당'은 의회 내에서 의원들 사이에 형성된 느슨한 형태의 집단과 지역의 선거위원회가 결합하면서 근대적 형태의 정당으로 발전해 갔다.

이처럼 정당의 출현과 관련한 또 다른 중요한 요인은 선거권의 확대이다. 엡스타인(Epstein 1967: 23)의 표현대로, 선거권의 확대가 근대 정당의 발전을 설명한다. 대중 선거권의 확립은 기존의 의회 정치와 무관하게 의회 밖에서 정당을 만들어 낼 수 있는 정치적 기회 구조를 마련해 주었다. 의회와 무관하게 활동해 오던 기존 조직이 선거권 확대라는 상황의 변화에 따라 정당을 결성하게 된 것이다. 다음의 글은 '의회 밖에서 생겨난 정당'의 한 사례에 대해 묘사하고 있다.

> 1900년 2월 27일 화요일 아침의 런던은 언제라도 빗방울로 변할 것 같은 무거운 안개에 잠겨 있었다. …새벽 안개에 지레 위세가 가물해진 가스등 아래로, 파링돈가 메모리얼 홀엔 애초부터 승전보와는 무관한 듯한 비장한 눈빛의 사내들이 삼삼오오 모여들었다. …사내들의 숫자는 총 129명. 이들이야말로 불과 20여 년 후에는 전통의 자유당을 당당히 제치고 보수당과 더불어 영국의 또 다른 양당 정치를 주도해 나갈 노동당, 그 창당을 위한 대회의 주역들이었다. 이들은 노동조합과 런던을 거점으로 활동하던 3개 사회주의 단체들, 즉, 페이비언 협회(Fabian Society), 독립노동당(Independent Labour Party), 사회민주연맹(Social Democratic Federation)의 대표들이었다. 이들이 대표한 노동조합원은 총 57만 명, 사회주의단체의 회원은 약 2만 3천 명이었다. 따라서 사회주의 정향의 주요 단체들과 개인들은 대체로 망라된 반면 전 노조원의 2/3 이상과 노조운동의 정상기관인 노동조합회의(TUC: Trade Union Congress) 가입 노조원의 절반 이상이 아직 대표되지 않은 셈이었다. …대회는 외부의 철저한 무관심 속에 소집되고 진행되었다. …새 단체는 노동당이라는 명칭 대신 노동대표위원회(LRC: Labour Representative Committee)라는, 의회 진출을 목표로 한 정치단체로서는 다소 소극적인 이름으로 출발하였다. LRC가 노동당이라는 당명을 공식적으로 사용하기 시작한 것은 출범 6년 후의 일이며, 사회주의 당헌이 채택된 것은 그로부터 12년이 지나서였고, 마침내 최초의 집권에 성공한 것은 다시 그로부터 정확히 5년 후의 일이었다(고세훈 1999: 25-27).

위의 글은 영국 노동당이 창당되는 과정을 기술하고 있다. 영국 노동당은 1900년 의회 외부에 조직되어 활동해 오던 노동조합과 페이비안 협회를 비롯한 사회주의 단체들을 기반으로 만들어진 정당이다.

'의회 밖에서 생겨난 정당'은 노조 이외에도 교회, 협동조합, 지식인단체, 기업 등 다양한 기존 조직을 기반으로 했다. 교회가 중심이 되어 정당이 만들어진 경우는 독일 제국 시기에 생겨난 중앙당(Centre party; Zentrumspartei)이 그 예이다.[1] 중앙당은 프러시아에서 1870년 가톨릭교회의 권한과 영향력을 축소하기 비스마르크에 의해 학교 교육의 감독권, 성직자 임명권 배제 등을 둘러싼 '문화투쟁(Kulturkampf)'이 발생하자 이에 대한 반발로 독일 가톨릭교회를 중심으로 만들어진 정당이다. 이 밖에 기업이나 자본가들이 정당을 만들기도 했다. 뒤베르제는 캐나다 몬트리얼 은행, 그랜드 트렁크 철도회사(Grand Trunk Railway), 그리고 몬트리얼의 대자본가들이 만든 캐나다 보수당(Canadian Conservative Party)을 그 예로 들었다(Duverger 1954: xxxiv). 이외에도 농민단체에 의해 만들어진 농민당, 혁명이나 봉기를 위한 비밀결사조직에 의해 만들어진 정당 등도 의회 외부에서 생성된 정당의 예라고 할 수 있다.

앞에서도 지적했지만, 정당이 의회 내에서 형성되었든지 의회 밖에서 형성되었든지 그 기원과 무관하게 정당이 발전해 오는 결정적 계기를 마련한 것은 선거권 확대이다. 의회 내부에서 정당이 생성되었더라도 선거권의 확대로 인한 정당 정치의 발전까지는 상당한 시간이 더 소요되었다. 이런 이유로 뒤베르제가 의회 내에서 생긴 정당은 정당 발생의 구식 형태(old type), 의회 밖에서 생긴 정당은 정당 발생은 근대적 형태(modern type)라고 불렀다. 예컨대, 프랑스의 경우에는 1789년 혁명으로 구체제, 곧 앙시앵 레짐(ancien régime)이 무너졌지만, 남성만을 대상으로 한 보통 선거권이 프랑스에서 확립된 것은 1848년의 일이었다. 영국의 경우는 더 오랜 시간이 걸렸다. 토리와 휘그로 의회가 나뉘었던 것이 1688년의 명예혁명 무렵이었지만, 영국에서 투표권 확대의 중요한 계기는 그로부터 150년 가까운 세월이 흐른 1832년 개혁법(Great Reform Act) 통과와 함께 비롯되었다. 이 법의 제정으로 귀족에게만 국한되었던 선거권이 확대되어 잉글랜드와 웨일스 지방의 상공업에 종사했던 부르주아 시민들에게 선거권이 부여되었고 이전까지 과소 대표되었던 도시 지역의 의석수도 늘렸다. 그러나 여전히 선거권은 소수에 국한되었고 전체 인구 3천 만 명 중 143만 명 정도가 투표권을 가졌다. 1867년 제2차 선거법 개혁을 통해 도시의 숙련 노동자들에게까지 선거권이 확대되었고 투표권을 가진 인구는 250만 명으로 다소 늘어났다. 이때 노동자들에게 처음으로 선거권이 부여되었다. 1884년 3차 선거법 개정으로 하층 노동자에게도 선거권이 부여되었지만 일정한 재산 이상을 가진 이들에게만 국한된 것이었다. 그러나 이 개정된 법으로 성인 남성 세 명 중 두 명 정도에게 투표권이 부여되었고 이는 전체 인구의 18% 정도였다. 1918년 4차 선거법 개정으로 남성 유권자에 대한 재산 규정이 폐지되었고, 30세 이상 여성에게도 투표권이 주어졌다. 1928년 5차 선거법 개정에서 남성과 동등하게 여성에게 투표권이 부여되었다.[2] 이처럼 영국에서는 1832년부터 거의 100년에 걸쳐 선거권이 점진적으로 확대되어 왔다. 그런데 의회 내에 그 기원을 둔 보수당이 당 조직을 갖춘 것은 1867년 2차 개혁법으로 노동자들에게까지 투표권이 부여된 이후였다. 1870년 디즈레일리가 이끌던 영국 보수당이 중앙당 사무국(Central Office)을 창설했다. 이처럼 의회 내에 정당이 생겨났다고 하더라도 실제 선거권 확대를 통해 정당으로서의 조직적 형태를 갖추는 데까지는 상당한 시간이 소요되었다.

(2) 사르토리

사르토리(Sartori 1976: 18-24)는 의회 내에서 생성된 집단이 국왕을 대신하여 통치를 담당하는 '정당 정부(party government)'의 출현이라는 관점에서 정당의 기원과 발전 과정을 설명했다. 사르토리는 정당의 발전을 크게 세 단계의 변화로 설명했다. 초기 정당은 사르토리가 '대사형 정당(ambassador party)'라고 부른 것처럼 통치의 영역에서 벗어나 있었고 통치 행위와 무관했다. 그 다음 단계에 나타난 형태는 '정부 속의 정당(party in government)'이었다. 정당이 정부의 한 요소로 간주되고 그 영역 내에서 활동하지만 실제로 통치를 책임지지는 않았다. 그리고 마지막 단계에서 정당은 직접 통치를 행하거나 정부 기능을 담당하는 진정한 의미의 정당 정부로 발전해 갔다. 그런데 '정부 속의 정당' 단계에서 진정한 의미의 정당의 통치(party governance)가 실현되기까지는 매우 긴 시간을 필요로 했다.

18세기 영국에서 나타난 정당의 통치는 '정당 정부'가 아니라 '책임 정부(responsible government)'의 특성을 지녔다. 책임 정부는 각료들(ministers)이 의회에 대해 책임을 지는 의회제의 형태이지만, 매우 느슨하고 애매한 형태의 의회제 정부였다. 이때 각료들은 각기 독립적으로 존재하는 의회 의원들의 비판과 지원에 의존했다. 그런 점에서 책임 정부는 정당에 기반한 정부는 아니었으며, 그 대표성도 민주적이기보다는 귀족적이었다.

이와 같은 귀족적이고 의회 내 집단(in-group)이었던 정당이 선거 중심적이고 의회 외적 집단(out-group)으로 변모하게 된 것은 선거권 확대가 중요한 계기를 마련했다. 선거권이 확대되면서 '아래로부터의 압력'이 증대되었으며, 의회 의원들도 자신의 대표성이 선거에 기반할 때 보다 무게감을 갖는다는 사실을 깨닫게 되었다. 이런 상황이 되자 정부는 까다로운 의회 의원들보다 지역구 유권자들에게 직접 호소하고자 했고, 또 의회는 의회대로 그들의 주장을 유권자에 대한 호소를 통해 관철하고자 했다. 그 결과 유권자들의 영향력은 더욱 증대되었다. 이런 과정을 거쳐 의회에 책임을 지던 책임 정부는 국민에게 책임을 지는 '반응 정부(responsive government)'로 변모하게 되었다. 책임 정부는 그저 일을 잘하고 책임 있게 하면 그것으로 되는 것이었지만, 반응 정부는 유권자의 요구에 따라야 하는 정부였다. 이에 따라 유권자의 요구와 목소리에 귀를 기울여야 하고 또 그것에 영향을 받는 정부로 변모해 갔다.

이처럼 선거권 확대는 정당 발전에 결정적 터닝 포인트가 되었다. 의회 의원들이 더 많은 득표를 필요로 할수록, 의회 내 정당(party-in-parliament)은 이제 의회 밖으로 그 활동범위를 넓히면서 표를 추구해야 할(vote-seeking) 수단을 필요로 하게 되었다. 이로 인해 두 가지 중요한 변화가 생겨났다. 하나는 '정당의 응집화(solidification of party)'이다. 정당의 결속력이 강화된 것이다. 정당이 선거에서 중요한 판단의 대상이 되면서 결속력을 갖는 정당이 선거에서 유리하다는 것을 깨닫게 되었다. 정당은 어떤 원칙뿐만 아니라 선거에서의 현실적 필요성 때문에 결집하게 되었다. 선거가 보다 일반화되면서 정당을 자주 옮겨 다니거나 이탈하거나 혹은 당명을 바꾸는 것은 유권자의 표를 얻는 데 불리함을 주게 되었다. 이런 이유로 인해 과거 내부적으로 별개의 '부분들(parts)'로 나뉘어져 있던 것들이 보다 큰 단위로 결집하게 되었다.

선거권 확대의 두 번째 결과는 책임 정부에서 반응 정부(responsive government)로 변화했거나, 또는 책임 정부와 반응 정부의 속성이 서로 결합하게 된 것이다. 책임 정부와 달리 반응 정부는 유권자들의 요구를 따라야 했다. 이런 변화 속에서 정당 정부(party government)가 등장하게 되었다. 정당이 통치를 직접 담당해야만 득표 경쟁에 중요한 유권자의 요구를 충족시킬 수 있게 된 것이다.

한편, 선거권 확대에도 불구하고 정당체계는 제대로 자리 잡지 못했다. 여전히 선거권은 제한적이었고 투표 참여도 낮았기 때문이다. 그러나 선거권의 대규모 확대 이후 '결정적 다수(critical mass)'가 등장하면서 의회 외부에서 생겨난 정당과 대중정당이 등장하게 되었고, 이와 함께 정당체계가 만들어졌다. 즉, 정당의 발전은 책임 정부의 등장, 그 이후 선거의 '실질화'를 거쳐, 하위 체계로서 여러 정당이 출현하면서 정당체계의 형성으로까지 나아가게 된 것이다.

사르토리는 우선 의회가 통치 과정에서 보다 큰 책임을 갖게 된 것에 주목한다.

그 후 선거권 확대가 이뤄지고 이에 대해 정당이 적극적으로 대응하면서 정당 정치가 발전해 온 것으로 설명하고 있다. 이러한 사르토리의 설명은 뒤베르제의 설명과 유사한 시각에서 정당 발전의 역사적 흐름을 제시하고 있다. 사르토리의 논의는 <그림 2-1>로 요약해 볼 수 있다.

▼ 그림 2-1   책임 정부에서 정당 정부로의 발전 과정

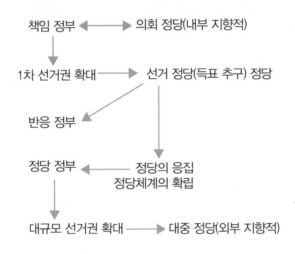

(3) 제도적 관점의 정당 기원론에 대한 평가

그런데 뒤베르제의 '의회 안에서 만들어진 정당'이나 사르토리의 정당 정부의 출현 과정에 대한 설명은 서구 정당의 출현 과정에 대한 이해를 돕지만, 모든 정당의 기원을 다 설명하지는 못한다(Scarrow 2006: 17-19). 이들의 설명은 '의회 정치의 활성화(parliametarization) → 의회 내 집단 형성 혹은 책임 정부의 출현 → 대규모 선거권 확대 → 정당의 출현'의 순서로 정리해 볼 수 있다. 그러나 이러한 순차적 변화가 모든 국가에 적용되는 것은 아니다. 이러한 순서는 영국 정당의 출현 과정에는 잘 들어맞지만, 예컨대, 덴마크에서처럼 대규모 선거권 확대가 의회 내 정당의 출현보다 먼저 이뤄진 곳에는 적용되지 않는다. 또한 어떤 국가에서는 의회 정치의 활성화가 정당 발전의 결과이기도 했다. 이처럼 서구에서 정당의 출현을 하나의 틀로 설명하는 데는 한계가 있다.

물론 서구에서 정당 출현의 핵심적인 두 요소는 의회 정치의 활성화, 그리고 선거

권의 확대이다. 이들의 전후 관계를 놓고 볼 때 세 가지 경로가 가능하다. 첫 번째는 뒤베르제나 사르토리가 설명한 대로, 의회의 권한 강화가 대규모 유권자의 등장보다 앞서는 경우이다. 영국이 대표적 사례이다. 두 번째는 의회 정치의 활성화가 선거권의 확대 이후에 이뤄지는 경우이다. 독일과 프랑스에서는 대다수 남성에 대한 선거권 부여가 의회가 통치 권한을 갖기 훨씬 이전에 이뤄졌다. 세 번째는 두 가지 사건이 대체로 비슷한 시기에 이뤄진 경우이다. 미국에서는 대의제 정부와 대규모 선거권 부여가 독립 무렵 이미 다 이뤄져 있었고, 정당은 그 이후에 발전해 갔다. <표 2-1>은 서유럽 각국에서 선거권 확대와 의회 정치의 활성화의 대체적인 시점을 세 가지 형태로 나눠 정리한 것이다. 여기서 알 수 있듯이 의회 정치의 활성화와 선거권 확대의 역사적 순서는 나라마다 각기 다르다.

▼표 2-1 서유럽에서 선거권 확대와 의회 권한 강화의 시점

	국가	의회 정치의 활성화	19세 이상 인구의 10% 이상이 하원 선거의 투표권	남성에 대한 보통 선거권
의회 정치의 활성화가 앞선 경우	영국	1832-35	1869	1918
	벨기에	1831	1894	1894/1919
	이탈리아	1861	1882	1913/1919
	네덜란드	1868	1888	1918
10% 이상 선거권 확대가 앞선 경우	프랑스	1875	1848	1919
	독일	1919	1871	1871
	오스트리아	1919	1873	1907
	덴마크	1901	1849	1849
	스웨덴	1917	1875	1911
비슷한 시기에 이뤄진 경우	스위스	1848	1848	1848
	핀란드	1917	1907	1907

출처: Scarrow 2006: 18. Table 2.1에 의거 수정.

뒤베르제나 사르토리의 정당 기원의 설명은 근대 민주주의의 발전 과정에서 정당의 출현을 보여 주고 있다는 점에서 매우 유익하고 중요한 것이지만, 서구의 모든 국가의 정당의 기원에 적용될 수 있는 것은 아니다. 이들이 제시한 정당의 기원은

일종의 이상형(ideal type)으로 볼 수 있다. 다만 정당의 출현과 관련하여 의회가 통치 과정에서 중요한 역할을 담당하게 되었다는 것과 선거권이 확대되었다는 두 가지 요인의 중요성은 어느 나라에서나 결코 부정될 수 없다. 정당은 근대 민주주의의 소산이기 때문이다.

그런데 각 국가별 정당 출현의 차이를 설명하기 위해서는 의회와 선거권 확대와 같은 정당 출현의 추동 요인뿐만 아니라 그것을 어렵게 만드는 제도적인 제약 요인도 함께 고려해 봐야 한다(Scarrow 2006: 19-20). 결사와 집회의 자유, 언론과 출판의 자유, 권력에 대한 비판의 허용 여부 등과 같은 정치적 자유의 정도가 정당의 출현에 영향을 미칠 수밖에 없기 때문이다. 19세기 전반에 미국과 영국에서는 정치 조직을 만들거나 정부 정책에 반대하는 의견을 표현할 수 있었다. 미국에서 언론의 자유, 결사의 자유는 헌법에 명시되었다. 영국에서 검열 조치는 17세기 말에 폐지되었지만 19세기 중반까지 엄격한 명예훼손 법이 표현의 자유를 제한했다. 그러나 영국에서도 의회에 억울함을 호소하는 청원은 허용되었다. 1830년대 보통 선거와 의회 개혁 등을 요구한 차티스트 운동(Chartist Movement)이 대표적 사례이다. 이 운동과 관련하여 발생한 폭력은 불법이었지만, 이들이 청원을 위한 집단을 형성하는 것 자체는 허용되었다. 차티스트 운동으로 제기한 청원은 의회에 의해 받아들여지지 않았고 또 이 운동이 정당으로 이어진 것도 아니었지만, 19세기 전반기에 영국은 정치 집단을 조직하는 데 상대적으로 자유로운 편이었다.

이에 비해 유럽 대륙의 국가들에서는 정치 집단을 조직하거나 정부에 대한 적대적 견해를 표출하는 것을 억압했다. 1819년 오스트리아의 메테르니히가 주도한 카를스바트 결의(Karlsbad Decrees)는 당시 독일 연방 내 모든 국가들에서 정치 검열을 강화하고 정치 활동에 대한 여러 가지 제약을 가했다. 1831년에는 정치적 회합 자체를 금지했고, 이듬해에는 정치 조직을 만든 것을 불법화했다. 이처럼 독일에서는 정치 활동이나 표현의 자유가 크게 제약을 받았다. 1850년이 되어야 직접적인 언론 검열은 폐지되었지만 그 이후에도 여전히 비판적 언론을 재갈 물릴 수 있는 다른 법률적 수단이 존재했다. 그 이후 정치 환경이 점진적으로 개선되어 왔지만, 1899년까지 독일에서는 정당 조직의 지역 간 연계를 법으로 금지했고, 1908년까지 대부분의 독일 주에서 지역의 정당 조직이 공공 모임을 가질 때마다 지방 당국에 신고해야 했다.

프랑스에서도 19세기 대부분의 시기에 정당 발전을 어렵게 하는 법적 규제가 존재했다. 프랑스 혁명의 반작용으로 결사의 자유, 집회의 자유를 제약하는 법이 만들어졌고, 그것은 그 이후 더욱 억압적인 것이 되었다. 19세기 초에는 20명 이하의 정치 집회는 별도의 허가를 받지 않아도 모일 수 있도록 허용되었지만, 1834년 이후에는 모든 규모의 정치 회합이 금지되었다. 정치 조직에 대한 많은 규제와 제약은 1871년까지 지속되었고 1901년이 되어서야 모두 폐지되었다. 또한 1881년이 되어서야 프랑스에서 언론 자유에 대한 규제가 사라졌다. 이러한 법적 규제가 정당 등장을 아예 불가능하게 만든 것은 아니지만 정치적 지지를 동원해 내기 위한 안정적인 조직을 만들려는 시도를 어렵게 했다.

따라서 정당의 출현을 설명하기 위해서는 그것을 가능하도록 이끈 의회 정치의 발전이나 선거권 확대 등의 추동 요인뿐만 아니라 그것을 어렵게 하고 때때로 좌절시켰던 법적 규제와 같은 부정적인 요인, 제약 요인도 같이 고려해야 한다.

2. 역사적-상황적 관점에서 정당의 기원

뒤베르제나 사르토리가 말하는 정당의 기원은 우리나라를 비롯한 비서구 국가에서 정당의 기원을 설명하는 데 그대로 적용하기 어렵다. 이들의 정당 기원론은, 의회 내부에서이든 외부에서이든, 의회 정치가 만들어진 상황을 전제로 하고 있다. 그러나 우리는 의회가 존재하지 않았던 해방 직후의 상황에 정당이 등장했다. 우리나라 정당의 기원에 대한 설명은 뒤베르제나 사르토리 같은 제도적(institutional) 관점보다는, 역사적-상황적(historic-situational) 요인에 주목하는 라팔롬바라와 웨이너(LaPalombara and Weiner 1966, 14-19)의 위기 이론이 보다 적합해 보인다.[3] 이들은 위기가 정치 체계에서의 역사적 전환점(turning point)을 만들어 낸다고 보았는데, 전쟁, 인플레, 경제 공황, 대규모 대중 운동, 인구 폭발 혹은 그 정도까지는 아니더라도 교육제도의 변화, 고용 패턴의 변화, 농업이나 공업의 발전, 매스미디어의 발전 등도 위기를 만들 수 있다고 보았다. 특히 이런 상황이 중첩적으로 나타나는 경우 여러 가지 형태의 정치적 변혁이 일어날 수 있다는 것이다. 이들은 정치체제의 위기를 세 가지로 구분하여 정통성(legitimacy), 통합(integration), 참여(participation)의 위기가 정당 형성에 미치는 영향에 주목했다. 이러한 위기는 기존의 정치 체제에 '하중(荷重, loads)'을 주게 되고 이것이 정당의 등장으로 이어진다고 보았다.

정통성의 위기는 기존의 권위 구조가 정치적 위기에 제대로 대응하지 못하고 정치적 격변이 뒤따르게 될 때 나타난다. 1990년대 탈공산화 이후에 등장한 동유럽의 정당들이 여기에 해당된다. 우리나라에서 1985년 전두환 체제에 도전하면서 대통령

직선제 개헌을 내세우며 등장한 신한민주당의 출현도 정통성의 위기로 설명할 수 있다. 통합의 위기는 분열되어 있는 인종 집단들이 하나의 영토로 통합될 때 발생한다. 캐나다로부터의 분리 독립을 추구했던 퀘벡 지역의 블록 퀘벡당(Bloc Québécois)을 그 예로 볼 수 있다. 참여의 위기는 거대한 사회적, 경제적 변혁이 기존의 사회 계층 구조(stratification systems)에 큰 충격을 주면서 발생한다. 노동자들에 대한 참정권이 부여된 이후 등장한 영국 노동당이 여기의 사례로 볼 수 있다.

라팔롬바라와 웨이너의 관점은 의회 정치의 발전과 선거권의 확대를 통해 정당의 출현을 설명하기 어려운 비서구 국가에서의 정당 출현을 설명하는 데 유익하다. 우리나라에서의 정당의 기원 역시 이들의 설명을 통해 이해할 수 있다. 한국에서의 정당 출현은 해방 이후 겪게 된 정치체제의 '위기'와 관련이 있다. 한국은 라팔롬바라와 웨이너가 말한 위기의 세 가지 요소가 해방과 함께 동시에 발생했다.

해방과 함께 그동안 한반도를 지배해 온 조선총독부로 대표되는 일본의 식민지배 체제가 갖던 권위와 통치의 기반이 붕괴되었다. 즉, 일본의 한국 지배를 담당한 조선총독부를 정점으로 한 기존 정치체제가 일본의 패망과 함께 붕괴하면서 정통성의 위기가 발생한 것이다. 다시 말해, 이 시기는 지배적인 정통성의 부재로 인하여 불가피하게 새로운 권위에 토대한 정통성의 인위적인 구성을 준비한 시기였다(김학준 1991: 254).

또 한편으로 당시 한국 사회는 미국과 소련의 개입과 함께 분단되면서 단정(單政)과 통일 정부라는 통합의 이슈를 두고 심각한 위기를 겪었다. 1946년 5월 미소공동위원회가 사실상 결렬되면서부터 남한에서 정파 간 가장 첨예한 갈등을 불러온 이슈가 바로 단정 대 통일정부라는 통합의 이슈였다. 즉, 통합의 위기가 발생했다.

또한 해방은 일본의 강압적인 지배에 억눌려 살아야 했던 식민지의 대중에게 정치적 자유를 가져다주었다. 해방과 함께 정치적 자유가 허용되었고, 국가 건설이라는 시대적 과제를 두고 그동안 정치적 자유를 박탈당했던 수많은 사람들이 정치에 참여하게 되었다. 극도의 억압적 체제로부터 정치적 결사와 집회의 자유, 표현의 자유, 반대의 용인과 그리고 대중의 정치 참여가 허용되는 상황으로 변모한 것이다. 이런 과정 속에서 참여의 위기가 발생했다. 우리나라의 정당은 실제로 이런 위기 속에서 다양한 성향의 정당들이 출현했다(강원택 2018: 8-9).

라팔롬바라와 웨이너(LaPalombara and Weiner 1966: 3)는 정당이 '근대의 그리고 근대화되어 가는(modern and modernizing) 정치체제의 창조물'이라고 했다. 서구의 정당 출현이 근대 사회의 산물이라면, 우리나라의 경우에는 '근대화로 나아가는' 시기의 산물로 볼 수 있다. 해방은 한편으로는 한국이 식민-봉건 사회로부터 근대 사회로 이행해 가고 또 한편으로는 자유민주주의 체제를 받아들이게 되는 출발점이었다는 사실을 감안할 때, 이 시기를 중심으로 한국 정당의 출현을 설명할 수 있다.

3. 한국 정당의 기원

해방 이전에도 정치 결사체가 없었던 것은 아니다. 일제강점기 때인 1925년 4월 조선공산당이 비밀리에 국내에서 결성되었고, 해외에서도 1930년 1월 중국 상하이에서 한국독립당이 창당되었고, 1935년 7월에는 한국독립당, 신한독립당, 의열단, 조선혁명당, 대한독립당 등 기존 정치단체들이 조선민족혁명당으로 조직을 확대하였다. 이처럼 해방 이전에도 정당의 명칭을 가진 정치 조직이 등장했지만, 독립운동을 위한 투쟁 집단이거나 공산당처럼 비밀 결사적 특성을 가졌고 대중적 지지 기반은 결여되어 있었다. 그런 점에서 본격적인 의미의 정당이기보다는 정치 집단의 특성이 강했다. 또한 라팔롬바라와 웨이너가 말한 대로, 정당이 '근대 혹은 근대화 되어가는 정치체제의 창조물'이라는 특성을 고려하면 해방 이전의 시기로부터 한국 정당의 기원을 찾는 것은 적절해 보이지 않는다.

1945년 8월 15일 해방과 함께 본격적으로 정당이 등장하기 시작했다(이하 강원택 2019a: 119-129). 제일 먼저 결성된 정당은 공산당이었다. 1945년 8월 15일 저녁 이영, 정백, 이승엽 등 일군의 공산주의자들이 결집했고 이튿날 종로 장안빌딩에서 이른바 '장안파 공산당'을 결성했다. 8월 20일에는 박헌영, 김삼룡, 이현상 등을 중심으로 하는 '재건파 공산당'이 결성되었다. 그리고 9월 11일 재건파가 장안파를 제압하고 박헌영이 주도하는 조선공산당이 만들어졌다. 이렇게 공산 계가 빠르게 움직일 수 있었던 이유 중 하나는 다른 정치 세력과 달리 공산당이 일제 치하에서도 국내에서 조직 활동을 해 왔기 때문이다.

애당초 다양한 세력의 연합체로 출발했던 건국준비위원회가 박헌영의 조선공산당 세력에 의해 주도되고 더욱이 이들이 조선인민공화국을 선포하면서 우익 세력의 반발을 불러 또 다른 정치 결사체의 등장으로 이어지게 되었다. 우익 진영의 대표적인 인물들이 모여 만든 정당이 한국민주당(한민당)이었다. 한국민주당은 1945년 9월 16일 송진우, 김성수 등의 국민대회준비회,[4] 김병로, 김약수, 조병옥 등 조선국민당, 윤보선, 허정, 김도연 등의 한국국민당, 원세훈의 고려민주당 등이 통합하여 만든 정당이다.

　이외에도 많은 정당들이 이 시기에 생겨났다. 1946년 미 군정청 공보국 및 각 도 청에 등록된 주요 정당 수는 107개에 달했고, 1947년에는 394개나 되었다(김석준 1996: 343).[5] 그런 점에서 이 시기의 정당들 모두 제대로 된 조직과 구성을 갖추고 있었다고 보기는 어렵다. 다만 이념적으로 보면 한국민주당으로 대표되는 우파 정 당, 좌파인 박헌영 등의 조선공산당, 중도 우파인 안재홍의 국민당, 그리고 중도 좌 파인 여운형의 조선인민당 등 매우 다양한 성향의 정파가 공존하고 있었다. 즉 이 시기의 정당 정치는 이념적으로 좌파로부터 우파에 이르기까지 다양한 이념을 대표 하는 정당들이 공존하고 있었다. 당시 중요 정치 세력은 김구를 중심으로 한 한국독 립당, 박헌영의 조선공산당(후일 남조선노동당), 송진우, 김성수가 이끈 한국민주당 등이 주요 정당이었다. 이들 몇 개 정당의 대표들이 미군정 시대에 영향력을 가졌던 것은 그 정당의 대표들이 신생 한국의 대권을 쥘 수 있는 후보들이었기 때문이다. 정당이 인물을 배출하는 것이 아니라 인물이 정당을 만들어 냈다(이정복 2008: 38).

　그런데 이 시기의 정당 정치는 남한 지역의 통치자였던 미군정의 영향을 크게 받 았다. 1946년 2월 23일 미 군정은 군정청령 55호로 정당 등록과 비밀 정당, 비밀 당 원의 금지, 그리고 행정 처분에 의한 정당 해산 등 정당에 관한 법적 규제를 취했는 데 법령의 주요 내용으로 미뤄볼 때 좌파 정치 세력을 겨냥했던 것이다(박찬표 2007: 173). 1947년 중반부터 미 군정은 단정 노선 수립으로 나아가게 되는데 정당 정치의 측면에서 본다면 좌파 정당의 배제를 의미하는 것이었다.

　한편, 이 시기에는 의회 정치가 존재하지 않았다. 남조선과도입법의원이 1946년 12월에 설립되었지만 미 군정의 자문기구였기 때문에 실질적인 의회의 기능을 수행 할 수는 없었다. 해방 공간에서 정당들은 국가 건설의 방향을 둘러싸고 매우 치열한 경쟁을 벌였다. 그러나 이들 정당의 경쟁은 민주적인 게임의 룰이 만들어지기 이전 이었기 때문에 비제도적 경쟁이었다. 따라서 해방 직후의 정치는 제도 정치라기보다 는 대중동원, 대중의 직접행동과 정당의 정치활동이 결합되는 폭력적인 형태가 수반 되었다. 특히 미군정의 집중 탄압 대상이었던 좌익 정치세력들은 비합법과 반합법 활동을 더 중요시했고 대중을 인민이라는 혁명적 집단주체로 전화시키고자 했다. 따 라서 해방 공간의 기본적인 정치 행위는 폭력과 테러까지 포함된 대중정치에 기반한 것이었다. 좌우를 막론하고 정치는 안전한 투표행위가 아니라 목숨을 건 투쟁, 계급 전쟁의 양상을 띠었다. 정당 또한 선거를 목표로 한 조직이라기보다 대중의 직접 행 동을 지도 또는 추수하는 조직이었다(황병주 2014: 13–14). 그런 점에서 볼 때 이 시기에 한국에서 수많은 정당이 처음으로 출현한 것은 맞지만 대중의 지지를 토대로 권력을 획득하고 유지하기 위한 경쟁이 이뤄졌던 것은 아니었다.

▼ 표 2-2 제헌국회 각 정파별 의석 수

구분	의석 수
대한독립촉성회	55
한국민주당	29
대동청년단	12
조선민족청년단	6
대한독립촉성농민총연맹	2
대한노동총연맹	1
조선민주당	1
대한청년단	1
한국독립당	1
교육협회	1
단민당	1
대성회	1
전도회	1
민족통일본부	1
조선공화당	1
부산일오구락부	1
무소속	85
합계	200

자료: 중앙선거관리위원회 선거통계시스템(http://info.nec.go.kr).

1948년 5.10 총선에서 처음으로 선거 경쟁이 이뤄졌지만, 당선자를 배출한 정당의 수가 16개나 되었다. 이 가운데 더욱이 무소속 의원의 수는 85명으로 42.5%나 되었다. 따라서 최초의 민주적 선거 과정을 거쳐 의회가 구성되었지만 정당 정치가 이 시기부터 본격화되었다고 보기는 어렵다. 더욱이 해방 이후 등장했던 정치 세력들이 다양한 이념을 대표하며 경쟁했지만, 공존과 타협보다는 분열과 배제로 이어지면서 소수의 정치 세력만이 정치 공간에 남게 되었다. 미소에 의한 분할 점령은 결국 체제 선택이라는 이념적 갈등과 함께, 분단의 수용 여부를 둘러싼 민족주의적 대립을 동시에 부과했고(박찬표 2007: 383), 그 결과 정당 정치가 대표하는 이념적 폭은 크게 협소해졌다.

5.10 총선에서 이승만을 지지하는 대한독립촉성국민회(독촉)가 55석으로 다수 의석을 차지했다. 하지만 당시 이승만은 특정한 정파의 지도자이기보다는 정파를 뛰어넘는 '국부(國父)'로 추앙받기를 원했기 때문에 독촉을 정당 지도자를 중심으로 한 체계적인 조직을 갖춘 하나의 정당으로 간주하기는 어렵다.

한국민주당은 29석을 얻었지만 당시 무소속으로 출마하여 당선된 한민당 계열 의원들도 적지 않아서 실제 숫자는 이보다 많았다. 해방 정국에서 이승만을 도와 단정(單政)을 실현시키고, 그 이후 헌법 제정 과정에서 내각제를 추진하여 집권하고자 했던 한민당이, 의회 정치와 선거라는 정당 출현의 기원과 관련된 두 가지 요인과 결부시켜 본다면, 이 시기에 주목할 정당이다. 실제로 한민당은 창당 때부터 정당으로의 조직적 체계를 상당히 갖추고 있었다.6)

한민당은 650명이 발기하여 1945년 9월 16일 종로구 경운동 천도교 기념회관에서 창당대회를 가졌다. 이날은 대의원 300명을 선출하고 당의 영수로서 이승만, 김구, 이시영, 문창범, 서재필, 권동진, 오세창, 등 7인을 추대했다. 9월 21일에는 당무를 맡아볼 총무로서 9인을 선출했는데 1도 1총무 원칙으로 선출한 것으로, 출신 도별로 보면 송진우(전라남도), 백관수(전라북도), 허정(경상남도), 서상일(경상북도), 조병옥(충청도), 김도연(경기도), 김동원(평안도), 원세훈(함경도), 백남훈(황해도) 등이었다. …당시 영수 직에 추대되었던 인사 중 이승만, 김구, 서재필은 아직 귀국하지 않은 상태였으며 송진우는 이승만, 김구를 추대할 목적에서 당수직을 사임하고 수석 총무직에 취임했다. …9월 22일에는 중앙집행위원회를 개최, 11개 부서장과 중앙감찰위원 30명을 선출했다. 11개 부서는 당무부, 외무부, 조직부, 재무부, 선전부, 정보부, 노동부, 문교부, 후생부, 조사부, 연락부 등이었으며 후에 지방부, 청년부, 훈련부 등 3개 부서가 추가되었다.

조직 구성과 인선을 마친 한민당은 9월 27일 미군정청에 정당 등록을 했다. The Democratic Party of Korea라는 영문으로 등록 신청한 한민당은 당 본부를 서울 종로국민학교에 있다고 기재했다. 당원 수는 서울에 5,000명, 전국적으로는 50,000명이라고 신고했으며, 회원 5,000명을 갖고 있는 고려청년당 The Young Korea Party과는 제휴관계에 있다고 했는데 고려청년당은 주로 "한민당의 전위대" 역할을 했다. …한민당은 1946년 말에는 53개 당지부를 결성했고 결성 중에 있는 지부가 27개였으며 창당시 5만명이라고 신고한 당원 수는 23만 명으로 증가되었다(심지연 1982: 55-58).

한국민주당은 헌법 제정 과정에서 이승만의 요구에 굴복하여 대통령제를 수용했지만, 내각제적 요소를 남겨둠으로써 정부 수립 이후 당 지도자 김성수를 중심으로 주로 한민당 소속 의원들로 내각을 구성하는 일종의 '정당 정부' 구성을 고려했다(심지연 1987: 196-197). 하지만 이승만이 대통령 당선 이후 한민당을 배제하면서 이들의 뜻과 달리 야당이 되었다.

한국민주당의 존재에도 불구하고 제헌국회에서는 정당의 특성을 갖기보다는 비슷한 성향을 갖는 정치인들의 느슨한 연합체로서의 정치 세력 간 경쟁이 이뤄졌다.

> 무소속 독촉 국민회 대동청년단 혹은 민족청년단의 이름으로 출마하여 당선된 당원까지 합하면 84명에 달하였고 한민당과 노선을 같이할 사람까지 합하면 100명 이상이 되었다 한독당은 표면으로는 5.10 선거를 보이코트 했으나 당선된 무소속 중 근 30명이 한독당과 이에 동조하는 중간파에 속했고, 독촉국민회와 대동청년단에도 침투하고 있어서 무시 못할 세력을 이루고 있었다. 그리하여 5.10 선거로 구성된 제헌국회는 한국민주당과, 한독당계를 중심으로 하는 반(反)한민당 세력, 그리고 독촉을 중심으로 하는 이승만 직속 세력 이렇게 3대 세력이 정립(鼎立)한 가운데 개원을 맞이하게 되었다(인촌기념회 1976: 543-544).

이 가운데 '중간파' 세력은 1948년 이른바 '국회 프락치 사건'을 거치면서 사실상 몰락했고, 이후 제1공화국의 정당 정치는 정치 세력 간 이합집산을 거듭하면서 친이승만 대 반이승만 진영의 대립으로 정리되었다. 한민당은 1949년 지청천의 대한국민당, 신익희의 대한국민회의 등과 합당하여 민주국민당(민국당)이 되었다. 그리고 1954년 이승만의 종신 집권을 위한 이른바 '사사오입(四捨五入)' 개헌 이후에는 민국당과 자유당 이탈의원, 무소속 의원들이 모여 1955년 민주당을 결성했다. 민주당 역시 통일되고 일체감이 강한 단일정당이라기보다는 반독재, 반이승만에 동조하여 통합된 여러 파벌의 연합체였지만(오유석 2000: 313), 민주당은 그 이후 박정희 시대의 신민당, 제5공화국 때의 신한민주당 등을 거쳐 더불어민주당으로 이어지면서 정치적 맥을 이어가게 되었다.

이에 반해 친이승만 세력은 1951년 12월 자유당으로 결집되었다. 자유당은 이승만 대통령이 1951년 8월 15일 광복절 담화에서 '농민과 노동자의 지위를 향상시키는 새 정당'을 결성할 필요성을 강조한 후 창당되었다. 원내 자유당과 원외 자유당이 공존했지만 사실상 정당 창당의 동력은 정치권력이었다. 통치자가 정치적 필요에 의해 정당을 창당하는 일이 이후 권위주의 체제에서 반복적으로 행해졌다. 이처럼 1948년 제헌국회 수립 이후 정당의 기원은 한민당 — 민국당 — 민주당으로 이어지는 한 쪽의 흐름과 이승만 대통령이 만든 여당인 자유당 간의 경쟁으로 이어지게 되었다.

이처럼 한국에서 정당의 기원은, 라팔롬바라와 웨이너가 말한 대로, 해방으로 인해 비롯된 기존 정치체제의 위기 속에서 등장했다. 정당성이 사라진 기존 정치체계를 대체할 새로운 대안의 모색 속에서 정당 경쟁이 이뤄졌고, 그것은 통합의 문제와 긴밀하게 연계되어 있었다. 그러나 1945 – 1948년 시기에 이뤄진 정당 정치는 비제도적 공간에서 이뤄진 것이었다. 선거와 의회라고 하는 민주주의적 질서 속에서 이뤄진 경쟁은 1948년 제헌국회 선거 이후에나 가능했다. 이 때문에 한국 정당의 기원에 대한 설명은 두 시기 사이의 단절과 연속이라는 두 가지 특성을 모두 갖는다. 한민당은 이 두 시기를 잇는 정당이라는 점에서 한국 정당의 기원과 관련하여 중요한 의미를 지닌다. 한민당은 창당 당시 전국적인 조직을 갖추었지만, 기본적으로 정치 지도자들의 그룹이라고 하는 명사정당의 속성을 가졌고, 그것은 제헌국회 출범 이후에도 마찬가지였다. 영국에서 보수당과 자유당이 유사한 정치적 입장으로부터 서서히 서로 다른 정치적 견해를 갖는 집단으로 분리되어 간 것처럼, 제헌국회에서의 한민당 역시 애당초 이승만과 유사한 견해를 가졌지만 점차 현실 정치적 이해관계 속에서 별개의 정치 세력으로 분화되어 갔다.

3

CHAPTER

균열과
정당

정/당/론

제3장

균열과 정당

비교적 오랜 정당 정치의 역사를 갖는 서구 민주주의 국가들을 보면, 한편으로는 유사한 특성의 정당이 존재하면서 또 한편으로는 각 나라마다 서로 다른 정당 구성의 모습을 보인다. 예컨대, 영국의 노동당, 독일의 사회민주당, 프랑스 사회당, 스웨덴의 사회민주노동자당 등은 나라는 다르지만 비슷한 성향의 정당들이다. 그러나 또 한편으로 이들 각국의 정당체계 내부의 정당 배열과 구성은 서로 다르다. 이러한 정당체계의 유사성과 차이는 어디에서 기원한 것일까? 립셋과 록칸(Lipset and Rokkan 1967)은 역사적 전개 과정에서 나타난 중대한 변화에 주목하면서 그러한 변화가 각 시기마다 정치적 균열을 만들어 내면서 정당 정치의 형성에 영향을 주었다고 설명했다. 즉 이들의 관점은 사회경제적 요인에 의해 정당 정치가 영향을 받았다는 것이다.

1. 립셋과 록칸

립셋과 록칸(Lipset and Rokkan 1967: 1)은 균열(cleavage)이라는 관점에서 서구에서 국가별로 상이한 정당체계의 등장을 설명했다. 이들은 정치에 대한 비교사회학적 접근(the comparative sociology of politics)이라고 부른 방법론을 통해 한 국가 공동체 내의 균열 체계의 기원과 발전을 위한 조건에 대해 밝히고자 했다(이하 강원택 2011). 립셋과 록칸이 제기한 핵심 질문은 서로 대립하고 갈등하는 많은 이해관계와 견해 가운데 '왜 어떤 것은 정당의 등장을 통해 대표되었지만 다른 것은 그러지 못했느냐' 하는 점이다. 이들의 핵심 개념은 균열의 생성 그리고 그것을 반영한 정당 정치이다.

립셋과 록칸은 영토적 차원(territorial dimension)과 기능적 차원(functional dimension) 으로 균열의 특성을 구분했다(Lipset and Rokkan 1967: 10–11). 영토적 차원의 갈등은 한 체제 내부의 하위 영토 단위에서 발생하거나 또한 '전체로서의(as a whole)' 체제 에 대한 통제, 조직, 목표, 정책 대안을 둘러싼 갈등으로 나타난다. 이것은 중앙 권 력을 차지하기 위한 경쟁적 엘리트 간의 직접적인 갈등뿐만 아니라, 국가 내부의 우 선순위나 외부에 대한 전략 등 국가성(nationhood)의 개념에 대한 차이를 반영하는 것이기도 하다. 한편 기능적 차원의 갈등은 경제 영역에서 자원, 생산, 이익의 배분 을 둘러싼 갈등에서 그 특성을 찾을 수 있다. 생산자와 구매자, 노동자와 고용주, 채 권자와 채무자, 세입자와 집주인, 기부자와 수혜자 간의 갈등 등이 이러한 기능적 차원의 균열을 보여 주는 예가 될 것이다.

이러한 기본적 논의를 토대로 립셋과 록칸은 두 개의 거대한 역사적 사건이 초래 한 네 가지 균열의 형태를 제시했다. 이들이 주목한 두 가지 역사적 사건은 국민혁 명(national revolution)과 산업혁명(industrial revolution)이다. 국민혁명은 근대 이전 느 슨하게 구성된 공동체가 하나의 국민국가(nation state)로 변화해 가는 것을 말한다. 뚜렷하게 경계 지워진 영토 내에 강력한 정치권력이 중심부에 생겨나고, 또한 중앙 의 정치 엘리트는 내부 구성원들에게 동질성을 만들어 내려고 한다. 이러한 국민혁 명의 결과 두 가지 균열이 등장했다.

하나는 중심부(core) 대 주변부(periphery) 간의 갈등이다. 중앙의 엘리트들을 중심 으로 중앙집권적인 국민국가를 만들어 내려는 시도에 대해 문화적, 인종적 혹은 종 교적인 정체성을 유지하려는 지방 혹은 주변부의 반발로 중앙 대 주변부 간 갈등이 생겨난다는 것이다. 즉 국민국가의 성장은 영토 내에서 중앙을 기준으로 하는 통일 화와 표준화를 진전시키게 되므로 그만큼 지방에 존재해 온 고유한 문화적 정체성은 위협을 받을 수밖에 없고, 그로 인한 갈등이 생겨나게 되는 것이다.

국민혁명에 따라 초래된 또 다른 갈등은 교회와 세속 권력 간의 갈등이다. 국민국 가 건설 이전까지 유럽은 교황을 정점으로 하는 가톨릭교회가 종교적 권위, 그리고 그에 기반한 정치적 권력을 누리고 있었다. 그러나 국민국가의 등장은 영토 내에 교 황이나 교회의 권위를 넘어서는 국왕이라는 세속적 권위, 세속적 권력의 부상을 의 미하는 것이다. 봉건제에 기반한 종교 공동체의 구조하에서 특권을 누렸던 교회는 세속 국가의 등장으로 권위의 약화와 이해관계의 충돌을 겪게 되었다. 1534년 영국의 헨리 8세가 수장령(首長令, Acts of Supremacy)을 선포하여 잉글랜드 내 교회의 수장은 로마의 교황이 아니라 잉글랜드의 국왕이라고 선언했다. 이후 잉글랜드에서는 국교도와 가톨릭교도 간의 갈등이 오랫동안 이어졌다. 잉글랜드의 종교개혁은 국민혁명에 따른 세속적 권위와 교회의 갈등을 잘 보여 주는 것이다. 영국의 사례에서 보듯이, 서구에서 국민국가 건설의 시도는 교황을 중심으로 한 중세적 정치 질서로부터의 이탈을 의미하는 것이어서 민족국가와 교회 간의 갈등은 불가피한 것이었다.

립셋과 록칸이 제기한 두 번째 역사적 사건은 산업혁명이다. 산업혁명은 경제적 이해관계, 그리고 새로운 기술과 시장의 확대에 따라 점차 증대된 부의 배분을 둘러싸고 또 다른 두 가지 균열을 만들어 냈다. 하나는 도시와 농촌 간 균열이고, 또 다른 하나는 노동자와 자본가 간의 이해를 둘러싼 균열이다.

산업혁명으로 인한 국제적인 교역과 산업 생산의 증대는 농촌의 1차 산업 생산자들과 도시의 상공업자 간의 갈등을 불렀다. 도시의 상공업자 입장에서는 상대적으로 저렴한 외국의 곡물을 수입하면 생산 원가를 낮출 수 있고 노동자에 대한 임금의 부담도 덜 수 있다. 그러나 지주의 입장에서는 곡물 가격을 높게 유지하고 싶을 것이다. 산업혁명과 함께 도시의 상공업이 급속하게 발전하면서 도시와 농촌 간의 갈등, 1차 산업과 2차 산업 간의 갈등이 생겨난 것이다. 이에 대한 대표적인 예가 영국에서 곡물법(corn law) 폐지를 둘러싼 갈등이다. 나폴레옹 전쟁 당시 프랑스가 영국을 봉쇄하면서 곡물 가격이 상승했는데, 전쟁이 끝나면서 자연스럽게 곡물 가격은 하락하게 되었다. 귀족과 지주들이 주도하는 영국 의회는 곡물 가격 하락을 막기 위해 1815년 일정 가격 이하로 곡물 가격이 낮아지면 외국산 곡물의 수입을 금지하도록 결정했다. 지주의 이익을 보장하기 위해 만든 곡물법에 대해 상공업자들은 반발했고, 곡물법 폐지 운동을 전개했다. 결국 우여곡절을 겪은 끝에 1846년 로버트 필(Robert Peel) 총리의 주도하에 곡물법은 폐지되었다. 이처럼 영국의 곡물법 제정과 폐지는 1차 산업과 2차 산업 간 이해관계의 대립을 잘 보여 주는 사례이다. 농촌과 도시의 갈등은 단순한 경제적 이해관계뿐만 아니라, 기존의 귀속적(ascription) 신분 계급에 대해 성취(achievement)를 통해 신분 상승을 도모하게 된 이들의 정치적 요구를 둘러싼 갈등이라는 사회적 신분 체계의 변화를 반영하는 것이기도 했다.

산업혁명의 결과 나타난 또 다른 갈등은 노동 시장에서의 갈등, 즉 자본가와 노동자 간의 갈등이다. 산업혁명의 결과 공업화, 도시화와 함께 수많은 노동자들이 생겨났고, 이들과 생산수단을 가진 자본가 간의 갈등이 생겨난 것이다. 노동계급 정당은 산업화 초기부터 유럽의 대다수 국가에서 등장했는데, 열악한 노동 조건, 계약의 불안정성, 사회·문화적 소외감 등이 이런 갈등을 더욱 악화시켰다. 도시-농촌 간 갈등에 비해 노동 시장에서의 분열은 서구 여러 나라에서 산업혁명을 거치면서 훨씬 더 균질적인 형태로 나타났다.[1] 이 때문에, 립셋과 록칸은 유럽 각국의 정당체계를 서로 다른 모습으로 만드는 데 영향을 미치는 균열은 주로 중앙-주변부, 교회-국가, 토지-상공업 등 세 가지 요인과 관련되어 있다고 보았다.

립셋과 록칸은 산업혁명 이후 노동자-자본가 갈등을 중심으로 형성된 그 시기의 균열이 그 이후에도 변화하지 않은 채 지속되고 있다고 주장했다. 이른바 '동결(freezing) 명제'이다. 립셋과 록칸(Lipset and Rokkan 1967: 50-56)은 노동자-자본가 간의 계급정치에 기반한 1920년대의 균열 구조가 1960년대에도 변화하지 않은 채 그대로 동결된 상태로 남아 있으며 1960년대의 정당 체계는 본질적으로 1920년대와 동일하다는 것이다. 이러한 동결 명제를 두고 수많은 찬반 논쟁이 벌어졌다(예컨대 Mair 1997; Shamir 1984; Smith 1989; Volkens and Kligemann 2002; Kriesi 1998). 한 쪽에서는 오늘날의 정당체계는 1920년대와는 근본적으로 달라졌다는 점을 지적하며 '동결'이 아니라고 보며, 다른 쪽에서는 외형적 변화에도 불구하고 정당체계의 근본적인 속성은 변화하지 않았다고 주장한다(이에 대해서는 제11장에서 상세히 논의한다).

한편, 립셋과 록칸이 제기한 네 가지 균열 축에 더해, 최근에는 물질주의-탈물질주의의 균열을 추가하기도 한다. 잉글하트(Inglehart 1977)는 근대산업사회가 물질적 가치의 배분을 둘러싼 갈등을 보였다면, 후기산업사회에서는 추상적이고 관념적인 탈물질적인 가치를 중시하는 형태로 변화가 발생했다는 것이다. 이러한 균열은 녹색당과 같은 과거에 볼 수 없었던 새로운 정당의 출현으로 이어졌고 세대, 교육 수준, 계층을 둘러싼 갈등으로 이어졌다. 넛센과 스카브로우(Knutsen and Scarbrough 1995: 519) 역시 가치 지향이 구조적 변수보다 유권자의 투표 선택에 더 중요하며 1973-1990년 사이에 대다수 선진 산업사회에서 가치 정향의 중요성이 증가했다고 주장했다. 그러나 립셋과 록칸이 국민혁명, 산업혁명과 같은 거대한 사회적 구조의 변화가 균열을 만들었다고 본 데 비해, 물질주의-탈물질주의는 직접적 이해관계의 마찰을 가져오는 구조적 변화라기보다는 가치 정향(value orientation)의 변화에 기반하고 있기 때문에 같은 맥락에서 설명하기 어려운 점이 있다(Flanagan 1987: 1304). 또한 잉글하트가 말하는 '가치 균열(value cleavage)'이 '새로운 정치'를 이끈다는 관점은, 균열이라는 사회적 구조가 전제하는 안정성, 지속성보다는, 집단, 가치정향, 정당 선호 간 보다 유동적이고 불안정한 관계를 전제로 한다는 점에서도 립셋과 록칸의 모델과는 차이를 보인다(Kriesi 1998: 166).

그런데 균열이 발생한다고 해도 그것이 언제나 저절로 정당 정치로 전환된다고 볼 수는 없다. 정당 정치로 균열이 전환되기 위해서는 저항이 표출되고 이해관계가 대표되어야 하는데, 그것은 정치제도, 정치 환경에 따라 나라마다 각기 다르게 조건 지워질 수밖에 없다. 정치체제 내에서 새로운 형태의 요구를 관철해 가기 위해서 극복해야 하는 여러 가지 진입장벽(thresholds)이 존재하기 마련이다(Lipset and Rokkan 1967: 26-33). 립셋과 록칸은 네 가지 진입장벽을 고려했다. 첫째는 정당화 (legitimation)의 장벽으로, 정치적 반대에 대한 용인 정도를 의미한다. 장벽이 높다면 저항 운동은 음모적인 것으로 거부될 것이고 장벽이 낮다면 반대할 수 있는 권리로 수용될 것이다. 둘째는 통합(incorporation)의 장벽인데, 정치적 시민권, 참정권에 대한 것이다. 이 장벽이 높다면 선거에 참여할 수 있는 사람들의 범위가 제한적일 것이고 장벽이 낮다면 다수가 참여할 수 있을 것이다. 세 번째는 대표성(representation)의 장벽으로, 의회와 같은 대의기구에 대한 접근성, 대표성을 의미하는 것이다. 이 장벽이 높다면 다수파가 아니라면 제대로 의회 내 의석 확보가 어려울 것이고 장벽이 낮다면 소수 세력도 의석 확보가 가능할 것이다. 네 번째는 다수결(majority)의 장벽으로, 다수 세력에 대한 제도적 견제 여부, 권력 분점의 정도를 의미한다. 장벽이 높다면 다수파가 모든 권한을 독점할 것이고 장벽이 낮다면 분점, 권력 공유가 가능할 것이다. 립셋과 록칸은 이러한 네 가지 장벽의 높고 낮음에 따라 서유럽의 각 국가별 균열이 상이한 정당 체계의 형태로 발전해 가게 된다고 보았다.

2. 한국 정치에 대한 립셋-록칸 이론의 적용

립셋과 록칸의 모델은 기본적으로 서구 정당체계를 설명하기 위한 것이다. 한국은 서구와 상이한 발전의 경로를 밟아 온 만큼 이들의 설명을 그대로 한국에 적용할 수는 없다. 그러나 립셋과 록칸이 설명하는 핵심적 변화의 계기는 국민혁명과 산업혁명이라는 점에서, 이 두 가지 사건에 대한 해석을 통해 오늘날 한국 정당 정치의 특성을 설명해 볼 수 있다. 해방 이후 분단으로 귀결된 정치적 갈등을 국민국가 건설을 둘러싼 균열로 보고, 박정희 시기의 경제개발 정책과 그로 인한 갈등을 산업혁명 시기에 생성된 균열로 간주하고 이들의 이론을 통해 한국 정당 정치의 특성을 설명해 보기로 한다(강원택 2011).

(1) 국민혁명/국가 건설과 균열의 형성

립셋과 록칸이 말한 국민혁명은 국민국가, 민족국가 건설의 문제인 만큼, 한국 현대사에서 이에 해당하는 시기는 해방 이후 새로운 독립 국가를 건설을 둘러싼 갈등과 대립이 일어났던 때일 것이다. 그런데 한국에서는 서구에서와는 상이한 조건 하에서 국민국가 건설을 위한 움직임이 시작되었다. 한국에서는 유럽과 같은 중세적인 종교 공동체를 경험한 바 없고, 서구에서처럼 도덕적 통제나 공동체의 규범에 대한 통제, 교육의 통제권 등을 둘러싸고 교회와 세속 국가 간 심각한 갈등을 경험하지 않았다. 따라서 국민국가 건설이 세속 국가와 교회 간 갈등으로 이어진 서구의 경험은 한국에는 전혀 적용되지 않는다.

립셋과 록칸의 설명에서 국민국가 건설로 인한 또 다른 균열 축은 중앙 대 주변부 간의 균열이다. 국민국가 건설을 위해 중앙집중화하고 표준화하려는 중앙 권력은 그동안 자율성과 독자성을 지녀온 지방의 하위 단위의 문화적 정체성을 유지하려는 데 심각한 위협이 된다. 특히 언어, 인종, 종교 등에서 이질적인 집단을 국민국가라는 공통의 틀에 포함시키려는 경우에는, 통합을 강조하는 중앙과 고유한 정체성을 지키려는 지방 사이에 심각한 갈등과 대립이 생겨나기도 했다.

이와 대조적으로 한국에서는 서구에서의 국민국가 건설 과정에서 나타난 갈등의 관계가 오히려 역전된 특성을 보였다. 오랜 시간동안 한반도라는 제한된 영토 내에서 구성원 간 높은 동질성을 유지하며 살아왔기 때문에 한국에서는 영토적 확장이나 이질적 하위 집단의 편입과 같은 통합의 문제가 국민국가 건설에서 중요한 과제로 등장하지 않았다. 즉 국민국가 건설에서 통합과 동질화를 강조하는 중앙과 이에 저항하는 지방간의 갈등은 나타나지 않았다.

한국에서도 국가통합, 국민통합과 관련된 이슈는 국민국가 건설 과정에서 매우 중대한 영향을 미쳤다. 한국에서 국민국가 형성의 문제는 남북한 통일 국가 수립 대 단일정부 추진 간의 갈등으로 전개되었다. 일본 제국주의로부터의 해방은 한국이 근대적 국민 국가를 건설할 수 있는 기회를 마련해 주었다. 한반도 전역을 포함하는 근대적인 국가 형성은 당시 모두에게 너무나도 당연한 것으로 생각되었지만, 일본 패망과 함께 한반도 남북에 각각 미국과 소련이 진주하고 곧 국제정치적으로 미소 간 냉전이 본격화되었다. 남한 내부에서도 정치세력 간 이념 갈등이 격화되면서 상황은 뜻하지 않은 방향으로 흘러갔다. 1945년 12월 한반도 내 국가 수립을 위한 방안으로 모스크바 3상 회의에서 신탁통치가 결정되었다. 이 결정에 대해 좌파와 우파가 각각 찬탁과 반탁으로 분열되었고, 신탁통치 방안을 마련하기 위한 미소공동위원회 역시 한계에 봉착했다.

이런 상황에서 1946년 6월 3일 이승만은 남한만의 단독정부 수립의 필요성을 역설하게 된다. 이승만의 주장은 유엔한국임시위원단이 과도선거를 실시해 3－4주 내에 민선대표단을 구성해 협의하고 조속히 남한만의 총선거를 실시해서 남한에서 '통일정부'를 수립하자는 것이었다(정병준 2010: 691). 단정 주장이 나오게 된 까닭은 미국과 소련을 포함하는 4개국 공동 신탁통치가 거부되었고 더욱이 미소 간 냉전이 심화되고 있던 상황에서 남북을 모두 포함하는 통일 국가 건설은 현실적으로 쉽지 않은 대안이 되었기 때문이다. 또한 이미 북한에서는 김일성을 중심으로 별도의 단독정부를 수립하기 위한 준비를 하고 있었다는 사실(김학준 2004: 100－102)도 고려가 되었다.

단정(單政) 주장이 현실적인 상황을 고려한 대안이라고 하더라도 장구한 세월 동안 통일 국가를 유지해 온 역사를 감안할 때 이는 쉽게 받아들일 수 없는 주장이었다. 이승만의 단정 주장에 대해 김구는 '남북을 통한 총선거에 의한 자주독립의 통일정부'을 주장하면서, 단독정부 수립에 대한 반대 입장을 분명히 했다. 김구는 1948년 4월 말 남한에서의 단독선거를 막기 위한 마지막 노력으로 김규식과 함께 평양을 방문하여 남북협상에 임하지만, 이러한 노력은 아무런 성과 없이 끝났다. 1948년 5월 10일 남한에서 대한민국 정부 수립을 위한 제헌국회 선거가 실시되었고, 같은 해 8월 25일 북한에서 최고인민회의 대의원 선거가 실시되면서 한반도는 대한민국과 조선민주주의인민공화국이라는 두 개의 국가로 분단되었다.

그런데 해방 이후 전개된 국민국가 건설을 둘러싼 이와 같은 대립과 갈등 그리고 분단은 남한 내부에 상호 대립하는 정치적 균열을 남기게 되었다. 한 쪽에서는 "이승만의 단정 노선은 냉전에 저항하기보다는 미국에 편승하여 남한에 먼저 정부를 세우고 그것을 토대로 북한을 통일하자(북진통일)는 2단계 전략의 일환이었으며, 냉전의 종언을 지켜본 현시점에서 최선은 아니지만 가능한 범위 내에서의 차선의 선택"이었다는 평가를 내리고 있다. 그러나 "민족주의적 입장에서 볼 때 1948년 8월 15일 탄생한 남한은 통일 국가가 아니라 분단국가였다는 점에서 불완전한 근대 국민국가, 즉 '결손(缺損)국가'(broken state)인 셈이다. 따라서 이들에게는 통일, 즉 근대 국민국가의 완성이 지상과제로 제기되는 것이다."(김일영 2004: 78)

이처럼 해방 이후 국민국가 건설 단계에서 통일국가의 추진 대 단독정부 수립 추진을 둘러싼 남한 내부의 정치적 갈등과 대립은 그 이후의 한국 정치에 지속적인 영향을 미치는 중요한 균열로 자리 잡게 되었다. 따라서 "이미 신화가 된 김구의 남북 협상 시도 …… 는 이후 제2공화국 시기 학생 단체나 혁신계에서 추진한 통일 운동, 1987년 민주화 이후 1989−90년의 급진적 통일 운동 등에서 되풀이되어" 나타났고 (박찬표 2010: 17), 노태우 정부 이후 각 정부에서 추진한 각종 대북 정책을 둘러싸고 한국 사회 내부의 격렬한 대립을 불러오게 만들었다. 더욱이 냉전체제 하에서의 남북 분단은 대한민국을 "반공 국가라고 하는 신생국가의 이념과 지향점을 외부로부터 부과"(박찬표 2010: 38) 받게 되는 결과를 낳았다. 이는 국내적으로는 정통성이 취약한 권위주의 체제의 통치 수단으로 반공이데올로기를 강조하면서, 국민국가 건설 과정에서 형성된 정치적 균열을 더욱 강화시켰다. "특히 한국전쟁은 이러한 '위로부터의 반공정책이' '아래' 곧 일반 국민들에게까지 확산되고 내면화되는 결정적 계기"(전재호 2007: 244)를 만들었다.

우리의 대북정책, 반공이데올로기 등을 둘러싼 보수와 진보 집단 간의 균열의 기원은 바로 이와 같은 해방 이후 국민국가 형성을 둘러싼 두 세력 간의 갈등과 대립 속에서 찾아볼 수 있다. 한 쪽에서는 민족적 정체성을 뛰어넘는 통일 국가의 수립을 추구했고 다른 한 쪽에서는 체제적 정체성을 보다 중시하는 단독정부의 수립을 추구했던 것이다. 다시 말해 문화적, 혈연적, 언어적 정체성을 강조하는 세력과, 현실적, 체제적 요인을 강조하는 세력 간의 균열이 만들어진 것이다.

립셋과 록칸의 모델에 의하면 서구에서 국민혁명은 확대된 종교 공동체 대 분리된 세속 군주의 민족국가 간의 균열과, 중앙 엘리트의 중앙 집권적 지배 문화 대 지방의 자율적이고 고유한 문화 간의 균열을 낳았다. 그러니 한국에서 국민국가 수립을 둘러싼 대립과 갈등은 남북 통일정부 대 단독정부라고 하는 두 가지 입장 간의 균열로 이어졌다. 그리고 이러한 균열은 이후 6.25 전쟁과 남북 간 군사 대결 체제의 지속, 그리고 권위주의 체제와 반공 이데올로기의 영향 속에서 강화되고 심화되어 왔다.

서구에서도 국민혁명이 영토적 분리나 분단으로 이어지는 경우가 존재한다. 립셋과 록칸(Lipset sand Rokkan 1967: 13−14) 역시 이 점을 지적했다. 국민혁명 과정에서 영토에 기초한 저항은 국민국가 형성에 어려움을 줄 수 있으며 극단적으로 가면 전쟁, 영토 분리, 혹은 인구 이동으로까지 이어질 수 있다는 것이다. 예컨대, 아일랜드에서 가톨릭교도들의 정치적 동원은 독립전쟁과 궁극적으로 북아일랜드와 아일랜드 공화국 간의 분단으로 귀결되었다. 또한 벨기에의 플랑드르(Flanders)와 왈룬(Walloon) 지역 간 갈등, 캐나다에서 영어권 지역과 프랑스어 지역인 퀘벡(Quebec) 간의 갈등 역시 유사한 특성을 보인다(Lipset and Rokkan 1967: 13−14). 이들 국가들의 경우 두 집단 간 상이한 종교나 인종, 언어와 같은 문화적 특성이 갈등, 분리의 원인이 되었지만, 한국에서는 민족-혈연 요인과 체제-이념 요인 간의 갈등이 국민국가 형성 과정에서 영토적 분리, 이탈로 이어졌다.

(2) 산업혁명/근대화와 균열의 형성

서구에서 산업혁명이 18세기 중엽 영국에서 시작되어 거의 1세기 동안 진행된 거대한 경제적, 사회적인 변화의 과정이었다면, 한국에서 산업혁명은 박정희 시대에 추진된 급속한 근대화 정책과 그에 따른 경제적, 사회적 변혁의 과정이었다. 서구에서 산업혁명은 사회구조의 근본적 변화를 가져왔고 그에 따른 상당한 사회적 갈등과 고통이 수반되었다. 한국에서도 근대화 정책은 짧은 시간 사이에 엄청난 사회적, 경제적 변화를 몰고 왔다는 점에서 내부 구성원 간의 갈등과 이해의 대립은 불가피했다.

립셋과 록칸에 따르면, 서구에서 산업혁명은 도시 대 농촌(혹은 1차 산업 대 2차 산업), 그리고 자본가 대 노동자라는 두 가지 균열을 만들어 냈다. 그러나 한국에서의 산업혁명(혹은 근대화)에서는 도시 대 농촌, 혹은 농업 대 상공업 간의 균열은 발생하지 않았다. 한국에서 산업화가 도시와 농촌 간의 균열을 낳지 않은 가장 중요한 이유는 농업에 기반을 둔 강고한 저항세력이 존재하지 않았기 때문이다.

농업에 이해 기반을 둔 지주 세력이 강하지 않았던 것은 일차적으로는 일본 식민지 시대에 상당한 토지를 소유하고 있던 동양척식회사나 일본인 토지회사 혹은 일본인 지주들이 해방과 함께 토지를 상실하게 되었기 때문이다.[2] 일제 치하였다는 점에서 토지를 소유해 온 조선인 지주들은 그 수나 영향력에 있어서 제한적일 수밖에 없었지만 이들 역시 제1공화국 시기에 단행된 농지개혁과 함께 사실상 힘을 잃게 되었다. 소작제도의 폐지와 자경(自耕)을 원칙으로 하는 농지개혁법이 1950년 3월 10일 공포되었다. 농지개혁법의 제정으로 "지주적 토지 소유의 농지를 '농민에게 적절히 분배'함으로써 비로소 지주적 토지 소유에 따른 봉건적 관계가 배제되었으며 광범한 영세, 소농 지배적 상태의 농민에 의한 토지 소유가 확립되었다"(유인호 2004: 504). 즉 산업화 추진이 본격화되기 이전에 이미 농촌에 기반한 거대 지주들의 영향력은 매우 미약한 상태였던 것이다. 더욱이 농지개혁에 뒤이어 발생한 6.25 전쟁은 한국 사회의 전통적 지배계급인 지주를 사실상 완전히 몰락시키게 되었다(김일영 2004: 163-164). '국가 권력에 저항할 수 있는 지주 계급의 권력이 농업 부문에서 제거'(신병식 1992: 320)되면서, 박정희 시대에 추진된 산업화, 도시화와 같은 급격한 사회경제적 변화와 그로 인한 도시 중심 경제 형성에 대항할 수 있는 농촌 내의 저항 세력은 존재할 수 없었다. 오히려 여촌야도(與村野都)라는 투표 행태에서 볼 수 있듯이 이 당시 농촌은 산업화를 추진한 권력자의 중요한 지지 기반이었다.

> 농민은 박정희 정권에 대한 가장 강력한 지지자로 나타났다. 사실 고도성장을 수반하는 산업화의 가장 직접적인 효과는 다른 어디보다도 농촌을 크게 변화시켰고, 그 변화의 크기는 거의 전면적인 것이었다. …농촌은 두 방향에서 급격히 변화했다. 하나는 농촌의 유휴노동력과 사실상 높은 실업률이 농촌의 젊은 노동력을 대거 도시의 2차 산업에 취업하도록 내몰게 됨으로써 농촌 인구를 급격히 감소시켰다. 다른 하나는 새마을운동과 같은 정부 지원 투자 사업을 통하여 정부는 농촌의 생활향상을 도모하고 농민을 동원했다. 농민이 투표정향에 있어 여당의 지지자가 되었다는 점에서는 1950년대와 유사하다. 그러나 1960-70년대의 농민은 정권이 농촌의 동원화를 통하여 그들을 적극적인 정부 지지자로 만들었다는 점에서 앞 시기와 다르다(최장집 2002: 84).

한편, 한국의 근대화는 서구에서처럼 자본가와 노동자 간의 균열을 낳았다. 립셋과 록칸은 노동을 둘러싼 분열과 갈등은 서구 국가에서 매우 균질적으로 나타났다고 했다. 한국의 경우에도 급속한 산업화는, 전태일로 상징되듯이, 노동운동으로 이어졌다. 제조업 부문 노조 및 노조원의 수도 1970년대에 크게 증가했고 특히 섬유노조, 화학노조, 금속노조의 증가세가 컸다(최장집 1988: 40−50). 특히 1970년대 초는 노동운동이 활성화되었는데, 1970년 11월 전태일 분신사건, 1971년 8월 신진자동차 노조원의 대규모 파업 농성, 같은 해 9월 한진상사 파월(派越) 노동자의 KAL 빌딩 방화 사건 등 노동 운동이 격렬화, 집단화, 비합법화하는 한편 양적으로도 급격히 팽창하는 모습을 보였다(손호철 2011: 367).

그러나 한국에서는 서구에서와는 달리 산업혁명의 결과가 노동 대 자본 간의 대립적인 균열로 정당체계 내에 반영되지 않았다. 그 한 원인은 반공 이데올로기와 군부 권위주의 체제의 억압적 지배가 노동과 자본 간 갈등이 정치적 균열로 부상하는 것을 어렵게 만들었다는 점이다.

> 상대적으로 보수/진보 간의 갈등이 첨예화되지 않은 것은 월남전과 북한의 도발 등에서 보는 것처럼 남북대결의 심화로 인해 진보의 영역이 축소되었고, 또 박정권이 진보혁신세력에 대한 사전 봉쇄와 예방 통제에 기인한 것으로 보인다. 박

정권은 이미 군정 기간에 통일사회당, 사회대중당, 혁신당, 사회당, 교원 노조 등 정치권의 진보 혁신 세력을 철저히 제거하면서 이들을 통제하려는 제도적 장치를 도입하였다. 그리고 3 공화국 시기의 민족주의 비교연구회 사건, 장준하 사건 등에서 보는 것처럼 진보세력을 철저히 탄압하였다(김용호 2007: 286-287).

그러나 이와 함께 한국에서는 서구에서와 달리 노동자의 참정권 확보와 같은 정치적 동기가 없었다는 점도 중요한 요인이 된다. 서구에서 노동자 계급에 대한 투표권의 확대는 각국 정치제도의 특성을 바꿔놓았고 새로운 균열을 만들어 내면서 정당 지지에 대한 구질서(the old alignments)를 바꿔놓았던 것에 비해(Lipset and Rokkan 1967: 46), 1948년 5.10 선거 때부터 보통선거권이 확립되었던 한국에서는 이런 경로를 거칠 필요가 없었다. 1960－80년대 한국 사회의 사회적 이동성(social mobility)이 컸다는 점도 노동－자본 간 균열이 부각될 수 없었던 또 다른 요인이다. 립셋과 록칸(Lipset and Rokkan 1967: 21)은 노동계급 운동 발전과 관련된 핵심적 요인으로 개방성(openness)을 들었다. 즉 노동자라는 신분에서 평생 벗어날 수 없는지 혹은 신분 향상을 위한 출구가 존재하는지, 신분 변화를 위해 요구되는 교육을 얼마나 쉽게 받을 수 있는지, 스스로 자립하거나 혹은 독립적인 작업 공간을 마련할 가능성은 얼마나 되는지 등의 요인이 노동운동의 발전과 긴밀한 관련을 갖는다고 했다. 근대화 시기 한국 사회는 매우 높은 사회적 이동이 가능했던 시기였다. 급속한 경제발전 와중에 자수성가의 가능성, 교육을 통한 신분 상승 등의 통로가 열려 있었다. 이런 요인 등으로 인해 한국에서의 근대화, 곧 산업혁명의 시기는 노동 계급에 기반을 둔 균열이 등장하기는 했지만, 강력한 정치운동과 대중적 노동정당의 등장으로 나아가지 못했다.

한국에서 근대화로 인한 갈등은 노동－자본보다 불균등 경제발전 정책과 관련이 깊었다. 서구에서의 산업혁명이 경제사회 내의 자율성에 기반했던 것에 비해 한국에서의 산업혁명은 국가 주도에 의한 것이었다. 그 전략은 경쟁력 있는 수출주도 기업을 만들어내는 것이었다. 정부 정책에 순응하는 재벌에게는 신규 사업 진입 및 그로 인한 성장 기회의 확보, 정부 보호 아래 경영안정성 확보, 수출보조금이나 외자보증 등 금융의 특혜 등이 주어졌다(조영철 2003: 142－147). 반면 노동운동은 억압되었고 중소기업은 대기업에 비해 상대적인 불이익과 열등한 지위를 감수해야 했다. 이런 점에서 한국의 근대화 과정에서 나타난 노동－자본의 갈등은 계급정치적 속성은 약화된 반면, 재벌의 경제력 집중을 둘러싼 갈등이 보다 두드러지게 되었다.

이러한 근대화의 결과는 기능적 차원뿐만 아니라 영토적 차원에서도 균열을 형성해 갔다. 지역 간 균열은 경제적인 측면에서의 중심부와 주변부 간의 갈등을 드러내는 것이었다. 립셋과 록칸(Lipset and Rokkan 1967: 41)은 국가 건설 단계에서 통일성과 중앙 통제를 강화하려는 중심부의 엘리트들과 지방의 자율권과 고유한 문화적 특성을 강조하는 주변부 간의 대립으로서의 중앙－지방 균열을 제시했다. 이에 비해 한국에서는 근대화 과정에서 경제적인 의미의 중심부와 주변부 간의 갈등이 생겨났는데, 이는 지역 간 불균형 발전의 결과였다. 즉, 한국에서의 급속한 근대화는 경제적 재화의 분배를 두고 계층 간 갈등뿐만 아니라 지리적 공간에서의 갈등도 불러왔다.

1960년대 초 이후 추진된 경제발전 전략은 공업화 성장 정책이었는데, 지역적으로 볼 때 서울, 경기 지역과 부산 등 영남권을 중심으로 한 불균형 투자 전략을 택했다(이하 김만흠 1991: 52－73). 불균형 투자 전략은 당시 가용 재원이 매우 한정적인 상황에서 연계효과가 큰 전략산업에 집중 투자함으로써 투자의 효과를 극대화하겠다는 것이었다. 그러나 투자와 개발이 수도권과 영남 지역에 집중됨으로써 지역 간 불균형이 생겨났다. 또 이러한 불균등 투자 전략은 저개발지역으로부터 서울 등 도시로의 인구 이탈을 낳았고 이들은 도시의 저소득층을 형성함으로써 상대적 빈곤감과 피해의식을 강화시켰고 사회적 차별을 낳았다. 출신 지역별로 볼 때 서울에서 저소득층의 비율은 전남이 가장 높았고 그 뒤로 전북, 충남 순이었다. 호남의 소외 의식은 지배 엘리트 구성이 지역적으로 영남 중심으로 편중되었다는 사실에 의해 더욱 강화되었다. 즉 "3공화국 말기부터 영－호남 간의 지역 갈등이 나타나기 시작"했는데, "그동안 잠재되어 있던 양 지역 간의 오랜 감정적인 대립과 함께 박(정희) 정권의 호남 소외 개발정책과 인사정책 등으로 인해 호남 주민들은 상대적인 박탈감을 느끼게" 되었던 것이다(김용호 2007: 288). 이러한 경제적 가치의 배분을 둘러싼 지역 간 균열의 토대 위에 1980년 광주에 대한 무력 진압으로 인한 지역적 피해의식이 호남 지역주의를 강화시키는 결과를 가져왔다. 근대화 과정에서 형성된 경제적 차별에 기초한 갈등이 정치적 피해의식으로 이어지면 지역주의 정치는 1987년 대선을 통해 폭발적으로 표출될 수 있었다.

(3) 한국에서의 균열 구조와 정당체계

립셋과 록칸의 모델에 의해 한국 정치를 살펴보면, 국민국가 건설 단계에서는 민족 정체성 대 체제 정체성, 혹은 통일정부 수립 대 단정이라는 균열이 발생했고, 산업혁명/근대화 단계에서는 지역주의 균열(혹은 경제적 중심부 대 주변부), 그리고 서구와 같은 형태나 규모는 아니지만, 자본가 대 노동자 간의 균열이 형성되었다. 이렇게 형성된 균열은 잠재되어 있다가 민주화를 계기로 자유로운 정당 정치가 가능해지면서 표출되었다. 립셋과 록칸 역시 균열이 생겨나더라도 그것이 자동적으로 정당 정치를 통해 표출되는 것은 아니며 진입장벽의 높낮이에 따라 영향을 받는 것으로 보았다.

립셋과 록칸이 제시한 4가지 진입장벽을 민주화 이후의 한국 정당 정치에 적용해 보면, 민주화 초기의 상황은 다음과 같이 설명될 수 있다.

▼ 표 3-1 민주화 초기의 진입장벽

정당화의 장벽(L)	통합의 장벽(I)	대표성의 장벽(R)	다수결의 장벽(M)
중간(medium)	낮다(low)	높다(high)	높다(high)

정당화의 장벽은 민주화로 인해 낮아졌다. 정치적 반대에 대한 용인의 정도가 이전 권위주의 시대에 비해 분명히 커졌다. 그러나 군의 탈정치화가 여전히 이뤄지지 않았던 상황이었고, 반공이데올로기의 영향이나 권위주의 체제의 관행이나 제도적 유산도 크게 바뀌지 않았기 때문에 정치적 반대가 폭넓게 허용되고 용인되었다고 보기는 어렵다. 참정권의 수용범위를 말하는 통합의 장벽은 보통 선거권이 확립되어 있기 때문에 낮다고 할 수 있다. 대의기구에 대한 접근성과 정치적 대표성은 단순다수제 선거제도와 지역주의 투표 행태가 결합되면서 매우 높았다. 실제로 지역에 기반을 두지 않은 정당의 의회 진출은 거의 이뤄지지 못했다. 한편, 다수결의 장벽 역시 강력한 대통령제하에서 권력 분산의 정도가 낮다는 점에서 장벽은 높은 편이었다. 대표성과 다수결의 측면에서 볼 때 민주화 초기 한국은 매우 높은 진입장벽을 가진 다수제 대표제(high threshold majoritarian representation)(Lipset and Rokkan 1967: 29)였다. 그러나 민주화와 함께 정당화의 장벽이 낮아지면서, 한국에서는 근대화 시기에 형성된 경제적 중심부 대 주변부 간의 균열, 곧 지역주의 정당 정치가 수면 위로 떠올랐다.

민주화의 진전과 함께 진입장벽에 다소의 변화가 발생했다. 정당화의 장벽은 민주화의 진전과 함께 이전에 비해 낮아졌다. 정치적 반대자인 야당이 선거 승리를 통해 권력을 차지하는 정권교체도 발생했다. 또한 의석의 비율이 높지는 않지만 2004년 총선을 계기로 정당 명부식 비례대표제의 도입으로 대표성의 장벽도 부분적으로 낮아졌다. 따라서 민주화 진전 이후의 진입장벽은 '정당화(낮음) - 통합(낮음) - 대표성(중간) - 다수결(높음)', 즉 L - L - M - H의 패턴으로 변화했다.

▼ 표 3-2 민주화 진전 이후의 진입장벽

정당화의 장벽(L)	통합의 장벽(I)	대표성의 장벽(R)	다수결의 장벽(M)
낮다(low)	낮다(low)	중간(medium)	높다(high)

<표 3-2>에서 볼 수 있는 이러한 변화는 한국 정치에 잠복해 있던 균열이 정당 정치를 통해 표출할 수 있게 이끌었다. 정당화의 장벽이 더욱 낮아지면서 그동안 권위주의 억압과 반공이데올로기에 의해 드러나지 못했던 '체제 대 민족' 균열이 표출되어 나타나게 되었다. 이전과 달리 정당 경쟁이 대북 관계, 국가보안법, 대미 관계 등의 정책에서 커다란 차별성을 갖게 되었다. 또한 대표성의 장벽이 낮아지면서 자본 - 노동 균열을 대표하는 계급정당인 민주노동당이 2004년 총선과 함께 주로 비례대표 의석을 통해 의회에 진출했다.

오늘날 한국 정당 정치에서 발견되는 지역 균열, 대북 정책 등 반공주의를 둘러싼 균열, 그리고 부분적으로 계급 균열이라는 특성은 1945년 이후의 국가건설과 1960 - 1970년대 근대화라는 두 가지 역사적 사건을 통해 형성되었고, 민주화의 진전과 함께 제도적, 정치상황적 장벽이 낮아지면서 정당 정치를 통해 표출될 수 있게 된 것이다.

이제 립셋과 록칸과 관련하여 남은 논의는 이른바 '동결 명제'에 대한 것이다. 이들(Lipset and Rokkan 1967: 50 - 56)은 1920년대의 균열 구조가 1960년대에도 변화하지 않은 채 그대로 동결된 상태로 남아 있으며, 1960년대의 정당 체계는 본질적으로 1920년대와 동일하다는 것이다. 동결 명제에 대한 가장 강력한 반증으로 제시되는 것이 녹색당, 극우정당, 분리주의 정당 등 새로운 정당의 출현이다. 이 가운데 녹색당의 경우는 한국에서도 동결 명제의 찬반과 관련하여 흥미로운 사례이다. 한국 정치에서 탈물질주의 정치의 등장 가능성이나 그 특성에 대해서는 이미 적지 않은 논의가 이뤄졌다(마인섭·장훈·김재한 1997; 어수영 2004; 김욱·이이범 2006; 김욱·김영태 2006; 조기숙·박혜윤 2008 등).

그러나 탈물질적 가치가 정치적으로 중요성을 갖게 된다고 해도 과연 이것이 한국 정치의 중요한 균열로 부상한다는 것은 또 다른 문제이다. 립셋과 록칸의 모델은 정치적 균열이 생기는 계기로 국민혁명과 산업혁명 같은 거대한 사건의 발생을 들었다. 이런 '사건'이 사회경제적 변화를 이끌면서 상반된 이해관계 간의 갈등이나 대립으로 이어지게 된다는 것이다. 이에 비해 탈물질주의 대 물질주의는 경향(tendency)로서의 차이는 나타나지만, 구체적이고 구조적인 이해관계가 반영이 되는 형태의 갈등으로 보기는 어렵다. 또한 그러한 균열이 존재한다고 하더라도, 개방적이고 비례성이 높은 선거제도와 같이 대표성의 장벽이 낮아지지 않는다면 이러한 균열이 정당체계에 반영되기는 쉽지 않을 것이다.

따라서 한국의 경우에는 국민국가 건설, 산업혁명/근대화라는 두 가지 역사적 사건 속에서 형성된 세 가지 균열, 즉 민족 대 체제, 경제적 중심부 대 주변부, 그리고 정도는 다소 약하지만 자본 대 노동이라는 세 개의 균열에 기초한 정당체계라는 특성을 보이고 있다. 민주화 이후 오늘날까지 한국의 정당 정치는 이러한 균열의 틀속에서 크게 벗어나지 않은 채 '동결'된 형태로 유지되어 오고 있다.

3. 균열 이론에 대한 비판

(1) 정치의 역할과 정치적 정체성

립셋과 록칸의 관점은 정치적, 사회적 균열이라는 하부구조가 정당체계라는 상부구조의 특성을 결정한다는 것이다. 예컨대, 산업혁명으로 노동자와 자본가 간의 이해관계의 대립이 생겼다면 그것은 정당 정치로 귀결된다는 것이다. 물론 네 가지 진입장벽이라는 정치제도적 요인을 제시하기는 했지만, 이들의 논지는 사회구조적 요인 곧 균열의 발생이 정당 정치로 이어진다는 것이다. 그런데 이러한 인과관계는 정치 현상이 사회구조적 요인을 '자동적으로' 반영하는 종속변수에 그친다는 문제점을 갖는다. 사르토리(Sartori 1990)는 립셋과 록칸의 주장과 관련하여 그것을 결정주의적 (deterministic)이라고 비판하고, 정치 변수의 영향을 강조했다.

> 정치는 그저 단순한 투사(a mere projection)가 아니며, 문제는 '전환 (translation)'이다. …문제는 '균열은 그 스스로 당연한 귀결로 정치적 반대로 전환되지 않는다'는 데만 놓이지 않는다. 어떤 균열은 전혀 전환되지 않는다는 문제도 있다. 더욱이 전환이라는 개념의 중요성은 전환이 일어나기 위해서는 전환을 이끌

사람들(translators)을 필요로 한다는 점에 놓인다. ···정치현상에 관한 낡은 방식의 사회학적 설명(sociology of politics)은 균열이 정치제도(political system)에 의해 '생성되는 것(produced by)'이 아니라, '반영된다(reflected in)'고 생각했다(Sartori 1990: 176).

사르토리는 계급 균열을 일으키는 계급 조건(class conditions)이 존재하더라도, 그 것이 계급의식(class consciousness)으로 전환되고 궁극적으로 계급행동(class action)으로 이어지려면 그것을 매개할 주체가 필요한데, 그 매개변수는 정당의 영향이나 노조의 통제와 같은 정치적 변수라는 것이다(Sartori 1990: 166-173). 즉 사르토리의 주장은, 계급 균열로 정당이 생겨난 것이 아니라. 정당이 정치적으로 지지자들을 동원하기 위해 계급이라는 정체성을 부여했다는 것이다.

> 직설적으로 말해서, '객관적' 계급(계급 조건)이 정당을 만들어 내는 것이 아니다. 오히려 정당이 '주관적' 계급(계급의식)을 만들어 낸다. 다시 조심스럽게 말하자면, 정당이 사회 계급을 반영할 때, 이것은 둘 간의 상호작용에서 계급 쪽이 아니라 정당 쪽이 더 큰 의미를 갖는 것이다. 정당은 계급의 '결과(a consequence)'가 아니다. 오히려, 그리고 그 이전에, 정당으로부터 정체성을 부여 받는 것이야말로 계급이다(Sartori 1990: 169).

크리시(Kriesi 1998: 168) 역시 균열의 개념이 '구조적 용어(structural terms)'로 환원되는 것에 반대했다. 균열은 두 가지 요소가 더 포함되어야 하는데, 첫 번째는 관련 집단은 노동자, 고용주, 가톨릭 신자 또는 개신교인이라는 집단적 정체성을 의식해야 하고 이 기반 위에서 행동해야 한다는 것이다. 두 번째, 균열은 반드시 조직의 형태로 표출되어야 한다는 것이다. 즉, 어떤 정치적 행위자(a political actor)가, 어떤 사회 집단 구성원들 간 미숙하고 단편적 신념, 가치 및 경험에 대해, 일관성과 조직화된 정치적 표현을 제공하면 그때 구조적 분열은 균열로 전환될 수 있다고 보았다. 즉 크리시는 사회 분열(social division)이 자동적으로 정치로 전환(translated) 것은 아니며, 오히려 사회 균열이 정치적 표출(political articulation)에 의해 결정적으로 형성되는 것이라고 보았다.

메이어(Mair 2006: 373) 역시 사회로부터 정치로의 전환은 정치적 요인의 개입에 의해서 결정된다고 보았다. 메이어는 사회 균열이 정치로 전환되는 것은 "특정한 사회적 분열이 특별한 가치나 일체감의 집합과 연계되었을 때, 그리고 이것이 정치의 세계에 들어왔을 때 조직된 정당이나 집단을 매개로 하여, 정치적으로 관련성(relevant)을 갖게 될 때" 발생한다고 주장했다. 이와 함께 정치 지도자의 역할에도 주목했다.

집합적 일체감과 공통의 가치체계의 부상을 가능하게 하는 것은 공유된 사회적 경험이다. 정체성을 강화시키고 그것이 정치적으로 관련성을 갖도록 만드는 데 도움을 주는 것은 조직의 개입과 설득의 결과이다. 어떤 경우에는 사회 집단이 이미 강한 응집력을 갖고 있고 여타의 비정치적 조직의 네트워크에 의해 결속되어 있다면 공식적 정치 조직은 거의 필요로 하지 않는다. 그러나 다른 경우에는 다수의 모험적인(entrepreneurial) 정치 지도자들에 의해 촉발될 때까지 정체성은 표출되기 어렵다(Mair 2006: 373).

한편, 바르톨리니와 메이어(Bartolini and Mair 1990: 211-220)는 균열이 정치적으로 표출되게 하는 세 가지 요인을 제시했다. 첫째, 계층, 종교, 인종과 같은 핵심적인 사회구조적 특성의 기반 위에 집단들을 구분하게 하는 사회적 분열이 존재해야 한다. 즉 균열은 뚜렷한 사회적 실체(a distinct social reality) 위에 기반한다. 둘째, 균열이 포함하는 사회 집단들이 스스로를 농민, 노동자, 가톨릭교도 등 공유하는 정체성과 이해관계를 인식하고 있으며 그것은 뚜렷한 집단적 일체감으로 존재한다. 셋째, 균열은 정당, 노조, 교회 혹은 다른 어떤 단체 등 지속성을 갖는 조직이나 집단행동의 형태라는 조직적 표현(organizational expression)이 이뤄져야 한다. 즉, 이들의 주장 역시 균열이 자동적으로 정당 정치로 전이되는 것이 아니라, 공유된 정체성과 정치 조직의 매개에 의해 이뤄진다는 점을 강조하고 있다.

샤츠슈나이더(Schattschneider 1960: 62-77)의 논의는 사회 구조적 균열이 유럽과 다른 미국 정당 정치를 다루고 있다는 점에서 앞에서 든 학자들의 견해와는 다소 다른 관점이지만, 그 역시 유사한 점을 지적하고 있다. 샤츠슈나이더는 정치적 경쟁의 결과는 수많은 잠재되어 있는 갈등 가운데 어떤 갈등이 지배적인 위치를 차지하느냐에 달려 있다고 보았다. 현대 사회에는 무수히 많은 잠재적 갈등이 존재하지만 그중 단지 몇 개의 갈등만이 의미를 갖는데, 어떤 갈등이 지배적이 되고 어떤 것은 부수적인 것이 되느냐를 결정하는 것은 '정치'라고 주장했다(Schattschneider 1960: 66).

이러한 시각들이 사회적 전제조건(social preconditions)의 중요성을 부정하는 것이라고 할 수는 없다. 그러나 이들은 개별 정치인들에 의한 결정의 중요성, 그리고 새로운 정당들이 다소간 보다 쉽게 경쟁하는 것을 가능하게 만들(정도) 제도적 환경의 중요성을 강조하고 있다. 이러한 시각은 립셋과 록칸이 말한 균열이 자동적으로 정치로 전화된다고 하는 '단순한 기계적 모델(simple mechanical model)'을 거부하는 것이며 그 대신 모험적이고 야심찬 정치가들(political entrepreneurs)이 이러한 균열을 성공적으로 동원해 내고 또 새로운 정치적 정체성을 창조해 내는 과정에 주목한 것이다(Scarrow 2006: 21).

(2) 민주화 이후 한국의 균열과 정치적 요인

립셋과 록칸의 모델을 통해 보았을 때, 한국의 지역주의 정당 정치는 근대화 과정에서 비롯된 균열의 결과였다. 불균형 성장 정책으로 인한 경제적 중심 대 주변부라는 갈등이 민주화 이후 지역 간 대립이라는 지역주의 정당 정치로 귀결되었다는 것이다. 하지만 사르토리 등이 지적한 대로, 균열이 존재한다고 해도 그것이 저절로 정치적 의미를 갖게 되는 것이 아니라는 점은 한국 정치에서도 마찬가지일 것이다. 예를 들어 민주화 이후 첫 선거인 1987년 대통령 선거에서 만약 김영삼, 김대중 간 후보 단일화가 이뤄졌다고 해도 지역주의 균열이 부상했을까 하는 데 대해 의문을 가져볼 수 있다. 손호철(2011: 719-720)은 지역주의가 지배적인 균열 구조로 부상한 데는 1987년 대선에서 민주화 세력의 대표적인 두 정치인인 김영삼과 김대중의 분열이 결정적이었다고 보았다. 즉 당시 민주 대 반민주가 지배적인 경쟁 구도였지만, 민주 세력이 하나로 단결하지 못하고 각각 다른 지역에 기반을 둔 두 정당을 분열함으로써 민주 대 반민주 구도가 깨지고 지역주의가 전면화되었다는 것이다.

이와 같은 관점에서 장수찬(2006: 152)은 1987년 대통령 선거에서 충청 지역에서의 김종필의 정치적 부상을 설명한다. 1987년 대선 당시 김영삼, 김대중의 분열과 뒤이은 지역 대결 구도는 사실 뚜렷한 명분이 없었던 김종필에게 충청이라는 정치적 공간을 마련해 주었다는 것이다. 양김의 분열로 인한 민주 반민주 구도의 약화와 지역 대결의 구도가 충청 지역에 반사적 지역주의의 여지를 제공했고, '다른 지역들이 다 뭉치는데 우리는 뭐하나'라는 2차적 반응이 김종필의 부상으로 이어졌다는 것이다. 즉, 당시 충청 지역주의의 부상은 '지역 균열'과 관련이 없었던 것이다.

이갑윤(1998: 79-80)은 보다 구체적으로 김영삼, 김대중의 분열과 각자의 지역파벌 형성이 지역주의 정치 갈등으로 이어졌다고 주장한다.

1980년과 1987년 양김 씨의 대결 구도를 서로 비교할 때 뚜렷이 나타나는 차이점이 있다면, 1987년에는 이미 야당 내부에 영남과 호남으로 나누어진 지역 파벌이 형성되어 있었다는 점이다. …1987년 초 이미 김영삼 파벌은 모두 영남 출신 의원들로, 김대중 파벌은 모두 호남 출신 의원들로 구성되는 현상이 나타나게 되었다. …양김 씨 입장에서 볼 때 지역주의를 이용한 자신의 출신 지역 국회의원들에 대한 통제는 그들이 설령 대선에서 실패한다고 해도 그들이 확보할 수 있는 최소한의 권력 자원이었기 때문에 지역 파벌의 형성은 양김 씨가 후보 단일화를 외면하고 각자 대선에 나설 유인을 제공했다고 할 수 있다.

이러한 양김 씨의 갈등과 두 지역 파벌의 갈등이 영남, 호남 간의 지역감정의 대립으로 이어지게 되었고, 이는 우리나라의 지역갈등이 영호남 간의 지역감정에 의한 것으로 이해하게 만들었다. 1987년 대선을 앞두고 지역민의 지지를 동원하기 위해 행해진 정치가들의 지역주의적 호소는 호남과 호남 간에 시작된 지역감정을 경북과 경남, 전라, 충청 등 4명의 대선 후보자들(=노태우, 김영삼, 김대중, 김종필)의 출신지역 간의 대립으로 확대시켰다. 이처럼 대선 후보자들의 지역주의적 호소와 지역 주민들의 지역주의적 지지가 서로 맞물려 상승작용을 일으키면서 대통령 선거는 지역 간의 경쟁으로 치닫게 되었던 것이다.

한편, 대북정책은 김영삼 정부 후반기와 김대중 정부 시기를 거치면서 정치적 논란의 대상이 되었다. 하지만 그때부터 대북관계나 대미관계가 하나의 '정치적 균열'로 부상하지는 않았다. 2002년 대통령 선거에서 탈지역주의를 주창한 노무현 후보는 자신의 정치적 명분에 반하는 지역주의를 노골적으로 동원할 수 없었다. 전라 지역을 기반으로 한 새천년민주당의 후보였지만 정작 자신은 경상도 출신이기도 했다. 이런 상황에서 노무현 후보는 '반미' 등 당시 정치적으로 매우 예민한 이념 이슈를 끄집어냈고,[3] 이는 미군 장갑차 사고로 인한 여중생 사망 사건 등이 겹치면서 '민족 대 정체'라는 잠재되어 있던 균열을 정치적으로 동원해 냈다. 이러한 균열은 노무현 후보의 당선과 2004년 국회의원 선거에서 열린우리당의 승리와 함께 정치적으로 부상하게 되었고 그 이후의 정당 정치에 커다란 영향을 미쳤다. 이런 관점에서 볼 때 이념 갈등의 부상은 2002년 대통령 선거에서의 노무현이라는 정치적 요인을 빼고는 설명하기 어렵다.

립셋과 록칸이 말한 거대한 사건과 거기에서 파생되는 사회경제적 변화가 정치에 미치는 영향은 전적으로 부정될 수 없다. 그러나 사회경제적 요인이 정치로 언제나 자동적으로 전화되는 것은 아니며, 모든 균열이 다 정치적 의미를 갖게 되는 것도 아니다. 지역주의 균열에 대해 손호철(2011: 719)은 "지역주의는 지역 간 불균등 발전이라는 '토대'의 궁극적인 규정을 받지만 이것으로 환원될 수 없고, 정치적 대안의 조직 역량 여부, 정치 세력의 전략적 개입, 각 지역의 독특한 지역 담론 구성체에 의한 지역적 정치사회화 과정 등 상부 구조적 요인의 규정 역시 받으면 상호 강화돼 온 동태적인 과정으로 이해해야 한다"고 주장했다. 지역주의 균열뿐만 아니라 한국 정치에 부상한 다른 균열 역시, 단순한 사회구조적 요인의 자연스러운 정치적 부상이라기보다 정치적·행위자에 의한 동원, 정치적 정체성의 확립과 그에 기반한 정치 조직 형태로의 표출이라는 정치적 요인의 영향을 함께 고려해야 한다.

4

CHAPTER

이념과
정당

정/당/론

제4장

이념과 정당

  정당은 정치적으로 뜻을 같이 하는 이들로 결성된 결사체이다. 권력을 추구하는
것이 정당이지만, 동시에 에드먼드 버크가 지적한 대로 '구성원 모두가 동의하는 특
정한 원칙(some particular principle)'을 갖는다. 즉 한 정당의 구성원들은 정치적 비전
과 가치를 공유한다. 그러한 비전과 가치는 정당이 추구하는 '바람직한 사회'의 모습
을 담고 있다. 이와 같은 정치적 비전과 가치를 정당의 '이념(ideology)'이라고 한다.
자유민주주의 체제는 다원주의를 전제로 하기 때문에 한 사회 속에는 다양한 생각과
가치, 이해관계가 공존하고 있고, 이는 여러 정당들의 다양한 이념을 통해 표출된다.
  자유민주주의 국가에서는 서로 다른 이념을 대표하는 여러 정당들이 공존하고 있
다. 독일을 예로 들면, 보수주의를 표방하는 기독민주/기독사회연합(CDU/CSU), 사회
민주주의 정당인 사회민주당(SPD), 자유주의 정당인 자유민주당(FDP), 환경주의 정
당인 녹색당(Die Grüne), 극우정당인 독일을 위한 대안(AfD), 그리고 과거 공산당의
후신으로 강경 좌파인 좌파당(Die Linke) 등이 있다.
  우리나라에서는 1948년 이후 이념적 공간이 보수 쪽으로 편중된 형태로 정당 정
치가 지속되어 왔다. 이와 같은 이념적 편향은 공산주의 체제와의 대립으로 인한 분
단, 그리고 반공을 통치의 명분으로 내세운 권위주의 체제의 억압과 관련되어 있지
만, 또 한편으로는 6.25 전쟁과 그 이후 지속된 북한과의 군사적 대립으로 인한 공
포가 반공주의를 사회적으로 내면화시킨 영향도 크다. 이 때문에 우리나라의 정당
경쟁은 정책적 차별성보다, 권위주의 시대에는 절차적 민주주의의 실현 여부를 두

고, 그리고 민주화 직후에는 지역주의에 호소하는 형태로 이뤄져 왔다. 그러나 최근 들어서는 한국 정치에서도 이념의 차이가 정당 경쟁에 매우 중요한 요소로 작용하고 있다.

이 장에서는 비교정치적 차원에서 유럽을 중심으로 등장한 다양한 정당의 이념에 대해 논의하고, 이를 토대로 우리나라의 정당 경쟁의 이념적 특성에 대해 살펴보기로 한다.

1. 폰 바이메의 정당 계보(*familes spirituelles*)

폰 바이메(von Beyme 1985: 29-158)는 '동일한 명칭하에 고려될 수 있는' 정당 계보를 제시했다. 폰 바이메는 유럽 국가의 정당들을 역사적 출현 과정을 고려하여 이를 9개의 정당 계보(party family)로 구분했다. 정당 계보의 구분은 각 정당이 역사적으로 어떤 맥락에서 등장했고 또 어떤 이념과 가치를 특징적으로 갖게 되었는지를 기준으로 했다. 즉, 정당 계보는 하나의 이념적 스펙트럼상에 정당들을 위치시켜 그 상대적 특성을 파악한 것이 아니라, 역사적으로 출현하게 된 상황과 원인을 중심으로 정당이 표방하는 이념을 구분한 것이다. 폰 바이메는 이러한 구분이 미국이나 캐나다에는 적용되지 않으며 주로 유럽 국가들과 오스트레일리아, 뉴질랜드에 적용되는 분류라는 한계를 인정했다. 또 이 정당 계보를 모두 포함하는 국가는 없다는 점도 지적했다. 나라마다 각 분류 속에서 나타나는 정당의 이념적 특성에도 다소 차이를 보인다. 이러한 한계가 있지만 폰 바이메의 정당 계보는 정당이 표방하는 이념적 특성에 대한 개괄적 분류이며, 정당 계보에 대한 일종의 이상형(ideal type)적인 구분이라고 볼 수 있다. 폰 바이메의 이러한 정당 계보는 우리나라 정당 정치의 특성을 이해하는 데도 도움을 준다.

폰 바이메는 역사적으로 유럽 정치에 등장한 순서에 따라 다음과 같이 아홉 가지로 정당 계보를 구분했다.

① 자유주의, 급진주의 정당(Liberal and Radical parties)

② 보수 정당(Conservative parties)

③ 사회주의, 사회민주주의 정당(Social and Social Democratic parties)

④ 기독 민주주의 정당(Christian Democratic parties)

⑤ 공산주의 정당(Communist parties)

⑥ 농민 정당(Agrarian parties)

⑦ 지역, 민족 정당(Regional and Ethnic parties)

⑧ 극우 정당(Right–wing extremist parties)

⑨ 환경 운동(Ecology movement)

각각의 특성에 대해서 살펴보기로 하자.

(1) 자유주의/급진주의 정당

유럽에서 처음으로 모습을 드러낸 정당은 자유주의 정당이다. 자유주의 정당(Liberals)은 구 체제에 대한 반대, 즉 보수주의자들과의 대립 속에서 나타났다. 최초로 등장한 정당은 당시 국가를 지배하던 지주(landowners)에 대항하여 자신들의 이익을 옹호할 정치적 조직체의 필요성을 인식한 부르주아의 결합이었다. 이러한 정당은 19세기에 발전되었으며, 19세기 말이 되면 자유당은 여러 국가에서 강력한 세력이 되었다.

자유주의 정당은 명칭 그대로 자유를 강조했다. 산업혁명 등 사회경제적 변화와 함께 부르주아 시민계급이 등장하면서 이들은 봉건적인 구 질서로부터의 변화를 추구했다. 근대 사회에서 새로이 영향력을 갖게 된 상공업자들, 즉 도시의 부르주아 계급은 그 때까지 국가 권력을 장악하고 있던 귀족과 지주 세력에 대항하여 새로운 이념을 주창했다. 이들은 봉건적 계급 구조에 저항하고 군주나 귀족의 자의적 통치에 반대했다. 이들은 이성에 대한 믿음, 자유의 원칙 그리고 귀족주의의 특권에 대한 반대와 정치적 평등, 재산권의 존중을 강조했다. 경제적으로도 상공업자들의 이해를 반영했던 자유주의 정당은 상품의 생산과 교역에 대한 규제와 통제의 폐지를 주장했다. 제 3 장에서 살펴본, 영국에서의 곡물법(corn law) 폐지가 경제적 측면에서 자유주의자들의 입장을 잘 보여준다. 또한 이들은 국가와 사회의 분리를 강조했고, 시민의 법적, 정치적 권리를 중시했다. 따라서 자유주의 정당들은 의회에서 대표자들의 동의에 의한 지배라는 의회주의, 헌정주의를 중시했다.

그러나 나라마다 다소 다른 특성도 발견되는데, 자유주의는 전반적으로 구 체제에 대한 저항, 자유의 강조라는 특성을 갖지만, 영국의 자유주의자들은 군주제를 부정하지 않았던 반면 공화정이 수립된 프랑스에서는 앙시앵 레짐의 부활에 대한 반대의 태도를 보였다.

한편, 급진주의(radicalism)는 당시로서는 '급진적'일 수 있었겠지만 사실은 자유주의의 한 분파이다. 급진주의자들은 참정권 확대와 같은 대중의 정치 참여, 민주주의를 보다 강조한다. 자유주의와 급진주의의 구분은 19세기 정치적 갈등의 두 가지 특징과 관련되어 있다(Ware 1996: 29–31). 첫째, 선거권의 확대이다. 19세기에 많은 자유주의 정당 당원들은 시민권은 사회에서 어떤 '지분(a stake)'을 갖게 되었을 때 수반되는 것이라고 믿었다. 따라서 일부 자유당원들은 가난한 자와 여성과 같이 '지분'(즉 재산)을 갖지 못한 사람들에게 선거권이 확대되는 것에 반대하였다. 그러나 급진주의자들은 자유주의자들의 입장과 달리 '지분을 갖지' 못한 사람들에게도 정치적 참여가 확대되기를 원했다. 실제로 급진주의 정당은 대중적 참여와 민주주의에 보다 큰 가치를 부여하는 곳에서 등장하였다. 또한 급진주의는 군주의 강한 권력에 반대하는 공화주의 전통이 강한 국가에서 나타나는 경향이 있었다.

급진주의의 한 예로 영국의 차티스트 운동(Chartist movement)을 들 수 있다. 차티스트 운동은 영국에서 1830년대에서 1840년에 걸쳐 참정권 확대를 위한 정치개혁을 요구한 운동이다. 차티스트 운동이라는 이름이 붙게 된 이유는 이들이 여섯 가지 요구를 담은 인민헌장(People's Charter)을 내세웠기 때문이다. 인민헌장의 내용은 다음과 같다.

첫째, 21세 이상 모든 남성에게 투표권을 부여할 것

둘째, 비밀투표를 보장할 것

셋째, 국회의원이 되는 데 재산 자격 조건을 철폐할 것

넷째, 국회의원에게 세비를 지급할 것

다섯째, 선거구마다 유권자의 수를 동일하게 할 것

여섯째, 매년 의회 선거를 실시할 것

차티스트 운동은 ('건전한 마음을 갖고' 범죄로 처벌 받고 있는 않은) 21세 남성으로 선거권 요구를 제한한다는 점에서 한계가 있지만, 당시로서는 매우 파격적인 대중 정치 참여의 요구를 담고 있다. 국회의원에게 세비를 지급하라는 것은 그래야만 재산 없고 가난한 사람들도 의정 활동을 할 수 있다는 것이고, 매년 의회 선거를 실시하라는 것은 이를 통해 뇌물이나 위협으로 표를 얻으려는 행위를 막을 수 있다는 것이었다. 차티스트 운동은 1839년, 1842년 그리고 1848년 세 차례 걸쳐 의회에 자신들의 요구를 청원했다. 이들의 청원은 당시에는 모두 거부되었지만, 이후 1867년, 1884년 의회의 개혁법 제정으로 수용되었다.

자유주의와 급진주의 간에는 또 다른 차이가 존재하는데, 그것은 종교에 관한 것

이다. 가톨릭 국가들에서 국가와 사회에 대한 분리를 강조한 것은 자유주의자, 급진주의자들과 교회 사이에 갈등을 불러 일으켰다. 프랑스에서 급진주의는 반(反)가톨릭교권주의(anti-clericalism)적 태도를 취했다. 유럽의 신교 국가에서 교회는 세속적 권위의 우위를 인정했고 자유주의에서도 반종교적 태도는 나타나지 않았다. 다만 국교회(Anglican church)가 전통적 지배층인 지주계급과 연계되어 있던 영국에서는 자유당이 반국교회 세력(Non-Conformists)을 지지했다.

그러나 급진주의가 가난한 자들의 정치적 권리의 확대를 지지한다고 할지라도, 일반적으로 그것을 사회주의의 전조로 볼 수는 없다. 프랑스에서 급진주의 정당은 제3공화국(1871-1940) 시기에 가장 중요한 정치 세력이었으나, 경제와 사회에 대한 국가의 개입 문제와 관련해서는 상당히 보수적이었다. 다만 일부 국가에서는 자유당과 급진주의 정당들이 자본주의의 문제점을 해결하는 데 관심을 보였는데, 이런 경우에도 그들의 정책은 사회 민주주의의 관점에서 본다면 매우 온건한 형태였다. 예컨대, 영국 자유당은 20세기 후반 사회 민주주의가 채택하였던 정강과 유사한 여러 가지 형태의 제한된 국가 개입을 수용하였다.

전반적으로 자유주의 정당은 기독민주당이나 사회주의 정당과 같은 이념을 뒷받침하는 '정치적 신조(信條)(political confessionalism)'를 갖지 않았다. 또한 노조나 교회 등에 기반한 다른 정당들과 비교할 때 강력한 이해관계를 가진 연계조직도 없었다. 자유주의의 이념을 다른 정당이 흡수해 가면서 차별화된 정체성을 유지하기 어려웠고, 더욱이 사회경제적으로 상공업자 중심의 전통적인 중산층이 줄어들고 화이트칼라, 전문직 등 신중산층이 부상하기 시작한 것도 자유주의 정당의 지지 기반을 침식시켰다. 점차 자유주의 정당은 중산계급의 지지를 독점적으로 누리지 못하게 되었고, 사회주의 정당이 노동 계급의 정치적 부상과 함께 성장해 갔다. 급진주의의 일부 세력은 사회주의 정당으로 흡수되어 가기도 했다. 자유주의 정당은 제한된 형태의 개입주의를 수용하였지만 여전히 공공 소유에 대한 반대라는 입장을 견지함으로써 이념 스펙트럼 상에서는 중간에 위치한다. 한편, 자유주의는 전통적으로 교육 정책을 중시하였는데 이는 과거 교회가 교육에서 중요한 역할을 담당했던 것과 관련이 있다.

오늘날 유럽의회 내의 자유주의 정당(Alliance of Liberals and Democrats for Europe: ALDE)은 시민 개인의 자유와 존엄, 시민의 권리, 다양성, 경쟁, 자유교역, 다원주의와 관용, 환경 지역 자율성을 강조하고 있다.[1]

(2) 보수주의 정당

보수주의 정당은 자유주의 정당에 이어 두 번째로 등장한 정당이다. 옛것을 지킨다는 보수주의 정당이 제일 먼저 출현한 것이 아닐까 하고 생각하기 쉽지만, 보수주의 정당은 자유주의 정당 등장에 대한 반작용으로 출현했다. 보수주의 정당은 말 그대로 현상유지(status quo)를 선호하는 정치 세력으로 기존 질서, 기존 권위체제를 지키려는 목적을 갖는다. 이들이 정치 세력화할 필요를 느끼게 된 것은 기존 질서에 기초한 그들의 이해관계가 자유주의나 급진주의 정당의 출현으로 인해 도전 받게 되었기 때문이다. 유럽 대륙에서는 폭력적 방식으로 왕조를 폐지하고 공화정을 세운 프랑스혁명이 보수주의 정당 출현에 큰 영향을 미쳤다.

보수주의자들이 중요하게 생각하는 것은 전통과 관습이다. 영국의 보수주의 정치 철학자 에드먼드 버크(Edmond Burke)가 "관습은 모든 것에 대해 우리의 문제를 해결해 준다(Custom reconciles us to everything)"고 말한 것처럼, 전통, 관습이라는 것은 한 사회가 오랫동안 유지되도록 한 보이지 않는 질서와 규율이라는 믿음을 갖는다. 보수주의 정당이 중시했던 것은 신의 섭리(divine providence)에 대한 믿음, 종교적 신비감(a sense of divine mystery), 전통적 삶의 풍요로움, 기존 질서와 계층 구조에 대한 애착, 사적 재산과 자유의 일체성에 대한 인식, 전통과 전통적 권리에 대한 신념 등이다. 이처럼 당시 보수주의자들은 종교에 대한 믿음을 강조했는데, 신교도들은 인간의 불완전함으로 인해, 구교도들은 죄에 취약한 인간이라는 점으로 인해, 인간의 이성이나 합리적 판단보다 이미 오랜 세월을 거쳐 검증되고 확립된 가치나 관행, 즉 관습과 전통, 종교를 보다 중요하게 생각했다.

또한 이들은 변화(change)와 개혁(reform)은 같은 것이 아니며, 변화가 보다 더 나은 사회로 이끈다는 것을 믿지 않았다. 그러나 보수주의자들이 변화를 전면적으로 거부하고 부정하는 것은 아니며, 통제되고 관리되는 방식으로 이뤄지는 점진적 변화를 선호하며, 그런 경우에만 기존 질서가 보존될 수 있다고 믿었다.

유럽 대륙에서 보수주의는 처음에는 귀족 사회, 왕정 등 '구 체제'를 옹호했지만, 그 주장은 시간이 흐르면서 변화되어 갔다. 즉, 과거에는 권위주의적 특성을 가졌지만 자유민주주의 체제가 확산되면서 보수주의 정당도 자유주의나 급진주의가 주장해 온 주장들을 수용하게 되었다. 입헌주의, 인간의 권리, 인민 주권, 권력의 분산, 의회주의, 그리고 국왕제 국가에서는 입헌군주제(constitutional monarchy)를 수용했다. 한편, 가톨릭이 강했던 곳에서는 가톨릭 정당이 보수주의를 흡수하기도 했고, 가톨릭이 소수파, 개신교가 다수파인 곳에서는 보수주의자들이 가톨릭 공동체의 지지를 받기도 했다.

보수주의는 사실 자유주의나 급진주의 혹은 다른 이념과 비교할 때 일반화하기 어렵다. 나라마다, 지역마다, 시기마다 '지켜야 할' 것이 다르기 때문이다. 또한 변화를 주창하는 정치세력이라면 변화가 필요한 이유, 변화의 방향을 논리적으로 제시해야 하겠지만, 보수주의는 기본적으로 그러한 변화, 혹은 변화의 움직임에 수동적으로 대응하는 것이기 때문에 체계화되고 논리 정연한 이론적 기반을 갖기 어렵다. 이 때문에 보수주의자들은 자신을 사회에 대한 일반 이론에 대한 실용적 반대자로 간주했으며, 보수주의 강령은 다른 계보의 정당보다 훨씬 더 큰 변화의 과정을 겪어올 수밖에 없었다.

(3) 사회주의 정당

사회주의 운동은 많은 점에서 독특한 정당(a party sui generis)의 특성을 보였다. 자유당, 보수당과 달리 최초의 사회주의자들은 의회 밖에서 정당을 결성했다. 이들은 기존 의회 정치에 반대되는 이데올로기를 내세웠고, 현실적으로 선거에서 경쟁할 역량이 부족했으며, 또한 대표적으로 노조 운동으로부터 성장했기 때문이다. 뒤베르제가 말한 의회 외부에 기원을 둔 정당의 대표적 사례가 사회주의 정당이다.

초기에 사회주의자들은 급진주의 혹은 일부 자유주의 정당과 동맹을 맺어 정치 활동을 했다. 예컨대, 영국에서는 자유당-노동당 연대(Lib-Lab)가 만들어지기도 했다. 노동당이 창당되기 전 토마스 버트, 해리 브로드허스트, 알렉산더 맥도날드 등 세 명의 노동자 출신 의원이 자유당의 협조 하에 의회에 진출한 바 있다. 1903년에는 자유당의 허버트 글래드스톤(Herbert Gladstone)과 노동자대표위원회(Labour representation Committee)의 램지 맥도날드(Ramsay MacDonald)가 보수당에 대항하기 위해 상호 협의된 일정한 선거구에 후보자를 내지 않도록 하는 비공식 선거 협약을 맺었다. 그 결과 1906년 총선에서 29명의 노동당 당선자 중 24명이 자유당과의 선거 연대를 맺은 지역구에서 당선되었다.

그런데 자유당과의 동맹은 노동자의 정치적 참정권 확대나 제도권 의회 정치 진입까지는 유지될 수 있었지만, 그 단계를 넘어 경제 분야에 대한 국가 통제나 생산 수단에 대한 노동자의 통제와 같은 문제에까지 들어가면 이들 두 정치 세력 간의 분리는 불가피할 수밖에 없었다.

사회주의 정당은 노동자의 정치 세력화라는 점에서 공통의 목표를 갖지만, 각 나라별 사회주의 정당의 특성은 노조라는 노동운동과의 관계와 힘의 균형에 따라서 서로 다른 모습을 보인다. 노동자 정당과 노조 간의 관계는 크게 세 가지로 나눠 살펴볼 수 있다. 첫째, 정당이 노조에서 분리되고 정당이 정치적으로 주도하는 역할을 담당하는 경우이다. 독일이 대표적 사례이다. 두 번째는 노조가 정당 결성을 주도하는 경우이다. 이런 경우 의회 내 대표성은 노조의 강한 영향력하에 놓이거나, 점진적으로 노조의 영향에서 벗어나게 된다. 영국 노동당, 노르웨이, 스웨덴, 덴마크 사회주의 정당이 여기에 해당한다. 세 번째는 노조와 사회주의 정당의 활동이 공존하는 경우이다. 노조는 경제 영역에서의 활동에만 한정하고, 정치 영역에서의 활동은 정당이 전담하는 방식의 이원적 구조이다(최형익 2001: 409). 이 경우는 의회 내 정당 엘리트가 당을 주도하는데, 프랑스, 이탈리아 등이 여기에 해당한다.

1차 세계대전 이전까지는 사회주의자들의 국제주의 움직임이 활발했다. 제 1 차 세계대전 전 사회주의 정당들은 그들의 목표에서 있어서 국제주의자(internati-onalists)였다. 즉 '만국의 노동자여 단결하라'는 구호처럼, 한 국가에서의 사회주의 정당은 다른 국가의 사회주의 정당과 연계되어 있다고 믿었다. 이러한 국제주의는 사회주의 정당을 자유주의 정당이나 보수주의 정당과 구분되게 하는 또 다른 중요한 차이점이다(Ware 1996: 34). 1864년 런던에서 첫 번째 국제노동자연합(International Workingmen's Association)이 결성되었으나 강온파 간의 내부 갈등으로 1876년 해체되었다. 1889년 사회주의 정당 간 협의체로 두 번째 인터내셔널이 파리에서 설립되었지만 1차 세계대전에 대한 입장 차이로 1916년 이것 역시 해체되었다. 두 차례의 사회주의 인터내셔널이 성립했지만 사회주의 정당이 각국에 모두 등장한 것도 아니었고, 사실 이들이 같은 이념을 가졌던 것도 아니었다.

제 1 차 세계 대전은 사회주의 이데올로기와 관련하여 직접, 간접적으로 큰 영향을 미쳤다. 전쟁에 참가한 모든 국가들의 사회주의 정당 지도자들과 지지자 다수는 자신이 속한 국가의 전쟁 노력을 지원했고, 이러한 경험은 사회주의가 국제적 운동이라는 환상을 무너뜨렸다. 전후에 사회주의 정당들은 자신의 국가 안에서 노동자들의 이익을 대변하는 능력을 키우는 데 집중했다. 전쟁은 사회주의 정당 내부에 전쟁을 지지한 파벌과 전쟁에 반대한 파벌 간의 분열을 초래하였으며, 사회주의의 균열은 러시아 혁명의 충격에 의해 더욱 커져 갔다. 1918년과 1921년 사이에 많은 좌파 사회주의자들은 사회주의 정당에서 뛰쳐나와 별도의 공산당을 설립했다. 그러나 대다수 사회주의 정당의 지지자들과 지도자들은 자유 민주주의의 정치 제도가 존속하는 한 이를 통해 활동하기를 원했다(Ware 1996: 34).

1차 세계대전 중 러시아 혁명이 성공하고 이후 공산주의가 등장하면서, 이에 대한 거부로서 사회민주주의 정당이 본격화되었다. 러시아 혁명 이후 러시아에서 모든 생산수단을 국유화하고 국가가 경제를 통제하는 공산주의가 등장하면서 유럽의 사회주의 정당들은 공산주의와 자신들을 차별화하기 시작했다. 사회민주주의는 소비에트 모델과 레닌주의, 러시아 10월 혁명의 원칙에 대한 완전한 거부를 의미했다. 사회민주주의는 경제적으로 평등한 세상을 꿈꾼다고 해도 그것을 혁명적 방식이나 폭력적 방식에 의해서가 아니라, 자유민주주의 체제 속에서 의회주의라고 하는 기존 정치제도를 통한 변혁을 추구하고자 했다. 시드니 웹(Sydney Webb)은 1923년 영국 노동당 전당대회에서 "우리가 항상 반드시 기억해야 하는 것은 영국 사회주의의 창시자는 칼 마르크스가 아니라 로버트 오언(Robert Owen)이라는 것, 그리고 로버트 오언은 '계급 전쟁'이 아니라 인류 형제애라고 하는 오래된 원칙을 주창했다."고 연설했다.[2] 이처럼 영국 노동당은 초기부터 계급 전쟁, 계급 혁명에 대한 거부를 분명히 했다.

이러한 특성은 독일 사민당에서 마찬가지로 확인된다. 1918년 말 독일에서 공산당이 창당되었다. 당시 사민당은 당에서 이탈한 독립사민당(USPD)와 기존의 사민당, 곧 다수파사민당(MSPD)로 분열되어 있었다. 독립사민당 내 좌파 세력은 1920년 9월 공산당에 입당했다. 독립사민당 내 우파들은 잠시 독자정당으로 머물러 있다가 다수파 사민당에 합류했다. 독립사민당 내 갈등과 분열의 핵심은 민주주의 대 독재의 문제였다. 이런 과정을 거쳐 급진세력이 떨어져나가고, MSPD는 민주적, 의회제적 길을 선택함으로써 20세기 사민당이 태어났다(Faulenbach 2017: 55). 독일 사민당 역시 공산당에 대한 거부 속에서 사회민주주의 정당으로서의 정체성을 확고히 했다.

이와 같은 계급 균열을, 앞서 제 2 장에서 논의한 대로, 립셋과 록칸은 '보편적인 것'으로 간주했지만 서구의 모든 나라에서 다 강력한 정치세력으로 등장한 것은 아니었다. 아일랜드의 주요 정당인 피너 게일(Fina Gael)과 피어너 팔(Fianna Fáil)은 북아일랜드 지역을 제외한 채 아일랜드 독립을 결정한 영국—아일랜드 조약에 대한 찬성과 반대의 입장으로 분열하면서 생겨났다. 아일랜드에서 노동당은 1912년에 창당되었지만, 독립을 둘러싼 대립과 가톨릭의 강한 영향은 계급정치의 영향력을 축소시켰다.

또 다른 흥미로운 예외는 미국이다. 미국에는 사실상 사회주의 정당이 존재하지 않았는데, 거기에는 여러 가지가 이유가 있다. 우선 미국은 '신대륙'이라는 점에서 구대륙의 앙시앵 레짐과 같은 왕과 귀족에 의한 봉건적 지배체제가 존재하지 않았다. 즉, 전통적인 의미의 계급 사회가 아니었다. 또한 미국은 이민자에 의해 만들어진 국가였고 지속적인 이민 행렬로 인해 사회적 신분상승의 기회가 많았다. 일찍 이민 온 이들은 일정한 시간이 지나면 사회적으로 보다 나은 지위로 이동했고 그 자리는 새로운 이민자들에 의해 채워졌다. 유럽의 노동계급처럼 신분이 고정되어 있는 것이 아니었다. 또한 '노동 계급'이라고 할 만한 대규모 집단은 동일한 환경이나 조건에 놓여 있는 것이 아니었고, 개인의 역량과 노력에 의해 신분 상승을 이룰 수 있었다. 계급적, 집단적 정체성이 만들어지기 어려웠다. 더욱이 계급뿐만 아니라 인종, 민족 등에서 미국은 매우 다양한 인구 구성을 갖고 있었다. 또한 연방제와 같은 분절적인 정치제도를 갖고 있었기 때문에, 지역을 넘는 집단적 결속력을 갖기 어렵게 했다. 이 때문에 주 단위에서 일부 성공을 거뒀다고 하더라도 연방 차원에서 전국적 규모의 사회주의 정당이 만들어지기는 어려웠다. 또한 유럽에서 노동 운동이 노동자의 정치적 참정권 획득 투쟁과 관련되어 있었던 것에 비해 미국에서는 일찍부터 투표권이 부여되었다. 인종, 피부색, 그리고 이전 노예상태의 조건에 의해 남성들에게 투표권이 거부될 수 없도록 한 15번째 수정헌법이 비준된 것이 1870년이었다. 즉, 선거권을 얻기 위한 정치 투쟁이 일어날 필요가 없었다.

2차 세계대전 이후 독일과 영국 등에서 사회주의 정당들은 생산수단의 공유, 주요 산업시설의 국유화와 같은 이념적 경직성에서 벗어나 보다 현실적이고 유연한 정책으로 방향을 전환했다. 자유 민주주의 체제에 대한 지지는 보다 견고해졌다. 더욱이 조직화된 노동계급의 지지를 넘는 선거 기반의 확대를 위해 사회주의 정당은 경제의 '사회화(socialization)'라는 목표를 버리고, 케인즈주의와 같은 혼합 경제(a mixed economy)를 수용하게 되었다. 서독 사민당은 1959년 고데스베르크(Godesberg) 강령을 통해 노선 전환을 시도했다. 1891년 이래 처음으로 시도된 사민당 이데올로기의 근본적 개정이었다. 고데스베르크 강령에서 사민당은 마르크스주의적 외피를 벗어던지고, 실용적이고 이슈 지향적인 보편 정당으로서 광범위한 유권자들에게 호소하고자 했다. 사민당은 혁명 대신 개혁을 강조했다. 사민당은 더 이상 중앙 집권화된 개혁이나 생산수단의 사회화를 고집하지 않았다. 대신 '가능한 한 많은 경제적 자유, 필요한 만큼의 경제 계획'을 약속했다(Orlow 2019: 536). 고데스베르크 강령의 가장 중요한 의의는 당의 정체성을 마르크스주의 이론이나 계급투쟁 노선에 국한시키지 않고, 노동운동과 사회주의 운동이 일구어 온 자유, 정의, 연대의 '기본가치'를 공유하는 공동체로 정의 내렸다는 것이다(신진욱 2015: 3).

영국 노동당에서도 1959년 당 리더였던 휴 가이츠켈(Hugh Gaitskell)이 당 이념의 변화를 시도했다. 육체노동자와 정신노동자가 그들 노동의 과실과 가장 정당한 분배를 보장받기 위해서는, 생산, 분배, 교환 수단의 공동 소유라는 기반 위에서 모든 산업과 서비스에 대해 인민이 관리하고 통제하는 최선의 실현 가능한 체제를 이뤄야 한다는 1918년 제정된 당헌 4조를 공식적으로 포기하고자 했다. 그의 시도는 당시에는 당내 반대에 부딪쳐 좌절되었지만, 그 이후 토니 블레어(Tony Blair)의 주도 하에 1995년 4월 특별 전당대회에서 당헌 4조는 마침내 폐기되었다. 2차 세계대전 이후 복지국가의 확립, 계급 정치의 약화, 새로운 세대의 부상, 중산층의 강화와 함께 사회주의 정당들은 포괄정당(catch-all party)으로 변모되어 갔다.

(4) 기독민주당

기독교민주당은 종교의 권위에 대한 세속 정치세력의 도전과 관련되어 있다. 이러한 도전은 크게 두 가지로 나눠볼 수 있다. 하나는 자유주의의 부상 이후 세속적 규율을 통해 종교의 권위에 도전하는 것이다. 대표적 사례로 교회가 아니라 세속 국가가 교육의 주도권을 갖는 것을 들 수 있다. 정치권력이 왕권신수설처럼 신으로부터 주어지는 것이 아니라, 인민의 동의에 의해서 주어진다는 생각 역시 교회로서는 자신의 권위에 대한 도전이었다. 또 다른 도전은 공산주의의 부상이다. '종교는 인민의 아편'이라고 비판하면서 유물론을 주장하는 공산주의 세력은 교회로서는 상당한 위협이었다.

이탈리아에서 자유 민주주의에 대한 로마 가톨릭 교회의 의구심은 1, 2차 세계대전 사이 간전기(間戰期)까지 계속되었다. 이 때문에 1920년대에는 파시스트 정당이 교회의 이익을 방어해 줄 것으로 기대하기도 했다(Ware 1996: 36). 가톨릭을 기반으로 하는 인민당이 무솔리니를 지지했고 무솔리니는 1923년 교육법을 통해 가톨릭 교리를 학교에서 가르치도록 함으로써 가톨릭으로부터의 지지를 굳건히 했다. 로마 교황청은 1929년 라테라노 조약(Patti lateranensi) 체결을 통해 무솔리니에 대한 지원을 분명히 했다. 한편, 루터교, 칼빈교 등 개신교가 많은 독일 등 북부 유럽지역에서는 소수파인 가톨릭 신자들이 그들의 이익을 수호해야 할 필요에서 정당이 만들기도 했다. 앞 장에서 논의한 대로, 프로이센 정부가 로마 가톨릭 교회의 영향력 약화를 의도하고 '문화투쟁'을 전개하자 이에 반발하여 만들어진 독일제국 시절의 중앙당이 좋은 예가 된다(Ware 1996: 36).

기민당의 출범은 19세기의 일이었으나, 제2차 세계대전 이후에야 기독교 민주주의 정당들은 비로소 유럽 정치에서 강력한 세력이 되었다. 파시즘, 나치즘 등 폭압적 권위주의 체제에 대한 불신으로 교회는 자유 민주주의를 지원하는 정치적 운동으로 변화하게 되었다. 이러한 방향 전환과 함께 기독 민주 정당들은 번성할 수 있게 되었으며, 유권자들을 동원하기 위해 교회가 지닌 상당한 자원들을 이용할 수 있게 되었다. 그러나 이들 정당들은 평신도들에 의해서 주도되었으며, 기민당의 이념은 선거에서의 실용주의와 가톨릭 가치의 결합을 포함하고 있었다(Ware 1996: 36).

가장 성공적인 사례가 독일 기독민주연맹이다. 독일 기민련(CDU: Christian Democratic Union)은 기독사회주의, 보수주의, 자유주의 등 다양한 구성원으로 조직되었다. 기민련은 창당 무렵 일반적인 기독교의 원칙을 정치에 적용하고, 정치 영역에서 개신교와 가톨릭 간의 교량 역할을 하면서, 권위, 정통성, 조직적 힘을 가진 교회와의 연계도 강조했다(Langenbacher and Conradt 2017: 140−141). 기민련은 기독교 민주주의 정당들 가운데 가장 덜 종교적인 정당 중의 하나이며, 사회정책에 관한 한 가장 자유주의적인 정당 가운데 하나이다. 기민련은 나치 이전 독일에서 보수당을 지지했었던 유권자들을 끌어들이는 한편, 자신들을 보수주의 정당이라기보다는 중도 정당이나 중도우파 정당으로 자리매김해 왔다(Ware 1996: 37). 당 강령이나 정책에서 종교의 영향은 거의 없으며, 가능한 많은 유권자들의 지지를 얻기 위한 포괄정당의 특성을 갖고 있다.

독일 기민련처럼 명칭에 기독교가 들어가 있더라도 실제로는 종교적 의미를 상실한 곳이 많다. 그러나 스칸디나비아 기민당은 다른 지역에 비해 정당의 종교적 특성이 강한 편이다(Ware 1996: 37). 정책적으로 보면, 경제 영역에서는 각 나라의 기독민주당 간에 공통점 크지 않다. 이에 비해 사회영역에서는 가톨릭 사회 강령의 전통에 따라 낙태, 이혼 등 윤리적 이슈에 예민하며, 교육 문제에 대해서도 관심이 크다.

(5) 공산당

공산당은 1917년 러시아 혁명 이후 사회주의 정당으로부터 분리되어 등장했다. 1919년에 결성된 코민테른을 통해서 소련의 공산당은 다른 국가의 공산당의 이념과 강령을 통제하려고 했다. 코민테른은 레닌에 의해서 발전된 마르크스 사상에 대한 일종의 공식적인 수호자처럼 행동했다. 코민테른은 1943년에 해체되었지만, 공산당은 제2차 세계대전 이후에도 정당의 정책 방향에 대해서 계속하여 모스크바에 의존했다.

모스크바에 대한 충성심은 헝가리 봉기(1956)에 대한 소련의 탄압과 체코슬로바키아의 소련 침공(1968)과 함께 일부 국가의 공산당에서 약해지기 시작했다. 프랑스 공산당 등은 소련 체제가 끝나는 날까지 모스크바에 추종했던 반면에, 이탈리아 공산당(PCI) 등은 각국 상황에 적합한 융통성 있는 이념을 추구했다. 이탈리아공산당은 1975년부터 '유로코뮤니즘(Eurocommunism)'을 추구했던 주요 정당들 가운데 하나였는데, 이탈리아 자유민주주의 체제의 정통성을 인정하였고 국가 소유보다는 경제의 비(非)경쟁적 분야에 대한 의회의 통제를 주창하였다(Ware 1996: 37-38).

공공 소유는 공산주의자들에게 가장 중심적인 가치이며, 엄격한 조직 당 조직, 교조화된 이념적 교리를 특징으로 한다. 그러나 공산당은 오늘날 자유 민주주의 체제에서는 사실상 큰 의미가 없는 정당이다. 1990년대 이후 소련과 동유럽의 공산주의 체제가 관료제화와 중앙집권적 통제의 비효율 속에 붕괴되면서 대안 체제로서의 의미를 잃게 되었다.

(6) 농민당

농민당(Agrarian parties)은 19세기 말과 20세기 초 산업화와 경제 불황으로의 농촌에서 생겨난 불만 때문에 등장한 농민과 소작농들의 정당이다. 농민당은 상당히 늦게까지 국가건설의 과정이 종결되지 않은 작은 국가나 도시 규모가 상당히 작은 국가들에서 발전되었다. 스칸디나비아와 동유럽은 농민 정당이 발전해 온 주요 지역이다. 그러나 농업의 기반을 약화시키는 것으로 보이는 금융 이익에 대한 저항으로 미국과 오스트레일리아에서 나타난 두 번째 형태의 농민당도 있다(Ware 1996: 39).

19세기 말 도시 농촌 간 갈등 격화하면서 몇몇 나라에서 농민당이 출현했고 일시적 성공을 거뒀다. 농민당이 등장했던 곳은 대체로 다음과 같은 특징을 보였다.

① 선거권의 결정적 확대가 이뤄지는 기간 동안 도시화가 비교적 덜 된 곳, 즉 타운이 상대적으로 작았던 곳
② 국가 건설의 과정이 상당히 늦게까지 완료되지 못한 소규모 국가들
③ 농촌 인구가 주요 지주들(major landowners)에게 맞서 싸울 만큼 독립적이었던 곳
④ 종파적(sectarian) 특성을 가진 종교의 영향이 있는 곳, 가톨릭이 약한 곳

농민당의 이념성향은 대체로 보수적인데, 대부분 기존 정당에 흡수되어 오늘날에는 정치적으로 유의미한 형태의 농민당을 찾아보기는 어렵다. 호주의 양대 정당 중 하나인 국민당(National Party)은 호주농민당(Australian Country Party)으로 출발했고,

이후 국민농민당(National Country Party)이 되었다가 국민당(National Party)으로 통합되었다. 스칸디나비아에서 과거의 농민당은 오늘날에는 자신을 대체로 중도당(Centre parties)으로 묘사한다(Ware 1996: 39).

일반적으로 농민당은 경제와 사회적 이슈 모두에 대한 정치적 스펙트럼에서 우파적 입장을 취하였는데, 그로 인해 당원들은 20세기 후반에 다른 우파 정당들에 흡수될 수 있었다. 그러나 스칸디나비아와 미국에서 농민당은 자유주의적 분파도 포함하고 있었다. 예를 들면, 19세기 말 미국 민중주의 운동(Populist movement)의 지도자들은 노동조합과의 연계를 발전시키려고 했다. 1930년대 미네소타 주에서는 농민－노동당이 형성되어 주 정부를 지배했는데, 후에 민주당에 병합되었다.

(7) 지역, 민족 정당

적지 않은 수의 국가에서 그 사회의 지배적인 집단과 상이한 언어를 쓰거나, 다른 문화와 전통을 갖고 있거나, 혹은 그들이 거주하는 영토가 다른 지역과 구분되는 경제적 이익을 갖고 있는 상당한 규모의 소수 집단들이 존재한다. 예를 들면, 영국에는 웨일스, 스코틀랜드 그리고 북아일랜드로 구분되는 하위문화가 존재하며, 벨기에는 프랑스어와 플레미쉬(Flemish)어를 사용하는 지역으로 나뉘어져 있고, 스페인은 카탈루냐, 바스크 등의 하위 지역문화권을 갖고 있다. 제 3 장에서 본대로 립셋과 록칸은 국민혁명이 중심부(core)와 주변부(periphery) 간의 균열을 낳았다고 했다. 주변부 지역 주민이 하위문화의 정체성에 위기감을 느낄 때, 인종, 지역, 언어 등의 요인을 정치적으로 동원하는 것이 지역, 민족 정당이다. 서유럽에서는 대체로 1960년대에 이르러서 웨일스, 스코틀랜드, 벨기에 등에서 민족주의 정당이 의회 내 의석을 차지하기 시작했다(Ware 1996: 39).

그런데 지역 민족 정당(regional, ethnic parties)은 이념적으로는 단일 차원으로 설명하기 어렵다. 일반적으로 민족주의는 대체로 우파와 연결되어 있었다. 민족주의는 전통적인 사회 가치를 지지하며, 노동 계급보다는 부르조아 계급의 이익에 호소해 왔다. 그러나 벨기에의 플레미쉬 블록(Flemish Bloc)이나 이탈리아의 북부동맹(Lega Nord)은 극우정당의 속성을 가지며, 스코틀랜드민족당이나 캐나다의 퀘벡당(the Parti Quebecois)은 중도나 중도좌파적 속성을 갖는다(Ware 1996: 40). 한편, 유럽통합의 확대와 함께 지역 정당이 오히려 강화되는 현상도 나타나고 있다. 유럽연합이라는 초국가 기구(supranational body)의 등장으로 국민국가를 거치지 않고 유럽연합과 지역이 직접 교류, 소통할 수 있게 되면서 '유럽연합 내의 독립적 지역'으로의 독자성을 강조하려는 움직임도 나타나고 있다. 2014년 9월 스코틀랜드에서 영국연합왕국(United Kingdom)으로부터 이탈하기 위한 주민투표가 실시된 것이나, 스페인 카탈루냐에서 독립 움직임이 있었던 것도 이러한 배경에서 이해될 수 있다.

(8) 극우 정당

극우 정당은 네오파시즘과 같은 극우 이념을 주장한다. 개인의 자유나 인권을 중요시 않는 반자유주의적, 반민주적이며, 민족차별주의, 반유태주의와 같은 인종주의적 특성을 갖는다. 그러나 이들 정당들을 하나의 틀로 설명하는 데는 어려움이 존재한다.

극우 정당은 출발점은 명백히 파시즘이다. 파시스트 운동과 정당은 1, 2차 세계대전 사이에 대부분의 유럽 국가에서 발전되었다. 파시즘은 사회의 전통적 가치가 보호되는 권위주의적 국가를 주창하며, 인종주의(racism)는 파시즘의 중요한 이념적 요소이며 다른 정당과 극우 정당을 구분 짓게 하는 특징이다. 그런데 경제 영역에서 파시즘은 다소 애매한 입장이다. 파시스트는 소(小)기업인들을 지원하며 대기업이 초래할 수 있는 사회적 혼란에는 반대한다. 그러나 동시에 파시스트 정당은 마르크스주의나 계급 노선에 따른 노동 계급의 동원에 대해서는 단호히 반대한다. 파시즘은 사회적 조화를 제공하는 방식으로 경제가 운영되기를 바라지만 직접적 국가 개입보다는 대기업과의 협력을 통해 그것을 이루려고 한다(Ware 1996: 41). 프랑스 국민전선(Front National), 독일을 위한 대안(Alternative für Deutschland), 스웨덴민주당 등 유럽 각국에서 극우정당에 대한 지지가 높아졌다. 최근 극우 정당의 부상은 이민, 난민과 유럽통합 이슈와 깊은 관련을 갖는다. 각국의 극우 정당은 많은 영역에서 그들의 정책이 극단적이라는 이유로 인해 하나의 범주로 묶여지지만 실제로는 상이한 요소들을 많이 지니고 있다(제11장에서 보다 상세히 논의한다).

(9) 생태 운동, 녹색당

녹색당은 환경 이슈 등 탈물질주의 이슈를 내세우면서 1980년대 초반 독일을 중심으로 등장했다. 녹색당은 기존 정당들이 제대로 대표하지 못했던 환경, 여성, 평화 등 새로운 이슈들을 내세웠으며, 이러한 이슈들은 세대적으로 젊은 유권자들의 많은 지지를 받았다. 독일에서 녹색당의 부상은 전후 독일의 이른바 '2.5 정당체계'를 무너뜨리면서 정당체계의 재편을 가져왔다. 독일에서 녹색당의 성공은 유럽 전역에 큰 영향을 미쳐 녹색당 세력의 유럽화로 이어졌다(유진숙 2018: 4).

녹색당은 통합된 계급 기반이 없으며, 전통적인 좌－우 이념의 축으로도 잘 설명되지 않는다. 그렇지만 녹색당 지지자는 이전의 좌파 정당 지지자들이 다수를 차지한다. 환경 문제를 시장 논리에 맡기는 경우 환경 보존이 어렵기 때문에, 국가 개입의 필요성을 강조한다는 점에서 좌파에의 친화성이 있다. 한편, 사회 정책에 있어서는 개인의 선호를 중시한다는 점에서 자유주의적 입장을 보인다(Ware 1996: 43).

2. 이념의 공간 모델

폰 바이메의 정당 계보는 역사적으로 상이한 이념적 특성을 가진 정당이 어떻게 출현했는지, 그 정당이 대표하는 이념적 입장이 어떤 기원을 갖는지, 그리고 현실 정치에 존재하는 다양한 이념적 색채의 정당들이 어떻게 다른지에 대해 포괄적으로 이해하는 데 도움을 준다.

정당의 이념적 특성을 이해하게 하는 또 다른 접근법은 공간 경쟁(spatial competition) 모델이다. 공간 경쟁 모델은 우선 각 정당의 이념적 위치를 이념 스펙트럼 위에 자리매김하고, 그러한 정당의 이념적 위치가 선거에서 유권자의 투표 결정에 영향을 미친다는 것이다.

이러한 공간 모델에 따른 정당 간 이념 차이는 <그림 4－1>을 통해 살펴볼 수 있다. 왼쪽부터 오른쪽 방향으로 극좌 정당, 좌파 정당, 중도좌파 정당, 중도 정당, 중도 우파 정당, 우파 정당, 극우 정당의 순으로 나열되어 있다. 이와 같은 이념 스펙트럼을 통해 이념에 따른 정당 간 차이를 쉽게 이해할 수 있다. 물론 나라마다 정당별 이념 구성이 다르고 때로는 이념이 대표하는 속성에도 차이가 있을 수 있지만, 이러한 이념 스펙트럼은 정당별로 상대적인 이념 위치를 이해하는 데 도움을 준다.

공간 모델은 <표 4－1>과 같은 1차원 스펙트럼이 아니라, 2차원 공간에서도 각 정당의 위치를 설정할 수 있다. 한 국가 내 정당 경쟁이 두 가지 정치 갈등이 복합적으로 작용하는 경우에는 이러한 2차원 공간에서의 설명이 보다 효과적일 수 있다. 예컨대, 경제 영역에서 국가 개입을 강조하는 좌파 입장과 시장 자율을 강조하는 우

▼그림 4-1 이념 스펙트럼 상의 다양한 이념

파 입장 간 갈등이 있을 수 있고, 동시에 대북 정책을 두고 강경론과 유화론의 서로 다른 두 입장이 있을 수 있다. 경제와 대북 정책이 정치적으로 중요한 균열을 형성할 때 <그림 4-2>와 같은 2차원의 이념 스펙트럼 상에 각 정당의 서로 다른 위치를 자리매김할 수 있다. 정당 C와 D는 경제 영역에서의 입장 차이가 뚜렷한 정당들이지만, 대북 정책에 대해서는 별다른 입장 차이가 없다. 이에 비해 정당 A는 시장 자율과 함께 대북 강경정책을 주장하는 입장이며, 정당 B는 국가 개입과 대북 유화 정책의 입장을 취하는 정당이라는 점에서 두 정당 간 이념적 위치가 두 차원에서 모두 분명하게 구분된다.

▼그림 4-2 2차원 이념 스펙트럼

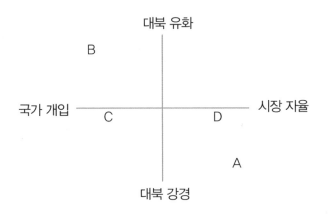

다운즈(Downs 1957a)는 유권자의 투표 선택이 이념적 근접성(ideological proximity)에 의해 이뤄진다고 보았다. 즉, 유권자 자신의 이념적 위치와 가장 가까운 곳에 위치한 정당을 선택한다는 것이다. 이념이 정당이라는 정치 집단이 추구하는 세계관과 가치를 반영한다면, 정당의 이념적 입장과 유권자의 이념적 입장의 유사성이 투표 선택의 기준이 된다고 하는 다운즈의 가정은 설득력을 갖는다. 정당은 선거 때 이러한 이념에 기반을 둔 정책 대안을 유권자들에게 제시하고 그것을 통해 지지를 구한다. 유권자가 각 정당들이 제시한 구체적인 정책 공약을 일일이 다 알기는 어렵지만, 유권자는 정당의 이념을 통해 그 정당이 추구하는 정책 방향을 가늠할 수 있다. 즉, 이념은 유권자가 자신의 정치적 선호를 대표할 수 있는 적절한 정당을 찾는 데 필요한 정치적 정보를 쉽게 얻는데 도움(Downs 1957a: 98)을 준다.

이처럼 이념은 정당으로서는 자신들과 다른 정당을 구분하게 해 주는 정치적 정체성의 기반이 되고, 유권자에게는 경쟁하는 여러 정당들 가운데 지지할 정당을 선택하는 데 도움을 준다. <그림 4-3>은 2004년 17대 국회의원 선거에서 한나라당과 열린우리당에 대해 각 정당의 투표자들이 인식한 정당의 이념 위치와 투표자의 주관적 이념 위치의 평균값을 정리한 것이다. 열린우리당과 한나라당에 투표한 유권자들은 이념 스펙트럼 상에서 가장 가까운 위치에 위치한다고 인식한 정당에게 투표했음을 알 수 있다.

▼ 그림 4-3 정당의 이념 위치와 이념 거리

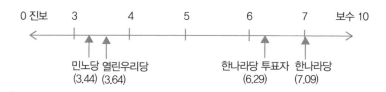

a. 한나라당 투표자(정당 투표)

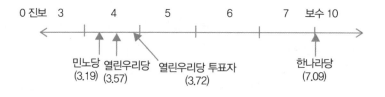

b. 열린우리당 투표자(정당 투표)

자료: Kang(2008: 464-465).

한편, 라비노위츠와 맥도날드(Rabinowitz and Macdonald 1989)는 유권자들의 투표 선택은 이념적 근접성이 아니라 이념의 방향(direction)과 강도(intensity)에 의해 영향을 받는다고 주장했다. 유권자들이 정당과 자신의 이념적 위치를 정확하게 알아내기 어렵고 특정 정책에 대한 찬성과 반대의 방향, 그리고 그러한 입장에 대한 선호의 강도만을 갖는다는 것이다. 예컨대, 어느 국가와의 자유무역협정이 특정 선거의 지배적인 이슈가 된 경우, 정당 A는 전폭적인 찬성, 정당 B는 대체로 찬성, 정당 C는 중도적 입장, 정당 D는 대체로 반대, 정당 E는 절대 반대의 입장을 갖고 있다고 가정해 보자. 이런 경우에 자유무역협정에 긍정적 평가를 내리는 유권자 X는 이에 대해 같은 입장을 취하고 보다 강경한 입장인 정당 A를 선택하고, 그 협정에 부정적인 유권자 Y는 정당 D보다 분명한 반대의 입장을 취하는 정당 E를 선택한다는 것이다. 방향성 모델에서 중도적 입장은 방향성도 없고 강도도 없기 때문에 지지를 이끌어 내기 어려운 위치가 된다.

이러한 공간 모델에 의한 정당의 이념 구분은 한 정당체계 내에서 경쟁하는 여러 정당들의 이념적 차별성을 쉽게 구분하게 해 준다는 점에서 설명력이 있다. 그러나 근접모델이나 방향성 모델은 기본적으로 미국의 양당제를 전제로 한 것이어서 일차원적인 이념 스펙트럼 속에서 정당 간 대립이 분명하게 제시될 수 있지만, 서로 상이한 정치적 주장을 내세우는 다당제 국가에서는 그 설명력이 제한될 수 있다. 예컨대, 거대 정당 A, B는 경제 정책을 두고 경쟁하지만, 지역당 W는 그 선거에서 그 지역의 자치 문제를 내세울 수 있고, 환경당 E는 환경 이슈를 내세울 수도 있다. 이런 경우 하나의 이념 스펙트럼상에 이들 정당의 위치를 자리매김하는 것이 어려울 수도 있다. 이런 문제점은 서로 상이한 정당의 구성을 갖는 국가 간의 비교에서도 나타날 수 있다. 이런 점에서는 폰 바이메의 역사적, 제도적 접근법이 정당들의 이념적 차이를 이해하는 데 도움을 줄 수 있다.

3. 한국에서의 정당 이념

한국은 이념적으로 매우 협소한 정당체계를 유지해 왔다. 폰 바이메가 구분한 정당 계보는 유럽 이외의 지역에서는 모든 사례가 다 적용되기 어려운 것이지만, 그중에서도 사실 한국에서는 소수의 정당 계열만이 존재해 왔다.

(1) 민주화 이전

해방 공간에서는 다양한 이념적 정파들이 공존했다. 폰 바이메의 설명대로, 서구에서는 자유주의 정당이 먼저 출범하고 이에 대항하기 위해 보수주의 정당이 등장한 것에 비해, 제 2 장에서 논의한 대로, 해방 공간에서 제일 먼저 등장한 정당은 공산당이었다. 이러한 공산당에 대한 반대 입장을 분명히 하면서 민족주의와 우파 세력은 1945년 9월 16일 한국민주당을 결성했다. 이처럼 한국에서는 공산당이 먼저 등장했고 이에 대한 대항으로 보수주의 정당인 한민당이 등장했다. 그런 점에서 한국의 보수주의 정당은 그 출발부터 반공주의 입장을 분명히 했다. 그 이후 반공주의는 한국 보수주의의 중요한 한 요소가 되었다.

이들 정당 이외에도 해방 공간에서는 다양한 이념 색채의 정당들이 존재했다. 그러나 해방 후 한반도를 통치한 미국과 소련 간 냉전이 격화되고 한반도 분단이 기정사실화되면서 이념적 다양성은 크게 줄어들었다. 극좌파 남로당은 사실상 불법화되었고, 김규식 등 중도파와 김구를 비롯한 보수 우파의 일부가 1948년 5.10 선거에 불참하면서 제헌국회 내 이념의 폭은 줄어들었다. 무소속 후보로 제헌국회에 진출하여 상대적으로 진보적 입장을 보였던 '소장파' 의원들은 1949년 국회 프락치 사건과 함께 와해되었다. 1950년 2대 국회의원 선거에서 중간파, 민족주의 우파의 일부 세력이 국회에 진출했지만, 일부 의원들은 6.25 전쟁 중 납북되거나 월북했고, 무엇보다 극심한 전쟁의 고통을 겪으면서 반공주의는 사회적으로 내재화되었다. 그만큼 정당 정치의 이념 공간은 더욱 협소해졌다.

진보 정치인 조봉암이 1956년 대통령 선거에서 200만 표 이상을 얻으면서 선전했지만 1958년 진보당은 해산되었고 조봉암은 이듬해 사형에 처해졌다. 4.19 혁명 이후 1960년 7.29 선거에서 혁신계는 많은 후보를 내세웠지만 사회대중당 4석, 사회당 1석, 통일당 1석으로 총 233석 가운데 6석을 차지했을 뿐이었다. 사실상 혁신계 정당들은 유권자의 주목을 받지 못했다.

한국 정치에서 보수 이념 일변도의 색채가 강화된 것은 제 3 공화국 이후이다. '반공을 국시의 제1의로' 삼는다는 혁명공약을 내세운 박정희의 5.16 군사 쿠데타 이후 반공주의의 범주에서 벗어나는 정당은 허용되지 않았다. 이런 경향은 전두환의 제 5 공화국에서도 그대로 유지되었다. 하지만 박정희나 전두환 체제 하에서도 정당 경쟁은 단지 형식적인 것만은 아니었으며, 야당은 정치적 자유, 인권, 절차적 민주주의, 법의 지배 등을 주장했다. 그런 점에서 권위주의 시대의 야당은 정치적 측면에서 자유주의적 속성을 나타내고 있었다. 이념적 측면에서 본다면, 권위주의 시기에 여당은 반공주의와 권위주의, 야당은 자유주의적 속성을 가졌다.

(2) 민주화 이후

민주화 이후 한국 정당 정치는 지역주의에 의해 크게 영향을 받았다. 민주화 직후인 1987년 1988년 선거에서 노태우의 민주정의당은 대구, 경북 지역에서, 김영삼의 통일민주당은 부산, 경남에서, 김대중의 평화민주당은 전라남북도와 광주에서, 그리고 김종필의 신민주공화당은 충청권에서 상대적으로 높은 지지를 받았다. 이러한 지역주의는 그 이후 3당 합당과 탈당 등 정치적 변화에도 불구하고 정당 정치에 매우 큰 영향을 미쳤다. 하지만 우리나라의 지역주의 정당은 폰 바이메가 말한 지역당으로 볼 수는 없다. 폰 바이메가 구분한 지역당은 인종적, 언어적, 문화적으로 중심부와 다른 정체성을 대표하며, 자치, 분리주의, 독립을 추구한다. 그러나 한국 정치에서 지역주의 정당은 서로 구분되는 하위문화의 정체성을 지니고 있지 않으며, 더욱이 중앙 권력을 향한 구심적(centripetal) 경쟁을 해 왔다.

민주화 이후 정당의 이념적 변화의 한 계기는 3당 합당으로 볼 수 있다(강원택 2012a). 3당 합당은 여소야대를 벗어나기를 원했던 노태우와 차기 대선 경쟁에서 유리한 고지를 차지하려는 김영삼, 제4당의 신세에서 벗어나기를 원했던 김종필의 이해관계가 맞은 까닭이었지만, 그 '의도치 않은' 결과는 정당 간 이념적 색채가 이전에 비해 분명해지게 이끌었다. 3당 합당 세력은 그것을 지역 연대가 아니라 '보수 대연합'에서 명분을 찾고자 했고, 또한 비호남 연립의 결성으로 '호남당'으로 전락하게 된 김대중은 지역적 한계를 벗어나기 위해, 이념적 요인을 강화시켰다. 김대중은 '재야인사'나 반유신 운동권 인사 등을 충원했고, 이로써 민주당의 자유주의적 색채는 이전에 비해 더욱 분명해졌다. 3당 합당으로 창당된 민주자유당과 그 이후의 한나라당 등 후계 정당들은 권위, 법과 질서, 기존 질서의 지속을 강조하는 보수주의적 성향을 보였다면, 민주당은 시민적 자유, 참여, 인권을 강조하는 자유주의적 성향을 나타내게 되었다. 이러한 보수주의와 자유주의적 이념의 차이는 특히 김대중 정부의 출범 이후 추진된 대북정책과 함께 극명하게 드러났다. 보수주의는 강력한 반공주의와 국가보안법의 유지, 적대적 대북정책 등을 주장한 반면, 자유주의는 반공주의의 완화, 유화적 대북정책 등을 주장했다.

2002년 대통령 선거에서 노무현 후보의 당선, 그리고 2004년 총선에서 열린우리당의 승리와 함께 정당 정치에서의 이념적 차별성은 더욱 분명해졌다(강원택 2018: 22-25). 2004년 국회의원 선거에서 열린우리당은 152석을 얻어 과반 의석을 획득했다. 그런데 당선자 152명 가운데 108명이 초선의원들이었는데, 이들은 1980년대 좌파 이념 등에 기초하여 권위주의 체제에 대한 투쟁을 벌인 이른바 '386' 출신 운동권이나 시민운동가 출신이 대다수였다. 세대적으로도 젊은 의원들이 적지 않았다. 이념적으로, 출신 배경에서 그리고 세대적으로 열린우리당은 이전의 '주류 정당들'과 상당한 차이를 보였다. 실제로 이들은 대북정책, 대미관계 등 안보 영역뿐만 아니라, 복지 확대와 시장 자유 등의 경제적 영역, 그리고 전통적 가치와 개인의 자유 등의 사회적 영역에서까지 차별화된 이념적 특성을 보였다(강원택 2012b: 4). 이처럼 정치적 측면에서 보수주의-자유주의의 대립이 보다 강하게 부상했는데, 최근 들어서는 무상급식, 경제민주화, 양극화, 복지, 세금 등의 이슈와 함께 경제적 영역에서 시장-국가 간의 입장 차이로까지 확대되고 있다. 2004년 총선에서는 사회민주주의를 표방하는 민주노동당이 제3당으로 의회에 진출한 이후 통합진보당, 정의당으로 이어져오고 있다. 2004년 이후의 정당 정치는 대체로 보수주의, 자유주의, 그리고 소수파로서 사회민주주의를 표방하는 정당 간의 경쟁으로 이뤄져 오고 있다. 폰 바이메는 모두 아홉 가지의 정당 계보를 제시했는데, 한국은 이 가운데, 자유주의 정당, 보수주의 정당, 사회민주주의 정당만이 존재하는 셈이다.

5

CHAPTER

정당체계

정/당/론

제5장

정당체계

대의민주주의 체제는 정당 간 경쟁을 전제로 한다. 복수의 대안적 정당들 간의 경쟁을 통해 유권자의 다양한 의사가 정치체제에 전달된다. 그런데 나라마다 의미 있는 경쟁을 벌이는 정당의 수는 각기 다르다. 정당의 수에 따라 각 나라의 정치적 특성에 차이가 생겨날 수 있다. 정치적으로 의미 있는 정당이 하나밖에 없는 국가라면 정당 간 경쟁이 이뤄질 수 없고 유권자들에게는 대안에 대한 선택이 사실상 허용되지 않는다. 이런 경우 정치적 반대가 보장된 체제라고 보기 어렵다. 정당이 두 개라면 선택의 여지는 있지만 제한적이다. 반면 두 개의 정당밖에 없으니까 한 정당은 반드시 단독으로 의회 내 과반의석을 차지할 수 있을 것이다. 만약 10개의 정당이 의회 내 있다면 유권자의 다양한 의견들이 전달될 수 있을지 모르지만, 통치의 안정성을 위한 과반의석 확보가 쉽지 않을 가능성이 크다. 의회 내에 정당이 30개가 있다면, 그 나라 정치제도의 다른 특성에 대해 구체적으로 알지 못한다고 해도, 그 나라의 정치는 불안정할 것이라는 판단을 하게 한다. 이처럼 정당의 수가 몇 개인가에 따라, 선거에서 유권자에게 부여되는 정치적 선택의 범위도 달라지지만, 정부의 구성방식, 정치체계의 안정성, 정당 경쟁의 유형 등이 모두 달라질 수 있다.

한 국가에서 여러 정당들이 서로 공존하는 형태(forms)와 양식(mode)을 정당체계(party system)라고 부른다, 각 나라마다의 정당 수, 정당 간 상대적 크기, 연합 여부, 지리적 분산, 이념과 같은 정치적 분포 등 여러 특성들로 인해 이뤄지는 관계가 정당체계를 규정하게 된다(Duverger 1954: 203) 그런데 체계라는 것은 그 구성 요소가 복수(複數)라는 것을 의미한다. 정당체계는 경쟁하는 여러 개의 정당들을 전제로 한다. 그런 점에서 정당체계는 정당 간 경쟁으로부터 비롯되는 '상호작용의 체계(the system of interaction)'이다. 즉, 정당체계는 정당 간 관계성(relatedness), 정당 상호 간의 함수 관계 그리고 경쟁에 대한 반응 등과 관련이 있다(Sartori 1976: 44). 정 당체계는 개별 정당들의 단순한 합을 넘어서는 것이다. 똑같이 5개의 정당을 가진 두 개의 국가가 있다고 해도 그 정당들 간의 상호작용의 체계나 관계성, 혹은 정당 정치의 함수는 서로 다를 수 있다.

1. 정당체계의 구분

정당체계를 구분하는 데는 여러 가지 요소를 고려해 볼 수 있다. 제일 먼저 고려 해 볼 수 있는 것은 정당의 수이다. 선거 경쟁에 참여하는 정당의 수도 의미가 없는 것은 아니지만, 의회 의석을 얻은 정당 수가 보다 중요하다. 이와 함께 정당 간 상대 적 규모도 고려해 볼 수 있다. 두 개의 정당이 존재한다고 해도 52% 대 48%의 의석 을 갖는 경우와 80% 대 20%의 의석을 갖는 두 정당체계의 특성은 서로 다를 수밖 에 없다.

이처럼 단순히 정당의 '수'만으로 해결하기 어려운 점이 있다. 정치적 경쟁이 어떤 차원(dimension)에서 이뤄지느냐 하는 것도 중요한데, 정당 경쟁이 단일 차원에서 이 뤄질 수도 있고 둘 이상의 차원에서 이뤄질 수도 있다. 어느 나라에서는 시장 대 국 가라는 경제적 차원이 가장 중요한 경쟁의 축일 수 있고, 다른 나라에서는 거기에 환경 보호 대 개발과 같은 다른 차원의 경쟁 축이 공존할 수도 있다.

한편, 정당 간 이념 거리도 정당체계를 구분 짓는데 영향을 미친다. 모든 정당이 온건한 입장을 취하고 구심적(centripetal) 경쟁을 하는 경우와, 정당 간 이념 거리가 멀고 극단주의 정당 등으로 인해 원심적(centrifugal) 경쟁을 하는 경우의 정당체계의 특성은 매우 달라질 것이다.

또는 정부 구성 등에서 정당 간 협력의 가능성도 정당체계 구분에 중요하다. 정당 간 이념 거리가 중요하지만 이와 함께 정당 지도부의 정치력이나 협력의 의지도 중 요하다. 예컨대, 2차 세계대전 이후 이탈리아가 공산당(PCI)의 강한 영향력 속에서도 장기간 체제가 유지될 수 있었던 것은 적어도 당 지도부 수준에서는 기민당(DC)과 의 구심적 수렴이 이뤄질 수 있었기 때문이다(Sartori 1976: 145). 이처럼 정당체계를 구분할 때 고려해야 할 요소는 다양하다.

(1) 수에 의한 분류

정당체계의 특성에 영향을 미치는 요소가 다양하지만 역시 가장 손쉬운 방법은 수에 의해 분류하는 방식이다. 뒤베르제(Duverger 1954)는 정당체계를 일당제, 양당제, 다당제로 나눴다. 뒤베르제는 양당제를 영국과 미국 등 앵글로 색슨 계통 국가의 정당체계로 간주했다. 그런데 뒤베르제(Duverger 1954: 215)는 정치 경쟁을 대체로 두 개의 대안 중 하나를 선택하는 것으로 보았기 때문에, 양당제를 세상의 이치(the nature of things)에 부합하는 것으로 간주했다. 물론 현실에서는 언제나 두 개의 정당만 있는 것은 아니지만, 근본적으로 정치적 흐름이나 생각은 언제나 둘로 나뉘는 경향의 이원성(a duality of tendencies)을 갖는다고 보았다. 이 때문에 중도정당(a Centre party)이 존재할 수는 있지만, 중도 경향, 중도적 원칙은 존재하지 않는다(no centre tendency, no centre doctrine)고 주장했다. 그런 점에서 볼 때, 뒤베르제에게 양당제는 매우 자연스러운 정당체계이다. 뒤베르제의 저작물이 나왔던 1950년대 1960년대 당시 가장 안정적인 민주주의를 누리고 있던 나라가 미국과 영국이었고, 이들 국가의 정당체계가 양당제였기 때문에 이런 주장이 가능했을 것이다. 그러나 오늘날 영국은 더 이상 양당제 국가가 아니고, 과거 또 다른 대표적 양당제 국가였던 뉴질랜드도 1995년 선거제도 개정 이후 다당제로 변화했다. 이제 현실적으로 찾아볼 수 있는 양당제 국가는 미국을 제외하면 매우 드물다.

뒤베르제는 세 개 이상의 정당이 있는 경우를 다당제로 구분했지만, 다당제를 더이상 상세하게 구분하지는 않았다. 뒤베르제는 다당제의 출현도 '경향의 이원성'으로부터 설명했다. 다당제가 되는 것은 두 가지 경우인데 분열(split)과 중첩(overlapping) 때문이다(Duverger 1954: 230-231). 분열은 기존의 두 경향이 여러 갈래로 쪼개진다는 것이다. 예컨대, 우파 이념이 강경 우파, 온건 우파로 분열되는 경우이다. 우파, 혹은 좌파 원칙과 종류에서 구분되는 별도의 중도 의견, 중도 경향, 중도 원칙은 없지만, 우파 혹은 좌파의 원칙이 희석되거나 약화되거나 온건해지는 경우, 이러한 분열을 통해 다당제가 만들어질 수 있다는 것이다. 또 다른 하나는 중첩(overlapping)에 의한 다당제 출현인데, 뒤베르제는 이 방식이 더 보편적인 것으로 보았다. 중첩은 '경향의 이원성'이 여러 차원에서 생겨나는 경우이다. 예를 들면, 경제적 차원에서 국가 대 시장이라는 이원성이 존재하는 한편, 사회적 차원에서는 개인의 자유 대 권위와 질서라는 이원성이 존재할 수 있다. 이런 상이한 이원성이 여러 가지가 존재하면서 그런 것들의 조합에 따라 여러 가지 정당이 생겨날 수 있다는 것이다.

뒤베르제는 한 개의 정당만이 존재하는 경우는 일당제(a single-party system)로 보았다. 하나의 정당만 있지만 '체계(system)'로 간주했다. 뒤베르제(Duverger 1954: 278)는 하나의 정당 안에서도 다원주의가 있을 수 있다고 했다. 하나의 정당 내의 정치 지도자들을 중심으로 한 다수의 파벌들이 용인된다면 파벌들 간의 상호작용이 복수의 정당들 간의 관계와 같은 역할을 할 수 있다는 것이다. 그래서 일당제가 정치적 민주주의와 부합할 수도 있다고 보았다.

그러나 뒤베르제의 이런 주장은 둘 이상 복수의 정당 간 경쟁으로 정당체계가 만들어진다는 관점과는 충돌한다. 노이만(Neumann 1956: 395-396)은 일당제(the one-party system)라는 표현 자체가 용어 모순(a contradiction)이라고 비판했다. 정당체계는 다른 경쟁하는 실체와의 공존을 의미하는 것일 뿐만 아니라. 전체의 부분(a part in a whole)으로서 분리된 모든 집단들을 포함한다는 것이다.

사르토리(Sartori 1976: 48-50) 역시 뒤베르제가 말한 일당 내의 여러 파벌의 존재가 정당체계에서의 정당 간 경쟁에 대한 기능적 등치(functional equivalence)가 될 수 있는지에 대해 의문을 제기했다. 사르토리는 크게 네 가지 점에서 뒤베르제를 비판했다. 첫째, 일당제에서는 경쟁이 있을 수 있지만, 그것은 당내 파벌 지도자이거나, 정치 엘리트 간의 직접적인 투쟁이다. 정당 다원주의 하에서 정당 지도자들의 경쟁은 유권자의 지지를 얻기 위한 간접적 경쟁이고 유권자 지지를 통한 정당성의 확보와는 무관하다. 두 번째는 일당제라고 하는 것은 국가와 정당이 서로 긴밀하게 연결되어 있고 분리될 수 없다. 당과 국가는 하나이며, 국가나 정당이나 통치자(who governs)의 관점에서 바라보게 된다. 반면, 다당제, 다원적 민주주의에서 정당은 통치 받는 사람과 통치하는 사람들 사이에 놓여있고, 통치를 받는 사람들의 지지에 의해서 권력을 얻게 된다. 따라서 다당제에서 정당은 통치 받는 사람들(who is governed)의 관점에서 바라보게 된다는 것이다. 이 때문에 일당제에서는 권력을 독재화시키는 경향이 있는 반면에 다당제에서는 민주화시키는 차이를 보인다. 세 번째 비판은 일당제에서 당내 이견이 생기더라도 그것은 '기능적'이기보다 '개인적(private)'인 경쟁이라는 점이다. 즉, 일당 내 파벌 간 경쟁은 사적이거나 매우 소수만의 이해관계가 반영이 되는 것이다. 정당이 근대 민주주의의 산물인데 파벌 간 다툼은 과거에도 존재했고 그것이 민주적 다원주의를 대체할 수는 없다. 네 번째는 분석단위의 오류("unit jump" fallacies)를 지적했다. 방법론적으로 일당제라고 하는 것은 체계로서의 정당(party-as-system)이라는 하나의 단위밖에 없다. 하지만 다원적인 정치에서는 각 정당이라는 개별적 단위를 넘어 만들어지는 정당 간 체계(inter-party system)이라고 또 다른 단위를 포함한다. 따라서 하나의 정당만이 존재하는 경우에 그것을 하는 정당체계로 간주하거나 더욱이 일당 내 파벌이 다원주의적 정당 경쟁과 기능적으로 유사한 역할을 한다고 주장하는 것은 옳지 않다는 것이다.

뒤베르제의 수에 의한 정당체계 분류는 이에 대한 최초의 본격적인 연구라는 점에서 의미가 있다. 뒤베르제의 양당제에 대한 강조는, 앞서 지적한 대로, 1950년대 영국과 미국 등 앵글로 색슨 국가에서 민주주의가 안정적으로 유지되었던 시대적 상황과도 관련이 있다. 이런 인식이 양당제는 강하고 효과적이며 안정적인 정부를 만들어 내는 데 비해, 다당제에서는 제대로 작동하지 않고 불안정한 정부를 만들어 낸다는 함의를 이끌었다. 비슷한 시기에 알몬드와 버바(Almond and Verba 1963)는 시민문화(civic culture)라는 관점에서 영미 민주주의의 안정성과 우월성을 강조했다. 그러나 그 이후 서유럽 국가의 다당제에서도 안정적이고 효과적인 민주주의가 유지된다는 것이 경험적으로 확인되면서 정당체계에 대한 분류에 대해서도 새로운 시각이 나타나게 되었다. 더욱이 정당이 하나, 둘, 여러 개라는 식으로 단순하게 수만을 세는 방식으로는 정당체계의 속성을 파악하는 데 한계도 분명해졌다.

이러한 문제점을 극복하기 위한 한 시도가 레이의 파편화 지수(Rae's fractionalization index)(Rae 1968: 413–414)이다. 레이는 단순한 수적 구분에 의한 다당제를 '서툴고 이론적으로 헛된 개념(the awkward and theoretically wasteful notion)으로 비판하고 그 대신 파편화 개념을 제시했다. 레이의 파편화 지수를 구하는 공식은 다음과 같다.

$$F = 1 - \sum_{i=1}^{n} S_i^2$$

S_i는 정당 i의 의회 의석 비율 혹은 선거 득표의 비율

10개의 정당이 10%씩 의석을 나누었다면 F=0.9가 될 것이고, 세 개의 정당이 1/3씩 의석을 나누면 F=0.67, 그리고 두 개의 정당이 50%씩 차지한다면 F=0.5가 될 것이다. 한 정당이 90%, 다른 정당이 10%의 의석을 차지했다면 F=0.18이 된다. 한 정당이 100%를 차지한다면 이론적으로 F=0이 된다. 즉, 파편화 지수인 F 값이 1에 가까울수록 의회 내 여러 정당에 의석이 분산되어 있음을 알 수 있다. 레이의 파편화 지수는 구체적인 정당체계를 제시하는 것은 아니지만, 의회 내 정당의 수적 구성을 이해하는 데 도움을 준다.

이와 유사한 방식으로 의회 내 정당 의석의 분포를 보여주는 것은 락소와 타게페

라(Laakso and Taagepera 1979)의 '유효정당 수(ENP: the effective number of parties)'이다. 유효정당 수를 구하는 공식은 다음과 같다.

$$ENP = 1/\sum_{i=1}^{n} P_i^2$$

P_i 는 정당 i의 의회 의석 비율 혹은 선거 득표의 비율

유효정당 수는 레이의 파편화 지수를 적용하면 $ENP = 1/(1-F)$가 된다. 그런데 이들의 유효정당 개념은 레이의 지수에 비해 정당체계를 짐작하는 데 보다 유용하다. 예컨대, 정당의 의석 비율이 40%, 30%, 20%, 10%로 나뉘어 있다면, 유효정당 수는 3.33이 된다. 3.33이라는 수는 세 개의 주요한 정당이 있지만 정당 수는 그보다 더 많음을 알려준다. 한편, 세 정당의 의석 비율이 50%, 30%, 20%라면 유효정당 수는 2.63이 되는데, 세 정당이 중 한 정당은 상대적으로 의석 규모에서 작지만 아주 작은 정도는 아닐 것 같다는 짐작을 하게 한다. 유효정당 수는 레이의 파편화 지수에 비해 정당 간 의석의 분포나 상대적 규모 등을 고려한 정당체계를 보다 직관적으로 추론하는 데 도움을 준다.

(2) 2.5 당제

수만을 기준으로 할 때, 사실 일당제, 양당제, 다당제의 분류는 다소 단순하고, 또 같은 정당체계 내에서도 상이한 특성을 제대로 구분하기 어렵게 한다는 한계를 갖는다. 예를 들면, 두 나라에 각각 세 개의 정당만이 의회 내 의석을 획득한다고 가정해 보자. X라는 국가에서 의석 비율은 정당 A 55%, 정당 B 40%, 정당 C 5%이고, Y 국가에서는 정당 D 49%, 정당 E 46%, 정당 F 5%라고 가정해 보자. 언뜻 보기에는 두 국가 모두 양당제라고 할 수 있을 것 같다. 그런데 X 국가에서 정당 C의 영향력은 미미하다. 정당 A는 독자적으로 정부를 구성할 수 있다. 하지만 Y 국가에서는 5%의 의석이라고 해도 정당 F가 거대 정당 D, E 중 어느 정당과 연합을 맺느냐에 따라 집권당이 달라질 수 있다. 같은 5% 의석이라고 해도 X 국가에서는 양당제에 가깝다고 할 수 있지만, Y 국가는 의석 점유의 상대적 차이에도 불구하고 F 정당의 정치적 영향력은 무시될 수 없다.

블론델(Blondel 1968)은 이처럼 기존의 수에 의한 정당 분류에 정당 간 상대적인 힘을 고려하여 정당체계를 분류했다. 블론델은 양당제와 다당제 사이에 2.5 당제의 개념을 포함했고, 다당제 역시 지배적인 위치를 차지하는 정당의 존재 여부에 따라 지배적 정당이 있는 다당제와 지배정당이 없는 다당제로 구분했다.

① 양당제: 두 정당의 득표가 90% 이상을 차지하고 두 정당의 득표율이 비슷한 경우로, 미국, 영국, 뉴질랜드, 호주, 오스트리아
② 2.5당제(two-and-a-half-party systems): 세 개의 의미 있는 정당이 존재하지만, 두 개의 정당이 대체로 80% 정도를 득표하는 경우로 독일, 캐나다, 아일랜드
③ 지배적 정당이 있는 다당제(Multiparty system with a dominant party): 제 1 당의 득표율이 40% 이상인 국가로 스웨덴, 노르웨이, 덴마크, 이탈리아, 아이슬란드
④ 지배적 정당이 없는 다당제(Multiparty system with no dominant party): 네덜란드, 스위스, 프랑스, 핀란드

이러한 블론델의 구분은 단순히 일당, 양당제, 다당제로 구분하는 것보다 정당체계 내 정당들 간의 힘의 분포를 이해하게 해 준다는 점에서 보다 진전된 형태라고 할 수 있다.

블론델의 연구에서 가장 주목할 부분은 2.5당제이다. 개념적으로 세 개의 정당이 존재하지만 그 힘의 상대적 차이를 이해하게 하는 데 도움을 준다. 여기서 0.5당의 특성을 잘 보여주는 것이 독일(이전 서독)의 자유민주당(Freie Demokratische Partei)이다. 자민당은 1949년부터 1956년까지, 그리고 1961년부터 1966년까지 기민당과의 연정으로 집권에 참여했으며, 1969년부터 1982년까지는 사민당과, 그리고 1982년부터 1998년까지는 기민당과 연정을 이뤄 집권에 참여했다. 2021년에는 녹색당과 함께 사민당 주도의 연정에 참여했다. 이처럼 자민당은 기민당, 사민당의 두 거대 정당 모두에 대해 연정 파트너로 집권에 참여했다. 기민당, 사민당에 비해 작은 정당이지만 연립정부 구성에는 중요한 역할을 담당한 것이다.

또한 블론델은 지배적 정당(dominant party)의 존재 여부로 다당제를 나눴다. 여러 개의 정당이 존재하더라도 한 정당이 40% 이상의 득표를 독자적으로 하는 경우와 그렇지 않은 경우에는 정당체계의 속성이 달라질 수밖에 없다. 스웨덴에서는 사회민주당이 1932년 이후 1976년까지 계속해서 집권해 왔는데, 지배적 정당이 있는 다당제는 이런 경우를 말하는 것이다. 특정한 지배정당이 없는 형태로 다당제가 유지되

는 경우가 네덜란드, 스위스, 프랑스, 핀란드 등으로, 스웨덴과는 달리 보다 유동적인 형태로 연립정부가 구성되는 특성을 보일 수밖에 없다.

(3) 경쟁 체제와 비경쟁 체제

라팔롬바라와 웨이너(LaPalombara and Weiner 1966: 33-41)는 정당체계를 분류하면서 경쟁체제와 비경쟁 체제로 구분했다. 오늘날에도 일부 공산주의 국가나 비자유주의적 국가에서 진정한 의미의 정당 경쟁이 이뤄지지 않거나 제약을 받는 경우가 있지만, 이들이 연구하던 시기에는 권위주의 체제가 적지 않았다. 따라서 정당 간 경쟁의 허용 여부가 정당체계의 특성에 매우 중요한 요인이었다. 이들은 경쟁체제를 두 가지 기준으로 다시 세분했는데, 하나는 특정 정당이 지배적인 위치를 차지하느냐 아니면 정당 간 정권교체가 자주 일어나느냐에 따라 패권(hegemonic) 체제와 정권교체(turnover) 체제로 구분했다. 과거 일본의 자민당이나 이탈리아의 기민당은 패권 체제인데 비해, 영국은 정권교체 체제의 예가 될 수 있다. 또 다른 기준은 정당의 내부 속성이 이념적(ideological)이냐 실용적(pragmatic)이냐에 따라 구분했다. 이런 두 가지 기준에 의해 경쟁 체제에서의 정당체계를 구분하면 다음의 네 가지로 정리할 수 있다.
① 패권-이념적 체제
② 패권-실용적 체제
③ 정권교체-이념적 체제
④ 정권교체-실용적 체제

라팔롬바라와 웨이너는 이러한 구분을 정치체계의 안정성과 연관시켰다. 이 가운데서 특히 정권교체-이념적 체제에서는 권력 교체가 이뤄질 때마다 상당한 정책기조나 국정 운영에서 정당 간 커다란 차이가 있어서 상당한 혼란(turmoil)이 생겨날 수도 있다. 실용적 체제에서는 패권 입장일 때 보다 그 차이가 크지 않아 변화의 속도는 빠르지 않다. 다만, 정권교체가 빈번해지면 보다 빠르게 변화할 수 있다. 이들의 구분은 이념적, 실용적이라는 데 더 강조점이 주어지고 있는데, 이런 구분은 일종의 이상형(ideal type)으로 간주할 수 있다.
한편, 비경쟁적 체제는 일당제를 기반으로 하는데 정권교체가 발생하지 않는 패권체제이다. 여기서는 정당 내부의 속성에 따라 일당-다원주의 체계(one-party

pluralistic system), 일당-권위주의 체계(one-party authoritarian system), 일당-전체주의 체계(one-party totalitarian system)로 구분했다. 일당 다원주의 체계는 준권위주의 체제이며 조직 내의 다원성을 갖는 단일 정당 지배체제이다. 이념적으로 경직되었다기보다 경직된 이념성보다 실용적이고 다른 집단과의 관계에서도 파괴적이기보다 수용적이다. 과거 멕시코의 제도혁명당(PRI: Partido Revolucionari Institucional)을 그 예로 들었다. 일당-권위주의적 체계는 획일적이고, 이념적 지향성이 강하지만 전체주의 정당은 아닌 경우이다. 프랑코 총통 시절의 스페인이나 카스트로의 쿠바를 예로 제시했다. 일당-전체주의 체계는 냉전 시대의 중국 공산당, 소련 공산당, 북베트남 공산당, 북한과 동유럽 공산주의 정당들을 말한다. 이념적 목표하에 사회적, 경제적 체제를 송두리째 바꾸기 위한 총체적 권력을 갖는 단일 정당의 도구로서 국가가 존재하는 체계이다. 히틀러 치하의 독일도 이 체제의 한 예가 된다. 한 정당의 지속적인 지배와 정권교체, 그리고 이념과 실용을 구분하여 정당체계의 분류에 새로운 관점을 부여했지만 오늘날에는 소수의 국가를 제외하면 현실적으로 이 분류가 적용되는 대상은 찾아보기 어렵다.

(4) 사르토리의 정당 분류

정당체계의 분류와 관련해서 가장 널리 알려진 것은 사르토리(Sartori 1976: 119-216)의 연구이다. 사르토리는 정당의 수, 정당 이데올로기, 정당 간의 상대적인 힘 등을 고려하여 정당체계를 분류했다. 적실성 있는 정당을 판단하는 기준으로 사르토리는 두 가지를 고려했는데, 하나는 연합 잠재력(coalition potential), 혹은 통치 잠재력(governing potential)으로 통치를 담당할 연립정부 구성에 참여할 수 있는 능력을 고려했다. 이는 단순히 정당의 수만을 세는 것보다 정당체계의 특성을 제대로 파악하는 데 도움이 된다. 그런데 이런 경우만을 고려하면 과거 프랑스나 이탈리아의 공산당처럼 선거에서 25% 때로는 30% 이상 득표하지만 연립 파트너로는 받아들여질 수 없는 정당이 배제되게 된다. 이런 점을 고려하여 권력 참여와 무관하게 집권 정당들에 위협(intimidation)을 가할 수 있는 힘을 갖는 정당, 즉 위협 잠재력(blackmail potential)을 갖는 정당을 포함했다. 사르토리는 이러한 위협 잠재력을 의회 정치에서 거부권 잠재력(veto potential)과 비슷한 것으로 간주했다. 이처럼 적실성 있는 정당의 기준 제시와 함께 정당의 수에 따른 분절도(fragmentation)를 정당체계 분류에 적용했는데, 3-5개 정당이 있는 경우는 제한적 다원주의(limited pluralism),

6-8개 정도 있는 경우는 극단적 다원주의(extreme pluralism)로 구분했다. 사르토리는 수의 기준과 함께 이데올로기를 함께 고려했는데, 정당 간의 이념 거리뿐만 이념 강도를 함께 고려하였다. 이런 경우 정당체계는 온건 다원주의(moderate pluralism), 분극적 다원주의(polarized pluralism)로 구분된다.

라팔롬바라와 웨이너처럼 사르토리 역시 정당체계를 경쟁 체제와 비경쟁 체제로 구분했다. 사르토리는 비경쟁 체제에 대해 일당제(single party)뿐만 아니라 패권정당제(hegemonic party system)의 개념을 제시했다. 일당제는 다시 다음의 세 가지로 나누었는데, 뒤베르제가 쓴 one party system이라는 표현 대신 unipartism이라는 표현을 썼다.

① 전체주의적 일당제(totalitarian unipartism)

② 권위주의적 일당제(authoritarian unipartism)

③ 실용적 일당제(pragmatic unipartism)

사르토리는 일당제를 구분하는 기준으로 이념적 억압의 정도, 하위 집단의 자율성 허용 여부, 체제의 독재성 정도, 여론의 매개(channel) 역할과 관련하여 억압적인지, 배타적인지, 수용적인지 여부 등을 기준으로 삼았는데, 실제 각 체계의 특성은 라팔롬바라와 웨이너의 설명과 크게 다르지 않다.

사르토리의 비경쟁 체제에서 주목할 부분은 패권정당제이다. 패권 정당제에서는 권력에 도전할 수 있는 형식적이고 실질적인 경쟁은 허용되지 않지만 외형적으로 보면 복수의 정당이 존재한다. 그러나 이들은 권력 획득의 가능성이 없는 부차적 의미를 지니는 정당(second class minor party), 혹은 허가받은 정당(licensed party), 즉 들러리 정당으로 존재하는 것이다. 외형적으로 선거가 실시되더라도, 그것을 통한 정권 교체의 가능성은 없다. 패권정당체계는 실용적 패권정당체계와 이념적 패권정당체계로 나누었는데, 전자의 사례로는 멕시코의 제도혁명당(PRI)을 제시했고, 후자의 예로는 공산 정권 하의 폴란드 정당체계를 들었다. 그동안 비경쟁 체제는 단일 정당만이 존재하는 형태만을 고려한 것에 비해서, 패권정당제라는 다당적 외양의 비경쟁 체제의 특성이 제시되었다는 점에서 이는 진일보한 분류이다.

그런데 민주주의가 제대로 작동하는 경쟁 체제에서도 한 정당이 지배적인 위치를 차지하는 경우가 있다. 이른바 '55년 체제'의 일본 자민당이나 스웨덴의 사민당, 전후 이탈리아의 기민당이 여기에 해당한다. 이들 정당들은 자유로운 선거 경쟁이 허용되는 상황에서도 한 정당이 독자적으로 혹은 연립을 통해 장기집권을 해 왔다. 사르토리는 이런 경쟁 체제에서 지배 정당이 있는 경우를 일당우위정당제(predominant party system)로 분류했다. 일당우위정당제는 패권정당제와 외형적으로는 매우 유사하다. 제2당과의 격차가 크며, 독자적 혹은 연립을 통해 과반의석을 차지하고, 3번 이상 잇따라 선거에서 승리하는 등 장기집권을 한다. 그런데 일당우위정당제는 경쟁 체제이기 때문에, 실질적인 경쟁이 허용되고 정권교체의 가능성도 열려 있다. 이에 비해 패권정당제는 정권교체의 가능성이 전무한 비경쟁 체제이다.

양당제(two party system)는 두 정당이 각각 절대다수 의석, 즉 의회 내 과반 의석을 차지하기 위해서 경쟁하고, 실제로 어떤 한 정당이 과반의석을 차지하는 데 성공할 수 있는 체계이다. 이로 인해 단일 정당정부(single party government)의 구성이 가능하다. 그런 만큼 안정성이 있지만, 두 개의 정당으로 사회적으로 다양한 이해관계를 대표하는 데는 한계가 있을 수 있다. 양당제가 잘 작동하기 위해서는 정당 간 이념적 거리가 작아야 하고 또 사회적으로도 동질성이 높아야 한다. 현재는 미국이 양당제에 포함될 수 있고, 과거에는 영국과 뉴질랜드가 여기에 포함되었다.

사르토리는 다당제를 온건 다당제(moderate pluralism)과 분극적 다당제(polarized pluralism)로 나눴다. 온건 다당제는 정당들 간 이념적 거리가 크지 않고 구심적 경쟁을 한다. 대체로 절대다수 의석을 단독으로 차지하는 정당이 없어서 연립을 추구하는데, 정당들이 권력 참여를 원하기 때문에 연립정부 구성이 용이하다. 그리고 이념 스펙트럼의 양극단에 반체제 정당이 존재하지 않는다.

이에 비해 분극적 다당제는 다음과 같은 몇 가지 특징을 갖는다. 기존 체제의 정통성을 침식하는 반체제 정당(anti-system party)이 존재한다. 또한 이념 축의 양쪽 방향에 모두 야당이 존재하며, 집권당과의 거리 보다 두 야당 간의 거리가 더 멀다. 이념 축의 중앙에 정당(들)이 존재하며, 이로 인해 양극단의 정당들은 중앙으로부터 멀어지는 원심적 경쟁을 한다. 또한 이념을 중시하기 때문에 정책뿐만 아니라 원칙이나 근본적인 것에 대해 서로 용인할 수 없는 정당들이 공존한다. 또한 이념 축의 중앙에 위치한 정당들을 중심으로 정권교체가 일어나기 때문에, 권력에 참여할 수 없는 주변부에 위치한 정당들은 무책임한 야당(irresponsible opposition)이 된다. 그리고 이로 인해 공약 남발의 정치(politics of outbidding or overpromising)가 생겨난다. 사르토리는 이러한 분극적 다당제의 사례로 독일 바이마르 공화국, 프랑스 4공화국과 전후 이탈리아를 예로 들었다.

사르토리는 잔여적 범주로 원자화된 정당체계(atomized party system)를 들었는데, 정당체계가 구조적으로 공고화되지 않은 유동적인(fluid) 정당 정치의 상황이라고 할 수 있다.

이러한 사르토리의 정당체계 분류는 <그림 5-1>과 같이 정리할 수 있다.

▼ 그림 5-1 사르토리의 정당체계 분류

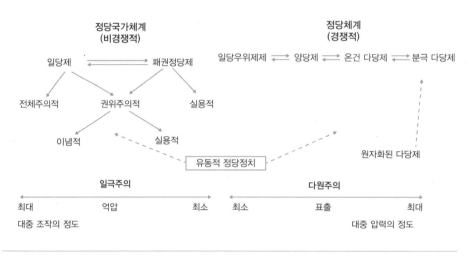

자료: Sartori(1976: 283).

(5) 사르토리 이후

사르토리의 정당 분류는 지금도 널리 인용되고 있다. 그런데 시대가 변화하면서 당시 사르토리가 분류한 정당체계에 대한 적실성이 다소 떨어지게 되었다. 예를 들면 분극적 다당제는 오늘날 현실 정치에서 사례를 찾아보기 어렵다. 1993년 선거제도 개정 이후의 이탈리아는 외형상 그 이전과 크게 다르지 않은 다당제라고 하더라도 과거와 같은 반체제 정당은 사라졌다. 반면 사르토리의 분류 가운데 온건 다당제에 해당하는 사례는 너무 많아졌다. 또한 양당제 역시 미국을 제외하고 찾아보기 어렵게 되었다. 영국은 1979년부터 1997년까지 보수당의 장기집권 하에서는 일당우위정당제로 유지되었고(Wolinetz 2006: 57), 그 이후에도 양당제라기보다는 다당제의 특성을 보이고 있다. 또한 헝가리, 폴란드, 러시아처럼 새로운 형태의 권위주의, 즉 선거 경쟁은 이뤄지고 야당이 완전히 들러리 정당은 아니지만 현실적으로는 대의민주주의가 제대로 작동하지 않는 비자유주의적 민주주의(illiberal democracy)도 나타나고 있다. 이런 정치체제들은 완전히 비경쟁적 체제라고 보긴 어렵지만, 그렇다고 해서 진정한 의미의 경쟁적 체제도 아닌 것이다. 이런 변화가 아직 정당체계

연구에서 제대로 반영되고 있지 않다.

이런 문제의식에서 메이어(Mair 2002)는 선거 경쟁을 통한 정부 구성과 관련하여 정당체계를 분류해 보는 방법을 제시했다. 정당 경쟁의 닫힌 구조(closed structure of competition)는 선거 결과 정권교체가 이뤄질 때 전면적으로 정당 간 교체가 이뤄지는 것으로 영국, 일본, 1994년 이전 뉴질랜드, 1989년 이전 아일랜드를 사례로 제시했다. 이에 비해 정당 경쟁의 열린 패턴(open pattern of competition)은 네덜란드, 덴마크 등이나 새로운 정당이 출현하는 정당체계에서 새로운 형태의 연립이나 소수파 정부가 만들어진다는 것이다. 그러나 이런 아이디어를 기반으로 한 보다 체계화된 연구 모델은 아직 나타나지 않고 있다.

한편, 시아로프(Siaroff 2000)는 블론델의 유형을 토대로 해서 각 나라의 정당들에 대한 새로운 범주화 시도를 했다. 시아로프의 방법은 연역적이기보다는 귀납적이다. 기본적으로 3%가 넘는 득표를 한 정당만을 포함하여, 아래와 같이 8개의 유형으로 분류했는데 괄호 안은 의회 내 유효정당 수이다.

① 양당제: 두 정당의 평균 득표율이 95%(1.92)
② 2.5 당제: 3% 이상 득표한 정당이 3－5개인 경우(2.56)
③ 하나의 지배정당(dominant party)이 있는 온건 다당제(2.95)
④ 두 주요정당이 존재하는 온건 다당제(3.17)
⑤ 정당 간 균형을 이루는 온건 다당제(3.69)
⑥ 하나의 지배정당이 있는 극단적 다당제(3.96)
⑦ 두 주요정당이 존재하는 극단적 다당제(4.41)
⑧ 정당 간 균형을 이루는 극단적 다당제(5.56)

시아로프(Siaroff 2003: 273－278)는 블론델의 0.5당의 역할을 두 가지로 구분했는데, 과거 서독의 자유민주당처럼 이념적으로 기민당이나 사민당 사이에 놓이고 연정을 이뤄내는 중추적 역할을 하는 경우를 '교량 정당(hinge party)'라고 불렀다. 0.5당이 주요 두 정당의 좌 혹은 우 쪽의 극단에 놓이게 되는 경우는 '전위 정당(wing party)'이라고 불렀는데 캐나다 서부 지역에서 노조를 기반으로 만들어진 신민주당(New Democratic Party)을 예로 들었다.

시아로프의 이러한 분류는 사르토리가 분류한 온건 다당제가 수많은 국가의 사례를 포함하는 데서 나타나는 문제를 해결해보려는 시도라는 점에서 의미가 있다. 그러나 단순함과 깔끔함(simplicity and parsimony)이 결여되어 있고, 또한 정당체계의 유형을 구분한 것이기보다 특정 선거에서 나타난 정당의 세력 분포를 분류한 것이라는 비판을 받는다(Wolinetz 2006: 58). 즉, 각 정당체계 간 분류의 기준이 분명하지 않고 또 용어에서도 이전의 논의를 대체로 정리한 것으로 보여 이전의 정당체계 구분으로부터 근본적으로 변화된 것이라고 보기는 어렵다. 이런 비판으로 인해 시아로프(2003: 271-272)는 일당우위정당제, 양당제, 다당제, 그리고 2.5 당제 등 4개의 정당체계로 구분하고, 각 정당체계를 정의하는 기준을 제시했다.

① 일당우위정당제: 한 정당이 최소 51% 의석을 얻고 제 2 당과의 의석 차이가 최소 1.8:1인 경우

② 양당제: 두 주요 정당이 전체 의석의 95%를 얻고 두 정당 중 어느 한 정당도 항구적으로 불균등한 우위를 점하지 못하며 두 정당 모두가 선거 때마다 승리의 가능성이 있는 경우

③ 다당제: 두 주요 정당의 의석이 합쳐 80%에 미치지 못하고 한 정당이 특별한 우위에 놓이지 않는 경우

④ 2.5 정당제: 주요 두 정당의 의석 합계가 80% 이상, 95% 이하이고, 한 정당이 특별한 우위에 놓이지 않는 경우. 보다 엄격한 기준으로는 제 2 당과 3당 간 의석 차이가 최소한 2.5 대 1이 되어야 하고, 그렇지 않은 경우에는 "$1+(2\times0.5)$" 정당체계(one-and-two-halves-party system)

이러한 분류는 이전에 비해서는 단순해졌지만 여전히 분류의 기준이 자의적이라는 비판에서 벗어나기는 어렵다. 다만, 사르토리의 분류에서 온건 다당제로의 집중을 해소해 보기 위한 하나의 시도라고 이해할 수 있다.

2. 한국의 정당체계

(1) 민주화 이전

지금까지의 논의를 토대로 민주화 이전의 한국의 정당체계에 대해 살펴보기로 한다. <표 5-1>에서 보듯이, 1948년 제헌국회와 1950년 2대 국회의원 선거를 보면, 선거에 참여한 정당이 48개, 39개에 달하고 의석을 얻은 정당도 16개, 11개이다.

유효정당 수는 의회 수준의 경우 3.0, 2.4이지만, 정당체계를 말할 만큼 이 시기의 정당 정치가 안정적이었다고 보기는 어려울 것 같다. 오히려 이 시기는, 사르토리의 분류에 의하면, 원자화되었다고까지 말할 수는 없더라도 최소한 유동적(fluid) 정당정치를 보였다고 평가할 수 있다.

▼ 표 5-1　민주화 이전 한국 선거에서의 정당의 수

정권		제1공화국				제2공화국	제3공화국			유신체제		제5공화국	
선거 연도		1948	1950	1954	1958	1960	1963	1967	1971	1972	1978	1981	1985
실제 정당 수	의회	16	11	4	3	6	5	3	4	3	3	8	5
	선거	48	39	14	14	6	12	11	6	3	4	12	9
유효 정당 수	의회	3.0	2.4	2.3	2.8	1.6	2.2	1.6	2.0	2.5	2.7	3.5	2.7
	선거	3.2	3.2	2.4	2.9	2.4	5.3	2.7	2.3	3.3	3.5	4.8	4.0

자료: 박경미(2006: 122, 126).

1954년 민의원 선거에서는 1951년 말 창당된 자유당이 야당인 민국당과 경쟁했고, 그리고 1958년에는 자유당과 민주당이 경쟁을 벌였다. 특히 1958년 선거에서는 자유당, 민주당이 각각 127석, 79석을 얻었는데, 두 정당의 의석 비율을 합치면 88.4%에 달한다. 이외에 통일당 1석, 나머지 26석은 무소속이다. 외형적으로는 양당제로 볼 수 있는데, 문제는 과연 진정한 의미에서 경쟁체제라고 할 수 있느냐 하는 점이다. 1960년 3.15 부정 선거에서 볼 수 있듯이, 제1공화국 때 경찰과 공무원 등 국가 기구가 노골적으로 선거에 개입했고 선거 부정을 저질렀기 때문이다.

제2공화국에서는 사르토리의 기준으로 일당우위정당제가 생겨났다. 1960년 선거에서 민주당이 민의원 전체 의석의 2/3를 차지했기 때문이다. 그러나 이듬해 5.16 쿠데타로 제2공화국이 붕괴되어 단 한 번의 선거로 끝이 났기 때문에 '체계'라는 표현을 쓰기에는 적절하지 않아 보인다.

박정희의 제3공화국에서는 정당 공천 없이는 출마가 불가능하도록 규정했기 때문에 유효 정당의 수가 보다 의미가 있다. 1963년 국회의원 선거에서는 민주공화당이 110석을 얻었고, 야당은 분열하여 민정당 40석, 민주당 14석, 자유민주당 9석,

국민의당 2석을 각각 얻었다. 1967년 선거부터는 야당이 신민당으로 통합하면서 민주공화당과 신민당의 양당 경쟁이 이뤄졌다. 1967년 국회의원 선거에서 이 두 정당을 제외하고 의석을 얻은 것은 대중당 1석뿐이었다. 1971년 국회의원 선거에서도 민주공화당과 신민당이 204석 중 각각 113석, 89석을 얻었고 그 이외는 국민당과 민중당이 각각 1석씩을 얻었다. 그런 점에서 보면 적어도 1967년 선거 이후에는 양당제로 이어졌다고 할 수 있다. 그러나 여기서도 제1공화국 때와 마찬가지로 과연 이 시기의 선거 경쟁이 완전히 자유로운 것이었느냐 하는 문제가 있다.

제1공화국에서 1956년 정부통령 선거에서 민주당의 장면 후보가 자유당의 이기붕 후보를 누르고 부통령으로 당선되었다는 점을 감안하면 선거가 상당히 자유롭고 경쟁적이었다고 할 수 있다. 그러나 1960년 3.15 부정선거는 말할 것도 없고, 3선 개헌을 염두에 뒀던 1956년 민의원 선거도 매우 심각한 부정선거였다. 1952년 첫 직선 대통령 선거에서 부통령의 경우에는 자유당의 이범석 후보가 아니라 이승만이 원한 대로 함태영이 당선되었다. 이 사례들은 정권이 마음만 먹으면 얼마든지 선거 부정을 저지르고 선거 조작을 통해 의사를 관철할 수 있음을 보여준다.

제3공화국 선거에서도 비슷한 특성이 나타난다. 1963년 대통령 선거에서 박정희 후보는 윤보선 후보에 겨우 15만 여 표 차로 승리했다. 야당 후보들의 표를 합하면 박정희의 득표보다 많았다. 1971년 대통령 선거에서도 박정희 후보와 김대중 후보 간의 표 차이는 95만여 표에 불과했다. 하지만 박정희의 3선 개헌을 염두에 뒀던 1967년 국회의원 선거에서 민주공화당은 175석 중 73.7%에 달하는 129석을 얻었다.

이런 특성은 권력 교체는 사실상 불가능하고 선거 경쟁도 제한적이었던 유신체제에서도 나타난다. 유신 체제에서는 대통령이 국회의원 정원의 1/3을 지명했고, 한 선거구에서 2명을 뽑도록 해서 여당은 대략 2/3의 의석을 항상 확보할 수 있었다. 그러나 두 번째 선거였던 1978년 12월 국회의원 선거에서는 야당인 신민당이 득표율에서 32.8%로 여당인 민주공화당이 얻은 31.7%보다 1.1% 앞섰다. 유신체제 하에서 권력교체의 가능성은 없지만, 그렇다고 해서 선거가 완전히 형식적인 것이거나 야당이 그저 들러리나 위성정당이라고는 보기 어려운 것이다.

사르토리는 1973년 현재 포르투갈, 파라과이와 함께 한국을 패권정당제 근처 (neighborhood)에 놓여 있다고 보았다(Sartori 1976: 236). 1973년이면 유신체제 이행 직후이기 때문에 이것이 유신체제의 정당체계만을 의미하는 지 그 이전까지를 포함하는 것인지 분명치 않다. 그러나 한 번의 선거로 정당체계를 규정할 수 없다면 이는 제3공화국 때까지를 포함하는 것으로 봐야할 것이다. 이정복(1983: 315)은 한국의 제1공화국부터 4공화국까지의 정당체계가 사르토리가 말하는 패권정당체계의 성격을 갖고 있다고 보았다. 다만 한국 정당체계는 야당세가 여당 세를 매우 가깝게 따라갈 수 있었다는 점에서 멕시코의 패권정당체계와는 다르다고 보았다.

사실 권위주의 시기의 한국 정당체계가 경쟁적인지 비경쟁적인 것인지 판단하기는 쉽지 않다. 사르토리가 정의한 패권정당체계에서 패권 정당은 권력을 향한 형식적이거나 실질적인 경쟁을 허용하지 않으며, 다른 정당들은 존재가 허용되지만 단지 부수적 존재(second class)이거나 허가받은 정당(licensed parties)이어야 했다(Sartori 1976: 230). 그러나 권위주의 시기에도 선거 경쟁은 상당히 치열했고 선거는 그저 명목만의 행사는 아니었다. 또한 그 시기 한국 야당이 부수적 존재이거나 더욱이 허가받은 정당은 아니었다. 앞서 언급한 대로, 사르토리는 패권정당체계를 이념적인 것과 실용적인 것으로 나누고 전자의 예로 공산 체제의 폴란드, 후자의 예로 멕시코의 제도혁명당을 들었는데, 권위주의 시대의 한국 정당이 공산 체제 하의 폴란드와 비교될 수는 없을 것이다. 그렇다면 멕시코의 제도혁명당 같은 실용적 패권정당체계라고 할 수 있을까? 사르토리(Sartori 1976: 234-235)는 멕시코의 제도혁명당이 야당들이 자유롭고 전면적인 반대의 정당보다는 2류의 상태로 머물러 있는 상황에서 그 존재를 허락했다는 점을 지적한다. 그렇다면 한국은 멕시코와 같은 실용적 패권정당체계로 보기도 어렵다. 이정복(1983: 315)도 한국 정당체계는 야당세가 여당 세를 매우 가깝게 따라갈 수 있었다는 점에서 멕시코의 패권정당체계와는 다르다고 보았다. 김용호(2020: 19-37) 역시 민주공화당이 멕시코의 제도혁명당과는 달리 패권정당이 되지 못했다고 결론지었다.

그런 점에서 사르토리의 기존 설명 틀로는 정확하게 권위주의 시대의 한국 정당체계를 설명하기는 어려울 것 같다. 야당은 허가받은 것이 아니라 헌법에 의해 그 존재를 인정받았고, 선거 경쟁은 결코 완전히 자유롭고 경쟁적인 것은 아니었지만 나름대로 그 역동성은 유지되었다. 그러나 현실적으로 이승만 정권이나 박정희 정권 때 (유신은 말할 것도 없고) 야당이 선거 경쟁을 통해서 권력교체를 이뤄낼 수 있는 '실질적' 가능성은 그리 크지 않았다. 따라서 전체적으로 본다면 패권정당체계에 보다 가깝다고 할 수 있지만, 사르토리의 이념적 혹은 실용적 패권정당체계로는 정확하게 설명되기는 어려울 것 같다. 실용적 패권정당체계에 조금 더 가깝다고는 할 수 있지만 그것보다는 오히려 새로운 유형으로 설명하는 것이 더 나을 수 있을 것 같다. 권력 교체의 가능성은 낮았지만, 제한적 경쟁이 허용되고 야당은 위성정당이 아니며 선거는 일정한 경쟁성을 유지해 왔다는 점에서 '경쟁적 패권정당체계(competitive hegemonic system)'로 새로이 분류하는 것이 더 적절해 보인다.

한편, 전두환 정권에서는 실제로 야당을 정권이 '제조'해냈다. 보안사에서 여당 창당 작업을 하면서 동시에 중앙정보부를 중심으로 두 개의 야당을 만들었다. 그리고 이들 정당은 1985년 총선에서 민정당의 '2중대, 3중대'라는 비아냥을 받았는데, 이들 정당이야말로 사르토리가 말한 부수적 정당 혹은 2류 정당 혹은 허가받은 정당의 개념에 잘 맞는다. 그런 점에서 제5공화국 초기의 정당체계는 사르토리가 말한 패권 정당체계라고 말할 수 있다. 다만 그 정당체계도 4년 뒤 1985년 총선에서는 '허가받지 않은' 야당의 등장과 함께 무너져 버리고 말았다.

(2) 민주화 이후

민주화 이후 정당체계에 변화가 발생했다. 1988년 민주화 이후 첫 국회의원 선거에서 지역주의에 기반한 4당 체제가 등장했다. 표 <5-2>에서 보듯이, 의회 내 유효 정당 수를 보면 2.1-3.5의 범위에 있다. 대체로 2-4개의 정당이 의회 내에서 일정한 규모 이상의 의석을 얻어왔다는 것이다. 실제로 의석을 차지한 정당도 4-6개 정도로 나타나서, 큰 틀에서 보면 민주화 이후 한국 정당체계는 일단 수에서 볼 때 사르토리가 말한 온건다당제적인 형태를 안정적으로 유지해 왔다. 이렇게 된 것은 물론 지역주의 정당 정치의 영향이 적지 않았다. 정당 지지가 지역적으로 분할되면서 지역적으로 밀집된 지지를 얻지 못하는 정당은 의석을 차지하기 어렵게 되었고, 여기에 단순다수제 선거제도라는 제도적 효과까지 더해져 온건다당제가 유지되었다.

사르토리는 정당의 수와 함께 정당의 이념적 분포에 대해서도 주목했다. 그는 정치체계 내 주요 정당들이 구심적인 경쟁을 하고, 이념 스펙트럼의 양 극단에 상당한 지지를 받는 극단주의적, 반체제 정당이 없는 상황을 안정적인 정당체계로 보았다. 한국 정당들은 이념적 차별성이 크지 않은 편이고, 극단주의 정당이 존재하지 않으며 국회 내 의석을 차지한 정당들은 모두 구심적 경쟁을 했다. 그런 점에서 이념적으로 볼 때도 온건 다당제에 해당한다고 할 수 있다.

그런데 한국의 정당체계와 관련해서 볼 때 중요한 변화는 1990년 3당 합당이다.

▼ 표 5-2 민주화 이후 한국 선거에서의 유효 정당의수

	1988	1992	1996	2000	2004	2008	2012	2016	2020
의회 수준	3.5	2.7	3.2	2.4	2.4	2.9	2.2	2.9	2.1*
선거_지역	4.3	3.8	4.5	3.4	3.0	3.6	2.3	3.3	2.2
선거-명부	–	–	–	–	3.4	4.3	3.1	3.9	4.1
의회정당	5(4)	4(3)	4	5(3)	6(5)	6	4	4	5

- 유효정당 수는 Laakso and Taagepera(1979: 3–27)의 방식에 따른 것임.
- 무소속은 의석 수, 지역구 득표율에서도 제외했음.
- 의회 수준: 선거에서의 당선자 비율을 기준
- 선거: 지역구 투표 혹은 정당명부 투표에서 각 정당의 득표율 기준
- 의회정당: 국회 내 한 석 이상 의석을 차지한 정당의 수. 무소속은 제외했고(괄호) 안은 1명 만 당
  선된 정당을 제외한 수
* 지역구 더불어민주당과 정당명부의 더불어시민당, 지역구 미래통합당과 정당명부 미래한국당은 각각
  하나의 정당으로 계산했음.
자료: 강원택(2019: 145)을 보완 및 추가.

1988년 국회의원 선거에서 지역주의에 기초한 4당 체계가 3당 합당으로 양당적 구
도로 변화해 왔고, 민주자유당–한나라당–새누리당 등으로 이어져 오는 한 축과
민주당 계열로 이어져 오는 또 다른 축의 양대 정당 구도는 그 이후 오늘날까지 명
칭의 변화와 무관하게 유지되어 오고 있다. 정당 명칭의 변화 등 개별 정당의 변화
와 정당체계의 변화를 구분해서 보면, 외형적 이합집산에도 불구하고 정당체계의 안
정성이 유지되어 왔다(노기우, 이현우 2019). 그런 점에서 유효 정당 수와 무관하게
한나라당–민주당 계로 양분되는 양당제가 유지되어 왔는지 살펴볼 필요가 있다. 시
아로프(Siaroff 2003)는 주요 두 정당의 의석 점유율이 80~95%인 경우를 2.5 정당체
계로 보았다. 그리고 80%보다 낮은 경우를 다당체계로 보았다. 그런 점에서 보면 한
국은 다당체계와 2.5 정당체계가 선거 때마다 반복해서 나타나고 있다.

<표 5–3>을 보면 민주화 이후 9번의 선거에서 원내 1, 2당을 합한 의석 점유율
이 90%를 넘은 경우는 2000년(90.8%), 2004년(91.3%), 2012년(93.0%), 2020년(94.3%)
로 네 차례 있었다. 최근에 가까울수록 양당의 의석 점유율은 더욱 높아져 갔다.

그러나 동시에 상당한 의석을 차지하는 제3 정당도 선거 때마다 꾸준히 등장했다.
<표 5–4>에서 보듯이, 제3 당(들)의 의석이 원내 의석이 10%를 넘는 경우도 적
지 않았다. 제3 당(들)의 원내 의석 비율은 1988년이 31.8%로 가장 높았고, 1992년

민주화 이후 국회의원 선거에서 정당의 의석 점유율

의석점유율	1988	1992	1996	2000	2004	2008	2012	2016	2020*
제1당	41.8	49.8	46.5	48.7+	50.8	51.2	50.7	41.0+	60.0
제1, 2당	65.2	82.3	72.9	90.8	91.3	78.3	93.0	81.7	94.3
제3당	31.8	10.7	21.7	7.3	8.0	13.4	6.0	14.6	4.0
무소속	3.0	7.0	5.4	1.8	0.7	8.4	1.0	3.7	1.7

- 제3당 의석 점유율: 1, 2당을 제외한 나머지 정당들의 의석 점유율 + 야당이 제1당인 경우
* 지역구 더불어민주당과 정당명부의 더불어시민당, 지역구 미래통합당과 정당명부 미래한국당은 각각 하나의 정당으로 계산했음.

10.7%, 1996년 21.7%, 2008년 13.4%, 2016년 14.6% 이었다. 9번의 선거 중 다섯 차례는 3당(들)의 약진이 두드러졌고 이때 의회 내 유효 정당 수는 1988년 3.5, 1992년 2.7, 1996년 3.2, 2008년 2.9, 2016년 2.9였다. 이러한 제3당(들) 중 2004년 국회의원 선거 이후 민주노동당－통합진보당－정의당으로 이어져 오는 좌파 정당은 소수파 정당으로 유지되어 오고 있다. 그러나 그 이외의 정당들은 뒤베르제가 말한 다당제 출현 원인으로 본다면 새로운 차원의 정당 경쟁을 의미하는 중첩 (overlapping)보다는 기존 정당으로부터의 분열(split)의 특성이 보다 강하다. 즉, 기존 균열을 대표하는 정당들로부터의 이탈이나 반발에서 비롯된 것이다.

한편, 집권당이 단독으로 과반 확보가 되지 않았던 경우도 2004년 이전에는 많았지만 3당 합당이나 무소속 영입 등으로 과반의석을 만들었다. 과반 확보 혹은 의석 확대를 위한 교량 정당(hinge party)의 역할을 한 제3당은 자유민주연합이 유일했다. 2004년, 2008년, 2012년, 2020년 선거에서는 집권당이 단독으로 과반의석을 차지하여 제3당에 대한 의존도가 낮아졌다. 그런 점에서 볼 때, 집권당이 과반의석을 단독으로 차지하고 두 거대 정당의 의석 점유율이 90%를 넘는 경우에는 한국 대통령제에서는 양당제적 형태로 정당체계가 작동했다.

전체적으로 볼 때, 민주화 이후 한국 정당체계는 온건 다당제가 유지되는 가운데, 양당제적 흐름과 제3당의 부상을 통한 다당제적 흐름이 번갈아 나타났다고 할 수 있다. 이를 '2+α 정당체계'라고 부른다면 α의 크기가 선거 때마다 변화해 온 것이다. α 값이 작아지면 양당제적인 정당체계가 만들어졌고 α 값이 커지는 경우 온건 다당제가 만들어졌다.

▼ 표 5-4 민주화 이후 선거에서 부상한 제 3 당

선거 연도	정당	의석 수	의석 비율
1992	통일국민당	31	10.4
1996	자유민주연합	50	16.7
	민주당	15	5.0
2000	자유민주연합	17	6.2
2004	민주노동당	10	3.3
	새천년민주당	9	3.0
2008	자유선진당	18	6.0
	친박연대	14	4.7
	민주노동당	5	1.7
2012	통합진보당	13	4.3
	자유선진당	5	1.7
2016	국민의당	38	12.7
	정의당	6	2.0
2020	정의당	6	2.0

• 5석 이상 얻은 경우에만 포함했음.

6

CHAPTER

정당의
조직

정/당/론

제6장

정당의 조직

정당은 권력의 획득을 목표로 하는 정치적 결사체이며 이러한 목표를 실현하기 위해 조직을 기반으로 다양한 활동을 전개한다. 각 정당은 지지의 확대나 선거 승리를 위해 가용할 수 있는 자원을 효율적으로 동원하기 위해 다양한 형태의 조직적 특성을 취하게 된다. 이러한 정당 조직은 정당의 기원이나 특성, 시대적 환경의 변화에 따라 서로 다른 모습을 보인다. 정당 조직의 다양한 특성에 대해 살펴보기로 한다.

1. 뒤베르제

뒤베르제(Duverger 1954: 21-31)는 정당 조직의 특성을 그 기원에서 찾았다. 제 2장에서 살펴본 대로, 뒤베르제는 의회 내에서 정당이 생성된 경우와 의회 밖에서 형성된 경우로 정당 출현의 기원을 구분했다. 그런데 이러한 정당 기원의 차이가 당 조직 면에서도 차이를 나타낸다는 것이다. 의회 내에서 생긴 정당은 의회 내 기존 정치 엘리트들의 결집으로 만들어진 조직인 만큼, 개별 주체의 자율성이 상대적으로 높다고 보았다. 이와 대조적으로 의회 밖에서 생성된 정당은 위계적, 관료적이고, 조직적 통제가 강한 정당이 된다고 보았다. 즉, 원내에서 발생한 정당은 의원의 자율성이 크고 중앙당의 권한이 제한적인 데 비해, 원외에서 발생한 정당은 앞서 존재해온 원외의 기구가 당 조직을 통제하므로 의원들의 자율성은 그만큼 낮아진다는 것이다.

한편, 원내에서 생성된 정당의 경우 의회 내 의석을 확보하는 것 자체가 매우 중요하다. 반면, 원외에서 생겨난 정당의 경우에는 선거나 의회에서의 활동 자체보다 그들 정당의 근본적인 정치적 목적을 이루는 데 더 큰 중요성이 있다. 따라서 의회 활동은 그것을 위한 하나의 수단으로 간주된다.

뒤베르제는 이처럼 정당 발생의 유형에 따른 권한 집중의 정도, 결속력과 규율, 의원의 자율성, 독립성의 차이에 주목했다. 이런 특성을 고려하여 의회 내에서 만들어진 정당을 명사정당(혹은 간부정당 cadre party), 그리고 의회 밖에서 만들어진 정당을 대중정당(mass party)이라고 불렀다.1)

뒤베르제는 정당 조직의 기본 요소로 코커스(the caucus), 지구당(the branch), 세포(the cell), 그리고 전투대(the militia)의 네 가지 유형을 구분했다.

(1) 코커스

코커스는 가장 '원시적(archaic)' 형태의 정당 조직 단위이다. 민주주의가 본격화되기 이전, 그리고 참정권이 제한적이던 시기의 주된 당 조직의 형태였다. 코커스는 대중의 참여가 아니라 소수의 명사들(a group of notabilities)에 기반한 당 조직 형태로, 위원회, 배타적 소집단, 패거리(committee, a clique or a coterie)의 특성을 갖는다. 자연히 코커스는 소수의 인원으로 구성되며, 구성원의 수적 확장을 꾀하지 않는다. 코커스는 명사정당의 조직 단위가 되며, 분권적이고 느슨한 조직적 특성을 갖는다. 대중 선거권이 확대되면서 코커스 조직은 상대적으로 쇠퇴하여 갔지만, 그러한 쇠퇴가 모든 곳에서 일반적인 형태로 일어난 것은 아니다.

(2) 지구당

코커스가 명사정당의 단위라면, 지구당은 대중정당의 기본 조직 단위이다. 즉, 코커스가 원내에서 생성된 정당의 조직 단위라면, 지구당은 원외에서 발생한 정당의 조직 단위이다. 지구당은 지역 내 소수 엘리트 집단이 아니며, 지역을 기초로 한 다수 당원의 참여를 전제로 한다. 이러한 당 조직에서는 당원의 수가 제일 중요하다. 따라서 지구당은 대중들에게 다가서고 지지를 동원하기 위한 조직 형태이다. 지구당은 모두에게 개방되어 있으며, 지도부는 그 구성원에 의해 선출된다. 그러나 자율성이 강한 코커스에 비해 지구당 조직은 중앙당의 통제를 받고, 당 조직 운영 역시 위계적(hierarchical)이다. 즉 지구당은 정당 전체의 조직적 한 구성물(only part of the whole)이며 분리되어 독립된 존재로 생각할 수 없다. 뒤베르제는 대중정당의 조직 단위인 지구당을 사회주의 정당이 고안한 조직 단위(a Socialist invention)라고 보았다. 대중 민주주의 시대에 당 조직으로서 지구당은 코커스보다 효율적으로 작동했기 때문에, 이러한 조직 형태는 명사정당에도 영향을 미쳐 지구당 조직 형태가 보편적으로 전파되었다고 보았다. 뒤베르제는 그것을 '좌파로부터의 전염(the contagion from the left)'(Duverger 1954: 25)이라고 불렀다.

(3) 세포

지구당 조직을 사회주의 정당이 발명했다면, 세포(the cell)는 공산당의 발명품이다. 코커스, 지구당과 세포 조직의 가장 큰 차이점은 전자가 지리적, 지역적 기반에 놓인다면, 세포는 공장, 사무실, 학교 등 직업적 기반을 갖는다는 점이다.

코커스 정당과는 유사하지만 지구당과는 다르게, 공산당은 전체적인 당원의 수보다 충원한 이들의 질, 역량에 더 큰 관심을 갖는다. 누구를 당원으로 받아들일 것인가를 결정하는 권한은 공산당 중앙당에 놓이며, 해당 지역의 정치 상황에 의해 좌우되지 않는다. 더욱이 공산당은 주요한 조직적 단위가 지리적인 것이 아니라 작업장 단위라는 점에서 다른 정당 조직 형태와 차이가 있다. 프롤레타리아 계급을 동원하는 일은 주거 지역보다 공장의 정치 조직을 발전시킴으로써 훨씬 잘 성취할 수 있다는 생각에 따른 것이다. 사실 공산당에게 선거에서의 활동은 자본주의를 타도하기 위한 단지 한 가지 방법일 뿐이라는 인식도 이런 정당 조직의 특성을 취하게 된 요인이다.

(4) 전투대

전투대(the militia)는 제1차, 2차 세계대전 사이에 파시스트나 다른 극우정당에 의해서 채택되었던 조직 형태이다. 세포 조직이 공산당이 만들어 낸 것이라면 전투대 조직은 파시즘이 만들어낸 것이다. 뒤베르제는 전투대를 당원들이 군대의 일원으로 가입되는 일종의 사병(私兵)적 군대로 보았다. 그렇지만 당원들은 여전히 민간인의 신분을 유지한다. 전투대의 군사적 특성은 당원 구성뿐만 아니라 당 구조에서도 나타나는데, 전투대는 작은 집단들에 기초하여 정점에까지 이르는 피라미드의 구조를 갖고 있다. 그러나 어느 정당도 전투대 조직에만 배타적으로 의존하여 구성되지는 않는다고 보았다.

 '좌파로부터의 전염'을 이야기한 것처럼, 뒤베르제는 대규모 당원에 기초한 대중정당이 코커스 조직에 기반한 명사정당보다 더 근대적이고 우월한 조직의 형태(a more modern or superior form of organization)로 간주했다. 대중선거권의 확립으로 득표 경쟁이 더욱 치열해진 상황에서 충성스러운 수많은 당원들이 선거 캠페인이나 정치자금 마련에 대해 적극적으로 도움을 줄 수 있기 때문에 대중정당이 보다 경쟁력을 갖는다는 것이다. 대중정당으로의 발전 과정에서 지구당은 참정권을 갖게 된 지역 단위 대중의 자발적 지지를 동원해 내기 위해 조직된 것이다. 구체적으로 지구당이 만들어져 가는 과정을 영국의 경험을 통해 살펴보자.

 개혁법의 통과로 선거권을 가진 유권자가 갑자기 크게 늘어났기 때문에 후보자가 개인적으로 유권자들을 일일이 접촉하면서 지지를 부탁하는 일은 현실적으로 어려워졌다. 개혁법 이전에는 선거권을 가진 유권자가 그리 많지 않아서 후보자와 유권자의 개인적 관계가 중요했고 선거에서의 관심사 역시 지역적인 것이었다. 또한 선거운동은 그 지역의 후견인이었던 특정 후보에게 투표하도록 권유하면 되는 것이었다.
 그러나 1832년 개혁법으로 투표권의 확대가 이뤄지면서 과거와 같은 방식은 더 이상 통용되기 어렵게 되었다. 1867년 개혁법은 숙련공에 한하기는 했지만 노동자에게 투표권이 부여되었고 비밀투표를 규정한 1872년 투표법(Ballot Act 1872)으로 인해 후보자와 유권자 간의 후견적 관계는 더이상 유지될 수 없게 되었다. 비밀투표법 도입으로 예상치 못한 결과도 발생했는데, 아일랜드 지역에서 자치를 주장하는 인사들(Home Rulers)이 1874년 총선에서 57명이나 당선될 수 있었다. 또한 1882년 부패방지법 제정으로 이전까지 통용되던 부패 관행이 불법화되었고, 1884년에는 선거권의 추가 확대로 인해 성인 남성 노동자 대다수가 투표권을 갖게 되었다. 정당 간판은 이제 점점 더 유권자에게 중요하게 되었고 금전적 혜택이나 개인적 이익에 기초한 지지는 상대적으로 약화되었다.
 무엇보다 당으로서는 늘어난 유권자들이 선거인 등록(Register of Electors)을 하도록 종용할 필요가 생겼다. 당이 그대로 방치하면 지지자들이 투표를 못 하게 되는 경우가 생겨나게 된 것이었다. 지역 당 조직(Local Associations)이 생겨난 것은 다름 아니라 새로이 등장한 유권자들이 선거인 등록을 하도록 장려하고 관리하고자 한 목적을 가졌던 것이었다. 보수당의 칼톤 클럽은 바로 이와 같은 지역 당 조직의 활동을 조정하고 관리하고자 하는 목적에서 설립된 일종의 보수당 본부의 기능을 했다. 이처럼 개혁법 통과 이후 중앙의 당 조직을 중심으로 체계적이고 위계적으로 유권자들을 관리하고 접촉해야 할 필요성이 커졌다.

바로 이 무렵이 영국에서 정당 정치가 조직화되고 강화되기 시작한 때이다. 의회 내에서 정당의 결속력이 강화되기 시작했고 의회 외부에서 정당들은 보다 조직화되어 갔다. 과거 유력 인사 중심의 간부정당(cadre party)의 형태에서 벗어나 대규모로 유권자가 확대됨에 따라 일반 대중을 대상으로 한 조직의 개편, 선거운동 방식의 변화가 시도된 것이다(강원택 2020: 99-101).

파네비안코의 정당 기원과 제도화

파네비안코(Panebianco 1988: 50-52)는 뒤베르제와 다른 방식으로 정당의 기원을 제시했고, 그것을 통해 정당 제도화(institutionalization)의 차이를 설명했다. 정당이 형성된다는 것은 상이한 속성의 여러 정치 집단들을 결합시키는 것으로 보았다. 정당의 조직적 발전에는 두 가지 방식이 있는데 하나는 영토적 침투(territorial penetration)이고 또 다른 하나는 영토적 확산(territorial diffusion)이다. 영토적 침투는 중앙(center)이 주변부(periphery), 즉 지방과 중간(intermediate)의 정당 조직의 발전을 자극하고 통제하고 지시하면서 이뤄지는 것이다. 이에 비해 영토적 확산은 정당 발전이 자발적인 발아(spontaneous germination)의 형태로 비롯된 경우이다. 지방 엘리트가 정당 조직을 건설하고 이후 그 조직을 기반이 확대되어 전국적 조직으로 통합되는 경우이다. 다시 말해, 여러 개의 독립적 집단이 지방에서 자율성을 유지하면서 후에 하나의 전국적 조직을 형성하기 위해 결합하는 것이다. 이미 존재하는 둘 혹은 그 이상의 전국적 조직들 간의 결합으로 정당이 생성되는 경우도 영토적 확산에 의한 것으로 간주했다. 보수주의 정당이나 자유주의 정당은 뒤베르제의 기원에 따르면 모두 의회 내에서 생성된 정당들이지만, 파네비안코는 보수정당은 영토적 침투를 통해서, 그리고 자유주의 정당은 영토적 확산을 통해 발전해 왔다고 보았다. 그리고 영토적 침투는 매우 응집력 있는 '중앙'의 존재를 전제로 하기 때문에, 중앙당 내 제한된 규모의 리더 집단이 존재하며, 이것이 최초의 주도 연합(dominant coalition)의 핵을 이룬다. 이에 비해 영토적 확산인 경우 중앙당 리더십의 형성은 험난하고 복잡하다. 자기 조직 통제에 대한 자율성을 갖는 리더들로 구성되기 때문에, 중앙당 조직은 상이한 지방조직의 연합체(federation)가 되고 분권적이고 준자율적인 구조를 갖게 된다.

정당 기원과 관련된 두 번째 특성은 외부의 후원 조직(an external 'sponsor' institution)의 존재 유무이다. 정당 조직에 대한 충성심은 외부 조직이 1차적, 그리고 정당이 2차적이어서 간접적 충성심이 되며, 노조나 코민테른과 같은 외부 조직은 지도부 정통성의 원천이 된다. 당 조직 내부에서 정통성을 찾는 정당들과 달리, 이들 정당은 외부적으로 정통성이 부여되는 정당(externally legitimated parties)이다.

세 번째는 정당 형성에서 카리스마를 가진 지도자의 역할과 관련된 것이다. 정당이 본질적으로 카리스마적 지도자에 의해, 혹은 그를 위한 수단으로서 만들어졌느냐의 여부이다. 특히 순수한 카리스마에 기반한 정당은 그 지도자와 분리된 자율적 존재가 되기 어렵고 전적으로 그의 지배하에 놓이게 된다.

파네비안코는 이처럼 영토적 침투/확산, 외부 조직의 존재/부재, 카리스마적 지도자의 존재 여부에 따른 정당의 기원을 설명했고, 이 가운데 영토적 침투, 외부 조직의 부재, 카리스마적 지도자의 부재 등이 제도화의 수준을 높인다고 보았다. 즉, 영토적 침투에 의해 만들어졌고, 정통성을 갖는 외부 조직이 존재하지 않으며, 카리스마를 지닌 지도자가 없을 때 정당은 보다 제도화된다는 것이다.

2. 포괄정당

뒤베르제가 '좌파로부터의 전염'이라고 말한 대로, 2차 세계대전 이후 대중정당은 보다 일반적인 형태가 되었다. 이전 시대의 개인적 대표성에 기반한 부르조아 명사정당은 드물고 예외적인 것이 되었고 대중통합정당(the mass integration party)이 지배적인 형태가 되었다.

그러나 대중정당 역시 시대적 변화 속에 새로운 형태로 변모해 가게 되었다. 키르크하이머(Kirchheimer 1966)는 정당의 지지 기반과 관련된 변화에 주목하면서, 대중통합정당에서 포괄적 국민의 정당(catch-all "people's party"), 혹은 포괄정당(catch-all party)으로 변화해 갔다는 점을 지적했다. 사회경제적 변화와 함께 대중정당의 기반이었던 계급정치와 이념적 정체성의 약화로 인해 이전과 같이 특정 계급에 의존하는 방식으로는 정당은 집권에 필요한 충분한 지지를 얻기 어렵게 되었다. 계급정당에 대한 유권자의 충성심도 약화되고 유동적인 유권자들이 늘어나면서 특정 계급을 넘어서 다양한 사회적 배경의 유권자에게 지지를 호소하는 방식으로 정당 정치가 변모하게 되었다.

포괄정당은 유권자의 계급적 기반의 약화와 선거 유동성 증대라는 환경의 변화에 따른 위기를 극복하기 위해 등장하게 된 것이다. 키르크하이머의 표현을 빌면, 유럽에서 포괄정당은 '탈이념(de-ideologization)'(Kirchheimer 1966: 187)의 상황에 등장하고 확산된 것이다. 이념이 더 이상 유권자들의 선택에 있어 충분한 동기적 자극 (sufficient motivational forces)이 되지 못하는 상황에서 정당이 이에 대응하기 위해 조직 형태를 변화시킨 것이다. 그리고 포괄정당으로 변모한 정당의 선거 경쟁력 강화가 이러한 조직 형태의 확산에 기여했다. 이처럼 서유럽 정당이 포괄정당으로 변모해 간 것은 정당의 이념적 차별성을 완화하고 노동계급과 같은 특정 사회 집단에 대한 의존도를 낮추고 선거에서의 지지를 전통적 기반을 넘어 확대하기 위한 조직적 대응이었던 것이다. 즉 포괄정당으로의 변신은 단순한 이념적 변신이나 지지 기반의 확충을 넘어 정당의 조직적 특성이 근본적으로 변화한 것을 의미한다(김수진 2008a: 26-27).

키르크하이머는 대중정당의 변화를 세 단계로 구분했다. 첫 단계는 제1차 세계 대전 발발까지 이어지는 시기로 대중정당이 세력을 증대시켜 간 단계이다. 두 번째는 1920, 1930년대에 영국 맥도날드의 노동당, 독일 바이마르공화국 시기의 사민당, 그리고 프랑스 인민전선(Front Populaire) 등과 같이 계급정치에 기반한 대중정당이 최초로 집권을 경험하게 된 단계이며, 그리고 세 번째 단계에서는 모두를 포섭해야 하는 단계(stages in the catch-all groupings), 즉 포괄정당으로 변화하게 되었다고 보았다. 이처럼 키르크하이머는 대중정당의 변화 속에서 포괄정당의 등장을 제시했다.

정당들은 계급에 기반을 둔 정당으로부터 사회적으로 보다 다양하고 이질적 배경을 가진 유권자들의 지지를 구하게 되었고, 당 조직 역시 변모하게 되었다. 이로 인한 변화는 크게 다섯 가지로 요약해 볼 수 있다. 첫째는 탈이념화, 혹은 정당의 이념적 교의(ideological baggage)의 급격한 약화이다. 매우 강한 정파적, 혹은 분열적인 속성의 강령에 기반한 원칙과 정책에 따른 차별적인 정치적 입장을 강조하는 대신, 유권자 대다수가 관심을 가질만한 경제성장, 공공질서의 유지와 같은 일반 이슈에 집중하게 되었다. 즉, 포괄적인 사회개혁 프로그램에 대한 강조로부터 보다 구체적인 이슈를 강조하는 형태로 변화하게 된 것이다. 그리고 이는 전반적으로 정당들 간의 이념적, 정책적 차별성의 약화(Katz and Mair, 1995: 22)로 이어지게 되었다. 이로 인해 정당 경쟁은 "거의 동일한 상품을 두고 보다 매력적으로 포장한 브랜드의 경쟁"(competition with a more attractively packaged brand of a nearly identical merchandise)(Kirchheimer 1966: 195)이 되었다.

둘째, 당 지도자의 역할이 더욱 중요하게 되었다. 정당 조직의 목표에 대한 일체감보다 사회 전체에 대한 기여라는 관점에서 정당 최고 지도부의 역할에 대한 평가가 내려지게 되었다. 특히 당 조직 내에서 보다 일반 유권자에게 텔레비전이나 신문을 통해 정당 리더가 자신을 알리는 일이 중요하게 되었다. 정당 지도자들은, 마치 사업가가 소비자들에게 물건을 파는 것과 마찬가지 방식으로, 그들의 정당을 전체 유권자에게 알리고 홍보해야 할 역할을 맡게 되었다.

셋째, 당원의 정치적 무게감은 약화되었다. 과거 대중정당에서는 당원의 역할이 중요했지만, 이제는 개별 당원의 정치적 역할의 중요성은 크게 낮아졌다. 오히려 그런 역할에 대한 강조는 새롭게 포장된 포괄정당의 이미지를 흐리게 할 수 있는 역사적 유물로 간주되었다.

넷째, '수호해야 할 계급(class gardée)', 즉 노동계급에 대한 강조로부터 탈피하게 되었다. 특정 사회 계급 혹은 분파적 집단 대신 전체 인구로부터 지지를 획득하는 것을 더욱 중시하게 되었다.

다섯째, 이익집단에 대한 의존성의 강화이다. 다양한 이익집단에 대한 접근성의 확보가 중요해졌는데, 정치자금 확보의 목적도 있지만 그보다 더 중요한 것은 이익집단의 중재에 의한 선거 지지의 확보였다.

이처럼 정당 정치가 이전에는 정치적으로 소외되었던 노동계급을 사회적으로 통합하는 기능이 더 중요했다면 이제는 유권자의 요구에 대한 반응적 성격이 더욱 중요하게 되었다. 키르크하이머의 포괄정당은 2차 세계대전 이후 혼합경제의 부상, 복지국가의 확립으로 인한 계급정치의 약화, 과학 기술의 급격한 발전 등으로 인한 변혁 이념의 약화, 그리고 그에 따른 정당 정치 환경의 변화를 잘 설명하고 있다.

3. 우파로부터의 전염

뒤베르제(Duverger 1954: xxxvi)는 대중정당을 근대적(modern type) 형태의 조직으로 간주했고, 이에 비해 명사정당은 구식(old type)인 것으로 보았다. 따라서 명사정당은 노동계급 기반의 대중정당을 모방하게 된다고 보았고, 그것을 '좌파로부터의 전염'이라고 불렀다. 이에 대한 비판은 미국 정당을 연구한 엡스타인(Epstein 1967: 257-260)에 의해 제기되었다.

엡스타인은 뒤베르제가 중시한 대중정당의 출현을 20세기 초 유럽에서 일어난 계급의식 강화, 사회주의 토대 위의 노동조합 운동의 활성화, 대중선거권의 급격한 확대, 그리고 방송기술의 발전 이전 시대라는 '역사적 우연'과 긴밀하게 관련된 것으로 보았다. 그런데 시대적 변화, 특히 텔레비전의 등장은 그 이전의 정당 정치와는 전혀 다른 환경을 만들었다. 텔레비전을 통한 유세가 가능해지면서 이전 대중정당이 가졌던 당원의 자발적 참여에 의한 선거운동, 대중의 당비 납부를 통한 모금의 중요성이 줄어들게 되었다. 그대신 미디어 전문가, 여론 전문가와 같은 전문성을 갖춘 이들의 역할이 열성 당원의 역할보다 중요해졌다. 또한 이러한 미디어를 이용하고 전문가를 활용하는 데 드는 자금이 오히려 중요해졌고, 정치자금 모금 역시 이익집단이나 개별 기부자로부터의 거액 모금에 보다 의존하게 되었다.

뒤베르제(Duverger 1954: 22)는 미국 정당 조직을 '낡은'(archaic) 것으로 간주했는데, 미국에서는 사회주의 정당으로부터의 강력한 도전에 직면한 적이 없기 때문에 명사정당 형태인 코커스 조직이 유지될 수 있었다는 것이다. 그러나 엡스타인은 뒤베르제의 주장과 달리 미국의 정당 조직이 선거 운동에 보다 적합한 것이 되었다고 보았다. 미국의 주요 정당은 텔레비전과 같은 대중매체를 훨씬 일찍, 그리고 보다 효율적으로 활용했고, 이제는 대중정당 역시 이러한 방식을 모방하게 되었다는 것이다. 엡스타인의 이러한 비판은 뒤베르제의 표현에 빗대어 '우파로부터의 전염'(contagion from the right)이라고 불리게 되었다.

뒤베르제에게 이상적인 정당 모델이 대중정당이었고 그것은 이전의 명사정당 조직보다 발전된 형태였다. 그러나 엡스타인은 TV 등장으로 인한 대중매체의 시대에 대중정당 모델의 효용성은 약화되었고, 뒤베르제가 '후진적인' 것으로 본 명사정당 조직의 유용성을 강조했다.

4. 선거-전문가 정당

키르크하이머와 엡스타인은 모두 뒤베르제가 강조한 대중정당 모델에 대한 비판적 견해를 제시하고 있다. 파네비안코(Panebianco 1988)의 논의도 키르크하이머의 연장선상에 놓여 있다. 파네비안코 역시 계급에 기반한 대중정당 형태로부터 보다 이질적인 다양한 형태의 확대된 유권자 집단에 지지를 호소하는 방식으로 상황이 변모했다는 인식에서 출발했다. 파네비안코의 관심은 이로 인한 정당 조직상의 변화에 집중되어 있다. 정당의 유지와 조직화가 과거의 관심사였다면 이제는 유권자 전체에 대한 지지의 이끌어 내는 것이 정당 활동에서 보다 중요한 의미를 갖게 되었다는 것이다. 다시 말해, 정체성에 기반한 기존의 사냥터(hunting grounds) 즉, '수호해야 할 계급(*class gardée*)'의 지지만으로는 집권에 충분하지 않게 되면서 보다 폭넓은 계층의 유권자 지지를 모색하게 되었다.

파네비안코 역시 엡스타인처럼 대중매체의 영향력을 중시했고, 이에 따른 전문가의 중요성을 강조했다. 사회 구조의 변화, 복지국가의 확립 등으로 인해 정당 충성심이나 계급적 소속감을 가진 유권자(the electorate of belonging)가 줄어들게 되었다. 이는 대중정당의 통합적 기능을 약화시켰고 전통적인 대중정당 정치의 기저를 변화시켰다. 당의 무게중심도 당원으로부터 유권자에게로 옮겨졌다. 여기에 더해 텔레비전, 라디오 등 대중매체의 활성화와 함께 정치 커뮤니케이션이 변화가 발생하면서, 선거 전문가, 여론조사 전문가, 커뮤니케이션 관련 전문가, 캠페인 전문가 등 전문적, 기술적 역량을 가진 이들의 역할이 중요해졌다. 선거 전문가들에 의해 고안된 선거 이슈와 메시지가 중요해졌으며, 이러한 과정을 효과적으로 운영하고 통제하는 정당 지도부의 역할 또한 증대되었다.

이에 따라 대중정당에서 중시되었던 기능은 선거-전문가 정당 하에서 변화하게 되었다. 당원들을 조직하고 동원하고 봉사하는 역할은 선거에서 득표의 활동에 비해 2차적인 것이 되었다. 당 조직 강화, 유지보다 선거 관련 자원의 배분이 중요해졌다. 대중매체와 현대적 선거 운동 기법을 통해 유권자에게 지지를 호소할 수 있게 되면서, 정당 지도부의 자율성은 커졌다. 또한 대중정당 모델과 달리 더 이상 강한 당 조직을 필요로 하지 않게 되었고, TV나 이익집단이 전통적 정당 조직보다 정당과 유권자 간 연계와 접촉에 더 중요하게 되었다. 과거 대중정당이 통합 및 표출 기능을 중시했다면, 선거-전문가 정당은 선거 승리, 지도자 충원, 권위의 정당화, 의회 리더십의 선전 등의 기능을 중요시했다. 즉, 정당 조직 활동을 담당하던 이들보다 미디어와 여론조사 등 전문적인 기술과 지식, 경험을 갖춘 전문가들의 역할이 더 커진 것이다. 물론 파네비안코가 당 조직과 당 활동가가 필요하지 않게 되었다고 말한 것은 아니지만, 그들의 역할은 예전만큼 중요하지 않게 되었다. 파네비안코는 이러한 정당 형태를 선거-전문가 정당(electoral-professional party)이라고 불렀다.

파네비안코는 이처럼 정당 조직의 전문화(professionalization)에 주목하면서, 이전의 대중정당에서 당 기구, 당 관료 등이 중요한 역할을 담당했던 것과의 차이를 강조한다. 파네비안코는 대중정당에서는 관료적인 방식에 의해 당내 정책 결정이 이뤄졌다고 보았다. 그는 전통적 대중정당에서 '대의적 관료제(representative bureaucracy)'가 중요했다면, 이제 선거-전문가 정당에서는 전문가의 역할이 중요해졌다는 것이다.

Mass bureaucratic party	Electoral-professional party
당 관료의 역할 중요(정치적-행정적 업무)	전문가의 역할 중요(전문화된 업무)
당원 정당, 강한 수직적 조직상의 연계, 소속감 가진 유권자(electorate of belonging)에게 호소	선거 정당, 수직적 연계 약함, 정치적 의견을 갖는 일반 유권자(electorate of opinion)에게 호소
당내 지도자의 우월함, 집단적 리더십(collegial leadership)	공적 대표자들(public representatives)의 우월함, 개인화된(personalized)리더십
당원을 통한 모금, 이와 부수된 활동을 통한 자금 확보(당 협동조합이나 노조 등)	이익집단이나 공적 기금(public fund)을 통한 모금
이념의 강조, 당내 조직에서 신봉자(believers)의 역할 중요	이슈와 리더십 강조, 전문가(careerists)와 조직 내 이익집단 대표의 역할이 중요

자료: Panebianco(1988: 264).

파네비안코는 대중정당을 '관료적 속성을 갖는 대중정당(mass bureaucratic party)'로 부르면서, 선거-전문가 정당과의 차이를 다섯 가지로 구분하고 있다. 첫째, 정당의 업무와 관련하여 대중관료정당에서는 당 관료가 중요하고 그들은 정치적, 행정적 업무를 담당한다. 이에 비해 선거-전문가 정당에서는 전문가가 중요하고 그들의 전문성에 맞는 분화된 업무를 담당한다. 둘째, 대중관료정당은 기본적으로 당원이 중심이고 이들과의 수직적 형태의 조직 연계를 갖는다. 또한 정당에 대한 충성심, 소속감을 갖는 유권자를 정치적으로 동원한다. 이에 비해 선거-전문가 정당은 당원보다 유권자를 대상으로 하고 그 연계의 정도도 강하지 않다. 셋째, 대중관료정당에서는 당내 지도자의 역할이 중요하고 집단적 리더십 구조를 갖는 반면, 선거-전문가 정당에서는 개인적 리더십이 중요하고 또한 선거를 통해 선임된 의원들과 같은 공직 담당자, 혹은 공적 대표자들의 역할이 중요성을 갖는다. 넷째, 정치자금과 관련하여 대중관료정당은 당원의 당비, 기부금이나 노조 조합비 등 부수 기관을 통해 모금하지만, 선거-전문가 정당은 이익집단의 기부금이나 국고보조금 같은 공적 기금을 통해 모금한다. 다섯째, 대중관료정당은 이념을 강조하고 당 조직 내 이념적, 정파적 신봉자의 역할이 중요한 반면, 선거-전문가 정당에서는 이슈와 리더십이 중요하고 전문가와 이익집단 대표자의 역할이 중요하다고 보았다.

파네비안코의 논의는 뒤베르제의 대중정당 모델에 대한 또 다른 비판이다. 키르크하이머가 정당의 지지 기반의 사회경제적 변화와 그로 인한 정치적 정체성, 결속력의 약화에 주목했고, 엡스타인은 대중매체의 등장과 이를 활용한 미국 정당을 중심으로 대중정당모델을 비판했다. 파네비안코는 대중매체의 활용과 보다 유동적인 유권자의 존재, 그리고 선거에서의 전문가 활용에 따른 정당 조직의 변화를 강조했다.

5. 카르텔 정당

캐츠와 메이어(Katz and Mair 1995)는 정당 정치의 변화를 정당과 국가 간의 관계 변화에서 찾고 있다. 이들은 정당, 국가, 시민사회 간의 경계와 관계의 변화에 따라 4단계의 '진화 과정'(an evolutionary process)(Katz and Mair 1995: 9)으로 정당 조직의 변화를 설명한다. 첫 번째 단계는 19세기 후반과 20세기 초반 정치 참여가 제한적이었으며 재산이 없는 사람들에게는 참정권이 부여되지 않았던 시기이다. 국가와 시민사회 간의 구분은 현실적으로 명확하지 않았다. 시민사회 내에서 정치적으로 영향력을 가졌던 사람들이 국가 영역에서 권력의 지위를 동시에 차지했다. 이 단계에서 정당은 명사정당 혹은 코커스적인 형태에 머물러 있었다.

▼ 그림 6-1　명사정당 시대의 국가와 시민사회

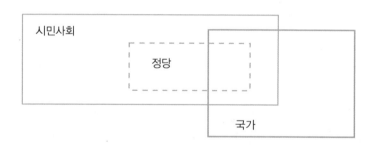

두 번째 단계는 산업화, 도시화의 진전과 함께 참정권 자격을 갖춘 이들의 수가 늘어났고 정치 참여의 자격 조건도 완화되었던 시기이다. 더욱이 노동계급이 산업현장이나 정치 공간에서 조직을 형성하고 행동하는 것을 더 이상 막을 수 없게 되었다. 이로 인해 국가와 시민사회 간의 보다 분명한 구분이 가능해졌다. 선거는 통치에 대한 동의를 제공하는 것이기보다, 정부가 국민에게 정치적 책임을 지도록 하는 수단이 되었다. 정당이 이를 가능하게 만드는 기제였다. 공식구조, 조직화된 당원 등을 갖춘 대중정당이 두 번째 단계의 특징이다. 국가와 시민사회는 명백히 분리되었고 정당이 이 둘을 연계하는 교량의 역할을 했다.

▼ 그림 6-2 대중정당 시기의 국가와 시민사회

세 번째 단계는 대중정당의 변화와 관련이 있다. 보편적인 복지혜택과 교육 등 사회경제적 조건이 개선되고 사회적 이동성도 높아지면서 대중정당의 기반이었던 결속력과 연대감이 약화되었다. 여기에 대중매체가 발전하면서 대중정당의 조직적 강점도 사라졌다. 기존의 좌파, 우파 정당 모두 포괄정당으로 변모해 갔다. 정당들은 당원을 유지하지만 더이상 진지하게 이들을 묶어내려고 시도하지 않게 되었다. 정당의 당원 모집에서도 사회적 동질성보다 정책에 대한 동의를 기반으로 당원을 충원했다. 정당은 선거에서 특정 사회집단의 이익을 보호하기 위한 방어적 선거 전략 대신, 선거에서의 승리를 위해 보다 광범위한 유권자에게 다가서려는 공세적인 전략을 취했다. 이런 과정을 통해 정당의 정책적 입장은 수렴해 갔고, 텔레비전과 같은 대중매체의 발전은, 핵심적 지지층을 중심으로 선거운동을 하던 방식에서, 보다 보편적인 유권자들에게 지지를 호소하는 방식으로이 변화를 이끌었다.

이와 함께 정당과 국가 간의 관계에도 변화가 생겨났다. 네 번째 단계에서 정당은 정부 내에 존재하면서 이제 국가와 시민사회 간의 중개인(broker)과 같은 역할을 맡게 되었다. 정당은 시민사회의 요구를 국가 관료제에 전달하는 역할을 하면서도, 또 다른 한편으로는 대중에게 국가 정책을 변호하는 대행자(agent)의 역할을 맡게 된 것이다. 이런 변화가 생겨난 데에는 무엇보다 당원의 감소와 정당 활동에 대한 참여와 개입이 전반적으로 크게 쇠퇴한 것과 관련이 있다. 통치와 입법의 역할을 담당하는 정당으로서는 정당 활동에 필요한 자원을 국가를 통해 얻고자 했고, 정당에 대한 국가 재정의 지원과 함께 이를 제도화했다. 정당에 대한 국고지원금은 선거 승리나 의석 수 등과 연동되어 있기 때문에 결과적으로 기성 정당에게 제도적인 유리함을 주고 새로운 정당의 등장을 어렵게 할 수 있다. 국가로부터의 지원은 단지 재정적인 것뿐만 아니라 선거 방송 등 매스미디어에 대한 접근도 포함될 수 있다. 기존 정당 들은 국가로부터의 지원을 공유하면서 함께 생존해 갈 수 있게 되었다. 카르텔 (cartel)이 구성된 것이다.

▼ 그림 6-3 카르텔 정당 시대의 국가와 시민사회

캐츠와 메이어(Katz and Mair 1995: 18)는 명사정당, 대중정당, 포괄정당과 카르텔 정당의 차이를 다음 <표 6-2>와 같이 정리하고 있다.

6. 현대적 명사정당

카르텔 정당은 정당이 자원 획득에 국가 기구를 활용한다는 점에 주목하면서 최 근 정당 조직의 변화를 잘 설명하고 있지만, 정당 조직의 변화 과정과 관련하여 잘 못된 인식을 줄 수 있는 문제점도 있다(강원택 2009a).

앞서 본대로, 캐츠와 메이어(Katz and Mair 1995)는 카르텔 정당의 출현을 설명하면 서 정당 조직의 형태가 시대적 상황에 따라 '순차적으로' 변모해 온 것으로 간주하고 있다. 명사정당은 대중정당으로 그리고 포괄정당으로 변모했고, 최근 들어 이는 카 르텔 정당으로 변화해 갔다는 것이다. 이러한 시각은 정당 조직의 변화를 순차적이 고 일방향적인(uni-directional) 형태로 거쳐 발전해 왔다는 결정론적 시각을 담고 있 다. 더욱이 정당 조직 변화 양상을 순차적으로 간주하는 인식 속에는 시기적으로 후 에 나타난 조직 형태가 앞선 형태를 대체한 것으로 보는 경향이 있다. 예컨대, 엘리 트 정당은 대중정당에 의해 대체되었고, 이는 다시 포괄정당에 의해 대체되었다는 식이다.

▼ 표 6-2　명사정당, 대중정당, 포괄정당, 카르텔정당

특징　　　시기	엘리트 정당 19세기	대중 정당 1880-1960	포괄정당 1945-	카르텔 정당 1970-
사회-정치적 포용의 수준	제한된 선거권	참정권 부여, 대중 선거권	대중선거권	대중선거권
정치적 가용 자원의 배분 수준	매우 제한적	비교적 집중형	완화된 집중형	상대적 분산형
정치의 주요 목표	특권의 배분	사회개혁(혹은 그 에 대한 반대)	사회적 개선	직업으로의 정치
정당 경쟁의 기반	생득적 지위	대표할 수 있는 역량	정책 효율성	관리 기술, 효율성
선거 경쟁의 패턴	관리형	동원	경쟁적	제한적
정당활동 및 선거 운동의 속성	관계 없음	노동 집약적	노동 및 자본 집약적	자본 집약적
정당 자원의 주된 원천	개인적 연줄	당원의 당비와 기 부금	다양한 곳으로부 터의 재정 기부	국가 보조금
평당원과 정당 엘리트 간 관계	엘리트가 '평당원'	상향식. 당원들에게 책임 지는 엘리트	하향식, 당원들은 엘리트를 위한 조직 된 치어리더 (cheerleaders)	상호독립적(st- ratarchy),상호 자 율적
당원의 특성	소규모, 엘리트	규모 크고 동질적, 활발히 충원되고 내포적. 정체성의 논리적 귀결로서의 당원 자격, 권리와 의무 의 강조	이질적인 모두에게 개방, 가입 독려; 권리 강조되나 의 무는 아님. 정체성과 무관한 당원	권리, 의무 중요치 않음(당원과 비당 원의 구분도 불명 료), 조직체보다 개인으로의 당원에 대한 강조, 정당성 의 신화에 기여한 다는 의미로서의 당원
정당의 의사소통 채널	개인적인 상호 네트 워크	정당이 자체의 의사 소통 채널을 공급	정당 이외의 의사소 통 채널에 대한 접 근을 위해 정당 간 경쟁	정당은 국가가 규제 하는 의사소통 채널 에 대한 특권적 접 근을 획득
시민사회와 국가 간 정당의 위상	국가와 정치적으로 의미 있는 시민사 회 간의 불분명한 구분	정당은 시민사회 에 소속, 시민사회 에서 새로이 정치 적 의미를 갖게 된 영역의 대표자	정당은 시민사회와 국가 간의 경쟁하 는 중개자	정당은 국가의 일 부가 됨
대표자의 형태	수탁자 trustee	대표자 delegate	모험적 사업가 entrepreneur	국가 대행자 agent of state

그러나 현실적으로는 매우 다양한 정당 조직이 동시대에 공존하고 있다. 예컨대 오늘날에도 여전히 명사 정당의 특성이 강한 정당이 존재한다. 이처럼 각국마다 정당 조직이 변화해 온 양상은 서로 다를 수밖에 없으며, 경우에 따라서는 한 국가의 정당체계 내에 각기 상이한 조직적 특성을 갖는 정당이 동시에 존재할 수도 있는 것이다.

쿨(Koole 1994)은 네덜란드의 정당의 조직적 특성을 분석하면서 이를 '현대적 명사정당(modern cadre party)'이라고 칭했다. 그는 현대적 명사정당의 특성을 다음과 같은 다섯 가지로 정리했다.

첫째, 의회 정당의 전문적 정치 지도자들(professional leadership groups)이 우위를 차지하지만, 당내에서 높은 수준의 정치적 책임성을 갖는다.

둘째, 당원들은 재정의 원천, 공직 후보자 충원의 수단. 당 조직의 유지라는 데 있어 당 조직의 근간을 구성하지만, 지지자에 비해 당원의 비율은 낮다.

셋째, 폭넓은 유권자를 향한 강한 지향성을 갖는다. 그러나 포괄정당이라고 할 수 없으며 대중정당처럼 특정한 계급에 초점을 맞추지도 않는다.

넷째, 수직적인 조직 유대를 가진 대중정당의 구조를 유지하지만, 당 이미지를 위한 목적뿐만 아니라 일정한 수준의 당내 민주주의를 보장하기 위한 것이다.

다섯째, 공적 보조금과 당원의 당비와 기부금 양자 결합된 형태의 재정적 자원에 의존한다.

'현대적(modern)'이라는 수식어가 중요하지만, 쿨은 이런 조직 형태가 본질적으로 명사정당이라고 보았다. 현대적 명사정당은 당원의 수가 적으며 대중 동원의 수단이 기보다 활동적인 당원들만을 위한 도구로 존재한다는 점에서 대중정당으로 볼 수 없다는 것이다. 또한 쿨은 현재적 명사정당과 전통적 명사정당 간 가장 중요한 차이는 현대적 명사정당은 당내 민주주의를 강조한다는 것이다. 이처럼 정당 조직은 시대와 무관하게 다양한 형태가 공존할 수 있다.

한편, 국가와 시민사회를 연계하는 정당의 역할에 대해서도 쿨은 캐츠와 메이어의 주장에 반론을 제기한다. 첫 단계는 대중 참정권의 이전의 단계이다. 시민사회를 정치 참여의 권리를 갖는 이들로 구성된 집단으로 본다면, 이 시기에는 전체 인구의 일부분이 시민사회를 구성하였고 국가와 시민사회는 부분적으로만 중첩되었다.

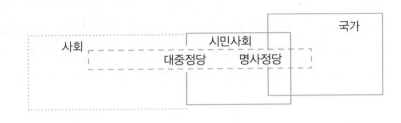

이때 명사정당은 당시 정치적 참여의 권리를 가진 이들(*regime censitaire*)만을 대표하면서 국가와 시민사회를 연계했고, 대중정당은 시민사회 외부에 대중적 기반을 갖춘 대중정당 혹은 사회통합정당으로 존재했다. 그리고 명사정당과 대중정당은 공존했다.

두 번째 단계는 대중 선거권이 확립된 이후의 정당정치이다. 정당은 권력을 차지하기 위해서는 대중적 지지를 필요로 하게 되었다. 선거인의 수가 크게 늘어났고 그에 따라 시민사회도 확대되었다. 정당들은 대중들을 구조화하는 수단이었고 그들을 정치체제에 통합하게 해 주는 역할을 담당했다. 정당은 국가와 사회 간의 연계의 기능(the linkage)을 수행했다. 그러나 정당의 매개 역할은 사회와 국가 간의 간극을 이어주는 것(bridging the gap)이기보다 점증하는 국가와 사회 간의 상호 뒤섞임(interweaving)을 구조화하는 것으로 보았다. 즉 정당은 국가와 사회 간의 교량(a bridge)이기보다 결합자(a binder)였다는 것이다. 대중정당이 대표적인 형태지만, 쿨은 모든 정당, 특히 과거의 명사정당, 코커스정당이 모두 뒤베르제가 말한 것과 달리, 대중정당의 형태로 변모하지 않으면서도, 새로운 상황에 대처하기 위해 보다 확대된 투표자들의 지지를 이끌어 낼 수 있는 방식으로 대응해 갔다고 보았다.

▼ 그림 6-5 대중선거권 도입 이후의 정당

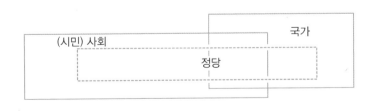

세 번째는 최근의 변화이다. 유권자의 연대감이 약화되면서 지지의 유동성이 커졌을 뿐만 아니라 유권자들을 동원할 수 있는 자원의 통제력 역시 약화되면서 정당 정치의 취약성이 증대했다. 대중매체를 통한 선거 운동 등 정당 경쟁은 강화되었지만 유권자들은 개별화되었고 당원 수도 급감했다. 정치자금의 필요성도 커졌지만 오히려 정당의 자원 동원 통제력은 약화되었다. 정치 참여도 다양화되어 환경, 평화운동, 인권운동 등 단일 이슈 정당도 때때로 큰 지지를 획득하게 되었다. 유럽 국가에서는 네오코포라티즘의 확대로 노조와 같은 이익집단을 중심으로 국가와 사회 간의 직접적인 상호 작용이 증대했고 그만큼 정당의 역할은 줄어들었다.

▼ 그림 6-6 오늘날의 정당

이러한 특성은 캐츠와 메이어가 말한 카르텔 정당이 등장한 상황과 유사하다. 그러나 쿨은 캐츠와 메이어(Katz and Mair 1995: 16)가 말한 '더 이상 정당은 시민사회와 국가 간의 단순한 중재자가 아니며, 정당은 국가에 의해 이제 흡수되었다'라는 관점을 비판한다. 국가에 대한 의존도 증가에도 불구하고 정당이 사회로부터 완전히 분리되었다고 할 수 없다는 것이다. 정당들은 여전히 정치적 정향(political orientation)을 위한 맥락을 제공하고, 유권자의 정치적 요구와 불만의 목소리를 전달하는 채널로 기능하면서 국가와 사회 간의 결합자로서 기능하고 있다는 것이다. 카르텔정당으로의 변화해 가는 경향이 있다는 사실을 인정한다고 해도, 시민사회와 국가를 연계하는 매개적 기관으로서의 정당의 역할이 본질적으로 변화하지 않았다는 점을 쿨은 강조하고 있다.

7. 기업형 정당

1990년대 초반 과거에 보지 못했던 새로운 형태의 정당 조직이 등장했다. 사적인 동기에서 기업을 토대로 정당을 창당한 기업인이 정당 조직을 기업과 비슷한 형태로

운영한 것이다. 홉킨과 파올루치(Hopkin and Paolucci 1999)는 그것을 정당 조직의 기업형 모델(the business firm model of party organization)이라고 불렀다. 이들은 스페인의 UCD(the Unión de Centro Democrático: UCD)와 이탈리아의 전진이탈리아당(Forza Italia)를 이러한 정당 조직의 예로 제시했는데, 이 가운데 전진 이탈리아 당이 보다 기업형 정당의 특성을 잘 보여준다.

전진 이탈리아 당(*Forza Italia*)은 이탈리아의 미디어 재벌인 실비오 베를루스코니(Sivio Berlusconi)가 세운 정당이다(이하 강원택 2015b). 베를루스코니는 핀인베스트(Fininvest)라는 대규모 미디어 그룹을 운영하는 기업인이었다. 전진 이탈리아 당은 1994년 총선에서 극우파 민족동맹(Alleanza Nazionale) 및 북부연맹(Lega Nord) 등과 연립을 구성해서 처음 집권했다. 그 이후 연정의 붕괴로 8개월 만에 실각했다. 그러나 2001년과 2008년 총선에서 벨루스코니가 이끄는 우파 연합이 선거에 승리하여 모두 세 차례 집권에 성공했다.

1994년 총선 전에 창당된 전진 이탈리아 당이 갑작스럽게 유권자의 큰 지지를 얻을 수 있었던 것은 그 당시 이탈리아의 정치 상황과 긴밀한 관련을 갖는다. 2차 세계 대전 이후 이탈리아는 기민당(DC)과 사민당(Partito Socialusta Italiano) 연정이 장기간에 걸쳐 집권을 해 왔고 이탈리아 공산당(PCI: Partito Comunista Italiano)이 상당한 지지를 유지하면서 야당의 역할을 담당해 왔다. 그러나 탈냉전의 도래와 함께 이탈리아 공산당의 지지가 쇠퇴했다. 한편, 기민당과 사민당은 1992년 '깨끗한 손(mani pulite)'라고 불린 검찰의 부패 사건 수사와 함께 정치적으로 몰락했다. 베를루스코니는 이러한 정치적 기회를 활용하여 정치에 뛰어들었다. 사실 당시 베를루스코니의 기업이 많은 부채를 진 위기 상황이었고, 좌파 정부가 들어선다면 민간 방송에서 거의 독점적인 그들의 지위를 약화시키려고 할 수도 있는 일이었다. 적대적인 세력이 자신의 경제 제국을 위험에 빠트리는 것을 막기 위해서 선거에서 승리해야만 하는 개인적 목표를 갖고 있었던 것이다(Hopkin and Paolucci 1999: 321).

베를루스코니는 이념적으로 중도 세력과 우파 세력을 끌어들이고자 했고, 개인적 인기, 조직적 유리함, 그리고 대중매체 전문가들을 최대한 활용했다(Hopkin and Paolucci 1999: 322). 당 조직이나 선거 운동 과정에서 그 기반이 되는 기업을 최대한 활용했다. 핀인베스트 그룹의 최고 경영자가 전국 당 조직의 책임자가 되었다. 당의 중앙기구는 핀인베스트 그룹의 인사들을 중심으로 결성된 개인 기구의 성격을 가지며 구성원들은 핀인베스트 그룹에서 조직과 마케팅을 담당하던 이들이었다. 이처럼 베를루스코니는 정당을 자기 회사의 여러 분야의 책임자들을 모아서 개인적 기구처럼 만들었다.

선거 운동도 기존 정당이 행한 것과 달리, 마치 기업에서 제품를 팔기 위해 소비자들에게 광고하는 것처럼, 정책 공약이나 프로그램이라는 '상품을 팔기 위해(sell a product)' 표준화된 마케팅과 홍보 전략을 사용하였다(Hopkin and Paolucci 1999: 311). 정책 공약도 정당이 기반하고 있는 특정 집단이나 계층의 정체성과 관련된 정치적 약속이나 방향의 제시라기보다는, 매우 구체적이고 현실적인 문제해결책을 제시했다. 그런 점에서 전진 이탈리아 당이 선거에서 내세운 것은 '정치적 공약이라기보다 실질적 문제에 대한 해결책을 담은 쇼핑 리스트(a neutral shopping list of solutions to practical problems, rather than a political manifesto)'(Hopkin and Paolucci 1999: 326)였다. 전진 이탈리아 당은 당의 색깔을 이탈리아 축구 대표팀의 유니폼 색깔인 푸른색(gli azzurri)을 사용했다. 미디어 재벌인 만큼 전진 이탈리아 당은 선거운동에서 TV 광고와 베를루스코니 개인 방송사의 뉴스 프로그램을 최대한 활용했다.

전진 이탈리아 당의 운영은 기업체를 운영하듯이 베를루스코니 개인을 중심으로 이뤄졌다. 당 조직 내에서 하의상달이나 당원·지지자의 참여보다는 베를루스코니가 개인적으로 당을 통제하는 구조였다. 선거 때 활동했던 지역 수준의 하위 조직 역시 선거 이후에는 주변화되었고 당원의 참여나 활동도 소홀해졌다. 전진 이탈리아 당의 집행위원회는 '대통령 평의회(the Council of the Presidency. *Comitato di Presidenza*)'라고 불릴 정도였고, 집행위원은 핀인베스트 사의 법률가나 경영진 등 베를루스코니의 측근들로 임명되었다(Hopkin and Paolucci 1999: 323). 그런 점에서 전진 이탈리아 당은 베를루스코니라고 하는 정치 지도자 개인을 중심으로 한 대단히 높은 수준의 중앙집권화된 조직이었다. 당 조직 역시 기존 정당들과는 달리 대규모 당원 관리에 관심을 기울이지 않았고, 그런 만큼 당을 관리하고 유지해야 할 당내 관료조직도 불필요한 경량 조직(Hopkin and Paolucci 1999: 324)이었다. 전진 이탈리아 당은 본질적으로 베를루스코니의 집권을 위해 봉사하는 '선거 머신(an electoral machine)'(Hopkin and Paolucci 1999: 321)에 불과했다. 전진 이탈리아 당은 사회적 목적을 갖는 자발적 조직이기보다 또다른 형태의 '기업(business firm)'이 되었고, 정당이 생산하는 정책 공약과 같은 공공재는 당 지도자의 진짜 목표에 비해 부수적인 것이었다(Hopkin and Paolucci 1999: 311).

전진 이탈리아 당의 당 조직 모델과 매우 유사한 특성을 보인 것이 통일국민당이다. 통일국민당은 1992년 국회의원 선거와 대통령 선거를 앞두고 현대그룹 정주영 회장이 창당한 정당이다. 현대그룹의 각 계열사가 당 조직과 선거운동의 기반이 되었고, 대중매체, 연예인 등 유명인사, 기업 홍보나 상품 광고와 같은 정치 광고 등에 의존하는 선거운동을 전개했다. 통일국민당은 1990년 3당 합당에 불만을 가진 유전자들로부터 많은 지지를 받았지만, 1992년 대통령 선거에서 정주영이 패배한 이후 얼마 지나지 않아 해체되었다. 전진이탈리아 당처럼 통일국민당도 전형적인 기업형 정당이었다.

이러한 새로운 정당 모델이 일시적으로 정치적 성공을 거두었다고 해도 보편적 형태가 되거나 혹은 장기간 존속될 수 있는 것으로 보기는 어렵다. 한국이나 이탈리아의 경우 모두 정당 정치의 변혁이 일어났거나 정치적 전환기라는 특수한 정치 환경 속에서 이러한 기업형 정당 조직이 등장했다. 그리고 정당 조직의 목적이 기업 소유주 1인의 집권이라고 하는 매우 제한된 목표를 위한 선거 머신의 특성을 지니고 있으며, 지지자의 특성 역시 정체성에 기반한 견고한 것이라고 보기 어렵다. 기업형 정당이 시장에서 상품을 파는 것처럼 선거 운동을 하고 정당을 운영했다면, 유권자들 역시 상품을 고르듯이 투표한 것이기 때문에 그 정당에 대한 지지의 강도나 충성심은 결코 강할 수 없기 때문이다. 결국 기업형 정당 조직은 단기간에 기업적 효율성에 의해 대중의 주목을 받고 일시적 지지를 이끌어 낼 수 있지만, 특정한 정치적 가치나 이념에 근거하여 대중 속에 조직적으로 뿌리내릴 수 없다는 점에서 분명한 정치적 한계를 갖는다.

8. 득표 추구 정당, 정책 추구 정당, 공직 추구 정당

월리네츠(Wolinetz 2002)는 특정 형태의 정당 조직에 대한 정의를 내리는 방식보다 정당의 행태, 선호, 그리고 구조와 관련하여 세 가지 정당 유형을 제시했다. 정책 추구 정당(policy-seeking party)은 정책 목표의 추구를 가장 중시하는 정당이며, 득표 추구 정당(vote-seeking party)은 득표를 최대화하고 선거 승리를 추구하는 정당이다. 그리고 공직 추구 정당(office-seeking party)은 공직으로부터의 혜택(benefits), 예컨대 당 지도부가 정부에 참여한다든지, 공적 후원에 대한 접근을 얻는다든지 등에 가장 관심 갖는 정당이다. 물론 어떤 정당도 이들 세 가지 중 하나를 배타적으로 추구한다고 볼 수는 없다. 이러한 세 가지 구분은 정당이 관계하는 사회적, 경제적, 지리적, 제도적 환경이나 정당의 다른 요인들과 관련된 경향성의 차이를 보여주는 것이라고 할 수 있다.

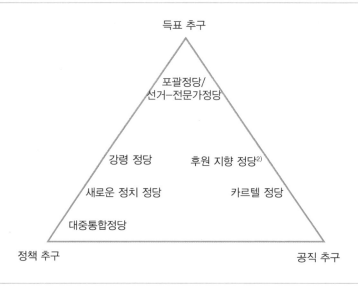

정책 추구 정당은 그들의 정책에 우선순위를 부여한다. 정책 추구 정당은 잘 정의된 이념적 정책적 목표를 갖는 과거의 대중통합정당부터 녹색이나 환경 이슈 등 '새로운 정치'를 다루는 최근의 단일이슈 정당이나 저항 정당까지 포괄할 수 있다. 많은 수는 아니지만, 그 목표에 관심을 갖는 활동적인 당원을 갖는다. 득표 추구 정당은 선거에서의 승리가 가장 강조된다. 정책이나 이념적 위치는 강하게 고정되어 있지 않다. 다운즈가 말하는 승리를 추구하는 정당 모델이다. 사회의 폭넓은 영역에서 지지를 얻고자 하며, 포괄정당이나 선거 – 전문가 정당이 여기에 포함될 수 있다. 공직 추구 정당은 정부 공직을 확보하는 것이 가장 중요한 목표이다. 정책 목표나 득표 극대화를 희생하더라도 단독으로 혹은 보다 현실적으로는 다른 정당과의 연정으로 권력 획득을 목표로 한다.

월리네츠의 이러한 분류는 일종의 경향성으로 이해하는 것이 적절해 보인다. 실제로 월리네츠는 정당 조직이 역사적으로 본질적인 변화를 겪어왔기보다 시기별로 주된 경향이 다르게 나타났다는 점을 지적하고 있다. 예를 들면, 1980년대 초 영국 노동당에서 이념성 강한 좌파가 당을 이끌었던 때에는 정책 추구 정당의 속성이 강했지만, 1990년대 토니 블레어가 당수가 되고 '새로운 노동당(New Labour)'를 주창했을 때는 득표 추구 정당의 속성이 보다 강해졌다는 것이다. 무엇보다 월리네츠의 구분은 캐츠와 메이어가 제시한 것처럼 정당 조직이 역사적으로 단선적인 형태로 변화해 온 것 같은 시선에서 벗어나게 한다는 점에서 장점을 갖는다. 그의 모델은 역사적으로 변화되어 온 정당 조직의 변화를 그 특성을 중심으로 하나의 틀 속에 모두 살펴보게 한다.

과두제의 철칙(iron law of oligarchy)

미헬즈(Robert Michels)는 1911년 발간된 『정당론: 근대 민주주의의 과두제적 경향에 대한 사회학적 연구』에서 대규모 조직과 민주주의가 양립하기 어렵다는 점을 주장했다. 미헬즈는 독일 사회주의 운동에 적극적으로 참여하여 활동했는데, 당시 세계에서 가장 큰 사회주의 정당이던 독일사민당에 대한 연구를 통해 조직이 비대화될수록 소수의 지배가 강해지는 과두제(oligarchy)가 나타난다고 주장했다. 유럽에서 성인 참정권이나 자유로운 의사표현, 그리고 정치, 경제 운영에 대한 참여는 사회주의자들이 투쟁했던 것이며, 보수주의 정당들은 민주주의에 대해 부정적이었다. 이처럼 외형적으로는 민주주의를 위한 투쟁을 이끈 것이 사회주의 정당들이지만, 역설적으로 그 내부 조직은 오히려 과두제적인 형태의 비민주적 특성을 갖는다고 비판했다. 미헬즈의 논리는 정당, 노조를 비롯한 모든 거대한 조직은 관료제적 구조를 발전시키는 경향을 갖는데, 그러한 관료제의 강화는 상층부에 있는 이들에게로 권력이 집중되는 반면 평당원들의 영향력은 줄어들게 된다는 것이다. 당 지도자들은 당원들과 비교할 수 없을 만큼 많은 자원을 갖고 있으며, 그들의 생각과 이해관계를 관철시킬 수 있는 많은 정보와 지식, 의사소통 수단에 대한 통제권, 조직상의 이점을 갖는다. 그러나 일반 당원 중 조직 활동에 참여하고 그 활동에 관심을 갖는 이들의 수는 많지 않다(Lipset 1962: 15-17). 이런 이유로 인해 조직 내에 권력은 상층의 소수에 집중되는 데 미헬즈는 이를 '과두제의 철칙(the Iron law of Oligarchy)'이라고 불렀다. 조직이 거대해질수록 과두제로 이어질 가능성이 크다고 미헬즈는 보았다.

> 선출된 이들이 그들을 선출한 이들에 대해, 위임을 받은 이들이 위임을 부여한 이들에 대해, 그리고 대리자들이 대리를 맡긴 이들에 대해 지배(domination)를 낳는 것이 바로 조직이다. 조직에 대해 말한다는 것은 곧 과두제에 대해 말하는 것이다(Who says organization says oligarchy)(Michels 1962: 365).

9. 한국에서의 정당 조직

(1) 한국민주당과 명사정당

초기 한국 정치에서 정당은 대체로 명사정당으로 이해되었다. 예컨대, 제1공화국의 정당 정치를 주도한 자유당과 민주당은 각각 '보수적 사당(私黨)과 명사정당'(김수진 2008a: 108)으로 불렸다. 자유당은 이승만의 개인적 권위에 의해 창당되고 운영된 사당이었고, 민주당은 명사정당이라는 것이다. 사실 한국 정당사에서 대중정당 형태는 찾아보기 어렵다.

해방 직후의 한국 상황에서 산업혁명으로 인해 생겨난 대규모 노동자들을 생각하기는 어렵다. 본질적으로 해방 후의 한국 사회는 농업 중심의 전통사회였다.[3] 더욱이 서구에서는 참정권 확대와 같은 정치 운동이 노동자 조직이나 동원의 기회를 제공했지만, 우리나라에서는 1948년 제헌헌법에서 보통선거권이 규정되었다. 해방 후의 정치 상황에서 좌우익 대립과 미소 냉전으로 인한 이념 폭의 제한, 그에 따른 반공주의의 강화 등도 노동자 정당의 출현을 어렵게 했다. 이처럼 해방 직후 한국 사회는 서구에서 대중정당이 등장한 상황과 다른 환경에 놓여 있었다.

한편, 해방 공간에서 정당 창당의 주체들이 대부분 정치 엘리트였기 때문에 그 당시 거의 모든 정당들은 일반적으로 명사정당으로 간주되고 있다. 하지만, 제2장에서 본대로, 한민당은 창당 당시 외형상으로는 지방까지를 포함한 짜임새 있는 조직을 갖추고 있었다(심지연 1982: 55-56). 발기인 집회에 1,600여 명이 참석했고, 중앙집행위원회 위원으로 300명을 선출했다. (정확한 수치인지 확인할 수는 없지만) 한민당은 당원 수를 50,000명으로 미군정에 등록했다. 대중 동원이나 선전을 가능하게 하는 11개 부서의 당 조직을 갖추고 있었고, 동아일보 지사를 통한 지방 조직도 갖추고 있었고, 대중 교육과 선전을 위한 간행물도 제작했던 것이다.

그런 점에서 한민당을 단순한 명사정당으로 규정하는 것은 문제가 있어 보인다. 정당 조직의 특성을 당원의 수와 당원의 정당에 대한 개입의 정도라는 두 기준으로 살펴보면, 한민당은 당원의 수는 작다고 할 수 없지만, 당의 주요 결정에 대한 이들의 영향력은 크지 않았다.

그런 점에서 한국의 전통적 보수 정당은 쿨(Koole 1996)이 말하는 현대적 명사정당이거나 그것이 아니라면 별도의 조직 형태로 구분해 볼 필요가 있다. 한민당은 본질적으로는 명사정당이지만, 뒤베르제가 말한 대로, 일정한 정도 '좌파로부터 전염'

된 조직 형태를 갖추고 있었던 것으로 보인다.

(2) 민주공화당과 대중정당 조직

한국 정당 정치에서 당 조직과 관련하여 큰 변화를 겪게 된 것은 5.16 쿠데타와 뒤이은 군정 이후의 일이다(이하 강원택 2015a). 김종필이 주도하여 1962년 12월 31일 정당법을 제정, 공포했다. 쿠데타 이후 금지되었던 정치 활동은 1963년 1월 1일부터 재개가 허용되는 상황이었다. 당시 공포된 정당법에는 다음과 같은 정당 조직의 요건을 법령으로 규정했다.

제3조(구성) ①정당은 수도에 소재하는 중앙당과 국회의원 지역 선거구를 단위로 하는 지구당으로 구성한다.
② 서울특별시, 부산시, 도, 시, 군에 한하여 당 지부를 둘 수 있다.
제25조(법정지구당수) 정당은 국회의원선거법에 의한 지역선거구총수의 3분의 1 이상에 해당하는 지구당을 가져야 한다.
제26조(지구당의 분산) 전조의 규정에 의한 지구당은 서울특별시, 부산시와 도 중 5 이상에 분산되어야 한다.
제27조(지구당의 법정당원 수) 지구당은 50인 이상의 당원을 가져야 한다.

이와 함께 김종필은 민주공화당의 조직을 사무국 중심의 '대중정당'의 형태로 만들고자 했다. 김종필은 정당이 후보자 중심의 사조직으로 운영되면 인간관계에 치중하여 부패와 무능을 초래한다고 보았다. 따라서 그가 구상한 정당은 후보자나 국회의원으로부터 독립된 공공조직을 확립함으로써 당 조직 중심의 강력한 단일지도체계를 갖도록 하는 것이었다(이신일 1983: 140-141). 그에 따라 소위 '김종필 플랜'이라고 불리는 이원적 특성을 갖는 당 조직을 염두에 두었다. 과거 자유당에서 각 핵심 당부의 조직은 지구당과 도당이 위원장으로 있는 국회의원의 개인 조직 경향이 강했으며, 행정기구가 미약했던 지구당과 도당은 핵심당부에 대해 큰 지원을 하지 못했고, 중앙당부의 영도권은 인간관계에 의존해 왔다고 김종필은 비판했다(이신일 1983: 140). 이 때문에 김종필은 일사분란한 단일체계를 원했고, 당 사무국이 통제하는 이원적 특성을 갖는 당 조직을 염두에 두었던 것이다.

이와 같은 구상하에 당 조직을 대의조직, 정책 입안 조직, 사무국 조직으로 3분했다. 대의조직으로서는 중앙당에 중앙위원회, 도당에 도당위원회, 지구당에 지구당위원회를 설치하여 각 위원회는 정치당원으로 구성되도록 했다. 이와 별도로 각 당부마다 관료체제로 짜여진 중앙당사무국, 도당 사무국, 지구당 사무국을 설치하였고 각 사무국은 사무당원으로 구성하도록 했다. 이들 사무국 당료들의 발언과 권한을 강화하여 정치당원, 즉 지구당 위원장을 견제, 감독함으로써 당이 국회의원을 완전히 장악할 수 있도록 했다. 정치당원과 사무당원은 공화당이라는 큰 조직 속에서 별개의 조직을 형성하였다. 이때 사무당료가 당의 주체가 되고 정치당원은 당에 종속되어 국회의원이라도 당 사무국의 지시에 따르도록 한 것이 공화당의 이원조직이었다(이신일 1983: 141).

즉, 당 운영의 실질적인 권한은 정치당원인 지구당 위원장이나 국회의원보다, 사무당원, 다시 말해 당 사무국에 놓여 있도록 했다. 당의 실질적 권력의 집결체는 당무회의였다. 당무회의의 의장은 당의장이고, 그 구성원은 중앙당 사무국의 사무총장, 사무차장, 기획, 조직, 선전, 조사 등으로 이어지는 사무국 각 부장으로 이루어지도록 했다. 또한 과거의 정당제도에서는 도당위원장이 도당, 지구당 위원장이 지구당을 관장했으나 이원조직하에서는 정치당원(입후보자 및 국회의원)과 사무당원에 의한 기간조직은 엄연히 분리되고 당무집행과 당 자금관리를 사무조직에 일원화하도록 했다. 과거 정당의 파벌과 보스 체제를 타파하고 개인이 당 조직에 복종하게 하겠다는 것이었다. 사무국이 항상 활동함으로써 선거 때만 활동하는 정당이 아니라 상시적으로 활동을 하여 선거 시에는 사무국 조직에 의한 선거가 이루어지고 권력구조면에서는 국회 및 행정부에 대한 당 우위의 정치 형태였다(이신일 1983: 142).

민주공화당은 오늘날 우리 정당 조직의 형태에 적지 않은 영향을 미쳤다. 민주공화당은 애당초 '대중정당'의 수립을 목표로 하였고 이에 따라 중앙과 지방에 강력한 당사무국을 설치하고 당 훈련원을 통한 계속적인 당원 교육 등의 조직 원리를 마련하였다(김용호 2001: 130-131).

그러나 이는 국회의원을 비롯한 당내 경쟁자들의 반발을 초래할 수밖에 없는 것이었다. 당 사무국을 장악하게 되면 국회의원의 공천이나 정치자금까지 관장하게 될 것이기 때문에, 특히 김종필의 권력 장악에 대한 우려가 컸다. 따라서 공화당 창당 과정에서 상당한 갈등과 진통을 겪었다. 예컨대 '혁명 동지'였던 김동하, 김재춘 등이 창당 과정에서부터 강하게 반발했고, 당 우위의 당 조직의 형태를 두고 레닌주의 정당이거나 공산당 조직이라는 비판도 제기되었다(김용호 2020: 88). 이로 인해 원래 김종필이 구상한 형태로부터는 크게 후퇴한 형태로 당 조직이 만들어졌다. 그러나 당의 구조에 있어서는 대체로 대중정당적 형태가 유지되었다.

이러한 공화당의 당 조직은 야당인 신민당에게도 영향을 미쳤고 그 이후 한국 정당의 조직은 중앙당을 중심으로 지구당과의 위계적 연계를 갖는 형태로 유지되었다.

(3) 지구당 폐지와 원내정당화

1962년 정당법 제정 이후 정당의 법정 기본 조직으로 존재해 왔던 지구당이 2004년 폐지되었다. 지구당 폐지에 대한 논의가 본격화된 것은 2002년 대선 때 모금된 정치자금 대한 수사를 통해 거액의 불법 정치자금 모금이 밝혀지면서부터이다. 소위 '차떼기'로 상징되는 불법 정치자금 모금에 대한 여론의 비판 속에서 정치권은 정치개혁의 차원에서 지구당의 폐지를 추진했다. 이런 과정을 통해 2004년 3월 13일 정당법 개정으로 법정 지구당이 전격 폐지되었다. 이로 인해 정당이 법적 제약에 의해 지역 조직을 갖출 수 없게 되었다.

지구당에 대한 비판의 핵심은 지구당이 '고비용 저효율 정치'의 주범이라는 것이었다. 즉 지구당은 정당의 기초조직으로서 제대로 기능하지 못하면서, 불법 정치자금의 유통경로이자 온갖 정치적 부정부패의 온상이라는 것이다(전진영 2009: 174).

지구당이 폐지되면서 공식적인 하부 조직 단위는 시, 도당이 되었다. 지구당을 폐지한 일 년 뒤인 2005년 정당법을 부분적으로 개정하면서 임의적인 최하위 조직으로 당원협의회를 둘 수 있도록 했다. 정당법 제37조 3항에는 "정당은 국회의원 지역구 및 자치구·시·군, 읍·면·동별로 당원협의회를 둘 수 있다. 다만 누구든지 시·도당의 하부조직의 운영을 위하여 당원협의회 등의 사무소를 둘 수 없다"고 규정하고 있다. 당원협의회가 지구당의 기능을 사실상 대체한 것이다. 그러나 법정 기구가 아니므로 과거 지구당과는 달리 중앙당을 중심으로 한 위계적, 수직적 구조에 편성될 수 없으며, 상설 사무실의 설치도 금지되었고 유급으로 활동하는 인력도 둘 수 없게 되었다.

전진영(2009: 189-191)은 지구당의 조직과 운영은 헌법에서 보장하고 있는 정당조직 구성의 자율성을 침해한다는 점에 주목하면서 크게 세 가지로 지구당 폐지의 문제점을 지적하고 있다. 첫째, 지구당 폐지로 풀뿌리 민주주의라는 관점에서 정당이 유권자와 소통할 수 있는 공식적인 통로가 차단되었고 그로 인해 대의민주주의 실현에 근간이 되는 정당 정치가 후퇴하였다는 것이다. 즉 지구당이 폐지되면서 유권자들의 정치적 참여 기회는 더욱 제한 받게 되었고 정당은 유권자로부터 멀어졌다는 것이다. 두 번째, 당원협의회가 국회의원 지역구 단위로 설치 운영되고 있기 때문에 현역 국회의원이 있는 정당과 그렇지 못한 정당 간에 당원협의회 활동에서의 형평성 문제가 제기되고 있다. 의원 사무실을 지역구에 상설적으로 운영할 수 있는 현역 의원에 비해 경쟁자는 조직적 불리함을 감수해야 한다는 것이다. 세 번째는 당원협의회는 법정 조직이 아니기 때문에 그 활동내역이나 회계내역이 중앙선거관리위원회의 감독 대상이라는 문제점도 있다. 따라서 지구당의 폐지는 오히려 음성적이고 탈법적인 정당 활동을 양산할 수 있는 위험이 있다는 것이다.

이렇게 되기까지는 우리나라 정당 정치를 미국식 정당 구조로 변화시켜야 한다는 소위 '원내 정당론'의 주장이 상당한 논리적 근거를 제공했다. 당원들만의 폐쇄적인 정당 구조가 아니라 유권자 중심의 개방적인 정당으로 변모해야 하고 또한 상근 직원을 두는 상설적인 형태로 지구당을 유지하기보다 평상시에는 사실상 기능하지 않다가 선거 때가 되면 지지자와 당원의 자발적인 참여의 중심이 되도록 하는 것이 바람직하다는 것이다(정진민 2003: 30-32). 또한 정당의 주 활동 무대를 의회 밖에서 의회 안으로 옮김으로써 의회가 실질적 정치의 중심장이 되게 하고 정당의 정책 역량과 자율성을 높여야 한다는 것이다(정진민 2018: 158).

이에 대해 지구당을 기반으로 하는 대중정당 구조의 중요성을 강조하는 반론도 제기되었다. 최장집, 박찬표, 박상훈(2007: 148)은, 유럽의 이념형 대중정당과 한국에서 말할 수 있는 대중정당 간에는 커다란 차이가 있다는 점을 인정하더라도, 한국의 정당체계는 노동자를 비롯하여 경제적으로 소외된 사회집단들을 대표하면서 그들이 제도 안으로 들어오도록 허용한 적이 없기 때문에 이들의 참여를 보장하면서 이를 조직할 수 있는, 사회경제적 균열에 뿌리내린 대중정당이 중요하다고 주장했다. 이러한 견해 차이는 한국 정당 조직에 관한 유익하고 의미 있는 논쟁거리를 제공했다.

그런데 이런 논의 속에는 대중정당 모델에 대한 과도한 의미 부여의 경향을 엿볼 수 있다. 이는 우리나라뿐만 아니라 외국에서도 마찬가지로 확인된다. 이런 인식의 기반에는 대중정당 모델이 민주주의의 발전과 궤를 같이 해 왔다는 역사적 사실과도 관련이 있다. 대중정당이 서구에서 선거권 확대, 특히 노동자의 정치 참여라는 민주주의의 진전에 조응하는 보다 개방적인 조직 형태였다는 것이다. 이와 달리 한국에서는 오랫동안 정당 정치가 조직상으로 엘리트 정당, 이념적으로 보수 정당 중심의 폐쇄적인 정당체계로 유지되어 왔기 때문에, 이러한 한계에서 벗어나기 위해서는 대중정당의 건설이 규범적으로 바람직하다는 시각이 생겨나게 되었다.

그러나 대중정당은, 엡스타인이 지적한 대로, 20세기 초 유럽에서 일어난 계급의식 강화, 사회주의 토대 위의 노동조합 운동의 활성화, 대중선거권의 급격한 확대, 그리고 방송기술의 발전 이전 시대라는 역사적 우연과 긴밀하게 연결되어 있다. 그런 점에서 대중정당은 유럽의 특정 시기에 마련된 정치 환경에 대응했던 하나의 정당 조직 형태라고 할 수 있다. 키르크하이머가 대중통합정당이 아니라 포괄정당으로 정당 조직이 변모되었다고 지적한 글이 발표된 것이 1966년이었다. 케네디와 닉슨의 TV 토론이 벌어진 것이 1960년의 일이었고, 엡스타인이 '우파로부터의 전염'을 말한 책이 발표된 것이 1967년이었다. 이미 1950년대를 지나면서 주요 정당들은 대중정당 모델로부터 포괄정당이거나 선거-전문가 정당, 혹은 현대적 간부정당 등으로 변화하고 있었다. 따라서 대중정당을 당 조직의 '전형적 형태'로 간주하는 것은 적절치 않으며, 근대산업 사회에서 대중선거권의 확대와 맞물려 정당의 필요에 의해 만들어진 특수한 조직 형태로 간주해야 한다. 한편으로는 대중정당이 그 황금기에도 그 일반 당원의 참여와 개입과 관련하여 실제로는 대중정당 조직의 역할에 대해 과대평가된 것으로 보기도 한다(Scarrow 2000).

오히려 한국에서 지구당 폐지와 관련된 보다 심각한 문제는 정당에 대한 조직 형태를 정당 스스로 결정하는 것이 아니라 법률로 일괄적으로 강요하고 있다는 점이다. 시장에서 기업이 스스로의 조직을 변화해 가듯이, 서구 민주주의 국가에서는 정치적 환경의 변화에 따라 정당 역시 그에 대응하여 조직적 형태를 변화시켜 왔다. 포괄정당, 선거-전문가 정당, 카르텔 정당 모두 정치 상황 변화에 따른 정당의 대응의 결과물이다. 그러나 이러한 환경 변화에 대해 모든 정당이 한 방향으로 대응하지는 않는다. 쿨의 지적대로 어떤 정당은 오히려 명사정당의 특성을 유지할 수 있고, 또 다른 정당은 여전히 대중정당 조직을 고수하고자 할 수 있다.

그런 점에서 정당 조직을 특정 방향으로 제한하여 법으로 강제하는 것은 정당 정치의 자율성과 경쟁성을 훼손하고 정당 발전을 위한 정치적 상상력을 억제한다는 점에서 매우 심각한 문제이다. 기업이 보다 많은 소비자의 선택을 받기 위해 조직적 변화를 꾀하는 것처럼 정당도 유권자 지지와 그를 위한 정치적 자원의 획득을 위해 새로운 환경에 상응하는 변화를 스스로 가져올 수 있도록 각 정당의 유연한 대응을 허용해야 한다. 자율과 유연성이 보장되어야만 보다 나은 방향으로의 정당 개혁이 이뤄질 수 있고, 다양한 정당 조직이 등장할 수 있다.

따라서 지구당의 설립이나 폐지를 군이 법으로 엄격하게 규정하는 것 자체가 문제로 보인다. 다시 말해 법으로 지구당의 설립 요건이나 형식을 경직된 형태로 규정해서는 안 된다는 것이다. '정당 내부 조직을 어떻게 구성할 것인가의 문제는 본질적으로 정당이 스스로 결정해야 할 문제이며, 국가 기관이 아닌 정당의 당내 조직을 법으로 일률적으로 규정하는' 것은 무리이다(이현출 2005: 109). 정당마다 반드시 동일한 형태로 지구당이 운영되어야 할 필요는 없다. 이런 유연성과 다양성이 허용될 때 경쟁적으로 지역 유권자의 지지를 이끌어 내기 위한 보다 효율적인 하위 조직을 구축하려는 각 정당의 노력을 가능하게 할 것이다. 다음의 글은 이런 점에서 새겨볼 만한 경구이다.

> 우리가 상인들로 하여금 소비자들을 기쁘게 만들도록 강요하는 법을 필요로 하지 않는 것처럼, 정당들을 유권자의 소망에 민감하도록 만드는 법도 필요하지 않다. 유권자의 주권(the sovereignty of the voter)은 유권자의 선택의 자유 위에 존재한다. …민주주의는 정당 내부가 아니라 정당들 간의 관계에서 발견된다(Schattschneider 1942: 60).

(4) 카르텔 정당

한국 정당을 보면 카르텔 정당으로 부를 만한 충분한 외형적 유사성을 갖는다. 국고보조금에 대한 정당의 의존도가 매우 크기 때문이다. 그런데 이 개념을 한국에 도입할 때 문제가 되는 것은 우리나라 정당은 캐츠와 메이어가 제시한 대로 대중정당으로부터 변화되어 온 것이 아니라는 사실이다(이하 강원택 2009a: 126-127 참조). 정당 재정의 기반과 관련해서 볼 때, 우리나라 정당은 '카르텔 정당'의 출현 이전에도 당 재정을 다수 당원에 의한 소액 기부금이나 당비에 의존하지 않았다. 즉 카르텔 정당 이전에도 우리나라 정당의 재정적 기반은 폭넓은 대중정당적 기초에 놓여 있지 않았다. 우리나라에서 정당에 대한 국고보조금의 지급은 1980년 12월 31일의 3차 정치자금법 개정으로 비롯되었다(심지연, 김민전 2006: 548-549). 정당 재정에 대한 국가에의 직접 의존은 이미 1980년부터 나타났던 것이다.

그 이전에도 정당은 정치자금에 대해 사실상 국가에 의존적이었다. 1965년 정치자금법이 처음 제정되었을 때, 정치자금의 제공은 중앙선거관리위원회를 통한 간접적 방식에 의하도록 했고 그 배분 방식 역시 소속 국회의원 수의 비율에 따르도록 했다. "이는 정치자금의 기부가 자기가 좋아하거나 자기의 이익을 대표하는 정당에게 자금을 제공하는 의사표현의 한 행태라거나, 정당은 사회 일부분의 이익과 정책적 선호를 반영하는 집단이라기보다 준국가기관이라는 생각을 가지고 있었음을 보여주는 것이다."(심지연, 김민전 2006: 546) 즉 우리나라 정당들은 이미 1960년대부터

당 재정 마련과 관련해서 국가 기구에 의존적이었다. 당 재정의 국가 의존이라는 관점에서 볼 때 카르텔 정당은 한국 정당의 '조직적 변화, 대응'을 설명하는 개념으로는 적절하지 않다고 할 수 있다.

더욱이 캐츠와 메이어가 정당의 변모 과정을 제시한 것과 달리 우리나라 정당은 원래 시민사회에 속해 있다가 점차 국가 기구와 같은 형태로 변모되어 온 것이라고 보기 어렵다. 오히려 우리나라 정당, 특히 권위주의 시대의 집권당은 국가 조직의 한 부분으로 출발했다고 보는 것이 보다 적절하다. 이승만의 자유당이나 박정희의 민주공화당, 그리고 전두환의 민정당 모두 사실상 국가 기구의 한 부분으로 등장했다. 민주화 이후 그 특성에 다소 변화가 나타났지만, 민정당이 민자당, 신한국당을 거쳐 한나라당으로 이어져온 만큼 오늘날의 정당 가운데서도 적어도 한나라당의 발생론적 기원은 시민사회보다 국가로부터 찾아야 할 것이다. 물론 권위주의 시대에 존재했던 야당의 경우에는 시민사회적 기원을 가졌다고 볼 수도 있겠지만 우리나라 정당의 주요한 한 축은 국가 기구적 속성을 지니고 있었다. 결국 외형상의 유사성에도 불구하고 과연 우리나라의 정당을 캐츠와 메이어가 말하는 카르텔 정당이라고 분류하는 것이 적절한 것인가에 대한 질문을 던지게 한다.

우리나라의 정당 연구는 여전히 명사정당, 대중정당, 포괄정당, 카르텔 정당과 같은 '교과서적인' 정당 분류의 수준에 머물러 있다는 인상을 준다. 역동적으로 변화하는 특성을 추적해 가기보다 이상형(ideal type)을 기준으로 한 논의에 국한되어 있는 것이다. 정당 조직에 대한 다양한 관점, 인식의 변화가 필요해 보인다.

7
CHAPTER

정당의 공직
후보 선출

정/당/론

제7장

정당의 공직
후보 선출

대의 민주주의 체제에서 정당이 권력을 차지하기 위해서는 자유롭고 공정한 선거 경쟁에서 이겨야 한다. 이를 위해서 정당은 유능하고 당선 가능성이 높은 후보를 발굴하고 선거에 내세워야 한다. 샤츠슈나이더(Schattschneider 1942: 64)는 "정당이 후보자를 낼 수 없다면 정당임을 포기한 것이다(If a party cannot make nominations it ceases to be a party)"라고 지적한 바 있다.

많은 유권자의 지지를 받을 수 있는 후보를 선출하여 선거에 내세우는 일은 정당으로서는 매우 중요한 일이다. 정당이 행하는 공직 후보 선출은 대의 민주주의 체제에서 정당의 핵심적 기능 중 하나이며, 정당을 다른 집단과 구분하게 해 주는 중요한 특성이다. 이익집단이나 압력단체 등도 정책 결정이나 때로는 선거 결과에 영향을 미치고 싶어 하지만 이들은 후보를 공천하지는 않는다. 이처럼 정당은 선거에 출마할 후보를 선정하고 그것을 통해 선거 결과에 영향을 미친다는 점에서 다른 집단과 차이를 보인다.

정당이 내세운 후보는 선거에서 당선되면 공직을 담당하게 된다. 유권자의 입장에서 본다면, 정치과정의 이러한 특성은 결국 정당이 선출직 공직자의 충원을 실질적으로 담당하고 있다는 것을 의미한다. 무소속 후보로 선거에 참여하여 당선될 수도 있지만, 현실적으로 그 수는 그리 많지 않으며 정당 정치가 발달한 국가일수록 정당은 선출직 공직자의 충원에 보다 중요한 영향을 미친다. 정치적 책임성이란 측면에서 볼 때도 개별 의원보다는 제도화된 항구적 조직인 정당이 선출직 공직을 담당하는 일이 보다 바람직하다. 사르토리(Sartori 1968: 471)의 말대로, 민주주의 국가에서 "시민들은 정당을 통해서 그리고 정당에 의해서 대표된다. 이것은 불가피하다."

한편, 선출된 정당의 후보자는 그 정당의 특성을 규정한다. 인종적으로 혼합된 사회에서 어떤 정당이 백인 후보들만 내세우면 그것이 선거에서 유권자가 느끼는 그 정당의 상징적 이미지일 것이다. 남성만 후보로 결정했다면 이 역시 그 정당의 특성을 규정할 것이다. 이처럼 정당의 공천은 큰 틀에서 정당의 대외적인 모습을 규정한다. 즉, 특정 정당의 후보는 선거에서 대중에게 호소하는 정당의 얼굴 역할을 한다. 후보들의 사회경제적 배경과 그들의 공약은 정당 정책의 현재와 미래를 그 자체로 표현해 주기 때문이다. 또한 후보 선정은 정치 충원의 중요한 첫 단계이다 정당은 후보를 공천함으로써 선거에서의 유권자 선택을 미리 제한하고 규정한다. 또한 입법부를 포함한 선출직 공직에 진출할 수 있는 정치인들의 풀(pool)을 형성하는 기능을 한다. 그런 점에서 정당에 의해 공천된 후보의 자질은 입법부, 나아가 정부 구성원의 질을 결정하고 정치의 성격과 결과를 규정한다. 그리고 공천된 후보들은 특정 지역이나 특정 집단을 정치체제와 연결시켜 주는 역할을 한다(Katz 2001: 278–280).

그러나 정당 공천에 대한 연구는 정당에 대한 다른 주제에 비해 최근까지 많이 이뤄지지 못했다. 그 이유는 뒤베르제(Duverger 1954: 354)의 표현처럼, "정당은 선거라는 부엌에서 나는 냄새가 밖의 세상으로 퍼져 나가기를 원치 않기 때문에 종종 공천은 비밀스러운 것"이었기 때문이다. 또한 정당의 공천은 '비밀스러운 정원(Secret Garden)'으로 묘사되기도 했다. 공천이라는 정원에 들어갈 수 있는 사람이 매우 제한적이고 외부에서는 그 속에 무엇이 있고 무슨 일이 일어나는지 알기 어렵다는 의미로 사용된 것이다. 이 표현은 정당공천을 다룬 연구서의 제목(Gallagher and Marsh 1988)으로도 사용되었다.

정당의 공직 후보 공천은 공직의 담당으로 이어질 수 있다. 정당에서 공천한 후보자들 가운데 선거에서 승리한 사람이 대통령, 국회의원, 지방정부 단체장, 지방의회 의원 등 공직을 담당하게 된다. 더욱이 우리나라에서처럼 지역주의로 인해 특정 정당의 공천이 사실상 당선을 의미하는 경우라면 정당의 공천이 곧 바로 국가 공직을 담당하는 결과로 이어지게 된다. 정당 공천이 갖는 이러한 중요성을 감안할 때 정당의 공직 후보 선출 절차가 '비밀스러운 정원'에서 소수의 손에 의해 은밀하게 결정되는 것은 심각한 문제점을 낳을 수 있다. 그런 경우라면 국가 공직이 특정한 소수의 수중에 놓이게 되는 결과를 초래하기 때문이다. 따라서 정당의 공직 후보 선출이 민주적이고 개방된 절차에 의해 이뤄지는 것은 선출 공직의 민주적 대표성과 공정성을 위해 대단히 중요한 의미를 갖는다.

그러나 공천은 기본적으로 정당 내부의 일이다(Epstein 1967: 201). 선거라는 경쟁의 공간에 자기 정당을 대표하는 후보를 내세우는 것은 마치 시장에 자기 회사의 상품을 내놓는 것과 같다. 따라서 어떤 상품을 소비자에게 내놓을 것인가 하는 판단이 각 회사의 몫인 것처럼 후보자의 선출 방식 역시 근본적으로는 각 정당이 스스로 결정해야 할 부분이다.

1. 공직 후보 선출 방식

정당의 공직 후보 선출 방식(Candidate selection)에는 여러 가지 요인들이 고려될 수 있다. 첫 번째는 공천이 법적 규정에 따라야 하는지 아니면 정당이 스스로 통제할 수 있는지에 대한 것이다. 공직 후보 선출 절차가 정당 스스로 정한 규칙과 절차에 의해 관리되고 운용되는지 혹은 국가가 그 규칙이나 절차를 결정하는가의 여부이다.

두 번째는 후보자의 자격 요건이다. 정당의 당헌이나 법 규정에 의해 후보자의 자격 요건이 제한될 수 있다.

세 번째, 후보자 선정과정이 중앙에 집중되어 있는지 아니면 분산되어 있는 지의 여부이다. 공직 후보 선출이 정당의 중앙당 수준에서 결정되는지 혹은 하위 지방 단위로 분권화되어 있는지 그에 따라 공천 방식은 크게 달라진다. 분산은 기능적일 수도 있고 영토적인 것일 수도 있다.

네 번째는 공직 후보의 선출권이 선출 단위 내의 영향력 있는 소수 인사에 의해 장악되고 있는지 아니면 일반 당원들에게까지 폭넓게 분산되어 있는지의 정도에 대한 것이다. 공직 후보 선출과정에 대한 참여의 개방성(inclusiveness)의 정도이다.

다섯 번째는 후보자 결정에 사용되는 투표 방식 혹은 지명 방식에 대한 것이다.

여섯 번째는 공천 과정이 얼마나 제도화되었느냐의 여부이다. 엄격하게 제도화된 절차에 따르는 것인지, 형식적인 절차와 무관하게 사실상 지명하는 것이냐 하는 문제이다(Field and Siavelis 2008: 624).

이 밖에도 현직자에 대한 우대 여부, 한 번에 선출하는 공직 후보자의 수 등 다른 요인들도 공천에 영향을 미칠 수 있다. 공직 후보 선출 과정상의 특성을 몇 가지 기준에 따라 나누어 구체적으로 살펴보기로 한다.

(1) 공직 후보 선출의 개방성

정당의 공직 후보 선출의 개방성의 정도는 누가 선출권을 갖느냐 하는 것이다. 공천 과정에 누가 참여하느냐 하는 것은 그 정당의 특성을 규정하는 매우 중요한 요소이다. 샤츠슈나이더(Schattschneider 1942: 64)는 "후보자 결정 절차의 특성이 그 정당의 특성을 결정한다. 후보자를 지명할 수 있는 사람이 그 정당의 주인(the owner)이다. 따라서 공천 절차야말로 당내 권력 분포를 관찰할 수 있게 해 주는 가장 좋은 지점 중 하나이다." 소수의 사람들이 '비밀스러운 정원'에서 공천을 좌지우지하면 이들이 정당의 주인인 셈이고, 그 공천의 절차가 다수 사람들에게까지 개방되면 당내 권력은 민주화되는 셈이다. 즉, 선출과정이 개방적이 될수록 공직 후보 선출 과정에서 정당 엘리트의 영향력은 점차 줄어들고 그만큼 일반 당원들의 영향력이 증대될 것이다. 그렇게 되면 선출과정에서 정당 엘리트들이 예상하지 못한 의외의 결과가 생겨날 수도 있다. 이처럼 공천 주체(selectorate)가 누가 되느냐 하는 것은 매우 중요한 일이다.

공천 주체와 관련하여 가장 일반적으로 다섯 가지 유형으로 구분해 볼 수 있다 (Rahat and Hazan 2019: 62−63).

▼ 그림 7-1 공천 주체의 유형

① 1인 지도자(a single leader): 1인 지도자에 의한 공직 후보 결정은, 당수 1인이 사실상 모든 권한을 행사하는 경우이며, 과거 '3김 시대'에 우리가 경험한 대로 매우 비민주적이고 가장 폐쇄적인 형태이다.
② 당 엘리트: 공천 주체가 매우 배타적이다. 이 공천 주체는 간선제로 선출되거나 보다 규모가 큰 당 기구에서 승인을 받은 소규모의 당 기구와 위원회를 말하며 비공식적 집단인 경우도 있다. 당수 1인이 결정하는 경우에 비해 공직 후보 결정에 참여하는 인원수는 다소 늘어나지만 제한적이다. 당내 각 계파의 대표들, 혹은 당 중진들이나 원로들이 모여 누구를 출마시킬 것인지 결정하는 경우를 예로 들 수 있다.

③ 당 대의원(party delegates): 중간 정도의 개방성을 갖는 경우이다. 당 대의원은 당원들이 선출한 대표들로 구성되는데, 대의원대회, 중앙위원회, 당 집행위원회 등 당 기구의 구성원일 수도 있고 공천이라는 특수한 목적만을 위해 선출된 대의원단일 수도 있다.

④ 당원(party members): 공천 주체가 매우 개방적이다. 여기서 당원은 당비를 내고 정당 활동을 하는 유럽 정당에서의 당원 개념을 말한다. 미국에서처럼 단순한 정당 지지자의 개념보다 엄격한 자격 기준이 적용된다. 당원에 의한 선출은 당원이면 누구나 참여할 수 있는 개방형 전당대회라든지 혹은 우편투표, 인터넷 투표, 혹은 각지에 투표함을 배치하여 당원들 모두가 공직 후보 선출에 참여할 수 있도록 하는 경우이다. 당수나 선출직 당 기구의 경우보다 당원 모두의 참여를 허용하고 있다는 점에서 보다 개방적인 방식이라고 할 수 있다. 그러나 어느 정도로 강한 자격 요건을 부가하느냐에 따라 개방성의 정도에 차이가 생겨날 수 있다. 예컨대 5년간 당비를 납부해야만 자격을 부여하느냐 혹은 6개월 정도 당비를 납부하면 자격을 얻을 수 있느냐에 따라서 당원의 참여 자격에는 커다란 차이가 생길 것이다.

⑤ 유권자: 가장 개방적인 경우로 선거에서 투표권을 갖는 유권자 전체를 포괄한다. 그러나 여기서도 유권자에게 어느 정도의 참가를 허용하느냐에 따라 차이가 생겨날 수 있다. 뒤에서 논의하게 될 프라이머리 방식에서 개방형 프라이머리는 폐쇄형 프라이머리보다 참여의 개방성, 포용성이 크다.

▼ 그림 7-2 혼합형 공천 주체 방식

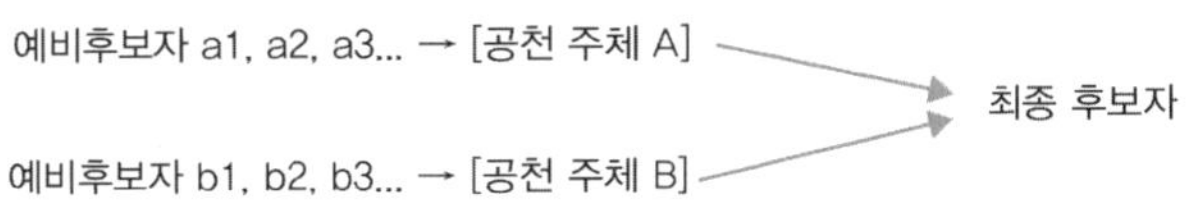

예비후보자 a1, a2, a3... → [공천 주체 A]
예비후보자 b1, b2, b3... → [공천 주체 B]
→ 최종 후보자

지금까지 논의한 방식은 1단계로 종결되는 단순 방식이지만, 이보다 복잡한 단계를 거치는 방식도 있다(Rahat and Hazan 2010: 36-38). <그림 7-2>와 같은 혼합(assorted) 방식은 서로 다른 후보자들이 개방성의 수준이 다른 공천 주체들의 선정 과정을 거쳐 최종 후보자가 선정되는 경우이다. 1960년대부터 1990년대까지 벨기에 정당들에서는 이런 혼합 방식을 사용했다. 어떤 후보들은 당원이 선출하는 반면, 다른 후보들은 지구당이나 중앙당 대의원들에 의해, 그리고 또 다른 후보들은 지방 엘리트에 의해 선정되었다.

다단계(multistage) 방식은 같은 후보자들이 복수의 공천 주체들을 거치도록 한 것이다. 예컨대, 영국의 보수당과 노동당에서는 중앙당 특별위원회가 출마희망자들을 대상으로 사전 심사하여 적격 후보자 명단을 만든다. 그 후 각 지구당에서 소규모 당 기구에서 후보자들을 다시 걸러내어 예비후보자 명부(short list)를 만든다. 이후 이렇게 압축된 후보자들에 대한 최종 결정권을 가진 마지막 단계의 공천 주체들이 최종 후보를 결정하는 방식이다.

예비 후보자 → [공천주체 A] → 압축된 예비후보자 → [공천주체 B] → 최종 후보자

가중(weighted) 방식은 같은 후보자를 선정할 때 복수의 공천 주체들에 가중치를 부여한 후 투표 수를 함께 고려하여 결과를 정하는 방식이다. 예컨대, 영국 노동당은 1992년 총선 후보자 선정 때 당 가맹 노조들 40% 이하, 당원들 60% 이상의 비율로 가중치를 정했고 이 비율대로 표를 산정하여 후보자를 결정했다. 이처럼 후보 선출에의 개방성은 단일한 과정을 거치는 대신 복합적인 방식으로도 이뤄질 수 있다.

한편, 이런 선출 주체의 개방성은 당 대표를 선출하는 방식에 대해서도 적용해 볼 수 있다(LeDuc 2001: 325−327).

의회 내의 코커스(parliamentary caucus)에 의한 방식은 정당 소속의 의원들만이 참여하여 정당 지도자를 선출하는 방식을 말한다. 즉 의원들의 투표로 당수를 선출하는 형태로 과거 영국 노동당과 최근까지 영국 보수당이 이러한 방식으로 당수를 선출해 왔다. 이 방식은 퇴임하는 당수가 후임자를 지명하거나 혹은 소수로 구성된 비선출직 당 기구에 의한 선출 방식보다는 다소 참여의 폭이 확대된 형태이지만 당수 선출이 여전히 정당 엘리트들에게만 제한되어 있다는 문제점을 갖는다.

한편, 당내 선거인단(electoral college)에 의한 선출방식은 정당 내의 당수 선출이 당내의 주요 집단을 대표하는 선거인단에 의해 이뤄지는 경우를 말한다. 예컨대 영국 노동당의 경우처럼 의원 1/3, 노조 1/3, 일반 당원 1/3의 비율로 당수 선거에 참여하는 형태가 여기에 해당된다. 의회 내 코커스에 비해서는 참여의 폭이 크지만, 전체 당원의 수에 비해서는 참여의 폭이 제한되어 있으며, 무엇보다 당원의 수와 무

관하게 각 집단별로 결정의 권한이 배분되어 있어서 비례성이나 1인 1표제의 원칙이 지켜지지 않는다는 문제점을 지니고 있다. 당내 선거인단에 의한 선출은 선출직당 기구에 의한 방식보다는 참여의 범위가 확대된 방식이지만 당원의 참여가 제한적이라는 점에서 당원들이 모두 참여하는 방식에 비해서는 개방성의 정도가 낮은 편이다(강원택 2003b: 244-245).

전당대회(party conventions)는 의원, 지역당 대표자, 당 가맹 단체 대표들(영국 노동당의 경우 노조 대표들)이 당 대표를 선출하는 형태이다. 또한 지방 코커스는 각 지구당의 당원들이 참가하여 지구당 대표자를 선출하고 이들이 당 대표 선거에 참여하는형태이다.

▼ 그림 7-3 당 대표 선출 주체의 유형

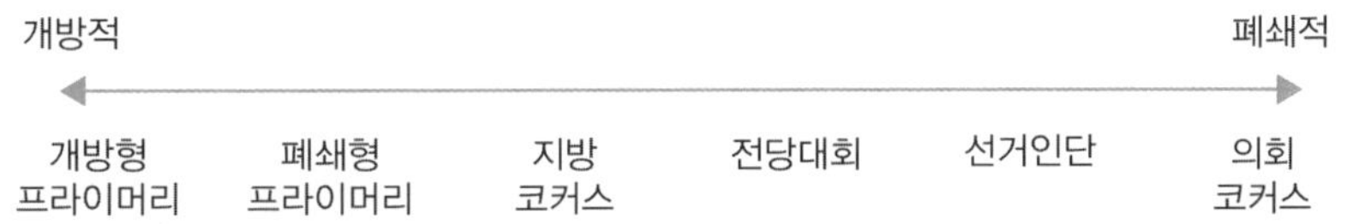

개방적					폐쇄적
←――――――――――――――――――――――――――――――――→					
개방형 프라이머리	폐쇄형 프라이머리	지방 코커스	전당대회	선거인단	의회 코커스

한편, 뒤에서 상술하겠지만, 일반적으로 볼 때 폐쇄형 프라이머리는 정당 등록처럼 제약을 두고 일반 유권자의 참여를 허용하는 방식이고, 개방형 프라이머리는 그런 제약 없이 자유롭게 일반 유권자의 참여가 허용되는 방식이다. <그림 7-3>에서 오른쪽에서 왼쪽으로 갈수록 참여 개방성은 높아진다.

<그림 7-3>에 포함되지 않은 방식도 존재할 수 있다. 1965년 이전 보수당은당수 선출을 위한 공식적인 절차가 존재하지 않았다. 당수 선출은 소위 '매직 서클(magic circle)'이라고 부른 비공식인 선출방식에 의존했다. 후임 보수당 당수 선출은전임 당수의 의견이 가장 중요하게 고려됐고 당의 상·하원 지도자 등 당 중진들이당내 여론 등을 참조해 임명해 왔다. 다시 말해 전임 수상이 물러나면서 당내 여러의견을 청취해 후임자를 정하면 보수당이 이를 인준하는 형식이었다. 이런 방식은 2차 세계대전 이후에도 계속돼 왔는데, 예컨대 1957년 이든(Eden) 수상이 사임한 이후 맥밀란(Macmillan)이 후임 수상 겸 보수당 당수가 된 것도 이 방식에 의한 것이었다(강원택 2003b: 253). 이러한 '매직 서클'은 <그림 7-3>에서 맨 오른쪽에 위치할것이다.

(2) 프라이머리(Primary)

미국의 프라이머리는 공직 후보 선출 과정의 개방성과 관련하여 살펴보아야 할 제도이다. 1960년대까지 프라이머리는 폭넓게 사용되고 있지는 않았다(강원택 2003b: 250−251). 1960년 케네디가 민주당 대통령 후보로 당선되었을 때만 해도 민주당의 경우, 50개 주 가운데 불과 16개 주에서만 프라이머리 제도를 사용하고 있었다. 1912년 공화당에서는 전 대통령 루스벨트(Theodore Roosevelt)가 12개 주의 프라이머리에서 당시 현직 태프트(Howard Taft)를 이겼지만, 후보 지명에서는 공화당 전당대회에 영향력이 큰 정당 지도자들이 태프트를 지지함으로써 태프트가 당의 후보로 선출되었다. 따라서 1968년까지 프라이머리가 대통령 후보 선출에 중요한 역할을 했다고 보기는 어렵다.

프라이머리의 중요성이 부각된 것은 1968년 민주당 대통령 후보지면 전당대회 이후의 일이다. 베트남 반전 운동 분위기 속에서 일반 유권자 및 당원들에게 인기가 낮았던 당시 부통령이었던 허버트 험프리(Hubert Humphrey)가, 단 한 곳의 프라이머리에도 참여하지 않았지만, 당 지도부의 지지에 의존하여 후보 지명을 받는 일이 발생했다. 이로 인해 발생한 당시 전당대회의 혼란상은 TV를 통해 전국에 알려졌고 험프리는 11월의 본 선거에서도 패배하였다. 이에 따라 당 개혁을 위한 움직임이 본격화되었는데 맥거번과 프레이저가 개혁위원회를 조직하여 당 개혁안을 마련하였다. 맥거번−프레이저 위원회(McGovern−Fraser Commission)는 정당 보스에 의해 대의원이 결정되고 이들의 뜻대로 대통령 후보가 결정되는 기존 제도를 폐지하고 일반 당원의 뜻이 선출 과정에 반영되도록 하는 방안을 마련하였는데 이는 프라이머리의 확대 실시로 귀결되었다.

이 개혁안에 따라 1972년 이후 민주당의 후보 선출에서 프라이머리의 중요성이 높아졌고 1992년 빌 클린턴이 민주당 후보가 되었을 때에는 35개 주에서 프라이머리를 사용할 정도로 크게 확산되었다. 공화당 역시 프라이머리를 받아들이면서 이제 프라이머리는 미국에서 가장 일반적인 후보 선출의 방식이 되었다. 그러나 프라이머리가 구체적으로 활용되는 방식은 각 주마다 상당한 차이를 보인다.[1]

■ 폐쇄형 프라이머리(Closed Primary)

폐쇄형 프라이머리는 유권자가 프라이머리에 참가하기 위해서는 먼저 정당에 등록을 해야 한다. 자신이 등록한 하나의 정당에 대해서만 투표가 허용되며, 다른 정당에 중복적으로 투표하는 것("cross−over" voting)은 허용되지 않는다. 따라서 비정파적 입장이거나 등록하지 않은 유권자들은 정당의 후보자 선출과정에 참여할 수 없다. 이런 방식은 당 조직의 강화에 도움을 준다. 미국에서 폐쇄형 프라이머리를 사용하는 주는 델라웨어, 메릴랜드, 뉴욕, 플로리다, 네바다, 오레건, 켄터키, 뉴멕시코, 펜실베니아 등이다.

■ 부분적 폐쇄형 프라이머리(Partially Closed Primary)

부분적 폐쇄형 프라이머리는 당 소속이 아니거나 당에 등록하지 않은 유권자들도 당 후보 선출과정에 참여하도록 허용할 것인지를 각 정당이 매 선거 전에 결정할 수 있도록 주 법이 규정한 경우이다. 이 방식에서는, 상대 정당 당원은 배제되지만, 자기 당에 소속되지 않은 유권자들도 공천 과정에 참여하도록 정당이 허용할 수 있다. 선거가 있을 때마다 각 정당이 참여할 유권자의 범위를 결정하도록 한다는 점에서 유연성이 있지만, 동시에 이 방식은 프라이머리에 참여할 유권자가 상시적으로 정해져 있는 것이 아니기 때문에 그로 인한 참여의 불확실성도 존재한다. 이 방식을 사용하는 주는 오클라호마, 코네티컷, 사우스 다코다, 아이다호, 유타, 노스캐롤라이나 등이다.

■ 부분적 개방형 프라이머리(Partially Open Primary)

이 방식은 유권자들이 프라이머리에 참가할 때 특정한 한 정당의 경계를 넘어서 투표하는 것을 허용한다. 그러나 유권자들은 그들이 어느 정당을 선택할 것인지 공개적으로 선언해야 하거나 혹은 그들이 특정 정당의 투표지를 선택하면 그것을 그 정당에 대한 등록으로 간주된다.

아이오와 주의 경우, 유권자들은 선거를 앞두고 유권자 등록을 할 때 양식에 정당 선택을 표기하도록 하고 있지만, 프라이머리 선거일에 투표를 위해 공개적으로 정당을 변경하는 것을 허용하고 있다. 이 방식의 특성상, 일부 주에서 정당들은 그들에 대한 지지를 확인하는 수단으로 누가 자기 정당의 프라이머리에 투표했는지 추적하기도 한다. 이런 방식을 사용하는 주는 일리노이, 오하이오, 인디아나, 테네시, 아이오와, 와이오밍 등이다.

■ 무당파 유권자에 제한된 개방형 프라이머리(Open Primary to Unaffiliated Voters)

일부 주에서는 특정 정당에 소속되지 않은 유권자들에 한해서, 그들이 원하는 특정 정당의 프라이머리에 참여할 수 있도록 허용하고 있다. 그러나 특정 정당에 이미 등록한 유권자들은 그 정당이 아닌 다른 정당의 프라이머리에 가서 투표할 수는 없다. 즉, 민주당원이라면 공화당 프라이머리에 가서 투표할 수 없고 반대의 경우도 마찬가지이다. 뉴햄프셔에서는 특정 정당에 소속되지 않은 유권자들이 그 정당의 프라이머리에서 투표하기 위해서는 투표장에서 그 정당에 대한 가입을 밝히도록 하고 있다. 콜로라도에서는 어느 정당에도 가입하지 않은 유권자들은, 배달 받은 두 정당의 투표용지 가운데 한 정당의 우편투표 용지를 반환하도록 하거나 선거 때 어느 정당에 투표할 것인지 밝히도록 하고 있다. 이러한 조치가 그 유권자가 어느 정당에도 소속되지 않았다는 기존 입장에 변화를 주는 것은 아니지만, 이러한 선택은 일반에 공개된다. 이런 방식을 택하는 주는 애리조나, 메인, 뉴저지, 콜로라도, 매사추세츠, 로드아일랜드, 캔자스, 뉴햄프셔, 웨스트버지니아 등이다.

■ 개방형 프라이머리(Open Primaries)

일반적으로 유권자 등록 때 특정 정당에 대한 선택을 요구하지 않는 정당들은 대체로 개방형 프라이머리를 택하고 있는 주들이다. 오픈 프라이머리 방식에서 유권자들은 어느 정당이든 개인적으로 정당을 선택하여 투표할 수 있다. 즉, 유권자들은 정당 등록을 할 필요 없이 자신이 투표하고 싶은 정당의 투표지를 선택하면 되고 그것은 전적으로 개인적 결정이다. 프라이머리 선거에서는 정당 경계를 넘어갈 수 있다. 내가 민주당을 지지해 왔다고 해도 공화당 프라이머리에 가서 투표할 수 있고 그 반대의 경우도 마찬가지이다. 이 방식이 개별 정당의 후보 선택의 역량을 약화시킨다는 비판이 있는 반면, 유권자들에게 정당 경계를 넘어설 수 있게 함으로써 최대한의 유연성을 제공하고 그들의 프라이버시도 지키게 한다는 평가도 있다. 이 방식을 사용하는 주는 앨라배마, 미시간, 몬태나, 버몬트, 아칸소, 미네소타, 노스다코다, 버지니아, 조지아, 미시시피, 사우스캐롤라이나, 위스콘신, 하와이, 미주리, 텍사스 등이다.

■ 상위 2인 프라이머리(Top-Two Primaries)

캘리포니아와 워싱턴 주는 '상위 2인' 프라이머리 방식을 사용한다. 이 방식은 투표지에 당 소속과 무관하게 모든 후보자들을 한 투표지에 기재한다. 캘리포니아에서는 각 후보는 자신의 정당 소속을 기재해야 하지만, 워싱턴 주에서는 정당의 '선호(preference)'를 기재하도록 하고 있다. 정당 소속과 무관하게 가장 많은 표를 얻은 상위 2인이 총선에 후보자로 진출하게 된다. 이 제도는 온건한 후보가 총선으로 진출할 가능성이 높다는 점을 장점으로 지적하지만, 때로는 같은 정당 소속의 2명의 후보가 총선에서 맞붙게 될 수 있고 또 소수당 후보는 2명 중 한 명에 들어갈 가능성이 매우 낮아서 소수당에 불리한 제도라는 점이 비판받기도 한다.

■ 기타 프라이머리 방식

루이지애나에서는 주 선거나 연방 선거에서 모두 선거일에 정당과 무관하게 모든 후보자들이 같은 투표지에 기재되어 경쟁한다. 그 중 50% 이상을 얻은 후보가 있으면 당선이 확정된다. 어떤 후보도 50% 이상을 얻지 못하면 상위 2명이 6주 뒤 결선투표를 실시한다. 즉, 별도의 프라이머리 선거가 없이 모든 후보들을 대상으로 총선을 치르고 필요한 경우 결선투표(a runoff)가 이뤄진다.

네브라스카에서는 주 의원들은 비정파적 기반(nonpartisan basis)에서 선출된다. 즉 의원들은 소속 정당이 없다. 네브라스카 주 의회 선거에서 후보자들은 정당 지명 없이 출마하며, 득표 수 상위 2명이 총선에 진출해서 최종 경쟁을 하게 된다. 캘리포니아나 워싱턴과 유사한 상위 2인 프라이머리이지만 정당 지명이 없다는 점이 다른 점이다.

알래스카에서는 주 및 의회 선거에서 상위 4인의 개방형 프라이머리를 실시한다.

각 방식마다 다소 차이가 있지만 프라이머리 제도의 도입으로 공천 과정에서 정당의 개입은 분명한 한계를 갖게 되었다. 특히 오픈 프라이머리는 당의 공직 후보 선출에 특정한 자격 요건을 부여하지 않고 일반 유권자 모두에게 참여를 허용한다는 점에서 가장 개방성이 높은 방식이라고 할 수 있다.

그러나 공적 기관이 아니라 정치적 결사체인 정당에서 이뤄지는 후보 결정 과정에 정당에 대한 기여나 소속감 없어도 참여할 수 있다는 문제점도 있다. 장기간 당에 충성을 바쳐온 당원의 특권과 일시적으로 등록한 충성심이 없는 일반 유권자, 혹은 신규 당원, 임시 당원의 권리가 동등해진다는 것을 의미한다(Rahat and Hazan 2019: 168). 이러한 개방성 강화는 정당의 규율(discipline)과 응집력(cohesion) 약화로 이어질 수밖에 없다. 또한 프라이머리제의 도입으로 정당의 역할이 축소되고 선거운동이 후보자 중심으로 이뤄지면서 상대적으로 유권자들에게 널리 알려져 있고 자금 모금에서 유리한 현직의원들의 당선이 용이해졌다. 더욱이 프라이머리는 포퓰리스트나 검증 안 된 정치적 외부자(outsider)의 출현 가능성을 높였다.

대선 후보로 지명을 받기 위해 당 체제를 거쳐야 할 필요가 없어졌다. 역사상 처음으로 정당의 문지기를 건너뛰고 그 힘을 무력화할 수 있게 되었다. …대선 후보 지명을 오로지 투표자의 손에 맡겨둠으로써 구속력 있는 프라이머리는 정당의 문지기 역할을 약화했고, 동료에 대한 평가 절차를 생략함으로써 아웃사이더에 문을 열어 놓았다. …프라이머리가 정당에 충성하지 않아도 되는, 그리고 "대중의 분노를 자극하거나 공허한 공약을 해도 잃게 없는 극단주의자와 대중선동가의 등장을 초래할 수 있다."(Levitsky and Ziblatt 2018: 65-66)

이처럼 프라이머리 도입을 통한 정당 공천 과정에 참여의 확대는 '비밀스러운 정원'을 대중에게도 개방한 셈이지만 그와 함께 정당의 약화, 현직의 유리함 강화, 아웃사이더의 등장 가능성 등 예기치 못한 문제점도 낳고 있다.

(3) 여론조사

공직 후보 선출의 개방성과 관련해서 한국에서는 최근 들어 여론조사의 방식까지 도입되고 있다(강원택 2009b). 2002년 대통령 선거를 앞두고 새천년민주당에 실시한 '국민참여경선'이 성공하면서 개방적 형태의 공천 과정에 대한 긍정적 효과를 정당들이 인식하게 되었다. 공천이 여론조사 방식으로까지 나아간 것은 개방적 공천 과정에서 발생할 수 있는 각 후보의 인위적 동원의 문제를 해결하고, 또 한편으로는 여론조사를 통해 국민들 사이에 높은 인기를 누리는 보다 경쟁력 있는 후보를 선택하겠다는 전략 때문이었다.

그러나 여론조사가 단순한 참고사항이 아니라, 후보 선정의 '결정방식'으로 사용되는 것은 문제가 있다. 우선 정치 참여는 자발성을 전제로 하며, 자신의 선택과 행동에 대한 책임을 수반할 때에 진정한 의미를 갖는다. 이러한 점을 고려할 때 여론조사는 의사 표현에 대한 결과를 의식하지 않은 응답자의 단순한 의견 표명에 불과한 경우가 많다.

또한 여론조사 방식의 사용은 정당정치의 약화를 초래할 수밖에 없다. 정당의 후보 공천과정에서 당원들의 권한이 일반 유권자들과 차이가 없다면 당 활동에 대한 의욕이 떨어질 수밖에 없다. 또한 당내 당원들이나 대의원들의 의견이 여론조사 결과에 의해 뒤집힐 경우 당원들의 소외감은 더욱 커질 것이고 이는 정당의 약화로 이어질 수 있다.

또한 여론조사는 기본적으로 그 후보의 역량이나 가치에 대한 사전 검증보다 응답자가 갖고 있는 대상 인물의 이미지의 영향을 많이 받는다. 이 때문에 후보자들은 정책 대안이나 비전의 제시보다 대중적으로 친근한 이미지를 만들기 위해 애쓰게 되고, 포퓰리스트나 인기영합적인 후보가 여론조사에서 높은 지지를 받고 부상할 가능성도 있다. 더욱이 여론조사는 기술적으로도 여론의 흐름을 '정확하게' 측정한다고 보기 어렵다. 표집 오차(sampling errors)가 존재할 뿐만 질문 문항이나 조사 과정에서 발생하는 비표집 오차(non-sampling errors)도 발생하기 마련이다. 이 때문에 여론조사 결과가 전체 유권자의 성향을 정확하게 반영한다고 보기 어렵다. 그런 점에서 여론조사가, 참고 자료의 수준을 넘어, 후보 결정 방식으로 활용되는 것은 적절하지 않다.

2. 공직 후보의 자격

공직 후보 선출과 관련하여 고려해 볼 수 있는 두 번째 특성은 출마자의 자격에 대한 것이다. 당원이 아니더라도 누구나 당의 공직 후보로 출마할 수 있다면 가장 개방적인 방식이 될 것이다. 미국 대다수 주에서는 모든 유권자가 당의 후보가 될 수 있는데, 그것이 가능한 이유는 이것이 각 정당의 당규가 아니라 주 법에 의해 규정되어 있기 때문이다. 이런 주에서는 공직을 원하는 출마 희망자라면 누구나 정당의 후보자가 될 수 있으며 정당은 이를 무조건 받아들여야 한다.

이에 비해 당원 자격이 있는 사람만이 당 공천 경쟁 참여에 참여할 수 있도록 한다면 폐쇄성이 높아진다. 이러한 당원 조건에 추가적인 제약 조건을 부가하게 된다면 공직 후보의 자격 기준은 더욱 폐쇄적이 될 것이다. 아래에는 벨기에 사회당의 후보 자격 요건을 예시하였는데 이를 보면 이러한 부가적 조건을 충족하는 일이 그리 쉽지 않다는 사실을 알 수 있다(Hazan and Rahat 2019: 38).

① 프라이머리 이전 최소한 5년간 당원이어야 한다.
② 사회주의자 조합(Socialist co-op)으로부터 매년 최소한의 구매를 하여야 한다.
③ 당보(黨報)를 정기적으로 구독하여야 한다.
④ 자녀들을 가톨릭 학교가 아닌 공립학교에 보내야 한다.
⑤ 부인과 자녀들은 각자 해당되는 적절한 여성 조직, 청년 조직에 가입하여야 한다.

이처럼 추가 자격요건을 통해 당 활동에 적극적으로 참여해 온 인사들로 후보군을 압축할 수 있고 후보자가 당선된 이후에도 당이 원하는 방식으로 행동할 것을 기대할 수 있다. 특히 추가 자격 요건이 까다로운 정당은 당의 응집력이 높고 의정 활동에서도 일사분란한 모습을 기대할 수 있다. 또한 당 지도부로서는 장기간 당에 충성한 활동가들에게 보상을 제공하는 방식으로 배타적인 후보 자격 요건을 활용할 수 있다. 이는 당 활동과 봉사를 위한 인센티브로 작용할 수 있다(Hazan and Rahat 2019: 39-40).

국가 수준에서도 후보자의 자격 요건을 정한다. 연령, 시민권, 주소지, 기탁금, 겸직 금지 등이다. 또한 일반적인 공직자에게 해당되는 심신상실, 형의 선거를 받고 그 형이 실효되지 아니한 자, 파산한 자, 일부 개발도상국에서는 교육 수준 미달 및 문맹인 자는 후보자가 될 수 없도록 규정하고 있다(Hazan and Rahat 2019: 42). 우리나라 헌법에는 대통령 후보 자격으로 '대통령으로 선거될 수 있는 자는 국회의원의 피선거권이 있고 선거일 현재 40세에 달하여야 한다.'(67조)고 규정하고 있다. 공직선거법에서는 헌법에 명시된 요건 외에 "선거일 현재 5년 이상 국내에 거주하고 있는 40세 이상의 국민은 대통령의 피선거권이 있다.", 그리고 "18세 이상의 국민은 국회의원의 피선거권이 있다."고 규정하고 있다.

이 밖에 각 정당에서도 자격요건을 규정하고 있지만 일반적으로 우리나라 정당에서 당원 자격이 있거나 당에 대한 기여를 후보자의 자격 요건으로 요구하고 있지는 않다. 예를 들면, 더불어민주당의 후보심사 기준은 "각급 공직선거 후보자에 대한 심사는 정체성, 기여도, 의정 활동 능력, 도덕성, 당선 가능성 등을 기준으로 한다."고 되어 있고, "각급 공직선거 후보자에 대한 심사에 있어서 반인륜적 범죄행위 사실이 있는 자와 중대한 해당 행위 전력이 있는 자 등 공직선거 후보자로 추천되기에 명백히 부적합한 사유가 있는 자는 배제한다."라고 규정하고 있다.[2] 그러나 우리나라의 정당들은 선거 때마다 당 외부에서 후보자를 영입하는 경우가 많기 때문에 후보 자격 기준은 그다지 까다롭다고 보기 어렵다.

3. 공직 후보 선출의 분권화

정당의 공직 선출이 얼마나 분권화되었는지를 파악하기 위한 기준은 중앙-지방 가운데 어디에서 실질적인 공직 후보 선출의 권한을 갖고 있는지에 따라 나누어 볼 수 있다. 중앙당이 공직 후보 선출의 실질적인 권한을 가질 수 있고, 혹은 그 권한이 지역(우리의 경우라면 시도 지부)에 부여된 경우도 있고, 가장 분권화되었다면 하위 단위 조직인 지구당이 후보 선출의 권한을 갖게 된 것이다.

대체로 연방국가의 경우에는 분권화의 정도가 높다. 미국이나 독일의 경우가 이에 해당하는데, 미국의 경우에는 각 주의 법률에 의해 정당의 후보 선출방식을 정하고 있어 주마다 다른 절차에 의해 후보를 선출한다. 한편 중앙당이 후보자를 일단 선별하는 권한만을 갖고 지구당에서 실질적으로 후보자를 선출하거나, 혹은 지구당에서 선출한 후보자에 대해서 중앙당이 거부권을 행사할 수 있는 권한이 주어져 있다면 분권화의 정도로 볼 때 중간 정도에 해당한다고 볼 수 있을 것이다. 분권화의 정도는 또한 기능적으로도 당에 소속되었거나 관련된 하위 집단의 참여가 얼마나 보장되느냐에 따라 나누어 볼 수도 있다. 그러나 보다 일반적인 분권화의 기준은 중앙과 지역 간의 위계적 구분에 의한 것이다.

지역적인 기준만을 두고 분권화의 정도를 구분하면 다음과 같은 일곱 가지 경우를 생각해 볼 수 있다(RHazan and Rahat 2019: 104).

① 시도당/지구당 당 기구가 예비적인 성격을 갖는 추천을 하고 중앙당 당 기구가 공천하는 경우
② 시도당/지구당 당 기구가 무게감을 갖는 추천을 하고 중앙당 당 기구가 공천하는 경우
③ 중앙당의 감독하에 시도당이 공천하는 경우
④ 중앙당의 감독 없이 시도당이 공천하는 경우
⑤ 중앙당의 감독하에 지구당이 공천하는 경우
⑥ 시도당의 감독하에 지구당이 공천하는 경우
⑦ 별도의 감독 없이 지구당이 공천하는 경우

분권화가 전혀 되어 있지 않다면 중앙당이 모든 결정을 독점하는 것이다. 그러나 분권화를 고려한다면 중앙당 이외에도 시도당, 지구당의 참여가 고려될 수 있다

한편, 공천 결정에 대한 지리적 단위와 참여의 정도, 즉 '중앙집중적-분산적' 차원과 '개방적-배타적' 차원이라는 두 가지 기준으로 공천 방식을 분류해 보면 <그림 7-4>에서처럼 다양한 형태를 고려해 볼 수 있다. 여기서 제시된 다섯 가지 방식 이외에도 공천 주체와 결정 단위의 조합에 따라 더 다양한 방식을 생각해 볼 수 있다.

▼ 그림 7-4 개방성의 정도와 중앙집중화 여부에 따른 공천 방식

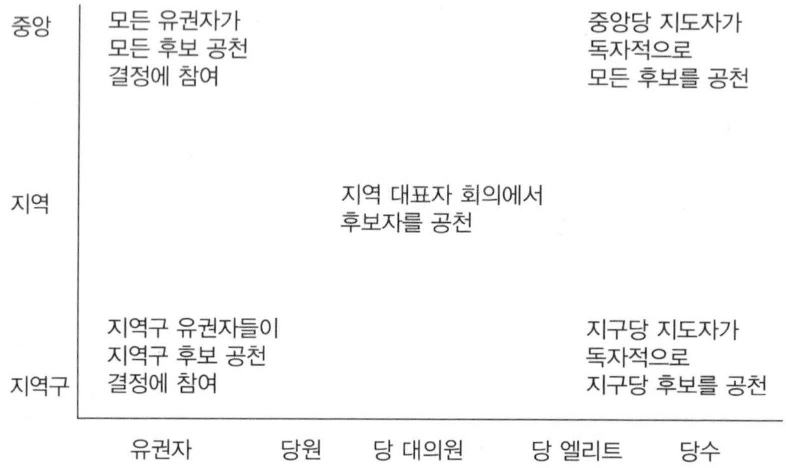

중앙	모든 유권자가 모든 후보 공천 결정에 참여			중앙당 지도자가 독자적으로 모든 후보를 공천	
지역		지역 대표자 회의에서 후보자를 공천			
지역구	지역구 유권자들이 지역구 후보 공천 결정에 참여			지구당 지도자가 독자적으로 지구당 후보를 공천	
	유권자	당원	당 대의원	당 엘리트	당수

자료: Hazan and Rahat(2010: 60).

　지리적 분권화와 별개로 일종의 기능적 분권화로 생각해 볼 수 있는 것이 우리나라 정당들이 선거 무렵 구성하는 '공천심사위원회' 혹은 '공천관리위원회'이다. 각 당의 공천심사위원회의 구성은 소수의 당 관계자를 제외하면 대다수는 '당과 무관한' 외부 인사로 구성된다. 이처럼 당의 중요한 활동인 후보자 선정 권한을 '아웃소싱(outsourcing)'(Hellmann 2014)한 것은 당내 인사들이 간여할 경우 생겨날 수 있는 평가 과정의 공정성을 둘러싼 논란을 피하고 공천을 둘러싼 당내 파벌 간 갈등을 피하기 위한 목적 때문이다. 그러나 후보자 공천이라는 중요한 결정을 당과 무관한 인사들이 내리도록 하는 것은 적절해 보이지 않는다. 또한 현실적으로 공천심사위원회는 소수 지도부의 추천으로 구성된다. 이는 결국 당 지도부의 의사가 공천 과정에서 반영될 수밖에 없는 구조라는 점에서도 한계가 있다(이정진 2019: 41).

4. 공천의 개방화, 분권화의 이유

　많은 국가에서 공직 후보 선출이나 당 지도자 선출 방식이 과거의 폐쇄적인 형태로부터 보다 개방적인 방식으로 변화하고 있는데, 이와 같은 공직 후보 선출에 대한 참여의 확대는 이제는 전반적인 추세라고 말할 수 있다. 서구 민주주의에서 정당의

공직 후보 선출에 일반 당원 및 심지어 비당원까지 참여하는 개방화의 경향이 증대된 데에는 다음의 몇 가지 이유를 생각해 볼 수 있다(Ware 1996: 266-269).

첫째, 당원을 확보해야 할 필요성 때문이다. 특히 의회에 정당의 기원을 둔 엘리트 중심의 정당들은 선거 승리를 위해 선거 운동에 필요한 당 인력을 확보하고 유지하기 위해 다수 당원들에 의존하는 대중정당적 특성을 취할 수밖에 없었으며, 이를 위해 일반 당원들에게 공직 후보 선출의 권한을 부여함으로써 참여의 동기를 높이고자 했다.

공직 후보 선출의 과정을 보다 민주화되게 만든 두 번째 요인은 과거에 비해 사회적 위계 구조가 쇠퇴하였기 때문이다. 사회경제적인 발전과 교육 수준의 향상으로 사회적인 위계 구조가 전반적으로 쇠퇴하였고, 이에 따라 과거와 비교할 때 오늘날의 당원들은 그들에게 일방적으로 내려지는 당의 결정에 그다지 순응적이지 않게 되었다. 다시 말해 당원들은 과거에 비해 자발적인 참여와 지지의 강도가 약화되었으며 당 기율보다 당의 정강 정책이 보다 중요하게 고려되는 경향이 생겨났다. 더욱이 정당이 사회적 친교나 여가 활동을 위한 공간으로서의 매력을 잃어 가게 되면서, 일반 당원들에게 후보 선출에 대한 보다 큰 통제권을 이양하는 것은 당원들의 참여와 지지를 회복하고 당내 갈등을 줄이는 한 방법이었다.

세 번째는 선거에서 승리를 위해 사회적으로 과소 대표된 집단 혹은 새로운 집단을 정치적으로 자기 당의 지지층으로 동원하려는 의도를 가졌기 때문이었다. 정당 간 '포괄(catch-all)'적 선거 전략의 경향이 존재하는 만큼 정당들은 이러한 집단의 지지를 끌어 낼 수 있는 정책과 후보를 통해 이들의 호감을 얻고자 애쓴다. 북유럽의 많은 정당들은 자기 당에 여성 후보자의 수를 늘리고 당 지도부의 자리에 보다 많은 수의 여성을 앉힘으로써 여성 유권자들을 자기편으로 끌어들이려고 애썼다. 정당이 유권자들의 마음을 끌게 하는 한 가지 방법은 당의 정책 결정에 특정 이해관계를 공유하는 사람들을 포함시키는 것이며 그것을 위한 한 방법은 후보 선출에 그들을 참여시키는 것이다.

네 번째는 선출의 적법성과 정당성을 높이기 위한 필요 때문이다. TV와 같은 대중 매체가 선거 운동에서 결정적인 역할을 하는 시대에 후보들은 그 선출 과정이 공정하고 적법한 절차에 의해 등장한 것으로 보여야 할 필요가 있었다. '밀실' 속에서의 결정을 통해 등장한 후보들은 아무리 훌륭한 자격을 갖춘 후보라고 하더라도 정통성을 결여할 수 있다. 앞서 언급한 대로, 미국에서 1968년 민주당의 허버트 험프리(Herbert Humphrey) 후보의 선출은 일반 당원의 뜻과는 무관하게 당 지도부의 의사가 관철된 결과였는데, 이로 인해 후보 선출 과정에 보다 확대된 참여의 요구를 촉발시켰고 그 결과로 미국에서 프라이머리 제도가 본격적으로 도입되었다.

따라서 보다 많은 사람들이 정당의 공직 후보 선출에 참여하는 개방화가 하나의 추세로 자리 잡게 된 것은 지지 기반의 확대를 원하고 사회경제적 변화에 적응하려는 정당의 노력 때문이라고 볼 수 있다.

이처럼 보다 참여의 폭이 넓어지는 것을 정당 내부의 민주화로 볼 수 있다. 그러나 공직 후보 선출과정에서 정당의 통제력이 약화되면서 후보자 개인의 자율성이 증대되었고 그만큼 당의 기율 약화, 이념적 단합성의 약화, 후보들의 자금에 대한 의존도 증가, 정당의 내부 혼란, 당의 통치능력의 약화, 대표성의 문제, 일시적 당원의 등장 등 여러 가지 문제점도 함께 생겨나고 있다(Raht and Hazan. 2001: 312-317). 또한 이미지 정치, 대중영합적 정치를 강화시키는 문제도 나타나고 있다.

5. 한국 정당의 공직 후보 선출

우리나라에서 정당을 통한 공직 후보 선출은 1954년 3대 민의원 선거를 앞두고 자유당이 처음으로 도입하였다(강원택 2003b: 259-265). 1, 2대 국회의원 선거 때와는 달리 자유당이 정당 공천제를 도입한 것은 이승만의 3선 개헌을 추진하기 위해 개헌에 찬성하는 인사들을 당선시키고, 또 이승만에게 충성하지 않는 현역 의원의 재선을 막기 위한 의도 때문이었다. 정당을 통한 공직 후보 선출 방식의 도입은 이처럼 순수하지 못한 동기에서 처음 비롯되었다. 당시 도입된 제도는 형식적으로는 상향식이었지만 실제로는 최고 통치자가 결정하는 하향식 제도였다(김용호 2003: 8-12).

1963년 총선에서 모든 후보자들이 정당의 추천을 받아 출마하였다. 정당법에서 정당 공천 없이는 출마하지 못하도록 규정했다. 1972년 이후에는 무소속 출마가 가능하도록 법이 바뀌었지만 정당의 추천을 받아 출마하는 것이 일반화되었으며, 당 지도부의 공천 권한은 여전히 지속되었다. 이처럼 당 지도부가 좌우하는 공천 방식은 민주화 이후에도 지속되었는데, 선거에서의 공정 경쟁이 강조되었지만 공천 과정에서는 민주적인 방식이 정착되지 않았다(이정진 2019: 38). 이러한 하향식 공천 방식은 박정희뿐만 아니라 전두환의 군부 권위주의 시대를 거치면서 더욱 강화되었고 민주화 이후에는 지역주의로 인해 특정 지역을 장악한 정치 지도자가 지역의 배타적 지지에 기초한 정당을 이끌면서 본질적인 변화 없이 계속되었다.

그러나 진정한 의미의 경쟁과 당내 선거를 통한 정당의 공직 후보 선출이 과거에 전혀 없었던 것은 아니었다. 과거 박정희 집권 시절 야당이었던 신민당은 정치적으로 어려운 상황에서도 대통령 후보 선출과 당 총재 선출을 위한 민주적 경선을 실시해 왔다. 1970년 9월 20일 신민당 대통령 후보 지명 전당대회에서 김대중 후보의 당선이나 1979년 김영삼의 총재직 당선은 모두 이와 같은 당내 경선을 통한 결과였다. 당시 신민당에서는 이처럼 당 내부의 실질적 경쟁이 이뤄졌으나 참여의 폭은 지구당 대의원 수준으로 제한되어 있었다.

민주화 이후의 첫 의미 있는 당내 경쟁은 1997년 대통령 후보 선출을 위한 신한국당의 경선이라고 볼 수 있다. 당시 신한국당의 대의원의 구성은 1992년 전당대회 대의원의 약 2배에 이르는 12,430명으로 확대하고 지구당 대의원의 숫자를 과거 7명에서 35명으로 늘리는 등 과거에 비해 참여를 확대하고 당 엘리트의 영향력을 약화시키려는 시도를 했다(이현출 2003: 38). 그러나 이러한 시도에도 불구하고 우리나라 정당의 지구당 대의원들의 대다수가 사실상 지구당 위원장의 영향력하에 놓이는 측근들로 구성되어 있다는 점을 고려할 때 이는 개방성의 확대라는 점에서 분명히 한계가 있었다.

한국 정당의 당내 민주화, 혹은 공직후보 선출의 개방화와 관련하여 볼 때 '획기적인' 변화의 계기를 마련한 것은 2002년 실시된 새천년민주당의 국민참여경선제이다. 새천년민주당의 국민참여경선제는 총 7만 명의 선거인단을 구성하였는데 20퍼센트는 당의 대의원 가운데 배정하였고 30퍼센트는 일반 당원으로 그리고 나머지 50퍼센트는 일반 국민 가운데 공모를 통해서 참여하도록 하였다. 새천년민주당의 국민참여경선이 과거에 시도된 우리나라 정당의 공직 후보 선출과정과 달랐던 점은 우선 선출과정에 참여하는 선출인단의 수가 과거에 비해 매우 큰 규모였다는 사실이다. 또 한 가지는 그동안 사실상 현역 의원이나 당 지도부, 지구당 위원장 등 당내 엘리트의 영향력 하에 놓여 있었던 당원이나 대의원의 범위를 넘어서 일반 유권자의 참여까지 허용하는 형태로 개방성을 확대하였다는 점이었다. 2002년 새천년민주당의 국민참여경선은 일반 국민들의 폭발적인 관심과 참여 속에 실시되었다.

하향식 공천에 대한 비판과 2002년 대선에서 민주당이 실시했던 국민참여경선이 성공하면서 2004년 총선부터 다른 정당에서는 상향식 공천이 실시되었다. 한나라당 계열 정당은 그 이후부터 대의원 20%, 당원 30%, 국민 참여 선거인단, 여론조사 20%의 비율로 개방성을 높였다. 즉 일반인이 50%, 당내 구성원이 50%였다. 2017년 대통령 후보 경선에서 자유한국당은 여론조사 50%, 책임당원 현장 투표 50% 방식을 사용했다. 반면 민주당 계열 정당은 완전 개방형으로까지 나아갔다. 즉, 대의원과 당원 및 일반국민이 동등하게 1표를 행사하는 제도로, 굳이 당원이 아니더라도 누구나 신청하고 참여할 수 있게 했다. 전화, 인터넷, 현장 투표 등 참여 방식을 다양하게 하면서 개방성을 높였다.

국회의원 선거 공천의 경우에는 주요 정당들이 공천심사위원회와 같은 외부 인사들에 의한 공천 결정 기구를 마련하고 거기서 각 선거구 별로 선출의 방식을 달리하며 공천을 결정해 왔다. 따라서 모든 선거구에서 경선이 이뤄지는 것은 아니었으며, 2020년 21대 총선의 경우 더불어민주당은 253개 지역구 공천 가운데 경선 40.7%, 전략공천 12.3%, 단수공천이 47%였으며, 미래통합당은 236개 지역구 공천에서 경선 25.6%, 우선공천 11.4%, 단수공천 53%였다(허진 2020: 41−42). 경선결정 방식으로 더불어민주당은 권리당원과 일반 국민의 비율을 50% 대 50%로 하고 자동 응답형의 전화 투표를 실시했다. 이에 비해 미래통합당은 일반 국민을 대상으로 100% 전화를 통한 여론조사로 경선을 실시했다.

정당의 공직 후보 선출과정에 개방성이 확대되는 것은 우리나라를 포함해서 많은 나라에서 나타나는 공통적인 현상이다. 이로 인해 폐쇄된 밀실 공천과 당 지도부에 집중된 비민주적인 권한이 분산되고 개방되는 긍정적인 결과가 나타나고 있다. 그러나 동시에 정당의 공직 후보 선출의 민주화, 개방화의 추세가, 앞에서 언급한 정치적 외부자의 부상처럼, 반드시 좋은 결과만을 가져다주는 것은 아니다.

한편 지방선거의 정당 공천을 둘러싼 논란이 있다. 정당 공천으로 인해 기초자치단체장과 의회의원들이 정파적 영향에서 벗어나지 못해서 자율성에 제약을 받으며, 중앙 정치권의 갈등이 지방으로까지 파급된다는 점을 지적한다. 이런 지적이 타당하다고 해도 정당 공천의 폐지는 또 다른 문제점을 낳을 수 있다. 지방선거 때 많은 유권자들은 기초의회 의원 후보자나 심지어 기초단체장 후보들에 대해서 많은 정보를 갖고 있지 않은 경우가 많다. 이런 상황에서 정당 공천을 폐지하면 유권자들은 후보자에 대한 정보 없이 투표해야 하는 상황을 맞이할 수 있다. 그런 점에서 정당 공천의 폐지보다 정당법이나 선거법을 개정함으로써 지방정치가 중앙 정치의 영향력에서 벗어나 자율성을 갖고 또 지역 내 정치적 다원성을 확보할 수 있도록 만드는 것이 더욱 필요하다.

공천 제도와 같은 정당 내부 민주주의(democracy within a party)의 중요성은 부정될 수 없지만, 사실 자유민주주의 체제에서 보다 중요한 것은 '정당 간 민주주의'(democracy between parties)이다. 샤츠슈나이더(Schattschneider 1942: 60)도 '민주주의는 정당 내에서가 아니라 정당 간의 경쟁 속에서 찾을 수 있다(Democracy is not to be found in the parties but between the parties)'고 지적한 바 있다. 우리나라에서 정당 공천이나 당내 민주주의가 정치권에서 큰 관심의 대상이 되는 것은 역설적으로 정당 간 경쟁이 제대로 이뤄지지 못하기 때문이다. 지역주의 정당 정치로 인해 사실상 '정당 간 경쟁'이 없는 일당 지배 지역이 많은 상황에서는 그 지역 우세 정당의 공천이 곧 당선을 의미한다. 당내 민주주의도 중요하지만, 정당 정치의 경쟁성을 회복하는 것이 더욱 중요한 문제이다.

8

CHAPTER

여당

정/당/론

제8장

여당

통치 과정에서 정당은 일정한 역할을 담당한다. 제1장에서 살펴본 대로, 키 (V.O. Key)의 정당의 기능과 관련된 세 영역 중 하나가 정부 속의 정당 (party-in-government)이다. 역사적으로 정당의 기원과 관련해서 보아도, '의회 내에서 발생한 정당'의 경우에는 특히 정당의 통치 기능과 관련이 깊다. 야당 역시 큰 맥락에서 보면 통치 과정의 일부를 담당하고 있다.

통치를 담당하는 정당을 우리나라에서는 여당(與黨) 혹은 집권당이라고 하고, 영어로는 governing party, ruling party로 부른다. 정당은 대통령 선거이든 의회 선거이든 정당의 이름으로 후보자를 공천하고, 대통령제라면 당 소속 대통령 후보가 당선되거나, 의회제라면 그 정당이 의회 내 다수 의석을 차지하게 되면 정치권력을 담당하게 된다. 선거 경쟁 속에서 정당은 집권 후 입법화할 정책 공약을 유권자들에게 제시하고 선거 승리 후 정부를 구성하며 정책 공약을 실행하기 위한 노력을 하게 된다. 또한 정책 추진과 실행 결과에 대한 정치적 책임(political accountability) 역시 궁극적으로 정당이 지게 된다. 정당이 통치를 직접 담당하는 의회제에서는 마땅히 정당이 정치적 책임을 지게 되지만, 임기 제한이 있는 대통령제에서 그 대통령의 임기가 끝나고 나더라도 소속 정당을 통해 정책 추진과 실행의 공과에 대한 평가를 내릴 수 있다. 즉, 선거 경쟁에서 집권 이후 입법화할 정책 공약을 제시하고(politics), 선거에 승리하면 정부를 구성하고(polity), 이후 정책을 만들고 추진하는(policy) 민주주의 정치과정에서 정당, 정당 정부는 매우 중요한 역할을 담당한다(Keman 2006: 160).

이렇듯 통치 과정에서 정당은 의미 있는 역할을 하지만, 정부 형태에 따라 개입의 정도나 역할의 내용은 다르다.

1. 의회제 국가와 정당 정부

의회제(parliamentary system), 혹은 내각제(cabinet system)에서는 의회 선거가 권력의 향배를 결정 짓는 유일한 선거이다. 의회제에서는 선거를 통해 의회 내 독자적으로 혹은 몇몇 정당들이 의회 내 다수 의석을 차지하게 되면 정부를 구성하게 된다. 이처럼 의회제에서는 의회가 행정부를 구성하고, 그 내각은 의회에 책임을 진다. 의회제에서는 권력의 위임(mandate)이 정당에 주어지고, 정당이 집단적으로 통치를 담당하게 된다. 의회제에서 집권의 주체는 집단으로서의 정당이며, 집권당은 총리를 정점으로 하는 통치의 주체이다. 그런 점에서 의회제 정부는 정당 정부(party government)이다. 정당이 정부를 구성하면서 정당 리더는 총리가 되고 당 소속 의원들이 장관이나 차관 등 내각의 중요한 직책을 직접 담당한다. 그리고 이들로 구성된 내각(cabinet)에서 국가의 주요 사안이나 정책이 논의되고 결정된다. 미국형 대통령제가 권력의 분산을 특징으로 한다면 의회제는 권력의 융합(fusion of powers)이라는 특성을 갖는다. 의회제에서 정부 구성은 의회 내 다수 의석을 기초로 하고 있다는 점에서 입법권과 행정권의 융합을 기반으로 하기 때문이다.

정당이라고 하는 집단에 권력이 위임되기 때문에 정당은 결속력을 가져야 하고 당의 기율(discipline)도 중요하다. 따라서 정책 결정에서 상당히 높은 수준의 집단적 합의가 집권당 내부에 존재하고 있다. 정부 구성이 정당을 중심으로 이뤄질 뿐만 아니라 정치적 책임 역시 내각이 공동으로 지게 된다. 이 때문에 내각의 각료는 집권당 소속 의원들이 참여하는 것이 일반적이다. 정당의 집단 통치의 특성을 잘 보여주는 것이 '집단 책임의 원칙(collective responsibility)'이다(강원택 2006: 104-105). 이 원칙은 정부가 결정한 주요 정책은 해당 부서를 담당하는 개별 장관들이 결정하고 책임지는 것이 아니라 내각 전체가 집단적으로 공동의 책임을 진다는 것이다. 때로는 전 각료들이 참여한 전체 내각 회의가 아니라 일부 주요 각료들만이 참여하는 내각 위원회(Cabinet Committee)에서 결정한 정책 사항에 대해서도 이 원칙이 적용된다. 이 원칙은 내부적인 회의나 토론 과정에서는 개별 각료가 서로 다른 의견을 가질 수 있지만 대외적으로는 내각에서 결정한 주요 사항에 대해 각료들이 모두 한 목소리로 동조하는 모습을 보여야 한다는 것이다. 따라서 특정 정책 결정에 대해 어떤 각료가 자신의 소신과 달라 반대하고자 한다면 내각의 내부 논의 과정에서 그 결정이 내려지지 않도록 노력하거나, 그것이 아니라면 각료직을 먼저 사임하고 난 이후에나 공개적으로 자신의 반대 입장을 밝힐 수 있다. 즉 각료직을 그대로 유지하면서 내각의 결정과 상이한 입장을 밝혀서는 안 된다. 영국에서 이 원칙은 '책임 정부(responsible government)' 개념의 확립과 함께 발전되어 왔다.

따라서 의회제의 성공적인 운영을 위해서는 책임정당제(responsible party system)의 확립이 중요하다(박찬욱 2004: 212-213). 의회제가 제대로 작동하기 위해서는 선거와 정당 정치에서 다음과 같은 조건이 충족되어야 한다. 일반 유권자는 정당의 이념 성향이나 정책 노선의 차이를 인지하여야 하고, 이를 토대로 평상시에 특정 정당과 일체감을 유지하고 선거에서는 그 정당을 지지한다. 한편 정당과 정치 엘리트는 이념, 정책적 입장을 중심으로 조직되고, 선거 경쟁에서 경쟁 정당과의 차별성을 유권자들에게 부각시킨다. 선거에서 당선되고 나면 같은 정당 의원들이 공동의 노력으로 정책 프로그램을 개발, 형성, 집행하도록 해야 한다. 이를 위해서는 내부 결속을 유지하기 위한 강한 규율을 지녀야 한다. 또한 일반 유권자들 사이에는 정당일체감 또는 충성도 등이 폭넓게 확립되어 있어야 한다. 정당이 내부적으로 일체감을 유지하기 위해 당의 규율을 유지한다는 것은 의회제 국가에서는 절대적으로 중요하다. 이 때문에 당 규율을 유지하고 때때로 강요하기 위한 제도적인 장치도 존재한다.

정당이 권력을 담당하는 만큼 선거에서의 평가 대상도 정당이 된다. 정당 정부 국가 중에는 정당을 핵심적 평가의 대상으로 삼는 선거제도를 채택한 곳이 많다. 각 정당이 제시한 명부(party list) 가운데 하나를 고르는 정당 명부식 비례대표제가 그 대표적인 경우이다. 한편 소선거구 단순다수제 선거제도를 갖는 영국에서도 유권자들은 개별 후보자보다 소속 정당을 중시한다. 정치적 책임성이 정당에 놓이는 것이다.

의회제에서 정부가 구성되는 형태는 크게 세 가지로 나눠볼 수 있다. 첫째는 한 정당이 의회 내 과반 의석을 차지해서 독자적으로 정부를 구성하는 단일 정당 정부(single party government)이다. 두 번째는 두 개 이상의 정당이 연합해서 정부를 구성하는 연립 정부(coalition government)이다. 이러한 두 가지 방식은 모두 의회 내 과반 의석 확보를 전제로 하는 것인데, 때로는 의회 의석 과반을 확보하지 못하는 경우라도 정부를 구성하는 경우가 있다. 이를 소수파 정부(minority government)라고 부른다.

단일정당 정부는 한 정당이 의회 내 과반 의석을 차지했기 때문에 정당 내부의 결집력이 유지된다면 매우 안정적이고 강한 리더십을 행사할 수 있다. 또 한 정당이 단독으로 정부를 구성하기 때문에 정책 수행에 대한 책임 소재가 명료해진다. 이런 경우를 대표하는 국가가 영국이다.

그런데 의회제를 채택하고 있는 국가들 중에서 단일정당이 독자적으로 내각을 구성하는 경우는 매우 드물고, 단일정당 정부 구성에 기반하는 영국이 오히려 예외적이다. 이보다는 두 개 정당 이상이 함께 정부를 구성하는 연립정부가 보다 일반적이다. 연립정부가 생성되는 까닭은 어느 정당도 단독으로 과반 의석을 차지하지 못하기 때문이다. 여기에는 비례대표제와 같은 선거제도, 그리고 다당제적 정당체계와 긴밀한 관련이 있다. 총선에서 한 정당이 유권자 지지의 50% 이상을 얻는 것은 쉽지 않기 때문에, 득표 비율만큼 의석수가 할당되는 비례대표제 하에서는 한 정당이 단독으로 과반 의석을 차지하기는 어렵다. 또한 비례대표제 하에서는 진입장벽 (threshold)을 넘는 비율의 득표를 하면 의석을 배당 받을 수 있기 때문에 소수정당의 의석 확보도 용이하다. 예컨대 진입장벽이 득표율 5%인데 어떤 정당이 그 비율을 넘은 7%를 득표했다면 7%만큼의 의석을 배분 받게 된다. 다수제 선거제도라면 이 정당은 한 석도 얻지 못했을 것이다. 이로 인해 다당제 구도가 만들어지고 그에 따라 정당 간 연합에 의한 정부가 구성된다. 종교, 이념, 문화, 인종 혹은 민족의 차이에 따라 하위사회가 분열되어 있는 곳에서는, 다수의 지배를 전제로 한 영국형의 의회제는 소수파의 정치적 소외와 불만을 낳을 수 있다. 이와 같은 다원적 사회 혹은 정치적, 사회적 균열이 중층적인 사회에서는 다수의 지배보다, 합의와 수용 그리고 권한의 공유와 같은 가치를 더욱 중시하게 마련이다(Lijphart 1985: 31−40).

연립 정부의 구성은 선거 이전, 이후 모두 가능하다. 선거 이전에 정당 간 협의를 통해 선거에 승리하게 된다면 연립정부를 구성하기로 하고 집권 후 추진해야 할 정책의 내용이나 우선순위, 그리고 각료직 배분 등에 대해 합의할 수 있다. 혹은 선거 결과를 보고 난 이후, 혹은 이전 정부의 실각 후 선거 없이 정당 간 협의를 통해 연립 정부를 구성할 수도 있다. 우리나라는 대통령제이지만 선거 이전에 일종의 연립정부 구성에 합의하고 선거 이후 '공동정부'를 구성한 적이 있다. 1997년 대통령 선거 때 김대중 후보와 김종필 후보 간 이른바 'DJP 연합'을 맺어 새정치국민회의와 자민련(자유민주연합) 간 공동정부 구성에 합의했다. 그리고 집권 후 경제, 사회 분야의 각료직과 총리직은 자민련에, 그리고 외교 안보 내무 등의 각료직은 새정치국민회의가 맡아 공동으로 집권했다. 이 역시 일종의 선거 전에 구성된 연립정부라고 할 수 있다.

한편, 의회제는 의회 내 과반 의석의 확보를 전제로 하지만 언제나 그런 것은 아니다. 때로는 소수파 정부가 생겨나기도 난다. 실제로 1945년부터 1987년까지 15개의회제 국가를 조사한 결과, 그 시기 존재한 345개 내각 가운데 35%에 달하는 125개가 소수파 정부로 나타났다. 특히 노르웨이, 스웨덴, 덴마크 등 스칸디나비아 국가에서는 소수파 정부가 다수파 정부보다 빈번하게 나타났다(Strøm 1990: 58－59). 소수파 정부가 등장하게 되는 경우는 크게 세 가지로 나눠볼 수 있다(강원택 2006: 143－147). 첫째, 정당 간 의석 분포와 이념 분포에 따른 불가피한 경우이다. 소수파 정부가 출범하더라도 야당들 간의 이념적 거리가 너무 커서 반(反)연정으로 입장을 쉽게 통일할 수 없는 경우이다. 둘째, 소수파 정부에 대해 불신임 투표를 통해 물러나게 하고 새로운 총선을 치르게 될 경우의 각 야당의 이해관계가 크게 상충될 때이다. 선거는 결국 제로섬(zero－sum)적 경쟁인데 의회 해산 이후 선거에서 오히려 현재보다 불리한 상황이 만들어진다면 소수파 정부가 유지되는 것이 더 바람직하다. 셋째, 소수파 정부에 참여한 정당들과 이념적, 정책적으로 유사한 입장이고 참여하면 과반 의석을 만들 수 있지만, 직접 참여하는 것보다 정부 외부에서 느슨한 연계를 갖고 '비공식적인' 협력을 하는 것이 정치적으로 더 유리하다고 생각되는 경우이다. 정부 참여로 인한 정치적 부담이나 선명성의 퇴색 등에 대해 우려하는 경우이다.

의회제하에서 정부의 교체는 임기와 무관하게 이뤄질 수 있다. 우선 야당들의 불신임 투표(vote of no confidence)가 가결되는 경우이다. 의회제는 의회의 신임에 기초하여 정부가 구성되기 때문에 의회의 신임이 철회되면 그 내각은 물러나야 한다. 연립정부에 참여한 정당이 연립에서 탈퇴하거나 소수파 정부라면 불신임 투표에 보다 취약할 수 있다. 그러나 잦은 정부의 실각은 정치적 안정성을 해칠 수 있다. 이런 점에서 독일, 스페인 등에서는 불신임 투표를 실시하기 위해서는 야당들이 사전에 후임 총리를 미리 선정하도록 한 '건설적 불신임제(constructive vote of no confidence)'를 채택하고 있다. 현 정부를 물러나도록 하는 데는 야당들이 쉽게 합의할 수 있을지 몰라도, 만약 불신임 투표가 통과된다면 누구를 총리로 내세울 것인가에 대해서는 야당들 간 합의가 어렵다. 예컨대 극우정당과 극좌정당이 중도적 입장인 현 정부를 물러나게 하는 데는 합의할 수 있을지 몰라도, 그 이후의 정부 수립에 대해 같은 입장을 취하기는 쉽지 않을 것이다. 한편, 집권당이나 연립정부에 대한 여론의 지지가 급락하게 되면 내부적으로 총리 교체를 통해 이에 대응할 수 있다. 의회 해산과 새로운 총선 실시 대신 총리를 교체함으로써 분위기의 반전을 꾀할 수 있다. 선거 없이 총리를 교체하고 새로운 내각을 출범시킬 수 있는 것은 권력의 위임이 정당이라는 집단에 부여되어 있기 때문이다.

한편 의회제에서 내각은 불신임 투표라는 위협에 처하게 되지만 동시에 내각은 의회를 해산하고 새로운 선거를 실시하게 할 수 있다. 그런 점에서 의회제는 내각과 의회 간 상호 의존(a system of mutual dependence)(Stepan and Skatch 1993: 2), 상호 위협의 체제라고 할 수 있다. 정부는 의회의 불신임 투표로 물러날 수 있지만, 동시에 총리 역시 의회를 해산할 권한을 갖는 것이 일반적이다. 야당들 입장에서도 불신임 투표로 인한 의회 해산과 총선이 현재보다 나은 상황을 마련해 주지 않는다면 함부로 불신임 투표를 추진하기 어렵다.

한편, 의회제에서 선거는 정해진 기간마다 치르지 않는 경우가 훨씬 많다. 그리고 선거 후에는 승리한 정당이 곧바로 정부를 구성한다. 미리 정해진 때에 선거를 실시하고 취임 때까지 정권 인수를 위한 시간을 갖는 우리나라나 미국 대통령제와는 다른 시스템이다. 이 때문에 영국, 호주 등 국가에서는 상시적으로 예비내각(shadow cabinet)을 구성하여, 정부의 정책을 평가, 비판하고 야당의 대안을 마련한다. 예비내각이 아니더라도 정당 정부 체제에서는 정당의 정책 기능이 중요한 의미를 갖는다.

이처럼 의회제에서는 정당이 정부 구성에 중요한 역할을 한다. 그런데 의회제에서는 임기가 사실상 고정되어 있지 않은데 이는 정당 정부가 집권 중 여론의 추이에 민감하게 반응하도록 하는 반응성(responsiveness)를 높인다. 또한 일반적으로 연립정부가 구성되는 만큼 권력 공유가 이뤄지고 이들 정당들 간의 정책 협의를 통해 정책 수행이 이뤄진다.

2. 대통령제

(1) 미국 대통령제

미국 대통령제에서도 대통령은 정당의 공천을 받고 선거 경쟁에서 승리한 후 정부를 수립한다. 또한 미국 선거에서도 정당은 후보자를 선택하는 중요한 기준이 된다(Campbell et al. 1960; Miller and Conover 2015). 그러나 미국에서 '대통령 소속 정당'의 역할은 의회제 국가에서의 집권당과는 크게 다르다. 무엇보다 미국 대통령제에서는 정당 정부가 구성되지 않는다.

첫째, 미국 정치체계의 가장 중요한 원칙은 권력 분립(separation of powers)이다. 행정부, 입법부, 사법부는 권한이 분리되어야 하고 이들 기구 간의 견제를 통한 힘의 균형을 추구한다. 더욱이 의회제와 달리 행정부와 입법부의 구성 절차도 별개로 이뤄진다. 대통령은 4년마다 각 주를 단위로 하는 선거인단 투표로 선출되는 반면, 의회는 대통령과 별도의 절차로 선거가 실시된다. 하원은 전국적으로 435개 선거구에서 2년마다 전원을 대상으로 선거가 실시되며, 임기 6년의 상원은 2년에 한 번씩 전체 의원의 1/3이 선거를 치르게 된다. 이처럼 상이한 절차에 의해 선출된 대통령은 행정부를 구성하고 의원들은 입법부를 구성한다. 의회의 다수파에 기반하여 정부를 구성하는 의회제와는 전혀 다른 방식이다.

둘째, 대통령은 정부 구성에 독자적인 권한을 행사한다. 정부 구성과 통치에 대한 위임은 대통령 1인에게 부여된다. 따라서 정부 구성은 전적으로 대통령의 권한이다. 부통령, 장관, 백악관 고위 참모 등 주요 직책은 정당 내에서의 역할이나 지위와 무관하게 대통령과의 개인적 관계나 개인의 정치적 명성, 평판과 관련이 있다. 대통령이 이들을 선택하는 기준은 전문성을 갖거나, 대통령에게 충성스럽거나, 혹은 논공행상 혹은 일부 인사에 대한 포섭이나 회유 등이며, 대통령의 인사가 소속 정당의 기대를 충족시켜야 할 필요는 없다. 이들 중 적지 않은 이들은 대통령의 소속 정당에 대해 심리적 연계를 갖고 있지만, 정당과 아주 무관한 이들도 적지 않고, 설사 정파성을 갖는 경우라고 해도 조직으로서의 정당과는 무관하다(Katz 1996: 205−206). 더욱이 권력 분립의 원칙에 의해 의원들은 현직을 유지하면서 행정부 내 직책을 겸임할 수 없다. 정당이 집단적으로 정부를 구성하는 정당 정부와는 근본적으로 다르다.

셋째, 권력 분립의 원칙으로 인해 법안은 의회만이 발의할 수 있다. 법률로 간주되는 예산안 역시 의회가 개입한다. 즉 법률 제안과 입법은 의회만의 고유한 권한이다. 따라서 대통령이 원하는 법안을 입법화하기 위해서는 의회의 협조가 필요하다. 대통령은 의회 지도자들과 자주 접촉해야 하고, 장관들도 의회 위원회에 자주 참석해서 입법의 필요성을 강조해야 한다. 이러한 접촉은 대통령과 같은 정당인 경우가 아무래도 보다 선호되겠지만, 기본적으로는 의회 내 역할이나 지위가 보다 중요하기 때문에 정당 소속과 무관하게 이뤄질 수밖에 없다(Katz 1996: 205−206).

미국 정치의 양극화가 심각해지면서 의회 정치 역시 정당 노선에 따른 투표가 예전에 비해 증가했다. 정치적으로 쟁점화된 법안에 대해 야당 의원들에 대한 대통령의 설득을 통한 리더십 발휘에도 어려움이 생겨났다. 그렇다고 해도 대통령 정당의 의회 지도부나 의원들은 대통령의 '지시'를 받거나 '대통령의 뜻을 관철'하고자 한다고 볼 수 없다. 실제로 의회를 통과한 법률안은 대통령이 제안한 법안과 근본적으로 다른 경우가 많다. 더욱이 미국 정치에서는 여소야대가 빈번하고 최근 들어 더욱 일반적인 현상이 되었다. 1954년까지는 69%, 1980년 이후에는 75%가 분점정부가 되

었다(Curry and Lee 2019: 49). 정당 정부처럼 행정부(내각)와 유기적 협력 관계에 의
존하는 것이 아니라 제도로서 대통령과 의회가 협의하고 동의를 구해야 하는 것이다.

넷째, 조직으로서의 정당은 미국에서 매우 취약하다. 미국에서 정당의 공식 조직
으로 당 대표, 당수, 당 총재 등 당의 리더라고 부를 만한 직책은 없다. 또한 미국
정당의 중요한 기구인 전국위원회(National Committee)의 기능 역시 매우 제한적이다.
전국위원회는 주 및 지방 단위의 당 조직을 연결하는 기능을 하며, 선거를 앞두고는
선거자금을 모금하고 각 후보에 대한 지원을 한다. 가장 큰 행사인 전당대회
(National Convention)를 주관하는 데 매 4년마다 열리는 전당대회에서 정강이 발표되
고 대통령 후보와 부통령 후보를 확정된다. 그러나 여기서 발표되는 정강에 대해 당
소속 대통령이 구속되지는 않는다.

또한 미국은 연방제라서 사실상 주별로 각기 상이한 정당 정치가 이뤄지고 있다.
선거 역시 정당이 중심이 되기보다 매우 개인화된 선거(individualized election)를 치
른다(Curry and Lee 2019: 49). 주별로, 지역구별로 각기 상이한 조건과 환경 속에서
선거를 치르기 때문에 정당보다는 후보자 중심의 유세가 이뤄진다. 더욱이 공천이나
선거자금 마련, 선거운동 역시 당과 무관하게, 프라이머리를 통해 선출되고 후원회
를 통해 모금하고 TV 등 매스미디어를 통한 선거운동을 중시한다. 조직으로서의 정
당이 정치인 개인의 정치 생명에 미치는 영향이 제한적이기 때문에 당 노선에 일방
적으로 따르지 않게 되고 이런 이유로 때때로 당 지도부가 당내 합의를 도출하는 데
어려움을 겪는다.

이처럼 미국 대통령제는 정당 정부가 아니며 대통령의 소속 정당을 '여당'이라고
부르는 것도 적절하지 않다. 반대당에 비해 대통령 소속 정당에서 행정부에 대한 협
력과 지원에서 보다 우호적이기는 하지만 그것이 정당이라는 조직 차원에서 이뤄지
는 것이 아니며, 대통령과 소속 정당 의회 의원들 간의 관계도 위계적이지 않기 때
문이다.

(2) 대통령제와 정당의 수

대통령제에서 정당과 관련하여 우리 사회에서 종종 제기되는 이슈 중 하나는 정
당의 수와 관련된 것이다. 이른바 제도적 정합성에 대한 논의이다. 즉, 대통령제에는
양당제가 적합하며 다당제는 맞지 않는다는 주장이다. 다당제는 대통령 정당, 즉 여

당의 다수 의석 확보를 어렵게 하기 때문에 정치적 안정을 해친다는 것이다. 이런 주장에는 현실적으로는 미국 대통령제의 영향이 크고, 학술적으로는 메인웨어링(Mainwaring 1993)의 논의가 영향을 미쳤다.

메인웨어링은 라틴아메리카와 동유럽에서 민주화로 이행하는 국가에 대한 통치체제와 정당체계의 관계를 살피면서 특히 대통령제에 주목했다. 구체적으로 그의 주장을 살펴보면 다음과 같다. 대통령제와 다당제의 결합은 크게 세 가지 문제를 낳는다는 것이다.

첫째, 행정부와 입법부 간 교착(deadlock)으로 인해 정치제도의 마비는 의회제나 양당제 대통령제에 비해 다당제 하의 대통령제에서 보다 발생할 가능성이 크다. 양당제에서라면 대통령의 정당이 과반의석을 차지하거나 그에 가까운 규모의 의석을 차지하는 경우가 생겨나지만, 다당제에서는 그런 경우가 발생하기 어렵다. 따라서 다당제와 대통령제의 결합은 의회제에서 소수파 정부와 비슷하며, 대통령은 쟁점 이슈가 생겨날 때마다 의회 내에 새롭게 연립을 구성해야 한다. 둘째, 단지 두 개의 정당이 있는 경우에는 이념적 극화(ideological polarization)가 발생할 가능성이 낮기 때문에 양당제가 대통령제에 보다 적합하다는 것이다. 양당제의 높은 진입장벽이 극단적 행위자들이 정당체계에 진입하는 것을 막을 뿐만 아니라, 다운즈(Downs 1957a)의 이론대로, 중도층 유권자들을 끌어들이려는 노력이 정당 경쟁의 온건함을 촉진한다. 메인웨어링은 양당제뿐만 아니라 '2.5당제'도 극단주의 정당의 부재와 구심적 경쟁으로 민주적 안정성을 높일 수 있으며 대통령제에 적합하다고 보았다(Mainwaring 1993: 219). 셋째, 대통령제와 다당제의 결합은 당대당 연립 구성의 어려움으로 인해 문제가 있다는 것이다. 즉, 의회제에서 연립 참여한 정당들은 내각을 공동으로 구성하기 때문에 내각을 유지하기 위한 정치적 책임을 갖는 반면, 대통령제에서는 대통령이 자신의 내각을 구성하기 때문에 정당들이 그 내각을 강하게 지지할 요인이 약하다는 것이다. 의회제에서와 달리 대통령제에서 장관직을 맡은 의원이 있어도 그것은 의원 개인에게 주어진 것일뿐 그 의원의 소속 정당과는 무관한 일이다. 따라서 그런 개인적 임용이 소속 정당으로부터의 지지 확보와 반드시 일치하지 않는다. 또한 정당들이 연립을 깰 유인도 권력을 공유하는 정도가 약한 대통령제에서 일반적으로 더 크다는 것이다.

사실 대통령제에서는 의회와 대통령이 별개의 선거로 구성되는 이원적 정통성(dual legitimacy)을 갖기 때문에, 이 두 기구 간 갈등과 대립이 생겨날 때 이를 해소할 제도적 장치나 행위자는 존재하지 않는다. 또한 대통령제는 의회제에 비해 입법부−행정부가 교착이 발생할 가능성이 더 큰데, 의회제에서처럼 의회 내 다수파 형성을 통해 행정부가 구성되지 않기 때문이다. 더욱이 의회를 다뤄본 경험이 거의 없는 외부자(outsider)가 대통령으로 당선될 가능성도 크다(Mainwaring 1993: 209).

메인웨어링은 매우 분절적인 다당제(highly fragmented party systems)나 어느 정당도 과반에 근접하는 의석을 차지하지 못하는 경우에는 대통령이 안정적인 연립을 구성할 수 없기 때문에 정치적 불안정이 생겨날 수 있으며, 이와 반대로 대통령의 정당이 과반의석을 차지하게 되면 대통령제가 제대로 작동한다고 보았다. 의회제에서는 언제나 의회 내 다수파 확립되지만 대통령제에서는 의회 내 다수파 형성이 어렵기 때문에 그 가능성을 높일 수 있는 양당제가 바람직하다는 것이다. 그런 점에서 양당제와 예외적으로 제한적인 이념적 분극화(exceptionally limited ideological polarization)가 미국 대통령제의 작동에 기여한다고 보았다, 그러나 메인웨어링도 인정한 대로, 미국 이외 지역에서 이런 조건이 만들어지기는 어렵다(Mainwaring 1993: 223).

정당의 수뿐만 아니라 정당의 기율(party discipline) 역시 중요하다. 정당의 기율이 약하다면 양당제에서 대통령의 정당이 과반을 차지한 상황에서도 대통령의 의지가 자기의 소속 정당을 통해 반영되기 어렵다. 그런 점에서 어느 정도의 정당 기율은 예측성을 높이고 행정부−입법부 관계를 원활하게 할 수 있다(Mainwaring and Shugart 1997: 395). 그러나 정당의 기율이 매우 강하면 양당제라고 해도 정치 시스템이 제대로 작동하지 않을 수 있다. 대통령의 정당이 과반의석을 차지하고 정당이 매우 강한 기율(highly disciplined)을 갖는다면 대통령은 막강한 권한을 행사하게(all−powerful) 될 것이다. 우리나라에서 말하는 이른바 '제왕적' 대통령이 될 수 있다.

그런데 메인웨어링은 양당제가 대통령의 정당에 과반의석이나 그에 가까운 의석을 가져다 줄 가능성을 높게 보았지만, 사실 그 반대의 경우도 생겨날 수 있다. 즉 양당제에서 야당이 과반의석을 차지하는 분점정부, 즉 여소야대 상황이 생겨날 수 있다. 여기에 강한 정당 기율을 가진 정당 정치가 결합되면 대통령은 야당이 장악한 의회와의 타협이나 협상이 어려운 정치적 교착 상태에 직면할 수 있다.

실제로 경험적 연구에 의하면 소수파 대통령 출현이 드문 사례가 아닌 것으로 나타났다(Cheibub 2002: 294). 1946년부터 1996년까지의 199개 대통령제 사례 가운데 소수파 대통령이 만들어진 것은 53%로 나타났다. 대통령제 하에서 여소야대의 출현이 빈번하다는 것을 알 수 있다. 체이법은 정당의 수와 대통령제의 안정성에 대해서도 분석했는데, <표 8−1>은 유효정당 수(Laakso and Taagepera 1979)에 따라서, 소수파 대통령(여당이 과반의석을 차지하지 못하는 경우), 소수파 정부(대통령이 의회 과반 지지에 기반한 연립정부 구성을 못하는 경우), 정치적 교착, 그리고 대통령제의 붕괴 확률을 정리한 것이다. 유효정당 수가 3 이하인 경우 소수파 대통령, 소수파 정부의 출현 비율은 낮았고, 정치적 교착의 비율도 낮은 것으로 나타났다. 그러나 정치적 교착은 유효정당 수가 3-4인 경우에 가장 높게 나타났고 소수파 대통령이나 소수파 정부의 출현 비율도 제일 높았다. 이런 정당체계에서 대통령제 체제 붕괴의 확률도 가장 높았다.

▼ 표 8-1 유효정당 수와 대통령-의회 관계, 체제 안정성

유효정당 수(ENP)	소수파 대통령	소수파 정부	교착 상황	체제붕괴 확률
ENP ≤2	38.67	35.33	27.33	.0458
2<ENP≤3	38.08	33.45	31.49	.0209
3<ENP≤4	88.46	59.69	49.22	.0714
4<ENP≤5	63.38	28.17	28.17	.0417
ENP >5	62.65	50.60	32.10	.0111
사례 수	731	726	710	742

자료: Cheibub(2002: 295, 298)에서 일부 인용.

체이법은, 메인웨어링(Mainwaring 1993)의 주장과 달리, 다당제 그 자체가 대통령제의 생존에 영향을 미치는 것은 아니라고 결론지었다(Cheibub 2002: 299). 오히려 체제의 생존 확률은 유효정당수가 5 이상인 경우, 즉 사르토리가 말한 분극적 다당제에 가까운 경우가 가장 낮게 나타났다. 그런 점에서 대통령제의 안정성은 단지 여당이 의회 내에 충분한 수의 의석을 차지하느냐의 것보다, 소수파 대통령이 의회 내에서 연립을 통해 다수파를 만들어낼 수 있느냐 하는 것이 더 중요하다고 보았다. 실제로 대통령은 연립정부를 구성하거나, 다른 정당과 합당하거나 혹은 개별 의원들의 소속을 변경시킴으로써 다수 의석을 점유하고자 시도한다는 것이다. 체이법은 선거제도, 선거 타이밍, 정당의 수는 소수파 대통령의 출현에 영향을 미치는데, 비례대표제인 경우, 동시 선거가 아닌 경우, 정당의 수가 많은 경우에 소수파 대통령의 출현 가능성은 높아진다고 보았다. 그러나 이러한 요소들이 대통령제의 생존, 즉 정치적 안정성에 영향을 미치는 것은 아니며, 양당제, 다당제와 같은 정당의 수보다 정당 간 의석의 배열이 연립을 가능하게 하느냐 하는 것이 더 중요하다는 것이다(Cheibub 2002: 302-304).

그런데 메인웨어링이 주목한 제한적인 이념적 분극화는 최근 미국 정치의 양극화

가 심각해지면서 더 이상 유효하지 않게 되었다. 오히려 이념적 분극화와 그에 따른 정당 간 대립이 심화되면서 양당제하에서 정치적 교착은 빈번해졌으며, 특히 여소야대의 상황에서 대통령의 통치력이 어려움을 겪는 경우도 잦아졌다. 그런 점에서 정당의 수보다 중요한 것은 대통령이 연립을 이뤄낼 수 있는 정치력과 그것을 가능하게 하는 정당 정치의 구조이다. 양당제라고 해도 정당 기율이 강하고 이념적 대립이 심각하면 대통령제가 제대로 작동하기 어렵고, 특히 여소야대라면 대통령은 큰 어려움이 처하게 된다. 다당제라고 해도, 1990년 3당 합당이나 1998년 이른바 'DJP 연합'과 같은 연립정부 구성을 해낼 수 있다면, 대통령제는 효과적으로 작동할 수 있다. 그런 점에서 대통령제와 양당제 간의 제도적 정합성이라는 것은 미국 대통령제에 대한 과도한 일반화라고 할 수 있다.

3. 이원정부제

이원정부제(dual executive system)는 말 그대로 정책 결정과 집행의 권한을 가진 정부(executive)가 둘인 경우이다(강원택 2006: 178-184). 즉, 대통령과 총리가 모두 통치를 담당한다. 대통령은 국민 직선으로 선출되며, 총리는 대통령이 임명하고 내각을 이끌지만 의회의 신임에 구속된다. 의회가 불신임을 하면 총리는 물러나야 한다. 이처럼 이원정부제는 외형상 대통령제와 내각제의 특성이 혼합된 것처럼 보인다. 그러나 이원정부제를 대통령제와 의회제를 종합한 것(synthesis)이거나 혹은 그 둘의 중간에 위치한 형태(intermediate category)로 보아서는 안 된다(Lijphart 1992: 8).

프랑스의 경우 이원정부제가 도입된 것은 4 공화국의 정치 혼란을 수습하기 위해 1958년 드골이 비상권한을 부여받고 헌법 개정을 한 결과이다. 드골은 강력한 대통령제를 대안으로 제시한 형태로 헌법 개정을 했고 그 결과가 이원정부제이다. 따라서 기본적으로 프랑스 5공화국 정치체계인 이원정부제는 강력한 대통령제를 기본으로 한다. 실제로 프랑스 대통령과 행정부는 의회에 비해 우위에 놓인다. 예컨대 의회가 입법할 수 있는 사항을 헌법에 정해두었고 그 이외의 영역은 대통령과 행정부의 규칙, 명령으로 행할 수 있다. 정부 수반은 총리이고 의회에 대한 책임도 총리가 진다. 하지만 대통령은 총리를 임명하며 총리의 제청권에 의해 각료를 임명하고 내각회의도 주재한다. 이처럼 이원적으로 권력이 나눠져 있지만 총리에 대한 임면권을 대통령이 갖고 있는 상황에서 총리의 권한은 상대적으로 약하다. 즉, 이원정부제라고 해도 '대통령의 정부'라고 보는 것이 보다 적절하다.

그러나 이러한 강력한 대통령제가 실현되려면 하원에서 정당별 의석의 분포가 중요하다. 대통령의 정당이 의회 내 과반의석을 확보한다면 대통령은 자기 당 소속으로 총리를 임명하고 내각을 구성할 수 있다. 이원정부제라고 해도 이런 상황에서는 드골이 염두에 둔 강력한 대통령제가 작동할 수 있다. 그렇지만 야당(들)이 하원의 다수파가 되면 상황이 달라진다. 총리와 내각은 의회의 불신임의 대상이 될 수 있기 때문에 결국 내각은 의회의 신임에 의존한다. 프랑스 헌법 50조는 하원이 불신임 동의안을 가결하거나 정부의 주요 정책을 부결하는 경우에 총리는 대통령에게 정부의 사퇴서를 제출하도록 하고 있다.

따라서 여당이 하원의 과반의석을 차지하지 못하면 야당(들)이 총리를 담당하고 내각을 구성한다. 이 경우 대통령과 총리―내각은 소속 정당이 서로 다르게 된다. 이를 동거정부(cohabitation)라고 부른다. 동거정부가 되면 드골이 의도한 강한 대통령제라기보다 내각제에 가까운 형태로 국정이 운영된다. 동거 정부가 등장하게 되면 대통령의 위상은 크게 약화될 수밖에 없다. 동거정부의 등장은 프랑스의 정치체제가 '대통령제의 특성에서 벗어나게(depresidentialized)'(Donald et al. 1998: 180) 된다는 것을 의미한다. 따라서 뒤베르제(Duverger 1980: 186)의 지적대로, 프랑스의 이원정부제는 대통령제와 의회제가 혼합되어 있는 것이 아니라 두 통치형태가 때때로 교체해(alternate) 가는 것이라고 할 수 있다. '어떤 경우에도 이원정부제가 대통령과 총리가 동시에 공동으로 정부를 지배하는 방식인 절반의 대통령제, 절반의 의회제로 운영된 적은 없다. 프랑스 제 5 공화국은 이원정부제 혹은 분권형 대통령제로서 운영된 것이 아니고, 대부분의 기간 동안 대통령제로 운영되었고 가끔씩 동거정부가 되면 의회제로 운영되었다(Linz and Valenzuela 1995: 145). 프랑스는 2002년 개헌을 통해 대통령과 의회의 임기를 5년으로 일치시켰다. 그 이후 동거정부는 더 이상 생겨나지 않고 있다.

결국 어느 정당이 하원을 통제하느냐에 따라 행정권의 향배가 달라진다는 점에서 프랑스 역시 정당 정부의 속성을 지니고 있다. 더욱이 프랑스에서는 의원들뿐만 아니라 총리도 법안을 제출할 수 있다. 다만 프랑스에서는 하원의원이 그 직을 유지한 채 내각에 참여할 수는 없다. 그러나 실제로는 하원의원에 출마한 후보자들은 자신이 내각에 장관으로 입각하게 되어 의원직을 상실하게 되는 경우를 대비하여 자신의 측근을 대리의원(Le suppléant)으로 등록시켜 이들이 자신의 의원직을 승계하도록 하고 있다. 즉 하원의원이 장관으로 임명되어 의원직을 포기했더라도 내각에서 물러나게 되면 자신의 측근을 의원직에서 사임하도록 하고 보궐선거에서 다시 의원직을 확보하는 것이다. 그렇다고 해도 대부분의 의회제처럼 의원들이 내각을 구성하는 것은 아니기 때문에 순수한 형태의 정당 정부라고 보기는 어렵지만 그럼에도 정당이 통치 과정에서 매우 중요한 역할을 수행한다는 점은 분명하다.

4. 한국의 여당

한국은 대통령제 국가이지만 실제 통치의 과정은 미국 대통령제와는 다르다. 우리나라의 집권당 의원들은 두 가지 상반된 입장을 갖는다. 집권당 의원들은 행정부를 견제해야 하는 입법부의 일원이면서 동시에 대통령의 국정 운영을 지원해야 하는 집권당의 일원이기도 하다. 전자라면 행정부에 대한 비판, 감시가 중요한 역할이겠지만 후자라면 대통령의 주요 정책이 원활하게 입법화할 수 있도록 지원하는 역할이 중요할 것이다(강원택 1999a: 269). 그런데 제헌국회에서 만들어진 한국 대통령제는 대통령제와 의회제의 혼합형이었다. 제헌헌법에서는 행정부에게 법안과 예산안을 제출할 수 있는 권한이 부여되었고, 국회의원의 장관직 겸임도 금지하지 않았다. 그 뒤로도 정부의 법안, 예산안 제출 권한은 단 한 번도 삭제된 적이 없이 지속되었고, 의원의 장관직 겸임도 1963년 헌법 개정 때 일시적으로 삭제된 것을 제외하면 계속 유지되어 왔다. 정부가 법안을 직접 제출하면서 정부 제출 법안 혹은 해당 정책에 대한 대통령의 뜻을 둘러싼 찬반의 대립이 의회 내 정당 정치를 형성해 왔다.

이승만 정권 때 자유당이 만들어진 이후 여당은 언제나 대통령의 의지를 입법 과정에 충성스럽게 반영하려고 애썼고 야당은 그에 대한 반대의 입장을 분명히 했다. 이러한 정당을 중심으로 한 국회 내 대립은 권위주의 정권이 이승만의 '4사5입 개헌'이나 박정희의 '3선 개헌'을 비롯하여 정치적 쟁점이 되는 법안을 여당이 무리한 방법으로도 단독 처리하고 야당은 이에 대해 극한적 투쟁을 전개하는 방식으로 강화되어 왔다. 사실 이승만부터 김대중까지 대통령은 언제나 집권당을 실질적으로 이끄는 당 총재였다. 노무현 정부 때부터 당 총재로서의 대통령의 형식적 직위는 사라졌지만, 현실적으로 언제나 대통령은 여당의 최고 지도자로 남아 있었고 국회에서의 입법 과정이나 당 공천 과정에서 공개적으로 혹은 은밀하게 커다란 영향력을 행사해 왔다. 형식적으로 한국 대통령제가 3권 분립에 기초해 있다고 하지만 실제의 입법 과정은 미국처럼 입법부 대 행정부의 관계가 아니라 '정부-여당 대 야당'의 관계로 이어져 왔다. 즉 한국의 통치 과정에서 여당은 실질적으로 중요한 역할을 수행했으며, '정당 정부'의 특성을 상당히 지니고 있다.

> 국회의 입법과정에서 나타나는 의원들의 역할은 행정부 대 입법부라는 관계에서 수행되는 것이라기보다는 오히려 정부·여당 대 야당이라는 틀 속에서 국회 활동이 진행된다. 즉, 국회의원들은 서로 간에 일체감을 가지면서 국회라는 집단의 일원으로서 행정부로부터 독립된 기능을 하는 것이 아니라 여당 의원들은 오히려 정부와 일체감을 가지면서 입법 활동을 한다(신명순 1993: 337).

물론 대통령은 당선 후 정당과 무관하게 독자적으로 정부를 구성한다. 그러나 대통령 소속 정당 의원들이 국무위원으로 임명되며, 국회 내에서의 입법 과정이 정당을 기준으로 이뤄지고 있느 상황에서 당정관계는 안정적 국정 운영을 위해 매우 중요한 조건이 된다.

(1) 당정협의회

한국에서 정당 정부의 특성을 보여주는 또 다른 중요한 정치적 관행은 당정협의회이다. 1961년 5.16 쿠데타 이후 민주공화당을 창당하면서 김종필이 구상한 민정이양 이후의 국정 운영은 당이 주도해 가는 방식이었다. 앞서 살펴본 대로, 민주공화당은 강력한 사무국을 지닌 조직 형태를 취했다. 국회 운영이나 국회의원 공천을 포함한 모든 당무와 당 재정 관리를 사무국이 맡도록 했으며, 당정 간에 빈틈없는 협조 기구를 구축했다. 당시 당정협의회는 청와대 연석회의부터 당무위원─국무위원 연석회의, 경제정책회의, 정책 협의회 등의 각료와 당 간부 수준의 협의체를 거쳐 아래로는 시군 당정협의회에 이르기까지 폭넓게 구축되었다(김일영 2011: 217).

당정 간 협조체제는 매우 일찍부터 그 모습을 나타냈다. 1963년 박정희가 대통령에 취임한 이틀 뒤인 1963년 12월 19일에 열린 민주공화당의 제100차 당무회의에는 국무총리 최두선을 비롯한 당 출신 국무위원들이 함께 참석하여 국가를 이끌어나가는데 '당과 정부가 항상 협력하여 명실공이 책임정치를 구현할 것'을 다짐했고, 당시 민주공화당 의장이었던 김종필은 '당과 정부의 지도체제 단일화를 천명하고, 모든 문제는 당의 결정에 의거하여 행정부와 입법부가 실천하도록 할 것을 당 총재에게 건의하여 수락받았다'는 점을 명백히 하면서, '당과 행정부가 협조하고 단결해 나갈 것'을 역설하였다(민주공화당 1973: 150-151).

박정희도 대통령도 당정협조를 중시했다. 1963년 4월 25일 28차 공화당의 중앙상임위원회에서 박정희는 당 총재로서의 치사를 통해 "정당 정치를 구현하겠다는 본인의 소신에는 변함이 없으며 …주요 정책은 당의 의사가 반영되어야 할 것이다. 행정부는 당에 대해 책임을 지고 당 소속 국회의원은 책임을 지고 당의 정책을 입법에 반영시켜 당과 국회 그리고 행정부가 3위 1체가 되어야 정당 정치가 구현되리라 믿는다"는 입장을 밝혔다(민주공화당 1973: 178).

이에 따라 당무회의에서는 당과 행정부가 정책의 수립과 집행과정에 있어서 협조하는 방안이 구체적으로 논의 결정되었는데, 당무위원과 국무위원의 연석회의를 월 1회 정기적으로 개최하도록 했다. 또한 당 의장이 지명하는 당무위원 급 3명과 국무총리가 지명하는 국무위원 급 3명 정도로 연락 소위원회를 구성하여 적어도 주 1회는 정기적으로 회합하여 협의하도록 했다. 그리고 정부는 주요 의안의 입안과 국회 제출에 앞서 반드시 당(정책연구실)과 협의하고 국회 대책위원회와 당무회의에 부의토록 했으며, 지방기관과 당 지방조직과의 협조방안도 실무 소위원회의 합의를 거쳐 연석회의가 최종적으로 이를 결정하도록 했다(민주공화당 1973: 161-162). 이러한 당정 간의 협조체제는 예산 심의에까지 확대되었다. "1967년 2월 17일 8차 당무회의에서는 정책위원회에 '예산심의특별분과위원회'를 설치할 것을 의결하였다. 이 위원회는 연도별 예산에 관한 당의 편성지침을 작성하며, 정부가 편성하여 제출하는 연도별 예산안을 심의, 조정하여 당의 정책을 최대한으로 반영시킴으로써 국민에 대한 공약사항을 실천하는 데 목적을 두었다."(민주공화당 1973: 316) 그리고 실제로 예산 심의에 공화당은 적극적으로 참여했다.

그러나 당정 협의는 사실 관료들 입장에서는 불편한 것일 수밖에 없다. 주요 정책을 일일이 협의하고 보완해야 하기 때문이다. 이 시기에도 그런 불만이 행정부 내에 상당히 존재했던 것 같다. 이 때문에 박정희는 국무총리에게 직접 당정 간의 협의 방침을 '지시각서'의 형태로 시달했다. 1965년 4월 8일 박정희 대통령의 「여당과 정부 간의 유기적인 협조 개선 방침에 관한 지시각서」는 정일권 총리에게 시달되었고, 이는 4월 20일의 국무회의 의결로써 확정되었다. 그 주요 내용은 정부의 중요 인사의 결정은 당과 사전협의하며 당원을 기용할 때는 당 공식기구의 추천을 거치도록 했으며, 정부의 중요정책 수립 및 집행에 있어서 당과 사전에 협의하며, 국무위원은 당무위원과 정례적으로 회합하여 정부의 당면문제를 논의하도록 한다는 것이었다(민주공화당 1973: 219).

이러한 당정협의는, 초기에 정부 측의 불만이 제기되기도 했지만, 양 측에게 모두 도움이 될 수 있는 것이었다(권찬호 1999: 230−233). 여당의 입장에서는 정책 결정 과정에서 정부에 대해 통제력을 행사할 수 있고, 정당의 정책 기능 강화에 도움이 되며, 더욱이 여당의 이익집약기능에 도움을 줄 수 있는 것이다. 또한 입법화 과정에서 법안 내용에 대해 여당이 보다 분명한 입장을 갖고 나설 수 있게 되었다. 한편, 정부의 입장에서도 여당 의원들에게 법안의 내용을 설명하고 동의를 구함으로써 법안을 통과시키는 데 도움이 되고, 또 여당을 정책 형성의 공동 주체로 만듦으로써 정책집행결과에 대한 책임을 공유할 수 있다. 이와 같은 당정협의회는 1973년에는 국무총리 훈령으로 '당정 협조에 관한 처리 지침'으로 제도화된 이후 역대 모든 정부에서 그 기본 틀이 유지되어 오고 있다.

박정희 때는 공화당과 유정회로, 전두환 정권 때는 민주정의당으로, 노태우 대통령 때는 민주자유당으로 당명이 훈령에 구체적으로 표기되어 있다. 김영삼 정부 때는 '대통령이 소속한 정당'으로의 여당으로 당정관계의 대상을 명기하고 있다. 당정 관계에 대한 총리 훈령의 내용은 김대중 정부에서 전면 개정으로 매우 구체화되는데, 당시는 이른바 'DJP 연합'으로 불렸던 새정치국민회의와 자유민주연합 간의 공동정부 시기였다. 김대중 정부 시기의 총리 훈령에는 정당 명칭을 적시하였는데 이로 인해 여당의 명칭이 새정치국민회의에서 새천년민주당으로 바뀌면서, 그리고 2001년 4월에는 공동정부에 민주국민당의 도움까지 얻게 되면서 두 차례 훈령의 개정안이 만들어졌다. 흥미로운 것은 노무현 정부인데, 당시 노무현 대통령은 '당정 분리'를 강조했지만 당정협의는 총리 훈령으로 그대로 유지되었다. 또한 구체적 당명 언급 대신 대통령의 소속 정당을 여당으로 지칭했는데, '여당과 정책 공조를 합의한 정당'도 여당으로 간주하도록 했다. 그 이후에도 당정협의의 대상은 여당과 '여당과 정책 공조를 합의한 정당'이라는 정의가 그대로 유지되었다. 당정협의에 대한 총리 훈령은 한국 정치에서 '정부 내 정당'의 중요성을 잘 보여준다.

▼ 표 8-2 박정희-김영삼 시기 당정관계에 대한 총리 훈령

박정희 국무총리 훈령 112호 (1973. 5.) 당 · 정협조에 관한 처리 지침	제1, 제2무임소장관의 기능개편에 따라 행정부와 민주공화당(공화당) 및 유신정우회(유정회) 간의 정책 및 정무협조를 위한 처리지침을 다음과 같이 시달하니 시행에 착오없기 바랍니다. 1. 각 원·부·처가 법률안이나 국민생활에 영향을 미치는 중요 정책안을 입안하였을 때에는 원칙적으로 정부의 공식 심의기구에 제안하기에 앞서 제1 또는 제2무임소장관실을 경유하여 각각 공화당 및 유정회 정책기구의 협조를 얻어야 한다. 2. 각 원·부·처가 공화당 및 유정회로부터 각종 자료의 제출이나 중요정책에 관한 협의요청을 받았을 때에는 각각 제1, 제2무임소장관실을 통해서 이를 시행한다. 3. 제1, 제2무임소 장관은 각각 공화당 및 유정회와 협조하여 공화당이나 유정회에서 입안된 법률안과 정책안을 그 발표에 앞서 관계 원·부·처에 통보하여 협의하도록 조정하고 공화당과 유정회에서 추진중인 제반사항을 국무회의에 보고하여야 한다. 4. 행정부와 입법부간의 정무협의 및 조정은 제1무임소장관이 주관하되, 제2무임소장관과 협조한다. 5. 대통령 또는 국무총리가 특별히 지시하는 정치문제는 제1무임소장관이, 경제문제는 제2무임소장관이 연구, 조사, 조정, 보고하되, 제1, 제2무임소장관은 상호 협조하여야 한다.
전두환 국무총리 훈령 178호 (1982.5) 당 · 정협조에 관한 처리 지침	행정부와 입법부 및 각 정단간의 정책 및 정무협조 지침을 다음과 같이 시달하니 시행에 만전을 기하기 바랍니다. 1. 각원·부·처·청이 법률안 및 국민생활에 중요한 영향을 미치는 대통령령안을 입안한 때에는 정부의 공식심의기구(차관회의등)에 제안하기에 앞서 민주정의당과 사전협조할 것. 2. 각원·부·처·청이 주요 정책안을 입안할 때에는 성안과정에서부터 민주정의당과 긴밀히 협조할 것. 3. 각원·부·처·청은 민주정의당과의 실질적인 당정협조를 위하여 당정협조 전담창구를 설치운영할 것. 4. 정무장관(제1)실은 민주정의당이 입안한 법률안에 대하여 관계부처와 사전협조할 것(이하 생략).
노태우 총리훈령 244호 (1990. 9.) 당 · 정 협조에 관한 처리 지침	1. 행정부와 민주자유당과의 협조 가. 각 원·부·처·청의 장은 아래 사항에 대하여 민주자유당과 긴밀히 협조하여야 한다. (1) 법률안(의원제안 법률안 포함) (2) 국민생활에 중대한 영향을 미치는 대통령령안 (3) 중장기정책안 (4) 국민적 관심사항 및 주요 현안문제 (이하 생략)

김영삼 총리훈령 334호 (1996. 8) 당정협조업무 운영규정	제1조(목적) 이 규정은 행정부가 정당과의 정무협조 및 정책협의업무(이하 "당정협조업무"라 한다)를 수행함에 있어서 필요한 사항을 정함으로써 당정협조업무의 책임성과 효율성을 기함을 목적으로 한다. 제2조(정의) 이 규정에서 사용하는 용어의 정의는 다음과 같다. 　1. "정당"이라 함은 정당법의 규정에 의하여 중앙선거관리위원회에 등록된 정당으로서 국회에 의석을 보유한 정당을 말한다. 　2. "여당"이라 함은 대통령이 소속한 정당을 말한다. 제3조(당정협조업무의 총괄·조정) 정무장관(제1)은 행정부의 당정협조업무를 총괄·조정한다.

자료: 국가법령정보센터.

(2) 당정분리와 당정협조

당정협의가 오랜 관행이었지만 집권당의 '총재'를 겸했던 대통령의 지위로 인해 그 관행을 여당에 대한 압박으로 바라보는 시각이 생겨났다(이하 강원택 2019a: 161-164). 민주화 이후에도 이른바 '3김 시대'까지 집권당과 대통령 간의 관계는 일방적인 것이었다. 대통령이 결심하면 집권당은 국회에서 대통령의 정책 의지를 관철하는 '도구'처럼 활용되어 왔다. 당과 청와대 간의 쌍방 간의 수평적인 의사소통은 부재했으며, 상의하달 식으로 대통령의 의지가 당에 일방적으로 제시되었다. 정당을 사실상 사당처럼 지배해 온 3김 정치하에서 이러한 당정 관계는 대통령이 집권당을 도구화하면서 국회를 무력화시키려 한다는 비판을 받았다. 이 때문에 3김 이후의 첫 대선이었던 2002년 선거에서는 모든 주요 후보가 당정 분리 방침을 공약으로 내걸기도 했다.

특히 2002년 대선에서 당선된 노무현 대통령은 당정 분리의 원칙을 임기 내내 고수했다. 노 대통령은 과거와 같이 대통령이 당을 지배하는 관계를 탈피할 것이며 필요하다면 당원의 한 사람으로서 의사표명만을 하겠다고 했다. 실제로 임기 내내 당 총재 직을 갖지 않았으며 선거 공천 과정에도 개입하지 않았다. 또한 당정 관계의 고리가 될 수 있는 청와대 비서실의 정무수석 직도 임기 초반 이후 없애 버렸다. 이러한 당정 분리 조치는 임기 초반 대통령의 권력을 제한하고 정당과 국회의 자율성을 높일 수 있는 것으로 환영을 받았다.

하지만 노 대통령이 고수해 온 당정 분리는 긍정적으로 작동하지 못했다. 우선 여당이 국정 운영 과정에서 소외되는 결과를 낳았다. 대연정 제안이나 한미 FTA 추진 등 정치적으로 매우 중요한 정책 결정에서 집권당은 배제되었다. 당정 분리는 집권당뿐만 아니라 노 대통령에게도 상당한 부담이 되었다. 집권당으로부터의 협조를 효과적으로 받을 수 없었기 때문이었다. 노무현 대통령 스스로 당정 분리에 대한 문제점을 다음과 같이 지적했다.

> 당정 분리, 저도 받아들였고 또 그 약속을 지키기 위해서 노력했습니다만, 그동안 그랬어야 할 이유가 있어서 당정 분리를 채택을 했습니다. 앞으로는 당정 분리도 재검토해 봐야 합니다. 책임 안 지는 거 보셨죠? 대통령 따로 당 따로, 대통령이 책임집니까, 당이 책임집니까? …책임 없는 정치가 돼 버리는 것이지요. 정치의 중심은 정당입니다. 개인이 아니고요, 대통령 개인이 아니고요. 대통령의 정권은 당으로부터 탄생한 것입니다. 당정 분리라는 것도 재검토해 볼 필요가 있다.[1]

우리나라에서 가장 기본이 되는 정치적 경쟁의 단위는 정당이다. 선거에서 유권자의 정치적 선택의 가장 중요한 기준도 정당이며, 국회 내에서 정파적 경쟁의 단위도 역시 정당이다. 더욱이 우리나라 정당은 지역적으로나 이념적으로 서로 구분되는 뚜렷한 정체성을 지니고 있으며 내부의 기율도 강하다. 따라서 대통령이 국회에서 정치적 동의나 지지를 얻고자 할 때 정당을 초월하여 개별 의원을 접촉하거나 설득하려고 하는 일은 사실상 불가능하다. 따라서 대통령이 자신의 정책을 입법화하기 위해서는 우선적으로 자기가 속한 정당 구성원의 지지와 동의를 구할 수밖에 없다.

그런데 집권당 의원들이라고 해도 대통령이 추진하는 정책에 대해서 언제나 쉽사리 동의할 것으로 볼 수는 없다. 때때로 대통령의 정책이 당의 정체성과 배치되는 것도 있고, 정치적으로 커다란 논란을 불러 오는 것도 있을 수 있다. 지역구나 지지자의 이해관계와 상치되는 것도 있을 수 있다. 더욱이 그 정책에 대한 국민 여론이 나쁘다고 한다면 집권당이라고 하더라도 그로 인한 정치적 부담을 지고 싶지 않을 것이다. 이런 경우라고 해도 대통령이 정책 추진에 힘을 얻기 위해서는 당정(혹은 당청) 간의 긴밀한 연계가 이뤄져야 하는 것이다. 또 한편으로는 대통령의 정책 추진이나 국정 운영 철학 등을 국민에게 알리고 지지를 구하기 위해서도 집권당과의 긴밀한 협력 관계는 언제나 중요한 것이다.

그러나 노무현 정부하에서 시도된 당정 분리로 인해 일부 논란을 부른 정책의 경우에는 여론상의 논란에 앞서 집권 세력 내부의 갈등이 부각됨으로써 이들 정책의 추진력이 크게 약화되었고 이는 또 다시 노무현 대통령의 지지도 하락으로 이어졌다. 그 대표적인 사례가 2003년 4월의 이라크 전 파병 동의안 처리, 2005년 8월의 대연정 제안, 2006년 6월의 사립학교법 재개정안 등을 들 수 있다. 이들 사안 모두 집권당과 대통령 간의 갈등이 크게 부각되었던 것이었다. 이라크 전 파병 동의안 표결의 경우 임기 초였음에도 불구하고 당시 집권당이었던 민주당의 표결 참가자 가운데 절반에 가까운 43명이 반대표를 던졌다. 이런 결과가 나타난 것은 정치적으로 예민하거나 논란을 불러올 수 있는 사안임에도 불구하고 대통령과 집권당 사이에 사전에 충분한 교감이나 협의가 없었을 뿐만 아니라, 대통령이 집권당 소속 의원들을 설득하려는 노력도 없었기 때문이다. 이 때문에 대통령의 통치력이 훼손되는 경우도 적지 않았다. 사학법 재개정에 대한 대승적 협조를 부탁한 대통령의 제안은 집권당에 의해 공개적으로 거부되었고 원포인트 개헌이나 대연정에 대한 대통령의 제안도 집권당으로부터 지지를 얻어내지 못했다. 따라서 노무현 정부 시절 시도된 당정 분리는 애당초 그 취지의 순수성에도 불구하고 바람직한 결과를 이끌어 내지 못했다.

대통령뿐만 아니라 집권당 역시 집권의 공동 책임자이기 때문에 청와대와 여당 간의 긴밀하고 공고한 협력 관계는 효율적인 국정운영과 안정적인 정책 추진을 위해 매우 중요하다. 당정 관계가 중요하다면 정책 형성 과정에서 여당의 역할이 보다 강화될 필요성이 있다. 대통령이나 행정부가 주도하는 정책을 입법화하기 위한 도구적 기능에서 벗어나 정책 형성 과정부터 당이 여론을 수렴하여 대통령에게 전달하고 정책의 정치적 결과나 평가 등에 대한 피드백의 기능을 할 수 있도록 보다 적극적으로 참여해야 한다. 이 때문에 대통령이 집권당과 소통할 수 있고 협의할 수 있는 제도적인 장치의 마련은 대단히 중요하다. 당정 간의 의사소통을 담당하는 청와대 비서실 정무 수석의 역할이 중요하며, 당 정책위원회와 행정부 내 주요 각료 간의 협의체 역시 중요하다고 할 수 있다. 당정 관계가 과거처럼 일방적이고 상의하달 식의 의사소통으로 이어져서는 안 되며 대통령의 의사를 관철하기 위한 도구로 이용되어서도 안 되겠지만, 국정 운영의 두 축이라고 할 수 있는 대통령과 집권당 간의 효율적인 의사소통과 협의의 채널의 구축은 현실적으로 매우 중요한 의미를 지닌다.

의회제적 속성을 함께 지닌 한국 정치체제의 운영 특성상 여당의 역할은 통치 과정에서 그 나름대로 중요한 의미가 있었다. 당정협의를 하고, 현역의원이 내각에 입각하고, 행정부가 법안 제출권을 갖는 한국 정치 제도에서 정당 정부적 속성은 제1공화국부터 유지되어온 것들이다. 대통령이 국회의 지원을 얻기 위해서는 일정한 정체성과 규율로 단합된 집권당과의 원활한 소통과 긴밀한 협력관계를 구축하는 것은 매우 중요한 일이다.

한국 대통령제에서 '정부 속의 정당'이 갖는 또 다른 중요한 의미는 정치적 책임성의 확보와 관련이 있다. 우리나라는 단임 대통령제이기 때문에 대통령이 퇴임하고 나면 선거를 통한 정치적 책임성을 물을 수 없다. 또한 정책의 단절로 인한 문제도 생겨날 수 있다. 이런 문제점을 해결하는 한 방편은 대통령의 정당이 그 책임과 정책의 연속성을 맡는 것이다. 이런 점에서도 '정부 내 정당'으로서 여당의 역할이 중요성을 갖는다.

9

CHAPTER

야당

정/당/론

제9장

야당

정치적 반대 세력(opposition)은 자유민주주의 체제의 핵심 요소이다. 반대 세력은 정치적 다원주의를 상징하는 존재이며, 제도 정치권 내의 반대세력은 현 집권세력을 대신할 수 있는 국가 통치의 대안 세력(government−in−waiting)이기도 하다. 집권정당이 추진한 정책이 실패했거나 기대를 충족시키지 못했거나, 스캔들, 부패 등으로 인기가 떨어졌다든지, 혹은 상황이나 환경의 변화에 제대로 대응하지 못했을 때, 그 권력을 대체할 수 있는 정치세력이 야당이다.

정당 정치에 대한 많은 연구가 이뤄져 왔지만 야당에 대한 학문적 관심은 그리 높은 편이 아니었다. 이러한 현상은 비단 우리나라뿐만 아니라 서구 학계에서도 마찬가지여서 야당은 큰 주목의 대상이 아니었다. 그 이유는 여러 가지가 있을 수 있다. 아무래도 권력을 행사하는 주체, 즉 집권당이나 통치자가 일차적 관심의 대상이 될 수밖에 없다. 집권당은 국가 구성원 및 외국과의 관계에서 영향을 미칠 수 있는 권력의 행사나 중요한 정치적 결정을 내릴 수 있지만, 야당은 이에 비해서는 부수적이거나 보조적 존재일 수밖에 없어서 그에 대한 관심은 상대적으로 낮았다. 블론델(Blondel 1997: 463)은 야당이라는 것은 정부의 특성에 묶여 있는 '종속적(dependent)' 개념이며, 따라서 정부, 통치, 권위와 관련된 개념에 기생(parasitic)해 있다고 지적했다.

또한 한 국가의 통치형태나 정당체계를 이해하고자 한다면 야당에 대한 연구만으로는 부족할 수밖에 없다. 또한 국가마다 정치제도나 정당체계가 다르고 이에 따라 야당의 역할이나 기능, 영향력도 각기 다르기 때문에 '야당 정치'만을 일반화하여 비교 연구한다는 것은 쉬운 일이 아니다. 예컨대, 양당제하에서의 야당의 역할과, 다섯 개의 정당이 있을 때 하나의 지배적 정당과 네 개의 야당이 있는 경우, 혹은 두 개의 정당이 연립정부를 구성하고 세 개의 야당들이 있는 경우를 각각 생각해 보면, 이런 경우를 모두 포함하여 하나의 틀로 일반화하기가 쉽지 않다. 더욱이 정치체계에 따라 야당 간 힘의 차이나 이념적 차이도 있을 수 있다. 이로 인해 야당은 연구 대상에서 제외되거나, 독자적인 연구의 대상이기보다는 집권당과의 상대적 관계에서 다뤄져 왔다.

이와 함께 정치적 반대세력이 자유롭게 활동할 수 있는 민주주의 국가가 많지 않았다는 점도 야당 연구가 제대로 이뤄지지 못한 한 이유였다. 다알(Dahl 1966: xiii)에 따르면, 1964년 유엔 회원국 113개국 가운데 대략 30개 국가에서만 완전히 합법적인 야당이 존재했다.

우리나라에서도 야당은 학문적 관심을 갖기에는 그 존재가 미미했다. 오랜 권위주의 체제하에서 정당 경쟁은 공정하지 않았고 야당이 선거 경쟁을 통해서 권력을 장악할 수 있는 가능성도 매우 희박했다. 따라서 민주화 이전 야당은 권위주의 집권세력에 의해 물리적으로 억압 받거나 혹은 불공정한 정치적 경쟁에 의해 권력으로부터 거의 항구적으로 배제되어 있었다. 따라서 민주화 이전 야당은 국가의 중요한 정책 결정 과정에서 사실상 소외되어 있었고, 여당의 '들러리'이거나 혹은 '저항세력'으로서의 기능만을 수행해 왔다(이계희 1991; 김수진 2008b). 그러나 민주화 이후, 특히 1997년 대통령 선거에서 야당 후보 김대중의 당선으로 정권교체가 이뤄지기 시작하면서 정치적 대안세력으로서 야당의 중요성이 커지게 되었다. 또한 1988년 민주화 이후 첫 국회의원 선거에서 한국정치사상 처음으로 여소야대의 구도가 만들어지면서 야당이 국회를 기반으로 정치적 영향력을 행사하게 된 경험도 야당의 역할에 대해 주목하게 만들었다.

1. 정치적 반대와 다원주의

정치적 반대자는 역사상 어느 시대에나 존재했을 것이지만 정치체계 내에서 반대가 용인되고 합법적으로 활동하게 된 것으로 그리 오래된 일은 아니다. 예컨대, 근대국가 시기의 절대왕정 하에서 왕권에 도전하는 세력의 존재를 권력자가 인정할 수는 없는 일이었다. 일당의 지배만이 허용되던 공산체제를 비롯한 절대주의 체제에서도 조직화된 반대 세력에 의한 제도화된 정치적 반대는 용납될 수 없었다. 정치적 반대가 용인된 것은 역사적으로 민주주의의 발전에 따른 비교적 최근의 현상이다.

어떤 하나의 생각이 모든 것을 지배하거나 관철하는 상황, 그것 이외의 다른 생각이 허용되지 않는 상황에서 야당은 용인될 수 없다. 민주주의 진전에 따라서 정치적 의견의 다양성이 수용되고 관용의 제도화가 이뤄지면서 집권세력에 대항하는 반대 세력에 대한 정치적 용인이 이뤄지게 된 것이다. 이처럼 야당의 존재가 합법화된 데에는 정치적 다원주의가 사회적으로 수용되었다는 사실과 관련 있다.

이처럼 정치적 반대의 용인은 정치적 다원주의의 발전과 긴밀하게 관련되어 있는데, 이것은 정당 정치의 발전과정과도 일치한다(Sartori 1976: 3–16 25–26). 정당의 영어 단어 party는 라틴어 *partire*에서 기원된 것인데, 그 의미는 '나누다(divide)'는 것이다. 또한 부분을 의미하는 part도 정당과 관련이 있는 단어이다. 오랫동안 정당은 파벌(faction)과 유사한 의미로 사용되었고, 그것은 매우 부정적인 의미를 갖는 것이었다. (이에 대해서는 제10장에서 상세히 논의한다.) 즉, 정당이라는 것은 "전체의 이익을 해치는 것으로서의 부분(parts against the whole)"으로 인식되었다.

정당에 대한 이러한 부정적 의미가 사라지게 된 것은 다양성과 이견이 기존 정치질서에 대한 심각한 위협이나 분열과 파괴의 시도가 아니라는 것을 깨닫게 된 이후이다. 사회는 단색의 세상이 아니며 오히려 이견과 차이, 다름이 존재하는 것이 당연하고 자연스러운 것이라는 다원주의가 수용되면서 정당 정치가 등장하게 되었고, 반대당의 존재도 수용될 수 있었다.

따라서 합의(consensus)라는 것은 반대나 이견이 없는 상황을 의미하는 것이 아니라, 다른 생각과 견해를 가진 사람들이 그러한 차이나 이견을 조정해 가는 과정을 통해 이뤄지는 것으로 이해하게 되었다. 즉 의견, 생각, 이익의 차이와 다름이 사회의 본질적 상태이고 합의는 만들어 져야 하는 것(must be produced)이다. 이런 관점에서 부분과 전체의 관계에 대한 인식도 달라지게 되었다. 과거에는 원래 하나의 전체로 사회가 존재해야 하고, 거기서 부분으로 나뉘는 것은 전체의 이익을 해치는 것으로 보았다면, 다원주의적 시각에서는 오히려 전체는 부분으로 구성되는 결과물이 된다. 다양한 부분들이다. 모여 전체를 구성하며(a–whole–of–parts) 이 때문에 각 부분의 존재가 보다 중요한 것이다. 정당 역시 전체를 구성하는 각각의 부분(part–of–a–whole)을 대표한다. 즉, 여당과 야당 모두 각각 하나의 부분이 되며 이들이 모여 전체를 구성한다. 권력을 장악한 여당의 존재만큼이나 반대하는 야당의 존재 역시 정치체계라는 전체를 구성하는 중요한 구성요소가 되는 것이다. 사르토리

(Sartori, 1976: 15)는 정치적 다원주의를 권력의 분화, 독립적이고 상호 포함되지 않는 (non-inclusive) 다수 집단의 존재라고 정의했다. 즉 상이한 이해관계나 관점을 갖는 경쟁적인 다수 집단의 존재가 정치적 다원주의의 전제인 셈이다. 다원적 경쟁 세력 중 일부가 권력을 잡게 되면 나머지 집단은 반대 세력을 형성하게 된다. 이처럼 정당 정치의 출현, 특히 반대의 용인은 다원주의, 민주주의의 발전과 긴밀한 관련을 갖는다. 다알(Dahl 1966: xiii) 역시 민주주의 제도의 발전에 있어서 세 가지 획기적인 사건으로 투표를 통해 정부의 결정에 참여할 수 있는 권리, 대표될 수 있는 권리, 그리고 의회와 선거에서 정부에 대한 반대를 호소할 수 있는 조직된 반대의 권리(the right of an organized opposition)의 확립을 들었다.

전체 정치체계를 구성하는 일부분으로써 반대파인 야당의 존재가 인정받는 과정은 오랜 의회 정치의 역사를 갖는 영국 정치사에서 잘 살펴볼 수 있다. 야당은 국왕이 통치하는 현존 체제를 인정하면서 국가의 정책 집행자에 대한 반대 입장을 펼치는 체제 순응적인 특성을 발전시켜 왔다. 정치적 반대 세력이 국가에 반대, 혹은 국왕에 대한 반대로 간주된다면 이것은 역모(逆謀)가 될 수밖에 없다. 그러나 국왕과 국가에 대해서 충성하면서도 현재 정책을 담당하는 이들이나 그들의 정책 방향, 추진 방식에 반대하는 것이라면 이것은 반체제적 저항으로 볼 수 없다. 즉, 정치적 반대가 국가 자체를 거부하는(opposing the state) 것이 아니라 국가의 정책 집행자에 반대하는(opposing the ministers of the state)(Parry 1997: 459) 것으로 이해된다면 그것은 정치적으로 용납될 수 있는 것이었다. 국왕이 직접 통치를 담당하던 것에서 벗어나 의회가 그 역할을 대신하고 '국왕은 군림하지만 통치하지 않는(the Queen reigns but does not rule)' 입헌군주제로 바뀌게 되면서 이와 같은 정치적 변화가 가능해졌다. 국왕은 위엄의 영역(dignified parts)에 머물고 실제 국정 운영은 효율의 영역 (efficient parts)에서 담당하게 되면서, 정책 집행을 둘러싼 찬반의 입장이 의회 내에서 나타나게 된 것이다(Bagehot 1873: 4-5). 의회 정치의 발전으로 권력의 담당 세력과 그 정치적 비판자가 공존할 수 있는 정치적 공간이 만들어지기 시작했다. 오늘날 영국의 야당은 공식적으로 '여왕 폐하의 충성스러운 야당(Her Majesty's loyal opposition)'이라고 불린다. 이 표현은 '반대(opposition)'와 '충성(loyal)'이라는 상반된 개념이 공존하게 되었다는 것을 잘 보여준다. 이 표현이 처음 사용된 것이 1826년이기 때문에(Johnson 1997: 489) 역사적으로 보면 200년 정도밖에 지나지 않았다. 야당이 정치적으로 용인된 역사가 그리 길지 않음을 알 수 있다.

2. 야당과 정치체계

야당은 영어로는 the opposition 즉 반대당, 혹은 반대세력이다. 그러나 무엇에 대해 반대하느냐 하는 것은 정치적 상황에 따라 각기 달라질 수 있을 것이다. 바커 (Barker 1971: 5)는 다음과 같은 여섯 가지로 정치적 반대의 경우를 설명했다.

첫 번째, 국가의 기반이나 형태에 대한 총체적인 저항(total resistance to the form and basis of the state)이다. 이는 혁명을 통한 체제 전복을 시도할 수 있는 수준의 반대라고 할 수 있다.

두 번째, 억압적 기구라고 생각될 때 국가 권력에 대한 저항(resistance to the power of the state)이다. 유신체제하에서 일어난 정치적 반대가 이에 해당한다고 볼 수 있다.

세 번째, 국가를 지배하는 집단, 파벌, 왕조의 지배권에 대한 저항과 그 정통성의 부정(resistance to the group, faction or dynasty in command of the state, and to a denial of its legitimacy)이다. 두 번째 경우와 다소 겹치는 부분이 있기는 하지만 우리나라의 경우에는 신군부가 쿠데타를 통해 권력을 장악한 전두환 체제에서 일어난 정치적 반대가 여기에 해당한다고 볼 수 있다. 1960년 3.15 부정선거를 자행한 이승만과 자유당에 대한 반대였던 4.19 혁명 역시 그 정통성을 부정했다는 점에서 여기에 포함시킬 수 있을 것이다. 이러한 세 가지 반대는 기존의 정치체제의 정통성이나 존립 기반에 대한 반대라는 점에서 반체제적인(anti-system) 특성을 가지며, 이러한 반대가 반드시 야당이라는 정당 정치의 영역에 국한된다고 보기는 어렵다.

네 번째, 정통성에 문제를 제기하거나 국가 혹은 헌법의 기반을 위협하거나 거부함 없는 집권 세력에 대한 충성스러운 반대(a loyal opposition)이다.

다섯 번째, 헌법이 권력의 과도함을 감시하거나 교정하기 위한 견제와 균형의 체계(a system of checks and balances)로서의 반대이다.

여섯 번째, 정부가 본질적으로 억압적이라고 비난하는 것은 아니며, 시민이나 집단이 정부의 행동을 변화시키거나 가혹함을 완화하거나 독재를 방지하기 위한 방법으로서의 반대(the methods whereby the citizen or group modifies a government's actions or prevents its tyrannies) 등이다.

네 번째부터 여섯 번째까지의 세 가지 형태는 기존 체제를 인정하고 체제 내에서 정치적 반대를 도모한다는 점에서 체제 순응적이다. 또한 '견제와 균형의 체제'로서의 반대에서 알 수 있듯이, 야당의 존재는 정치체계의 필수적인 구성요소가 된다.

여섯 번째의 경우는 시민이 정치권력의 행사를 견제하고 통제하는 메커니즘으로서의 반대로 야당도 포함될 수 있지만, 2016-2017년의 촛불 집회와 같은 시민적 저항을 포함하는 보다 폭넓은 개념으로 이해될 수 있다.

다알(Dahl 1966: 349-352)은 서구 자유민주주의 국가의 야당을 비교하기 위한 기준으로 다음의 다섯 가지를 제시했다. 첫째는 헌정 구조와 선거제도이다. 정치적 권한이 집중되어 있느냐 혹은 분산되어 있느냐에 따라 야당의 반대의 패턴은 달라질 것이다. 권력이 한 곳에 집중되어 있는 것에 비해, 권력이 분산되어 있고 또 연방제처럼 지리적으로도 분권화되어 있다면 야당과의 경쟁의 정도는 덜할 것이다. 또한 선거제도가 득표한 만큼 의석을 배분 받는 비례대표제라면 다수제 방식에 비해서 여야 정당 간의 경쟁의 정도는 덜할 것이다. 또한 비례대표제라면 다당제가 형성될 가능성이 높기 때문에 양당제에 비해 야당의 역할도 달라질 것이다. 일반적으로 정부에 권한이 집중되어 있을수록 야당 또한 하나의 결집체로 집중되고 응집력도 강해진다(Blondel 1997: 473).

두 번째는 폭넓게 공유되는 문화적 조건인데, 정치제도에 대한 수용, 충성, 타인에 대한 신뢰, 타협과 화해의 문화, 문제 해결에 대한 태도가 실용적이고 현실적인지, 교조적이고 단정적인지의 여부 등이다.

세 번째는 직업, 사회 계층, 민족, 언어, 인종, 종교, 거주지, 지역 등의 하위문화와 관련된 것이다. 얼마나 폭넓은 하위문화가 존재하느냐 하는 점도 중요하지만 이와 함께 하위문화와 관련된 폭력과 억압, 합병이나 분리, 상호 거부권(mutual veto), 자치권, 비례대표제, 동화(同化) 여부 등도 정치적 반대와 관련하여 중요한 점이다. 블론델(Blondel 1997: 478)은 하위문화가 다양하고 그 각각의 영향력이 비슷한 경우 야당은 분산된(diffuse) 특성을 갖기 쉽다고 보았다.

네 번째는 정부에 대한 억울함, 불만의 기억인데, 이런 일이 생겼을 때 정부가 적절하게 대응하지 못한다면 정치적 반대에 영향을 미칠 수 있다. 이런 점을 고려한다면 1980년 광주민주화 항쟁에 대한 기억은 정치적 반대, 야당의 행동에 영향을 미칠 수밖에 없다.

다섯 번째는 사회경제적 차이와 관련된 것이다. 사회경제적 차이가 작은 경우, 또 여러 가지 사회경제적 차이가 상호 중복되어 집단 간 차이를 강화시켜 주는 경우, 혹은 그와 달리 다양한 사회경제적 차이가 상쇄시켜 주는 경우에 정치적 반대의 패턴은 달라질 것이다. 이와 함께 두 가지 중개 변수로서 태도와 의견의 분포, 강도 혹은 합치 여부, 그리고 분극화의 정도 등을 들었다.

이와 같은 것들이 야당의 역할과 기능에 영향을 미치는 거시적 조건이라면, 다알(Dahl 1966: 332-47)은 정당 정치와 관련된 보다 미시적인 여섯 가지 조건을 제시했다.

첫째, 야당의 조직적 응집 혹은 집중의 정도인데, 조직적 응집력이 강할수록 야당은 보다 효과적으로 기능할 것이다. 블론델(Blondel 1997: 486)도 야당의 힘은 응집력에 달려 있다고 보았다.

둘째, 정치적 경쟁의 정도인데, 정당 간 경쟁이 제로섬(zero-sum)적이거나 양당제이거나 다수제 선거제도라면 경쟁의 정도는 강할 것이다. 정당 간 경쟁도 선거와 의회 두 차원에서 이뤄질 수 있다.

셋째, 야당과 여당 간 격돌의 장소 혹은 상황인데, 일반적으로는 선거 경쟁이 될 것이다. 매우 중앙 집중적 구조를 갖고 있다면 격돌의 장소가 한 곳으로 모아질 수 있고, 반대로 연방제나 권력 분립으로 분산되어 있다면 격돌의 장소도 분산될 것이다.

넷째, 야당의 독자성 혹은 존재감인데, 응집력, 경쟁의 정도, 격돌 장소의 집중 여부 등에 따라 영향을 받는다고 보았다. 영국처럼 양당적 형태로 정당체계가 작동하는 경우 야당의 존재감은 강한 반면, 스위스처럼 다당제, 연방제, 잦은 국민투표의 활용의 특성을 갖는 경우 야당의 존재감은 상대적으로 떨어진다.

다섯째, 반대의 목표인데, 공직 인사의 교체부터, 정부의 구체적 정책, 정치체계의 구조, 사회경제적 구조의 변화 등을 제시했다. 이는 사실 '반대의 내용'인 셈이다.

여섯째, 반대의 전략으로, 경쟁, 연립 구성, 여론 형성 등 다양한 전략이 동원될 수 있다. '야당 정치'와 관련된 다알의 여섯 가지 조건을 보다 일반적인 범주에서 해석하면 <표 9-1>와 같이 정리해 볼 수 있다.

또한 다알(Dahl 1966: 354-56)은, 사르토리(Sartori 1962)의 분석틀을 빌려 야당 정치를 정치체계의 특성과 연관시키려는 시도를 했다. 다알은 정치적 반대를 해소하는 방식을 크게 두 가지의 가설적인 정치체계로 나누어 설명했다.

<표 9-2>에서 보듯이, 시스템 1은 미국, 영국, 스칸디나비아 국가, 네덜란드의 형태를, 시스템 2는(1950-60년대) 프랑스, 이탈리아의 형태를 염두에 둔 것이다. 시스템 1의 야당은 기본적으로 체제에 순응하며 정치적 갈등 해소의 방식 역시 규칙을 준수하며 점진적이다. 문제해결 역시 경험적이고 실용적인 입장을 중시한다.

반면 시스템 2의 야당은 근본적으로 기존 정치체계에 대한 신뢰감이 낮고 경쟁의 규칙에 대해서도 합의의 수준이 낮다. 다알이 시스템 2에서 합리주의적(rationalistic)으로 부른 것은, 실용적이고 경험적 입장과는 달리 논의의 추상성이 높아서 종종 사실로

▼ 표 9-1 야당의 여섯 가지 미시적 조건

미시적 조건	내용
야당의 조직적 응집, 집중의 정도	조직적 응집력, 당 기율, 당 조직의 집중-분산, 당 리더십
정치적 경쟁의 정도	선거제도, 정당체계에 따라 차이, 선거 차원과 의회 차원의 경쟁도
야당과 정부에 영향을 미치는 세력 간 격돌의 장소 혹은 상황	선거, 의회, 상임위원회, 장외 등
야당의 존재감, 독자성	권력의 집중-분산의 정도, 새로운 이슈의 부상 등
반대의 목표	권력 획득, 이슈 제기, 여론의 주목, 정치체계의 변화, 사회경제적 구조의 변화 등
반대의 전략	정치적 이슈의 제기, 장외 집회, 의회 토론 등

부터 많이 벗어나는 일이 생긴다는 것, 교조적이고 단정적인 태도를 취하며, 이론적 입장과 실제 행위 사이에 괴리가 존재한다는 것을 지적한 것이다.

사실 이러한 구분은 제5장에서 논의한 사르토리의 정당체계 분류와도 관련이 있다. 시스템 1은 양당제와 온건다당제, 시스템 2는 분극적 다당제를 대상으로 한 것으로 볼 수 있다. 사르토리가 말한, 무책임한 야당, 원심적 경쟁, 양극화된 상호 적대적 야당의 존재가 시스템 2에서 제시된 특성이다.

▼ 표 9-2 다알(Dahl)의 야당의 문제해결 방식의 구분

정향	시스템 1	시스템 2
정치체계	충성스러움	소외감
다른 사람(정당)에 대해	신뢰	불신
집단행동	협조적	비협조적
문제 해결	경험적-실용적	합리주의적
야당이 중시하는 내용	• 안정적 정부의 유지, • (정치적) 게임에서 정치적, 헌정적 규칙의 준수, • 부분적 조정을 통한 점진적 변화, • 이념적 일관성보다 실체적 분석	• 정부가 불안정해지더라도 목표의 성취 • 목표 성취를 위해 필요하다면 규칙의 변화, • 혁명적 수단을 포함한 근본적인 구조적 변화, • 실체적 분석보다 이념적 일관성

이러한 분석은 물론 일종의 이상형이며 다알 자신도 극단적인 사례라고 지적한 바 있다. 시기적으로 오래전인 1950년대-60년대 서구 정치를 토대로 한 분석이라는 점에서 최근의 변화를 제대로 반영하지 못하는 한계와 문제점이 분명하게 존재하지만, 그럼에도 불구하고 이 분석의 틀은 야당의 특성을 이해하는 데 도움을 준다.

한편, 블론델(Blondel 1997: 469-472)은 다알의 분류를 축소해서 크게 두 가지 개념으로 정치적 반대에 대해 설명했다. 하나는 정부 목표로부터의 거리(distance from government goals)인데, 여당과 야당 간의 입장의 차이를 의미하는 것이다. 이 거리가 멀면 그만큼 여야 간의 갈등이나 격돌은 심해지고 타협, 합의는 어려워질 것이다. 반면에 둘 간의 거리가 그렇게 크지 않다면 상대적으로 타협과 합의의 가능성이 높아질 것이다. 또 다른 하나는 각 야당 혹은 야당 집단의 힘인데, 선거에서 얻는 지지의 정도, 당원의 규모 등이다. 그리고 이러한 힘은 야당의 조직적 결집과 분산의 정도를 알게 해 준다고 보았다. 블론델은 여기서 더 논의를 진행하지는 않았지만 이러한 목표의 차이와 야당 힘의 정도라는 두 가지 개념은 야당 정치를 이해하는 데 도움을 준다.

그러나 그 이외에도 야당 정치와 관련하여 생각해 볼 수 있는 것들이 있다. 우선 들 수 있는 것은 '반대의 명분'에 대한 것이다. 평등 대 효율과 같은 좌우 이념 또는 세계관의 차이일 수도 있고, 영남 대 호남과 같이 사회 균열을 대표하는 것일 수도 있다. 4.19 혁명이나 2016년 촛불집회처럼 정치 지도자에 대한 반대일 수도 있고, 프랑스 4 공화국 때의 드골주의 정당처럼 정치체제를 바꾸자고 할 수도 있고, 전두환 정권 때의 신한민주당처럼 정치적 경쟁의 규칙을 바꾸자고 주장할 수도 있다. 다알이 말하는 반대의 목표와 비슷한 것으로 볼 수 있다.

3. 한국의 야당

한국 정치에서 야당은 매우 중요한 역할을 해 왔다. 이승만의 대통령 당선 이후 조각 과정에서 소외된 한민당이 야당의 역할을 하게 되었고 이는 이후 1949년 민국당, 1955년 민주당으로 이어져 왔다. 박정희 정권 하에서도 분열되었던 야당이 1967년 신민당으로 합쳐지면서 그 이후 이른바 '전통 야당'의 맥이 이어져 왔다. 권위주의 체제 하에서도 한국의 선거 정치는 역동성을 유지해 왔고, 이 때문에 현실적으로 정권 교체의 가능성이 크지 않았다고 해도 여야 간의 선거 경쟁은 일정한 경쟁도를 유지해 왔다. 1956년 정부통령 선거에서는 야당인 민주당의 장면 후보가 부통령에 당선되었고, 대통령 선거에서도 진보당 조봉암 후보가 200만 표 이상을 득표했다. 1978년 국회의원 선거에서는 야당인 신민당이 여당인 민주공화당을 득표율에서 앞서면서 유신 정권에 충격을 주었다. 1985년 국회의원 선거에서는 선거 한 달 전 만들어진 신생 야당 신한민주당이 관제 야당체제를 무너뜨리고 제1야당으로 떠오르기도 했다. 권위주의 체제하에서 실시된 선거에서 야당의 선전은 특히 여촌야도(與村野都)의 투표행태와 긴밀한 관련을 가졌다.

이 시기의 야당은 시기마다 체제 순응적인 경우와, 체제 부정적 반대가 뒤섞여 나타났다. 이승만 정권기의 야당인 민주당은 체제 순응적 야당이었고 이 때문에 이승만 정권을 무너뜨린 세력은 학생을 주도로 한 시민들이었다. 제3공화국에서 신민당은 체제 수용적이었지만 유신 체제 이후에는 누가 야당의 당권을 잡느냐에 따라 달라졌다. 김영삼은 유신체제 반대를 주도했지만 그 이후 이철승이 당권을 잡았을 때는 이른바 '중도통합론'으로 유신체제를 인정하는 야당으로 변모했다. 1979년 김영삼이 신민당 총재가 되었을 때는 다시 '선명 야당'으로 유신체제에 도전하는 반체제 야당이 되었다. 제5공화국에서는 정권이 두 개의 야당을 만들어 두었지만, 1985년 총선을 통해 김영삼, 김대중이 이끄는 신한민주당이라는 반체제 정당이 등장했다.

민주화 이행과 개헌이 여야 합의로 이뤄지면서 민주화 이후에는 체제 도전 세력으로서의 야당은 사실상 존재하지 않게 되었다. 또한 1997년 첫 여야 간 정권교체 이후 2007년, 2017년 세 차례 정권교체가 이뤄지면서 이제 야당은 현 정부의 대안 세력(government-in-waiting)으로 자리 잡았다. 더욱이 1988년 국회의원 선거 이후 경험하게 된 여소야대의 정국 역시 야당의 정치적 중요성을 부각시켰다. 한국의 야당은 과연 어느 정도의 영향력을 갖고 있다고 할 수 있을까.

다알의 야당 정치에 대한 논의는 유익하고 흥미롭지만, 우리나라 야당 정치의 특성을 비교정치적 시각에서 설명하기 위해서는 다른 요인에 대한 고려가 필요하다(이하 강원택 2009c). 한국 야당을 설명하기 위해서는 통치형태, 정당체계, 반대의 명분, 정당 기율, 의회 정치의 특성, 그리고 반대의 전략 혹은 격돌의 장소 등 여섯 가지 요인을 고려해 봐야 한다. 이 여섯 가지 요인은 정당 정치를 둘러싼 외부 환경(통치 형태, 정당 체계), 정치적 갈등의 특징(반대의 명분), 정당 정치의 특성(정당 기율), 그리고 원내 갈등 해소의 방식(의회 정치의 특성, 반대의 전략) 등을 각각 대표하는 것이다. 이런 요인들은 한국의 야당 정치를 둘러싼 거시적, 미시적 요소를 함께 고려할 수 있다.

첫째, 통치 형태에 따른 야당 역할의 차이에 대한 것이다. 단순화해서 말한다면, 대통령제 국가와 내각제에서 상이한 야당의 역할에 대한 것이다. 내각제는 기본적으로 정당이 의회를 장악하면 행정 권력까지 담당하게 되는 통치형태이므로, 의회 권력 및 행정 권력을 모두 잃은 야당이 '정책 결정 과정'에 미치는 영향은 매우 제한적이다. 이런 상황에서 야당은 단지 비판자의 역할에 그칠 수밖에 없는 경우가 일반적이다. 특히 영국처럼 한 정당이 연립에 의존하지 않고 단독으로 의회 권력과 행정 권력을 모두 차지하는 경우라면 야당의 영향력은 더욱 축소될 수밖에 없다.

이에 비해 대통령제는 권력의 분립을 통치 형태의 근본으로 삼고 있다. 따라서 행정권을 담당하지 못하더라도 의회는 중요한 통치의 한 축이다. 대통령 선거에서 패배했더라도 야당은 의회 권력을 장악할 수 있고 이를 통해 정책 결정이나 입법과정에 직접적인 영향력 행사가 가능하다. '분점정부'라는 표현에서 알 수 있듯이 의회를 야당이 장악하면 정부 기능의 한 축을 담당하게 되는 것이다. 분점정부하에서 야당이 주도하는 의회 권력은 행정부와 정책 결정과정의 권한을 공유하게 된다.

물론 내각제에서도 연립정부가 구성되는 경우라면 소수 정당이 야당에 머물러 있는 경우라고 해도 연립에 포함되는 등 집권의 잠재력(governing potential)을 갖거나 위협의 잠재력(blackmail potential)(Sartori 1976: 122–123)을 갖는 경우, 일정한 정도의 영향력을 가질 수도 있다. 특히 의회 내 과반 의석을 장악하지 못한 소수파 정부가 생겨나는 경우라면 행정부를 위협하는 야당의 힘은 보다 커질 수 있다. 그러나 그런 경우라도 그 영향력은 간접적이거나 미래에 대한 가능성으로부터 생겨나는 것이며, 대통령제 하에서 여소야대의 야당처럼 국정 운영의 한 축으로 기능할 수는 없다. 물론 내각제에서 야당은 내각을 붕괴시킬 수 있는 불신임 권한을 갖고 있기 때문에 그 권한이 더욱 크다고 볼 수도 있겠지만, 그러한 권한의 행사는 대다수 국가에서 실제로는 매우 드문 사례이며 또한 의회 해산과 새로운 선거라는 의정의 단절로 이어지게 된다. 따라서 내각제보다는 대통령제에서 야당의 역할이 보다 크거나 주도적이라고 할 수 있다.

두 번째는 정당체계의 문제이다. 다알의 분석에서는 정당체계를 포함하지 않고 있다. 블론델(Blondel 1997: 465–478) 역시 이 점을 지적하고 있다. 정당체계는 다알이 제시한 조건 가운데서는 선거제도라는 요인과 어느 정도 관련이 있겠지만, 정당체계가 야당의 역할에 미칠 수 있는 영향력은 이보다 직접적이다. 정당체계 내 몇 개의 정당이 존재하는지, 정당 간 이념적 거리나 상호 협력의 가능성은 어느 정도인지 하는 것도 야당의 역할이나 영향력을 이해하는 데 매우 중요한 요인이 된다. 양당제인지 다당제인지 하는 것은 야당의 역할을 구조적으로 규정짓는다. 예컨대 양당제라면 야당은 반대 세력의 유일한 중심적 존재로 기능하게 된다. 그러나 다당제라면 야당 역시 다수가 존재하게 되고 그 역할이나 기능에 대해서는 복잡한 조합이 가능할 것이다.

그런데 다당제에서라면 단순히 몇 개의 야당이 존재하느냐하는 정당의 수보다 더욱 중요한 점은 정당 간 이념적 거리가 어떠한가 하는 점이다. 다수로 존재하는 야당이 하나의 반대 세력으로 규합할 수 있는지, 혹은 사안별 협력이 가능한지 이런 것들을 야당들의 이념적 입장에 따라 달라질 것이기 때문이다. 야당들이 집권당보다 많은 의석을 차지하고 있다고 하더라도 강한 좌파와 강한 우파 이념을 가진 두 블록으로 야당이 나눠져 있다면 이들 야당 간 정책 공조 등 협력의 가능성은 크다고 보기 어렵다. 이때 야당은 분열된 존재로 남게 된다. 그러나 이와 반대로 야당들 간의 이념적 거리가 그다지 멀지 않다면 이들의 공조가능성은 보다 커질 것이다. 예컨대, 우파 정당이 집권하고 있고 야당 대부분은 좌파 계열의 정당들이라면 이 때 야당들 간의 협력의 가능성은 상대적으로 높아질 것이다.

야당 간 정책 협력이나 공조의 가능성이 반드시 이념적인 것에만 국한될 필요는 없다. 어떤 균열에 기반해 있든 야당 간 상호 협력의 가능성이 존재하느냐 하는 것이 중요한 점이다. 만일 정당체계가 언어나 종교, 인종 등 뚜렷하게 정체감이 구분되는 사회적 균열구조를 배타적으로 대표하는 형태로 이뤄져 있는 이질적인 (heterogeneous) 정치 형태이거나, 혹은 상대적으로 동질적인(homogeneous) 정치 형태라고 해도 상호 불신의 수준이 높다면 야당간 협조의 가능성은 그만큼 줄어들게 될 것이다(Blondel 1997: 476-477).

우리나라의 정당체계는 민주화 이후에는 사르토리(Sartori 1976)의 정당체계 분류에 따르면, 온건 다당제의 형태를 유지해 왔다. 다당제인 만큼 정치적 경쟁 구도가 여당과 단일 야당 간의 단순한 대립의 구도로만 이뤄져 온 것은 아니었다. 기본적인 정국의 운영은 '여당 대 야당'의 구도로 이뤄져 왔지만, 종종 야당 내에서도 갈등과 경쟁이 발생했다. 예컨대 한나라당과 민주노동당이 모두 야당이라고 해도 이념적, 정책적 입장의 차이로 여당과의 대립 관계에서 효과적인 공조를 이뤄내지 못한 경우가 많았다. 또 한편으로는 야당 가운데 일부가 이탈하여 3당 합당이나 DJP 연합에서 보듯이 여당과 협력하는 일도 있었다. 즉 다당제라는 것은 '여당 대 야당'의 구도뿐만 아니라 때로는 '야당 대 야당'의 관계 역시 정치적으로 중요한 의미를 지니게 된다.

한편, 정당체계가 온건(moderate)하다는 것은 사르토리의 정의에 따르면 정당의 이념이 극단적이지 않으며, 정당 경쟁의 방향이 구심적이며, 반체제적인 정당이 존재하지 않는다는 것을 의미한다. 2002년 이후 한국 정당 정치에서 이념의 중요성이 높아지기는 했지만, 우리나라 주요 정당 간 이념적 거리가 상호 협조를 불가능하게 할 만큼 멀다고 보기는 어렵다. 그런 만큼 여야를 떠나서 우리나라 정치에서 정당간의 협력이나 합의의 가능성은 상대적으로 크다.

세 번째는 반대의 명분이다. 이는 다알도 지적한 것이지만 무엇을 반대하는가 하는 점은 야당 정치를 이해하는 또 다른 중요한 요인이 된다. 우리나라에서 민주화 이전의 야당은 반체제적 특성을 지녔다. 기존 권위주의 체제의 타파가 궁극적인 반대의 목표였기 때문이다. 국가 지배권의 정통성에 대한 부정이 수반된 국가 권력에 대한 저항의 성격을 나타내었다. 그러나 민주화 이후에는 반체제적 요소는 사라졌고 정치적 상황의 변화에 따라 야당의 반대의 특성도 달라졌다. 지역주의 정당체계에서 야당의 반대 명분은 특정 지역 출신 엘리트의 패권체제와 상대 지역 세력 배제에 대한 구조적 갈등(김만흠 1995)을 반영했다. 그러나 최근 들어서는 정당 간 이념적 차별성이 부각되고 있다. 이념적 차별성은 구체적인 정책에 대한 여당과 야당의 시각 차이에서 표출되고 있는데, 대표적으로 대북 문제나 대미 관계, 전시작전통제권과 같은 안보 문제에서 특히 강하게 나타났으며, 세금, 복지 등 경제 정책 분야에까지 점차 확산되고 있는 모습을 보이고 있다. 이처럼 반대의 내용이 이념에 토대를 두고 있고 구체적인 정책을 중심으로 표출되고 있는 것은 이전과 비교할 때 긍정적인 변화로 평가할 수 있다.

네 번째, 야당의 정치적 영향력과 관련하여 고려할 또 다른 점은 당내 기율의 정도이다. 다알 역시 야당 유형 구분의 여섯 가지 기준 가운데 제일 먼저 야당의 조직적 응집 혹은 집중의 정도를 들었다. 여기서 중요한 것은 야당 의원들의 자율성과 독자성의 정도일 것이다. 당의 기율이 강하다면 야당 지도부가 반대하기로 결정한 사안은 매우 조직적이고 체계적으로 반대 행위를 펼칠 수 있다. 의회 내 소수파라고 하더라도 그 야당은 일사분란하게 조직적 응집력을 과시할 수 있을 것이다. 이런 상황이라면 집권당 내 불만 세력이 존재한다면 논란이 있는 일부 정책에 대해서는 집권당 내 분란을 이용해서 야당이 반대를 관철시킬 수 있는 경우도 생겨날 수 있다.

그러나 정당 기율이 강하다고 해도 민주주의 국가에서 정당 구성원에게 절대적인 복종을 언제나 요구할 수는 없는 일이다. 따라서 당 기율의 적용은 사안별로 달라질 수 있다. 일부 사안에 대해서는 의원들의 자유로운 판단을 인정하는 교차투표(cross-party voting)도 허용될 수 있을 것이다. 따라서 여기서 관심을 가져야 할 부분은 당내 구성원에게 어느 정도의 자율성과 독립성을 허용할 것인가 하는 점과, 당지도부의 결정을 어겼을 경우에 어떤 정치적 결과를 갖게 되는가 하는 점일 것이다. 미국처럼 개별 의원의 자율성이나 독립성이 강한 경우와 영국을 비롯한 유럽 국가에서처럼 상대적으로 엄격한 기율이 강조되는 경우에 집권당에 맞서는 야당의 응집력은 각기 달라질 수밖에 없다. 이런 점은 통치형태, 정당체계, 선거제도, 정치문화 등 다양한 특성과도 관련되어 있을 것이다.

다알(Dahl 1966: 335)은 정당체계와 당내 결속도라는 두 가지 기준에 의해 다음과 같은 네 가지 유형을 구분했다. 첫째, 높은 당내 결속도를 갖는 양당제(영국), 둘째, 상대적으로 낮은 당내 결속도를 갖는 양당제(미국), 셋째, 상대적으로 높은 당내 결속도를 갖는 다당제(스웨덴, 노르웨이, 네덜란드), 넷째, 낮은 당내 결속도를 갖는 다당제(이탈리아, 프랑스) 등이다. 이러한 구분은 실제 정치 현상을 지나치게 단순화한 것이기는 하지만 정당체계와 당내 결속도에 따라 야당의 대응이나 반대의 결집 정도가 달라질 수 있다는 점을 지적한 것이다.

다섯 번째, 야당 정치와 관련해서 고려해야 할 또 다른 중요한 요인은 의회 정치의 특성과 정치 문화, 관행이다. 이 역시 다알의 논의에서는 빠져있다. 의회 내 의견 대립과 갈등의 해소방안이 절차적으로 어느 정도 확립되어 있느냐 하는 문제와 관련된 것이다. 야당의 반대 입장의 제기가 정치적 갈등과 대립으로 이끄는 적대적 민주주의(adversary democracy)의 형태로 가느냐 혹은 상반된 정치적 입장이 모두 제도적으로 대표되며 숙의의 과정을 통해 반대가 해소되느냐(Parry 1997: 460) 하는 점은 매우 중요하다. 이는 사실 의회 내에서 정치적 갈등이 어떤 방식으로 해소되는가 하는 문제와 가장 깊은 관련이 있다. 야당을 중심으로 본다면, 야당이 어떤 방식과 태도로 반대를 제기하며 그것이 어떤 절차를 통해 수용되는가의 문제이다. 예컨대, 의회 내에서 야당이 의사일정에 대한 물리적 방해를 통해 정치적 요구를 관철하는 것이 사실상 용인되는 경우와, 의회 내 엄격한 절차적 규범에 의해 규제 받는 경우, 야당의 역할과 기능, 영향력은 각기 달라질 수 있다. 또한 원 구성 문제에 대해서도 미국이나 영국처럼 승자독식의 원칙이 확립된 곳과 우리나라처럼 여야 간의 협의에 따른 원 구성이 관행화된 경우 야당의 영향력과 역할은 그렇지 않은 경우와 비교할 때 큰 차이를 보일 수밖에 없다.

이처럼 한국 야당이 지닌 정치적 영향력과 역할을 비교정치적으로 살펴보기 위해서는 이러한 통치체계, 정당체계, 반대의 명분, 정당의 조직적 특성, 그리고 의회 정치의 특성이라고 하는 다섯 가지 기준을 포함한 다양한 측면을 종합적으로 고려하는 것이 필요하다. 지금까지의 기본적 논의를 토대로 이제는 우리나라 야당의 정치적 영향력과 특성에 대해 다섯 가지 기준이 적용되는 현실정치적 여건을 고려하며 보다 구체적으로 살펴보기로 한다.

첫 번째, 통치형태와 관련해서 볼 때 우리나라는 내각제가 아니라 대통령제라는 점이 야당의 역할에 영향력을 미친다. 입법권을 장악함으로써 행정 권력까지 차지하는 내각제에 비해서, 권력의 분산과 상호견제를 제도적 운영의 원리로 삼고 있는 대통령제에서 야당이 실질적으로 행사할 수 있는 정치적 영향력의 정도는 더욱 크다고 할 수 있다. 특히 여소야대가 되어 야당이 의회를 장악하게 되면, 야당이 행사할 수 있는 '권력'은 매우 강력해진다. 김용호(2001: 475-498)는 민주화 이후 분점 정부하에서 의회의 정치적 위상이 강화되었고 입법 활동이 활발했으며 청문회 등을 통해 국회가 국민의 관심 대상으로 부각되었음을 지적하였다. 2004년의 경우처럼 야당이 주도하는 의회 권력과 대통령의 권력이 충돌하면 대통령을 탄핵시킬 수 있는 정도까지의 영향력을 행사하였다. 이러한 의회의 정치적 위상의 제고는 결국 야당의 정치적 영향력의 증대를 보여주는 것이다.

두 번째, 정당체계의 측면에서 보면 민주화 이후 한국의 정당 정치는 대체로 온건 다당제적인 특성을 보였다. 제5장에서 논의한 대로 민주화 이후 한국의 유효정당수는 2.1-3.5였다. 대체로 3-4개 정도의 정당이 존재해 온 셈이다. 그러나 선거가 끝이 나면 의회 수준에서의 정당 구도는 대체로 양극적 형태로 변모되어 왔다(강원택 1999a: 270-273). 1988년 선거에서 이뤄진 4당 체제는 민자당으로의 3당 합당과 함께 민자당-민주당 간의 양당적 경쟁으로 바뀌었고, 1992년 선거에서는 통일국민당이 3당 돌풍을 일으켰지만 얼마 지나지 않아 해체되고 다시 양당적 형태로 돌아갔다. 1996년 선거에서는 자민련이 3당으로 등장했지만 이후 소위 DJP 연합과 함께 국민회의-자민련 대 한나라당의 양당적 경쟁체제로 변모했다. 2004년 선거 이후에는 열린우리당(이후 통합민주당, 민주당 등)과 한나라당이 각기 진보와 보수 이념을 대표하면서 양극적 흐름을 주도해 왔다. 이처럼 의회 정치가 양당적인 경쟁의 모습을 보이게 되면, 다당제에서 나타날 수 있는 야당 내부의 분열과 갈등을 막을 수 있다는 점에서 보다 강력한 야당의 역할을 행할 수 있다. 즉 다당제라고 하더라도 언제나 반대의 구심점이 되는 정당이 존재해 왔으며, 이 정당을 중심으로 집권당에 대한 반대 세력을 결집해 왔다.

세 번째, 반대의 명분과 관련해서 볼 때, 우리나라 야당이 제기하는 비판과 반대의 명분이 보다 보편적이고 일반적인 가치로 변모하고 있다. 야당이 지역주의와 같이 협소하고 분열적인 이슈에 기반해 있거나 혹은 특정인의 정치적 이해관계를 관철시키기 위한다는 이미지를 주게 된다면 야당의 반대의 명분은 제한적이거나 편향되었다는 평가를 받을 수밖에 없다. 그러나 야당이 제기하는 주장이 이념이나 가치 등 보편성을 지니고 있고 공공이익을 추구하는 것이라면, 그 때 반대는 보다 강한 설득력을 가질 수 있다. 자신들이 반대하는 이유가 정파적 이해관계를 추구하기 때문이 아니라 국가와 사회의 이익을 위하는 것이라는 점을 강조함으로써 야당이 제기하는 반대에 대한 규범적 정당성을 확보할 수 있기 때문이다. 2002년 이후 한국 정치에서 각 정당이 표방하는 이념적 입장의 차별성이 점차 증대되고 있다는 사실을 고려할 때, 이전에 비해서 야당이 갖는 반대의 명분은 보다 강화되고 있다. 즉 과거와 비교할 때 한국 야당의 반대 명분에 구체적이고 이념적인 정당성이 확보되고 있다.

네 번째, 당내 조직과 관련된 것이다. 3김의 정치적 퇴장과 그 이후에 추진된 정당 민주화의 노력에 따라 이전에 비해서는 개별 의원의 자율성이나 독립성은 증대되었다. 그럼에도 불구하고 여전히 우리나라 정당의 당 기율은 강한 편이라고 할 수 있다. 당론이나 당의 주요한 결정에 개별 의원이 순응하지 않는 경우에는 공천 탈락과 같이 정치 생명에 직접적인 피해를 줄 수 있는 제재도 사실상 여전히 가능하다. 지역주의 투표 행태가 지속되는 한 특정 지역의 지배 정당에서 공천에 영향력을 행사할 수 있는 당 지도부의 영향력으로부터 일반 의원이 결코 자유롭기는 어려울 것이다. 그러나 다른 한편 정당 기율이 강하다는 것은 야당이 결집된 반대 활동을 행하는 데에는 도움을 준다. 이런 상황에서 야당은 당 내부의 분열이나 갈등을 최소할 수 있고 일관되고 조직적으로 반대에 나설 수 있다. 그만큼 야당의 강력한 반대가 가능해지는 것이다.

이와 관련하여 또 한 가지 지적할 점은 이전에 비해 정당 간 이념적 차별성이 뚜렷해지면서 당내 구성원의 정치 이념과 정치적 정체성이 이전에 비해 동질화되어 가는 현상이 나타나고 있다는 점이다. 과거에는 출신 지역이나 개인적 연고가 중요하게 작용했다면 이제는 동질적인 정치적 정체성은 정당 구성의 매우 중요한 요인이 되었다. 따라서 특정 정책이나 이슈를 바라보는 당내 구성원의 인식이나 판단이 매우 유사하게 되었고 결집력도 커지게 되었다. 그런 만큼 정책 결정과정에서 야당의 반대는 더욱 힘을 가질 수 있게 되었다.

다섯 번째, 의회 내 정치적 갈등 해소의 관점에서 볼 때 우리나라 의회는 제도적인 수준에서 갈등 해소의 방식이 제대로 자리 잡지 못했다. 다수의 지배원리(a majority rule)가 확립된 서구의 의회와 비교해 볼 때, 우리나라의 의회는 여당이 과반

의석을 차지한 경우라고 해도 다수의 힘으로 뜻하는 모든 일을 관철해 내기 어렵다. 야당의 반대 속에 집권당이 일방적으로 표결로 처리하는 것은 대체로 공정하지 못한 것으로 받아들인다. 쟁점 법안은 수의 대결이 아니라 여야 합의에 의해 해결되는 것을 바람직하게 여기고 있다. 이 때문에 야당이 소수파라고 하더라도 물리적 방법을 포함한 비의회적 수단을 통한 반대가 사실상 관행으로 허용되었다. 때로는 시위나 단식과 같이 의회 외부에서의 반대도 수용되었다. 야당이 의회 내 소수 세력인 경우라도 의사당 점거, 상임위장 점거, 혹은 국회 등원 거부 등 극단적인 방식을 동원하여 반대 투쟁에 나서게 되면 집권당이 수적으로 다수를 차지하고 있어도 일방적으로 결정을 주도할 수 없는 경우도 종종 생겨났다. 제도와 절차를 통한 갈등 해소, 다수 지배의 원칙 등이 지켜지고 있지 않은 의회 정치의 관행으로 인해 야당이 행사할 수 있는 정치적 영향력은 의석의 수와 무관하게 매우 강력할 수 있다.

그러나 국회 선진화법 입법 이후 이러한 관행에 변화가 발생했다. 20대 국회에서 공직선거법과 공수처 법을 더불어민주당이 패스트 트랙으로 지정한 데 대해 자유한국당이 의원실의 출입을 막고 의사국을 점거하고 회의장을 봉쇄한 데 대해 관련 의원들이 국회법 위반으로 재판을 받았다. 이는 국회법 166조의 국회 회의 방해죄에 해당한다.[1] 회의 방해에 대한 처벌 규정으로 인해 향후에도 과거와 같은 의사 진행에 대한 물리적 방해는 쉽지 않을 것으로 보인다.

이와 관련하여 지적할 또 한 가지는 원 구성에 대한 우리나라 의회의 관행이다. 미국이나 영국과 같은 곳에서는 다수당이 상임위원장을 비롯한 주요 의회 직책을 독점한다. 그러나 우리나라에서는 정당별 의석 비율에 따라 야당에게도 일정한 수의 상임위원장 직책을 비롯한 의회 주요 직책을 부여해 왔다. 의회 내 정책 결정과정의 중요한 직책을 담당하는 만큼 이를 통해 야당이라고 해도 일정한 정치적 영향력을 행사할 수 있다. 김주찬과 이시원(2005)의 연구에 의하면, 17대 국회에서 한나라당을 비롯한 야당이 상임위원장을 맡고 있는 상임위원회에서 정부 제출 법률안에 대한 수정가결이 비율이 여당 상임위원장의 상임위원회에서보다 월등히 높은 것으로 나타났다. 상임위원장 직책이 야당의 정치적 영향력 행사로 이어지고 있음을 경험적으로 입증해 준 것이다. 즉 의회 정치의 운영이나 관행상 야당은 상당한 영향력을 행사하고 있는 것이다.[2]

지금까지 논의한 이러한 다섯 가지 기준을 통해서 평가할 때, 한국의 야당은 비교적 영향력 있는 역할을 수행할 수 있는 여건에 놓여 있다고 할 수 있다. 즉 야당이라고 하더라도 자신들의 정치적 요구를 수용하게 하는 상당한 정치적 자원을 지니고 있는 것이다. 이러한 논의를 정리한 것이 <표 9-3>이다.

그동안의 일반적 인식은 한국 정치에서는 선거에서의 승자가 모든 권력을 독식하며 야당은 별다른 영향력을 갖지 못한다는 것이었다. 그러나 지금까지 한국 야당의 정치적 영향력과 정책 결정과정에서의 역할을 살펴본 대로 이와 같은 인식이 반드시 적절하다고 보기는 어렵다. 앞에서 살펴본 대로, 우리나라 야당이 행사할 수 있는 정치적 영향력이 약하다고만 보기는 어렵기 때문이다. 제도적으로, 관행적으로, 정치 문화적으로 한국의 야당은 정책 결정 과정에서 일정한 영향력을 행사해 왔다.

▼표 9-3 달의 다섯 가지 측정 기준에 의한 한국 야당 특성

구분	구분의 내용	한국적 특성
통치형태	대통령제 혹은 내각제	- 대통령을 견제하는 입법부의 역할이 증대되는 추세 - 여소야대의 경우 야당은 매우 강력한 영향력 행사가 가능함
정당체계	양당제 혹은 다당제	- 수적으로 온건다당제이지만, 기능적으로 양당적 대결 구도 - 반대의 구심점 존재
반대의 명분	이념, 지역 등 야당의 존립 근거	- 지역, 인물 중심에서 보다 보편적인 이념적, 정책적 차별성 나타나고 있음
정당의 조직적 특성	당 기율, 결집도 등	- 상당히 강한 편 - 반대를 위한 내적 결집 강함
의회 정치의 특성(정치문화)	갈등 해소의 제도화 여부, 의회직 배분 방식	- 물리적 방해나 반대가 사실상 용인되어 왔으나 국회 선진화법 이후 한계 - 그러나 갈등 해결의 제도화 수준 약함 - 여야 합의에 의한 원 구성, 합의제 방식 국회 운영의 관행(다만, 21대 국회에서 더불어민주당의 관행 파기)
반대의 전략, 격돌의 장소	선거, 의회, 거리	- 의회 토론, 선거 경쟁 - 장외 집회도 빈번하게 이뤄짐

야당 역시 간접적이지만 통치 행위에 일정한 역할을 수행해 온 것이다. 이런 점을 고려할 때, 대통령과 집권당 입장에서는 우리나라 야당의 이러한 특성을 제대로 이해하면서 국정운영의 파트너로, 대화와 협상의 상대로 존중하려는 노력이 필요하다.

또 다른 한편으로는 우리나라 야당의 이런 특성을 감안하면서 보다 성숙한 정치로 한 단계 나아갈 수 있는 제도적 방안에 대해서도 고민할 필요가 있다. 우선 생각해 볼 수 있는 점은, 야당이 제기하는 '반대'를 어떻게 하면 보다 생산적인 결과를 도출하도록 제도적으로 이끌 수 있느냐 하는 점이다. 야당의 반대가 생산적인 결과를 이끌어내기 위해서는, 토의의 절차도 중요하지만, 반대의 내용이 구체적이고 전문적인 정보와 지식에 기반해 있고 실질적인 대안을 제시해 낼 수 있어야 할 것이다. 그동안의 한국 국회는 폴스비(Polsby 1975)의 고전적인 분류에 따르면 적어도 외형상으로는 검투장(arena)에 가깝다고 할 수 있다. 그러나 앞에서 논의한 대로 한국 야당이 현실적으로 갖는 제도적, 관행적으로 갖는 영향력과, 특히 여소야대에서 행사할 수 있는 정치력을 감안하면 한국의 야당은 변형(transformative)의 역할도 동시에 담당하고 있다고 생각된다. 미국 의회에서처럼 입법을 주도하지는 못하더라도 법안의 부분적 변형을 시도하거나 공청회, 청문회 등을 통해 입법과정에서의 영향력을 행사할 수 있기 때문이다.

문제는 야당이 정책 대안의 마련이나 변형의 역량을 제대로 갖추고 있지 못하다는 점이다. 내각제 국가에서처럼 예비내각을 통해 집권당의 정책을 연구하고 비판하고 대안을 마련하거나, 혹은 미국 의회에서처럼 의회 차원의 전문적 지원 기구를 폭넓게 갖추고 있지도 않다. 이 때문에 야당이 주도하는 우리 의회는 '정책적 통제의 취약함과 정치적 통제의 강력함이라는 모순된 양상'(박찬표 2001: 92)이 나타나게 되는 것이다. 국회 내 지원기구의 설립이나 정당 정책연구소에 대한 국고 지원 등 여러 가지 제도적 지원이 이뤄졌지만 아직까지 충분하다고 보기는 어려운 것 같다. 야당의 반대가 보다 생산적인 대안 제시로 이어질 수 있도록 하는 여론의 압박과 제도적 장치의 보완이 필요하다. 이와 관련하여 주목해야 할 점은 정당 경쟁이 지역주의적인 것으로부터 점차 벗어나 이념이나 정책 등이 보다 중요한 요소로 부각되고 있으며, 이에 따라 무조건적인 반대보다는 정책 대안의 제시와 구체적 사실에 기반을 둔 비판과 반대 논리의 마련이 보다 큰 의미를 갖게 되었다는 점은 긍정적인 변화로 봐야할 것이다.

한 가지 주목할 점은 국회 내 법안의 처리 방식이다. <표 9-4>에서 보듯이 가결된 정부안의 비율은 최근으로 올수록 낮아지고 있다. 의원안의 가결율도 낮아지고 있으나 최근 의원안 발의 건수가 크게 늘었음을 감안하면 결코 낮은 수준이라고 보기 어렵다. 미국 의회에서도 의원안의 가결율은 3-5% 정도에 그치고 있다. 또한 위원회가 의결한 법안이 본회의에서 부결된 경우도 매우 드문 것으로 나타났다. 이는 국회의원들이 다른 위원회의 의사결정을 서로 존중하는 '호혜성'(reciprocity)의 관행이 작동하기 때문이다(전진영 2020: 5-7). 전체적으로 보아 상임위원회가 입법 과정에서 실질적으로 중요한 역할을 했음을 알 수 있다. 이는 결국 입법 과정에서 야당의 역할이 중요해졌다는 것을 의미한다.

▼ 표 9-4 법안 제안 주체별 법안 가결율

국회	13대	14대	15대	16대	17대	18대	19대	20대
정부안	87.2	92.4	81.7	72.4	51.1	40.8	34.7	27.9
의원안	13.6	20.2	15.3	15.7	12.2	5.7	7.3	6.7
위원회안	100.0	98.6	100.0	98.9	99.4	99.5	99.8	100.0

자료: 전진영(2020: 6).

두 번째, 선거에서 패배한 야당이 과도한 역할과 영향력을 행사하는 것은 통치체제의 안정, 정치적 책임성, 권력의 정당성이라는 관점에서 볼 때 바람직한 것으로 보기 어렵다. 이와 관련된 가장 심각한 문제점은 야당이 비의회적 방식이나 의회 규칙을 벗어난 방식에 의해 반대 의지를 관철해 내는 경우이다. 극단적 투쟁과 그에 따른 극한적 대립과 교착은 건전한 의회 정치의 정착을 위해 매우 우려되는 관행이다. 이는 갈등 해소의 제도화가 제대로 이뤄지지 못한 탓이지만, 보다 근본적인 원인은 다수 지배의 원리가 수용되고 있지 않기 때문이다. 박찬표(2001: 192-193)는 국회의 원내 갈등을 해소하기 위한 최우선의 과제가 원내 다수파의 정통성에 대한 시비를 종식시키는 것이라고 하면서, 소수파의 권리는 다수결의 원리 내에서 보호되어야 하고 소수파의 물리적 반대 행위는 제도적으로나 규범적으로 제지되어야 한다고 보았다. 이러한 다수결 원리의 관철은 선거를 통한 유권자의 선택과 권한의 위임을 보다 분명하게 실천할 수 있다는 원칙의 문제이기도 하며, 선거에서 패배한 야당이 위임 받지 않은 권한을 행사하는 것을 막을 수 있다는 점에서도 중요한 조건이라고 생각된다. 즉 야당의 반대 행위는 의회 내의 절차적 규범에 따라 이뤄져야 할 것이다.

세 번째, 야당의 책임성을 어떻게 확보할 것인가의 문제이다. 야당은 기본적으로 권력의 외부에 놓여 있고 집권당에 대한 대안적 정치 세력일 뿐이다. 따라서 정책 결정이나 집행에 대한 책임은 일차적으로 집권세력에게 놓여 있으며 야당은 그 책임에서 벗어나 있다. 그러나 앞에서 살펴본 대로 야당이 일정한 정치적 영향력을 행사할 수 있는 입장이라면, 정치적 교착이나 장기화된 대립 그리고 그로 인한 정국의 마비나 불안정에 대해서는 야당 역시 책임을 공유해야 할 것이다. 정당에 정치적 책임성을 강요할 수 있는 가장 분명한 방법은 역시 선거를 통한 유권자의 평가와 심판이다. 그러나 현재 우리나라의 선거제도는 지역주의 투표 성향과 맞물려 지역적으로 선호하는 정당이 미리 정해져 있는 상황이므로 선거에서 정당의 활동에 대한 적절한 평가를 내리기 어렵게 하고 있다. 비례성이 높은 선거제도를 도입하는 일은 집권당의 국정운영에 대한 평가뿐만 아니라 야당의 역할에 대한 평가가 곧바로 의석으로 전환할 수 있도록 해 준다는 점에서 여당, 야당의 정치적 책임성을 묻는 데 보다 효과적인 기능을 할 수 있을 것이다.

지금까지의 논의한 대로, 선거에 패했더라도 우리나라 야당은 나름대로의 정치적 영향력을 행사할 수 있다. 이러한 평가에 주목해야 하는 까닭은 우리나라 의회 정치가 진일보하도록 만들기 위해서는 집권당뿐만 아니라 야당의 역할에 대해서도 보다 정확한 인식을 갖는 것이 중요하기 때문이다. 이런 여건을 감안한다면 한국 의회에서 첨예한 쟁점 사안이나 정치적 교착상태를 풀기 위해서는 수적 다수의 힘보다는 타협을 도출해 내는 설득과 협상의 정치력이 보다 중요하다는 사실을 깨닫게 한다. 또 한편으로 이는 한국 정치의 발전을 위해서는 집권세력뿐만 아니라 야당 역시 커다란 책임의식을 가져야 한다는 점을 시사한다. 그리고 야당의 반대가 보다 제도적 절차 속에서 생산적인 역할을 할 수 있도록 하기 위한 방안에 대한 보다 진지한 사회적 고민도 필요할 것으로 보인다.

10

CHAPTER

정당과
파벌

정/당/론

제10장

정당과 파벌

파벌(factions)은 집단이나 조직 내에 존재하는 분파적 집단을 의미한다. 파벌의 존재는 기업, 노조, 종교 집단, 클럽 등 사실상 모든 집단에서 발견되며 일상적으로도 자주 사용되는 단어이다. 그러나 파벌이라는 용어는 정치적 경쟁이나 갈등의 함의를 갖고 있으며, 이로 인해 파벌이라는 개념은 정치의 언어로 주로 사용되고 있다. 현실적으로 파벌이라는 용어가 빈번하게 사용되는 것에 비해 정치학에서 파벌에 대한 연구는 그다지 발전되지 못했다. 그러나 거의 모든 국가에서 파벌은 정치 과정에서 상당한 의미를 가지며, 일본이나 과거 이탈리아처럼 어떤 국가에서는 그 나라의 정치를 이해하는 데 커다란 중요성을 갖는다(Beller and Belloni 1976: 3-4).

과거에는 정당이나 파벌은 모두 부정적 의미로 사용되었는데, 18세기에 정당이 처음 등장했을 때 이러한 정파적 집단에 대한 반응은 매우 부정적이었다. 당시에는 정당과 파벌 간의 구분이 명확하지 않았는데, 예컨대 볼테르(Voltaire)는 "정당의 우두머리는 항상 파벌의 우두머리"로 여겼다(Sartori 1976: 3). 미국 건국의 주역들도 정당을 반역적 분열, 광신적 열정과 폭력의 원천으로 비판했는데, 이들은 정당과 파벌을 사실상 같은 의미로 사용했다. 매디슨(James Madison)은 연방주의자 논고에서 다음과 같이 말하고 있다.

잘 구성된 합중국이 약속하는 여러 이점 가운데, 파벌의 난폭함(the violence of faction)을 약화하고 통제하는 경향만큼 더욱 정밀하게 개발할 만한 것은 없다. … 우리 정부들이 너무 불안정하고, 경쟁적 당파들의 갈등 속에서(in the conflicts of rival parties) 공공의 이익이 등한시되고 있다는 불만이, 공적 신념과 개인적 신념, 공적 자유와 개인적 자유를 똑같이 공평하게 지지하는 가장 사려 깊고 덕 있는 우리 시민들로부터 곳곳에서 제기되고 있다. …내가 생각하는 파벌이란(By a faction), 전체 중에서 다수파에 해당하든 소수파에 해당하든 상관없이, 다른 시민들의 권리나 공동체의 영속적이고 집합적인 이익에 반하는 어떤 정념이나 이해관계 등과 같은 공통의 욕구에 의해 결합해 행동하는, 상당수 시민의 시민들을 말한다."(Hamilton, Madison and Jay 2019: 79-80)[1]

조지 워싱턴 역시 그의 대통령 퇴임 연설(Farewell Address)[2]에서 파벌의 문제점을 지적했다.

사실, 정부가 너무나 허약해서 파당적 시도(the enterprises of faction)에 견딜 수 없고, 사회의 각 구성원을 법이 제정하는 제한 속에 가두어 놓을 수 없고, 또 모두가 인권과 재산을 안전하고도 조용한 가운데 계속 누릴 수 없게 된다면, 그 정부는 명목 이상의 아무것도 아닙니다. 나는 각 주 정당들의 위험(the danger of parties)을 이미 말씀드린 바 있는데, 특히 지리적 차이를 구실로 정당을 만드는 것의 위험을 예로 들었습니다. 이제 더 포괄적인 견해를 통해 파벌주의(the spirit of party)의 폭넓은 파괴적 효과에 대해 가장 엄숙한 방법으로 여러분께 경고하고자 합니다. 불행하게도 파벌주의는 인간 정신에서 가장 강한 열정에 뿌리를 내리고 있어, 이를 우리 천성에서 분리할 수가 없습니다. 이는 모든 정부에서 다소 억눌리거나, 통제되거나, 억제된 가운데 여러 가지 모습으로 나타나고 있지만, 특히 가장 민주적인 형태의 정부에서 가장 악한 모습으로, 민주주의 최대의 적으로 나타납니다.

이처럼 정당과 파벌은 사실상 동일한 것으로 간주되었고, 모두 부정적인 것이었다. 그 이후 정당은 민주 정치의 진전과 다원주의적 인식의 확산으로 긍정적인 의미를 얻게 되었다(Sartori 1976: 3–18). 정당이 정치적으로 적법성을 얻게 된 것에 비해 파벌은 여전히 부정적 의미를 갖고 있다. 정당은 정치체제 내에서 자연스럽고 적절한 한 부분이며 필요한 정치적 기능을 수행하는 것으로 받아들여지고 있다. 이익집단도 정치체제 내에서 긍정적 역할을 하는 것으로 받아들여지고 있지만, 파벌이라는 용어는 그와 같은 분명한 적법성(visible legitimacy)을 결여하고 있다. 실제로 파벌은 로마 시대 이래 언제나 정치에서 '모욕적인 별칭(opprobrious epithet)'으로 간주되었고, 분쟁을 야기하고, 조직의 이상 작동으로 인한 갈등과 긴장, 그리고 무질서로 이어지도록 만든다고 비판받았다(Beller and Belloni 1976: 3-4).

이러한 부정적인 인식으로 인해 파벌에 대한 연구는 그동안 많이 이뤄지지 않았다. 파벌에 대한 본격적 연구서인 벨러와 벨로니(Beller and Belloni)의 책이 출간된 것이 1978년이었지만, 그 이후에도 다른 영역에 비해 파벌 연구는 그다지 활발하게 이뤄지지 않았다. 정당과 관련된 연구에서도 파벌은 당의 약화, 단합의 붕괴, 부패, 그리고 정당 지도자들 간의 기회주의로 설명되었다. 정당 간 경쟁은 리더십이나 정책에 대한 상이한 대안을 제공하는 기회로 평가 받는 데 비해 파벌 간 경쟁은 그와 같은 긍정적 평가를 받지 못했다. 오히려 파벌은 조직의 정상적 작동을 방해하는 긴장과 압력 그리고 무질서로 이끄는 갈등을 유발하는 것으로 비판 받았다. 그렇지 않다면 논쟁적인 일탈이거나 흥미로운 호기심의 대상 정도로 중요하지 않거나 일시적인 것으로 간주되었다. 요컨대, 파벌은 그 자체로서 의미를 갖는 정치적 현상으로 이해되지 않았다.(Beller and Belloni 1976: 6). 우리나라에서도 파벌은 분열적, 분파적인 것으로 받아들여졌으며 언론에서의 흥미 중심의 서술적 보도 이외에는 많은 연구가 행해지지 않았다. 이처럼 파벌 연구는 오래된 편견으로 인해 상대적으로 소홀했던 연구 분야(Belloni and Beller 1978: 13)이다.

그러나 사실 정당 내 파벌은 매우 일반적이고 어디서나 발견되는 현상이다. 파벌은 대다수 정당 내부의 피할 수 없는 현실이다(Factionalism is a fact of life within most political parties.(Harmel et al., 1995: 7). 파벌은 정당이나 정치 단체 내부에 존재하는 이해관계를 같이 하는 이들의 집단으로 정의할 수 있다. 벨러와 벨로니(1978: 419)는 "어떤 다른 집단과의 관계(context) 속에 존재하고, 자신이 속한 상위 집단 내의 권력 (power advantage)을 차지하기 위해 경쟁자들과 경합하는 상대적으로 조직된 집단" 으로 파벌을 정의했다. 자리스키(Zariski 1978: 19)는 "당내 주요 기구, 당 정강 정책의 형성, 그리고 당 지도부 선출과 공직 후보 공천에 대한 영향력 확보를 위해 경쟁하는 세력들"이라고 파벌을 정의했다. 이들의 정의를 요약하면, 파벌은 정당 내 권력과 영향력 행사를 위해 조직된 당내 세력을 의미한다. 실제로 이러한 파벌은 당내의 정치 과정을 살피는 데 핵심적 요소가 된다. 더욱이 민주주의 체제에서의 정치적 다원주의를 고려하면 한 정당이라고 해도 모든 구성원이 동일한 생각과 이해관계를 갖는다고 볼 수 없으며, 그런 점에서도 파벌의 실재적 의미를 생각해 볼 수 있다.

1. 파벌의 구분

파벌의 종류를 처음으로 구분한 것은 데이비드 흄(David Hume 1877)이다(Boucek 2009: 462-463). 그는 파벌을 '개인적(personal)'인 것과 '실질적(real)'인 것으로 구분했다. 개인적 파벌은 개인적 우정이나 적대감 위에서 기반한 것으로 보았고, 실질적 파벌은 감정적 성향(sentiment)이나 이해관계의 실질적 차이에 기반한다고 보았다. 흄은 '실질적 파벌'을 다시 이익으로부터의 파벌(factions from interests), 원칙으로부터의 파벌(factions from principle), 그리고 감정으로부터의 파벌(factions from affection)이라는 세 가지 하위 집단으로 나눴다. 흄은 잉글랜드에서 '합리적이고, 용납할 수 있는' 파벌은 '국가의 토지 분야와 상업 분야'를 나누는 파벌, 즉 이익으로부터의 파벌이라고 보았고, 원칙에 따른 파벌을 가장 파괴적인 것으로 간주했다.

최근 들어 정치 과정과 관련한 파벌에 대한 관심은 1950년대 키(V.O. Key Jr.)의 연구부터 찾아볼 수 있다. 키는 민주주의에 미치는 파벌의 잠재적 영향에 관심을 가졌다. 키(V. O. Key 1958: 320-321)는 한 정당이 특정 지역에서 정치적으로 지배적인 영향력을 가질 때, 즉 일당 지배 주(one-party states)에서는 정치 과정이 정당 간 경쟁이 아니라 한 정당 내부의 경쟁으로 이뤄진다는 점에 주목했다. 즉, 서로 차이를 인식할 수 있는 정책의 경향성을 갖고 또 조직적 위계를 가진 두 집단이 생겨나고 이들이 프라이머리에서 서로 경쟁한다면, 이것은 양당제에서 정당 간 경쟁의 모습과 유사하다는 것이다.

키는, 파벌이 정당보다 덜 민주적이라는 점을 지적하기는 했지만, 미국 남부의 일당 우위 주에는 한 정당 내 두 개의 파벌(bifactionalism)이 양당제처럼 민주주의적 경쟁을 위한 일정한 역할을 한다고 보았다. 어떤 경우에는 파벌 간 경쟁은 상당한 기간 동안 '한 정당 내의 비공식적 정당체계'(informal party-system-within-a-party)로 가능한다는 것이다. 키는 민주당 강세 지역인 루이지애나 주를 예로 들면서, 두 개의 파벌 정치가 양당제를 대신하는 형태로 작동한다고 보았다.

한편, 뒤베르제(Duverger 1964: 152, 174)는 정당 내 파벌을 계파(wings), 도당(cliques), 분파(fractions), 경향(tendencies), 경쟁 집단(rivalries) 등 다양한 용어로 불렀는데, 이들 각각을 구분하기보다 서로 바꿔 쓸 수 있는 비슷한 의미로 사용했다. 뒤베르제는 일당제에서는 영향력 있는 지도자들을 중심으로 당 체제의 기본을 손상함 없이 여러 개의 파벌이 발전할 수 있다고 보았다. 일당제에서는 정당다원주의가 금지되어 있지만, 유일 정당 내에서 다원주의가 생성될 수 있고, 그것은 다당제에서와 마찬가지의 역할을 할 수 있다고 주장한 바 있다(Duverger 1964: 278).

파벌에 대한 본격적 연구는 로즈(Rose 1964)로부터 비롯되었다. 영국 정당을 대상으로 해서 로즈는 파벌(faction)과 경향성(tendency)을 구분했다. 로즈는 '정치적 파벌은 의식적으로 조직된 정치 활동을 통해 광범위한 정책을 추진하려는 의회 내 의원들을 기반으로 하는 개인들의 집단'으로 정의했다.(Rose 1964: 37). 이 정의에서 알 수 있듯이 로즈는 영국 의회 내 정당 정치를 대상으로 파벌을 규정했다. 로즈는 파벌은 스스로 하나의 집단으로 의식하면서 조직되었고(self-consciously organized as a body) 그로 인한 기율과 응집력을 갖는다는 점에서 경향성과 구분된다고 보았다.

파벌은 어떤 구조적 특성(certain structural properties)을 지니고 있어서, 표방하는 이념과 지도자와 핵심 그룹을 지닌다. 또한 기술적 전문성과 커뮤니케이션 네트워크를 가지면서 자원을 획득하고 분배한다. 그리고 구성원들이 그러한 조직성을 인식한다. 즉 실질적 조직이 만들어지고 유지되고 구성원들이 스스로 그 조직을 의식하는 것이 파벌의 중요한 특성이다.

이와 대조적으로 경향성은, 정치인들의 안정적 집단(a stable group of politicians)이기보다 안정적 태도의 집합(a stable set of attitudes)이다. 이것은 광범위한 문제에 대해 의회에서 표현된 일련의 태도로 정의되며, 이러한 태도는 대체로 일관된 정치 이념과 연관되어 있다. 당내 좌익(left-wing), 우익(right-wing)으로 불리는 것은 이러한 경향성을 말한다. 파벌이 정치적 경쟁의 조직 단위인데 비해 경향성은 관점과 태도의 집합체이다. 경향성은 이슈에 따라 지지를 이끌어 내는 태도의 집합이기 때문에 한 정당의 경계를 넘어서는 정당들 간의 경향성(cross party tendencies)도 존재할 수 있다. 예컨대 보수당 내 온건 좌파와 노동당 내 온건 우파 간에 비슷한 경향성을 보일 수 있는 것이다. 1980년대 대처 총리 시절 신자유주의 개혁을 두고 보수당 내 의원들 간 견해가 갈렸다. 개혁의 속도와 강도를 조절할 것을 주장했던 집단은 wets라 불렀고 급격한 개혁을 선호했던 집단을 dries로 불렀다. 이들 당내 집단은 보수당 내의 경향성의 차이를 보였던 사례이다. 브렉시트 이전 유럽연합 탈퇴 여부를 두고 보수당 내에서 찬반으로 입장이 갈렸던 집단도 경향성의 차이로 볼 수 있다. 경향성은, 파벌과 달리, 지속성을 갖지 못한다. 로즈는 영국 보수당이 경향성의 정당인데 비해, 노동당은 창당 때부터 파벌의 정당이라고 보았다.

한편, 사르토리(Sartori 1976: 76-77)는 정당 내부의 구조(sub-party anatomy)를 조직적, 동기적(motivational), 이념적, 그리고 좌-우(left-and-right) 등 네 가지 차원으로 구분했다. 이 가운데 파벌의 구분과 관련된 것은 동기적 차원이다. 사실 이념

차원과 좌-우 차원도 동기적 차원에 포함시킬 수 있다. 사르토리는 동기적 차원에 기반한 당 내부구성을, 흄의 파벌 구분에 따라, 원칙으로부터의 파벌(factions from principle)과 이익으로부터의 파벌(factions from interest)로 나누었다. 이익의 파벌이 즉각적이고 손에 잡히는 보상이라는 동기를 갖는다면, 원칙의 집단은 무엇보다 촉진 집단(promotional groups)이라는 것이다.

사르토리는 이익의 파벌(faction of interest)을 다시 두 가지로 구분했는데, 하나는 순수한 권력형 파벌(naked power factions)로 권력 추구를 목표로 하는 파벌이고, 다른 하나는 전리품 파벌(spoils factions)로 권력 그 자체보다 그로부터 수반되는 이익(side payment)을 추구하는 집단으로 구분했다. 원칙의 파벌 역시 두 가지로 구분되는데, 하나는 이념 집단(ideological groups)이고 다른 하나는 단순한 의견 집단(pure and simple idea groups or opinion groups)이다. 집단 구성원이 이념과 이상을 공유하면 이념집단, 그렇지 않으면 의견 집단으로 보았다. 의견집단은 로즈의 경향성과 유사하다고 할 수 있다.

전리품은 이익의 파벌에 중요한데 그것이 권력을 부여할 뿐만 아니라 지지자들을 끌어들이기 때문이다. 이 때문에 이익의 파벌은 후견 정치가 작동하여 네트워크를 갖는 후견자 집단(clientele groups)의 경향이 있다. 대조적으로 원칙의 파벌은 후견적 기반이 결여되어 있고 무엇보다 지적인 호소, 신념의 개종에 기초한 활동과 충원이 이뤄진다고 보았다. 그런데 사르토리는 동기적 차원에 따른 파벌의 구분에 어려운 점이 있는데, 그것은 진정한 동기를 속이기 위해 이념적 치장이나 효율성, 기술적 현실주의 등으로 스스로의 속성을 위장한다는 점을 지적했다.

벨러와 벨로니(Beller and Belloni 1978)는 파벌을 조직적 특성의 관점에서 다음과 같은 세 가지 형태로 분류했다. 첫째는 파벌적 도당 혹은 경향성(factional cliques or tendency)이다. 이러한 집단은 공통의 이념, 정책, 물질, 개인적 이해관계를 갖지만 그러한 목적이나 이해관계를 추구하기 위한 공식적인 조직은 존재하지 않는다. 아예 조직이 갖춰져 있지 않거나 조직이 있다고 해도 매우 비공식적이고 일시적인 것이며, 구성원들은 자신을 조직의 일원으로 인식하지 않는다. 흔히 이런 집단은 한 정당이나 조직 내의 wings, currents, tendencies, informal factions 등으로 불린다. 지속성이 약하며 특정 이슈, 혹은 선거 운동 기간에 활동이 국한된다. 파벌에 대한 공식 명칭은 없지만 외부에서 별칭을 붙이기는 한다. 로즈가 말한 경향성으로서의 파벌과 비슷한 개념으로 특정 이슈에 대한 영국 의회 의원들의 일시적 연합(ad hoc alliances)이 여기에 해당한다.

두 번째는 개인적, 후견집단 파벌(personal, client-group factions)이다. 조직을 갖추고 있다는 점에서 파벌적 도당과 차이가 있다. 개인적 차원에서 충원되고 지도자와 추종자 간의 지속된 연대를 갖는 특별한 형태의 실질적 조직을 갖추고 있다. 여기서도 소규모이고 사적인 추종 관계를 기반으로 하는 개인적 파벌과, 보다 공개적이고 큰 규모이고 종종 참정권의 맥락 속에서 발견되는 머신(the machine)의 두 종류로 구분될 수 있다. 후자의 경우는 과거 미국의 시카고 등과 같은 도시에서 이민자들에게 일자리와 혜택을 주는 대신 이들은 파벌 보스에게 정치적 지지를 제공하고 투표함으로써 지방정치를 장악했던 파벌 조직을 예로 들 수 있으며, 전자의 경우에는 종종 지도자의 이름이 파벌의 명칭으로 불리고 전체 파벌의 상징이 된다. 파벌 지도자의 사무실이나 집이 비공식적으로 파벌의 본부가 된다. 우리나라에서 1985년 이후 신한민주당 내의 상도동계와 동교동계, 그리고 3당 합당 후 민주자유당 내 민정계, 민주계, 공화계가 여기에 해당한다.

세 번째는 제도화된 혹은 조직화된 파벌(institutionalized or organizational factions)이다. 이러한 파벌은 공식화된 파벌, 발전된 형태의 파벌(formalized faction, developed factions)로 불린다. 개인적 유대 수준을 넘어서는 형태의 파벌이다. 이런 파벌에는 관리 직원이 있고 따라야 할 공식 규칙과 고정된 절차를 가지며, 파벌의 명칭이나 특정 인물과 무관한 상징을 갖는다. 파벌 지도자의 존재가 조직화된 파벌의 응집성의 기반일 수 있지만, 조직은 개인적이라기보다 공식적이고, 지도자의 호소도 개인적(personal) 사적(private)이기보다 공적이고 상징적이다. 명칭, 회원자격, 지도부, 절차, 지속성 등 조직으로 갖춰야 할 요건을 갖추고 있으며, 매우 발전된 형태인 경우 거의 기업과 유사한 특성을 갖는다. 이탈리아의 기독민주당은 지역 수준에서 파벌의 회원 명부를 갖추고 있었다.

하인(Hine 1982)은 당내 집단 갈등의 차원(dimensions)을 토대로 서유럽 정당들에서 나타나는 파벌의 차이를 논의했다. 첫 번째 차원은 정책, 이슈와 관련된 것이다. 이는 정당의 정책 혹은 (어느 정당과 연합할 것인가와 같은) 전략의 차원을 의미한다. 제한적인 전략을 넘어 정책을 둘러싼 이견이 생겨나면 당내 분열이 심할 수 있다. 근본적 이념의 차이가 개입되면 갈등은 더욱 심각해진다. 둘째는 조직적 견고함(organizational solidity)의 차원이다. 이는 파벌의 응집성과 지속성과 관련된 것으로 조직의 견고함, 기율, 조직 구성원으로서의 인식 등의 요인을 포함한다. 로즈가 말한 경향성과 파벌의 차이가 이 차원에서 설명될 수 있다. 하인은 로즈의 경향성과 파벌의 구분에 이슈-집단(issue group)이라는 것을 추가했는데, 파벌과 이슈-집단의 다른 점은 정당과 이익집단의 차이처럼 파벌은 당내 권력을 장악하거나 공유하려고 하는데 비해, 이슈–집단은 특정 이슈에 대한 당의 입장에 대해 영향력을 행사하려고 한다고 보았다.

세 번째 차원은 갈등의 범위(coverage)이다. 즉, 갈등이 생겨나는 당내의 상이한 영역의 수이다. 의회 의원들 수준에서만 갈등이 존재할 수도 있고, 경우에 따라서는 지역구 수준과 일반 당원 수준에서도 갈등이 이어질 수 있다. 의회, 당 집행부, 지역 수준의 당 리더, 일반 당원 혹은 당 지지자 등 여러 영역에서 갈등이 일어날 수 있다.

이처럼 어떤 관점에서 파벌을 구분할 것인가에 따라 학자들마다 다른 관점을 취한다. 그러나 대부분의 분류가 대체로 조직화의 강도, 그리고 조직의 유인 구조에 대해 논의하고 있다. 그런 점에서 유인 구조(incentive structure) 혹은 동기(motivation) 그리고 조직의 강도(degree of organization)라는 두 가지 기준에 의해 파벌을 구분한 베처(Bettcher 2005)의 논의를 살펴볼 필요가 있다. <그림 10–1>에서 보듯이 조직화의 강하고 약함, 조직 동기가 이익인지 원칙인지에 따라 네 가지 유형의 파벌이 제시되어 있다.

▼ 그림 10-1   베처의 네 가지 파벌 유형

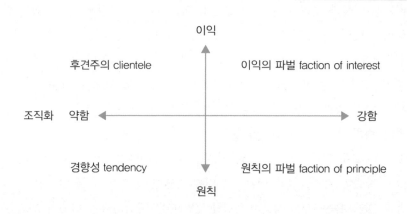

① 후견주의(a clientele): 개인적 관계에 크게 의존하는 조직 형태로서, 후원자–추종자(patron–client) 관계로부터 수립된 피라미드적 구조를 갖는다. 정당에서 이는 선출된 정치인과 당 간부(party officials) 간 수직적 관계를 형성하는데, 이러한 관계는 정부의 각 수준, 정당 외부, 하부 조직으로까지 확대될 수 있다.

여기서의 관계는 서로 간의 교환(exchanges)에 의해 유지된다. 하급 당원(추종자)는 상급자(후원자)에게 표를 던지고, 그에 대한 교환으로 금전, 직업, 서비스 등 매우 특별하고 사적인 이익이라는 선택적 유인을 제공받는다. 이러한 관계는 후원자와의 관계에 의존하기 때문에 조직의 정도는 약하고 핵심적 후원자가 사라지면 붕괴될 수 있다.

② 경향성: 로즈(Rose 1964)가 말한 것과 같은 의미이다. 약한 수준의 비공식적 조직을 포함할 수도 있지만 지속성, 응집력, 기율을 갖지는 않는다. 이념이나 특정 정책에 대한 공유된 견해에 의존한다. 즉 목적을 향한(purposive) 집단적 유인을 갖는다. 회원 자격은 비공식적이고 유동적이며 심지어 의식되지 않을 수도 있다. 조직이 존재하더라도 수직적 관계가 아니며 특정한 입장을 취하는 지도자를 중심으로 한 정치인의 느슨한 결합체이거나 혹은 보다 동료적인 집단이다.

③ 이익의 파벌: 이익을 쫓는다는 점에서 후견주의와 유사한 특성이 있지만, 그 구조는 개인적 교환 관계에 의존하지 않는다는 점에서 차이가 있다. 이익의 파벌은 그 구성원에게 특권과 자원을 획득하기 위한 집단이라는 것을 모두가 인식하면서 작동한다. 구성원들은 자신의 성공이 파벌의 성공, 그리고 파벌 지도자의 보호와 긴밀하게 맺어져 있다는 것을 인식한다. 회원 구성과 구조는 상당히 안정적이고 심지어 공식화되어 있는 경우도 있다. 벨러와 벨로니가 언급한 '제도화된 파벌'과 유사하며, 조직화된 파벌은 규칙과 절차, 미리 예정된 회합, 정해진 본부 및 지속성을 갖는 특성을 지닌다. 일본 자민당이 여기에 해당한다. 이념적 정체성이나 정책에 대한 공동의 관심은 이런 파벌에서는 필요 없다.

④ 원칙의 파벌: 이익의 파벌처럼 조직적으로 발전된 형태이지만, 구성의 동기는 이익이 아니라 원칙이다. 이러한 파벌은 집단 차원의 이익을 추구하기보다 그 구성원들이 받아들일 수 있는 정책이나 이념적 강령의 형태가 집단적으로 추구하는 목표이다. 구성원들의 신념이 파벌 참여의 기반이며 다른 파벌과 그들을 구분하게 만든다. 개별 구성원의 이익을 충족시키는 것보다 집단의 목적을 성취할 수 있도록 파벌 조직이 발달된다. 1980년대 중반 좌경화되었던 영국 노동당이 여기에 속한다.

베처는 이러한 구분은 언제나 고정되어 있는 것은 아니고 상황의 변화에 따라 바뀔 수 있는 것이라고 설명했다.

그런데 유형과 카테고리에 너무 의존하면 파벌을 고정된 것으로 간주하게 되어 변화와 역동성 파악하는데 어려움이 생길 수 있다. 그런 점에서 이미 사전에 결정된, 혹은 고정된 특성을 갖는 조직 단위로서의 파벌이 아니라 하나의 역동적 과정으로서 파벌을 인식해야 하는 것이 중요하다(Boucek 2009: 468-469).

지금까지 논의한 파벌의 구분을 정리한 것이 <표 10-1>이다.

▼ 표 10-1 파벌의 분류

학자	분류	비고
흄 (Hume 1877)	• 개인적 파벌 • 실질적 파벌 　－ 이익으로부터의 파벌 　－ 원칙으로부터의 파벌 　－ 감정으로부터의 파벌	원칙의 파벌이 가장 파괴적으로 간주
뒤베르제 (Duverger 1964)	wings, cliques, fractions, tendencies, rivalries	용어 구분 없이 동일한 의미로 사용
로즈 (Rose 1964)	• 파벌 • 경향성	영국 의회 내 정당 정치가 대상
사르토리 (Sartori 1976)	• 동기적 차원의 정당 내부 구조 　－ 이익으로부터의 파벌 　　① 순수한 권력형 파벌 　　② 전리품 파벌 　－ 원칙으로부터의 파벌(촉진집단) 　　① 이념 집단 　　② 의견 집단	－
벨러와 벨로니 (Beller and Belloni 1978)	• 파벌적 도당 혹은 경향성 • 개인적, 후견집단 파벌 • 제도화된, 조직화된 파벌	－
하인 (Hine 1982)	• 정책, 이슈 관점 • 조직의 견고함 • 갈등의 범위	갈등의 차원(dimension)에서 구분
베처 (Betcher 2005)	• 후견주의 • 경향성 • 이익의 파벌 • 원칙의 파벌	조직화의 강약, 이익－원칙의 추구라는 두 가지 기준으로 구분

2. 파벌 발생의 원인

파벌은 어떤 이유로 생겨날까? 파벌 발생의 원인과 관련하여 벨러와 벨로니 (Beller and Belloni 1978: 430-437)는 사회적, 정치적, 구조적 원인의 세 가지를 제시 하고 있다.

첫째, 사회적 원인(societal causes)이다. 이것은 내재된 문화적 규범과 관련이 있다. 계급 구조, 연령 구조, 청년 활동, 교육, 경제발전 등에 따른 사회 변화, 계급 유동 성, 이민, 전통적 가치의 붕괴, 발전 혹은 근대화라는 요인이 내부적으로 분열, 분리 를 낳는다는 것이다. 문화적 요인이 강조된 다소 막연한 설명이기는 하지만 문화적 요인, 특히 후견주의 문화의 영향을 들 수 있다.

둘째, 정치적 요인이다. 정치는 본질적으로 갈등과 깊이 관련이 있다. 특히 정치제 도 내의 엘리트주의는 파벌주의 특히 후견-집단의 파벌주의의 원인이 된다. 그런데 정치적 요인과 관련해서 주목해야 하는 것은 선거제도의 영향이다. 키(Key 1958: 318-324)는 미국 남부의 일당 지배 주에서의 프라이머리(direct party primary)가 다양 한 파벌의 등장(multifactionalism)을 촉진시켰다고 보았다. 위협적인 경쟁 정당이 없 는 상황에서 프라이머리는 한 정당 내 파벌 간 다툼을 질서 있게 해결해 내기 어렵 게 하여 파벌의 성장을 촉진시킨다는 것이다. 당내 소수 인사들이 결정하는 방식에 비해 한 정당 내의 여러 경쟁자들이 다수의 일반 유권자들의 지지에 호소해야 하는 프라이머리가 파벌 형성을 촉진시킨다는 지적은 쉽게 이해할 수 있다.

선거제도와 관련된 파벌 발생은 과거 일본 선거제도에서 찾아볼 수 있다(강원택 1999b). 1994년 중의원 선거 이전까지 일본에서는 이른바 중대선거구제를 채택했다. 중대선거구제는 한 선거구에서 2명 이상 다수 의원을 선출하고 유권자는 한 명에게 만 투표할 수 있는 방식이다. 이러한 선출 방식은 선거제도 분류상으로는 단기비이 양식 선거제도(single non-transferable voting system: SNTV)라고 부른다. 과거 우리나 라의 유신체제와 제5 공화국 시절 1구 2인제 국회의원 선거제도를 채택한 바 있는 데, 이것이 일종의 단기비이양식 선거제도이다. 그런데 이 선거제도하에서 정당은 당세가 강한 곳에서는 복수 공천을 하게 된다. 예컨대, 광주 지역에 5인 선출 선거 구가 생겼다면 민주당은 5명을 모두 공천할 것이다. 그런데 복수 공천은 정당 내 결 속력을 해치고 파벌을 조장하게 된다. 복수 공천을 받은 후보자들로서는 소속 정당 의 지지도가 높아도 자기 당 공천자 중 과연 누가 당선될 지는 알 수 없다. 유권자 는 한 명만 선택할 수 있는데, 복수 공천이기 때문에 1인을 선출하는 선거구에서처럼 공천이 갖는 정당 간 차별성을 보여줄 수 없다. 선거 경쟁은 정당 레이블이 아니라 후보자 개인을 중심으로 이뤄지게 되고, 만약 지명도가 상대적으로 낮은 인물이라면 자신을 지역 유권자에 알리기 위해서는 돈에 의존하려는 강한 유혹을 받게 될 것이다. 1인을 선출하는 선거구에 비해, 예컨대 5인 선거구는 그 넓이가 5배가량 확대된 만큼 선거 경비는 훨씬 더 들어갈 것이다. 그리고 자신의 당선을 위해서는 같은 소속 정당의 다른 후보자와도 맞서야 하는 것이다. 이런 상황 속에서 파벌이 강화되는 것이다.

> 같은 선거구에서 경쟁을 하게 되면, 정당의 조직은 기능을 발휘하지 못한다. 같은 당내의 동지이면서도 선거에 있어서는 적군도 아군도 되는 것이다. 이를 위해 … 몇 만인, 몇 수십만 인이라는 후원회 조직을 만들어 그것을 배경으로 치열한 싸움에 도전해 가는 것이다. 이런 조직을 만들기 위해서는 거액의 자금이 들 뿐만 아니라 일상적으로도 그 조직을 배양하고 강화시키기 위해서는 돈과 에네르기를 지불해야 하는 것이다(이면우, 1996: 26-7에서 재인용).

선거 비용과 후원 조직이 절박한 후보들은 그에 대한 지원을 받는 대신 파벌 보스에게 정치적 충성을 약속하게 된다. 후견주의적 관계가 파벌 보스와 파벌 구성원 간에 맺어지는 것이다. 이것이 선거제도 개정 전 일본 파벌 정치의 중요한 특성이었다.

파벌과 관련된 또 다른 선거제도 요인은 비례대표제이다. 일반적으로 정당 명부식 비례대표제는 정당이 내부적으로 정하는 명부의 순위에 따라 결정된다. 명부의 순서를 결정하는 것을 두고 당내에서 갈등이 생겨날 수 있다. 하인(Hine 1982: 42-47)은 파벌 형성과 관련하여 1971년 이래 프랑스 사회당, 1950년대 후반 이탈리아 사회당, 1960년대 이후 이탈리아 기민당에서 정당 민주화의 명분으로 당내 경선에서 비례대표제가 도입되었다는 점에 주목했다. 이 제도하에서 파벌로부터 떨어져 존재한다는 것은 당내 권력의 향배로부터 소외되는 것을 의미했다. 당직이나 당 후보 직을 둘러싼 당내 경선에서 비례대표제를 사용하는 경우 파벌의 출현을 자극한다고 하인은 보았다. 정당명부의 상위 순위에 이름을 올리기 위해서는 파벌의 도움을 받아야 하는 것이다. 하인은 비례대표제가 갈등의 근본적 원인이라고 볼 수는 없지만, 그 제도가 도입되고 나면 이전에 존재하던 파벌을 제도화한다고 보았다.

그런데 어떤 선거제도라도 유권자들이 경쟁 정당들 중 하나를 선택하는 것이 아니라, 같은 정당 내의 상이한 후보들 간에 선택을 하게 하는 경우 당내 갈등의 씨앗이 뿌려진다. 일본의 중대선거구제가 한 예이고, 이탈리아에서 사용된 선호투표제

(preferential vote)가 또 다른 사례이다. 과거 이탈리아에서 비례대표 선거제도는 개방형 명부 제도(open-list system)를 채택했다. 정당이 정해놓은 명부의 순위가 있지만, 유권자들은 그 명부의 순위에 구애 받지 않고 명부에 있는 자신이 선호하는 특정 후보자에게 투표할 수 있도록 했다. 이탈리아에서는 대체로 1/3 정도의 유권자들이 개별 후보자에게 투표했다. 그 후보는 자신이 받은 득표만큼 명부에서 순위가 올라가게 되고 그만큼 당선의 가능성이 높아진다. 이런 방식은 당내 단합에 부정적 영향을 미칠 수밖에 없다. 우리 파벌 후보의 당선의 가능성을 높이기 위해서는 당내 다른 파벌 후보의 순위를 낮출 선거운동을 해야 하기 때문이다. 특히 어떤 정당의 당세가 강한 곳에서는 파벌 간 다툼은 더욱 격렬해지게 되며, 당내 자파 후보의 당선을 위한 당내 갈등도 고조될 수 있다.

세 번째는 구조적 요인이다. 벨러와 벨로니(Beller and Belloni 1978: 436)는 이와 관련하여 당내 비례대표제 이외에도 세 가지 점을 지적했다. 첫째, 정당의 이념적 느슨함(ideological looseness) 혹은 애매함이 파벌 형성에 긍정적으로 작용한다는 것이다. 둘째, 정당의 기원과 관련된 것으로, 다른 정당들과의 합당을 통해 지금의 정당이 형성된 경우가 여기에 해당한다. 1955년 자유당과 민주당이 합당하여 만들어진 일본 자민당이 여기에 해당한다. 이미 파벌이 내재된(already built-in) 형태로 정당이 등장한 것이다. 1990년 우리나라의 3당 합당도 여기에 해당할 수 있다. 셋째, 정당 내부의 조직적 느슨함, 혹은 분권화된 구조이다. 조직적 응집력과 연속성이 강한 지구당 형태의 정당에서보다 그런 조직력이나 응집력이 약한 코커스형 정당에서 당내 파벌 형성이 촉진된다고 보았다.

3. 파벌의 기능

앞서 살펴본 대로, 파벌에 대한 평가는 전반적으로 부정적이다. 파벌은 정치적 다툼, 분열을 일으킨다는 비판적 시각이 일반적이며 당 지도부의 권위와 리더십에 부정적 영향을 미친다는 평가를 받는다. 그러나 때로는 파벌이 갖는 긍정적인 측면도 생각해 볼 수 있다.

첫째는, 정당 간 경쟁이 일어나지 않는 경우 한 정당 내부의 파벌 경쟁은 다원주의적 특성을 부여하게 된다는 것이다. 앞서 논의한 대로, 키(Key 1964)는 미국 남부에서 한 정당의 일당우위적 상황제에서 한 정당 내 두 개의 파벌 양당제처럼 정치

과정에서 파벌이 민주주의적 경쟁을 위한 일정한 역할을 할 수 있다고 보았다. 1960
년대 인도의 인도의회당(Indeian Congress party)의 일당 지배 체제를 연구한 코타리
(Kothari 1964)는 파벌정치가 정당 간 경쟁의 '부분적 대체물(a partial substitute)'로서,
일당정치의 부정적 측면을 다소 완화시켜 주고 일당 지배체제의 유지에 도움을 준다
고 보았다. 그러나 복수의 정당들 간의 경쟁에 비해 파벌 간 경쟁은 민주주의의 가
치와 관련해서 볼 때 근본적 한계를 갖는다.

둘째는 당내 파벌은 정당의 대표성의 영역을 확장시킬 수 있다. 즉 당내 여러 파
벌의 존재는 그 정당과 지지자들의 다양한 이해관계를 대표하고 집약하는 기능을 할
수 있다. 즉, 그 정당이 보다 넓은 대표성을 확보할 수 있도록 해 준다.

세 번째는 당내 경쟁 과정에서 정책, 이념, 당 리더십을 두고 파벌 간 경쟁 속에서
대안을 선택할 수 있는 기회를 제공한다. 하나의 생각만이 존재하고 이것이 강요되
는 경우 불만을 갖는 당원들에게는 수용 혹은 이탈 밖에 선택의 여지가 없다. 그러
나 파벌 경쟁은 당내 대안을 마련해 준다. 이와 함께 파벌은 정당 내에서 당권을 가
진 세력의 정치적 책임성을 확립하게 함으로써 당내 민주주의의 근간(intraparty
accountability and democracy)이 될 수 있다. 파벌 간 경쟁이 당내 갈등을 안전밸브의
형태로 온건화시키고 관리하는 역할을 하기도 한다.

이런 파벌의 기능과 관련하여 베처(Bettcher 2005: 343)는 파벌이 당내에 통합 기능
(integrative function)과 적응 기능(adaptive function)을 제공한다고 보았다. 전자는 한
정당의 분열 없이 당내에 다양한 이해관계와 신념이 공존할 수 있도록 하며, 후자는
정당이 사회 변화에 대응할 수 있는 유연성(degree of flexibility)를 제공한다는 것이다.

한편, 보우첵(Boucek 2009: 469－478)은 파벌주의가 낳을 수 있는 정치적 결과를
세 가지로 나누고 이를 각각 협력적(cooperative) 파벌주의, 경쟁적(competitive) 파벌
주의, 퇴행적(degenerative) 파벌주의라고 불렀다.

협력적 파벌주의는 당내에 긍정적 영향을 미친다. 파벌의 구심적 유인(centripetal
incentives)이 존재할 때 정당의 집합적 역량, 정당의 당내 협력을 촉진시킬 수 있다.
앞서 베처가 말한 적응 기능처럼, 당내의 여러 파벌이 정당의 대외적 대표성을 다양
화하면서 당내 통합을 강화할 수 있다. 이와 같은 파벌주의는 정당이 최초로 결성
될 때 생성될 수 있다. 이념 스펙트럼 내 같은 방향에 있고 대체로 수렴하는 선호와
태도를 갖는 정치 엘리트와 추종자들이 체제 변동, 민주주의로의 전환, 정당체계의
재배열, 정당 합병, 정당 분열 등의 정치적 사건을 계기로 한 정당으로 결집하는 경
우 이러한 파벌주의가 생겨날 수 있다. 하나의 정당에 속하지만 파벌 간 상이한 정

체성과 별개의 회원 자격을 허용하면서 당의 단합과 합의 형성에 대한 잠재력을 제공한다. 1955년 자유당과 민주당이 합당하여 창당된 일본 자민당이 여기에 해당한다. 자민당은 합당 후에도 8개의 파벌이 별도의 독자적인 멤버쉽을 유지했다. 우리나라에서 1990년 민자당으로의 3당 합당도 여기에 해당한다고 볼 수 있다.

경쟁적 파벌주의는 정당의 분열이 당 내부의 이견 혹은 제도적 유인으로 인해 파벌 간 경쟁으로 이어지는 경우이다. 경우에 따라서는 파벌 간 대립이 원심적 경쟁과 결합될 수 있다. 즉, 경쟁적 파벌은 분열과 불화로 이어질 수 있다. 경쟁 자체가 나쁜 것이 아니지만 때로는 관리하기 어려운 경우가 생겨나서 당의 결속을 약화시킬 수 있다. 당내 분열이 너무 심하면 당 내부의 결정 과정을 어렵게 하고 일관성 있는 당의 정책 대안을 만들어내기도 어렵게 된다. 당내 분열이 제대로 처리되지 않으면 경쟁적 파벌주의는 정당 단합을 위협하고 분당과 같은 부정적 결과를 낳을 수도 있다. 영국 보수당 내의 유럽 이슈를 둘러싼 당내 파벌 간 갈등은 1992년 마스트리히트 조약 인준을 두고 극심한 분열로 이어졌다. 보수당은 1993년 7월 하원에서 마스트리히트 조약 인준 투표가 실시되었을 때 집권당이지만 당내 반유럽 파벌 의원들의 반대표로 부결되었다. 메이저 총리는 그 법안의 통과를 자신의 내각에 대한 신임투표와 연계하겠다는 극단선언을 하면서 간신히 반유럽파 의원들의 반대를 넘어 조약안을 인준시켰다. 당시 보수당의 당내 파벌 다툼은 당의 분열로 이어지지는 않았지만 결국 1997년 총선 패배로 이어졌다. 1846년 영국에서 곡물법 폐지를 두고 보수당은 찬반으로 나뉘어 격렬하게 대립했다. 로버트 필 총리는 곡물법 폐지를 이끌어냈지만 보수당은 결국 분열했고 권력도 자유당에게 넘어갔다(강원택 2020: 65-82). 이 모두 경쟁적 파벌주의의 사례이다.

그러나 경쟁이 어디서나 성과를 높이는 데 기여하는 것처럼 당내 파벌 간 경쟁 역시 적절하게 관리된다면 정당의 역량, 정책형성, 당내 민주주의를 개선하는 데 기여할 수 있다. 당 지도부와 당원 간 커뮤니케이션에 도움을 주며, 당내 반대파의 목소리가 반영되면서 당내 권력 공유와 갈등 해소에도 도움이 된다. 서로 다른 정책적 입장을 집약함으로써 파벌은 정당 지도자들에게 어떤 정책을 받아들이고 어떤 것을 버릴 것인지 판단하도록 해 준다. 당원과 유권자들에게 당 리더십 후보자들과 그들의 정책 어젠더 간의 차별성을 높임으로써 선택의 폭을 넓게 해 준다는 점도 긍정적이다.

반면, 퇴행적 파벌주의는 매우 부정적 결과를 초래하는 파벌주의이다. 파벌과 관련된 세 가지 위험성이 존재하는데, 그것은 과도한 분절화, 사적인 유인, 파벌의 내재화(faction embeddedness)이다. 당내 권력의 과도한 분절화는 당내 다수파의 결성을 어렵게 하고 각 파벌을 거부권 행사자로 만들게 된다. 또한 파벌별로 당의 전리품을 배분하는 방식은 유인을 개인화하는 위험성을 낳았다. 이탈리아 기민당의 경우 1964년 정부와 당직, 정치적 자원 배분에서 그 규모에 맞는 파벌의 몫을 보장하는 내부 대표성의 원칙이 채택된 후, 이는 사적 유인을 촉진했고 새로운 파벌의 형성과 기존 파벌의 분열을 촉진하여 더욱 심한 분절화로 이끌었다. 심지어 파벌 정치가 이탈리아 내각의 구성에도 영향을 미쳤으며, 파벌 리더의 이해관계와 요구에 따라 내각 내 새로운 직책이 만들어지기도 했다. 파벌 지배가, 공적 자원의 교란, 낭비와 부패로 이어지게 되면 정당의 분열 혹은 몰락으로까지 이어질 수 있다. 뒤에서 논의하지만 우리나라 제 2 공화국 시기의 구파와 신파의 다툼은 퇴행적 파벌주의의 사례가 된다.

4. 한국 정당에서의 파벌

한국 정당은 기원적으로 볼 때 정치 엘리트들 간 규합을 통해 형성되었다. 이처럼 인물 중심의 명사정당(cadre party)이어서 정당의 제도화가 약하고 동기적 차원에서도 이념, 정책과 같은 원칙의 요인이 약했다. 그런 점에서 파벌이 발생할 가능성이 컸으며 그 특성도 '개인적, 후견주의적 파벌'이었고 '이익의 파벌'이었다.

> 한국 정당의 파벌은 이념적 또는 정책적 정향이 아니라 특정의 주도적 인물을 중심으로 정의적(情誼的) 유대와 실리적 이해관계로 묶이는 비공식적 당내 하위집단이다. 이러한 파벌에서는 보스와 추종자의 수직적 인간관계가 주축을 이루는데 이것의 이면은 지연, 학연, 공통된 사회적 경험 등 친분관계와 더 나아가서는 보상과 지지의 호혜적 관계로 이루어진다. 파벌의 보스는 추종자에게 공직 후보 공천, 정치 자금과 같은 정치적 이익을 제공하는 한편 추종자는 보스에 충성하고 지지를 보낸다. 파벌을 이끄는 보스의 거취에 따라 추종자들도 행동을 함께 하면서, 합당, 분당, 창당 등 정당간 이합집산이 일어난다. 파벌정치로 인한 정당의 이합집산은 체제변동기나 선거를 전후한 시기에 격심하다. 그 이면에는 파벌 보스의 정치적 계산이 숨어 있다(박찬욱 1997: 29-30).

제1공화국에서는 자유당이 창당된 이후 파벌 갈등이 계속되었다. 자유당은 파벌 간의 근본목표가 동일하였던 만큼 파벌갈등의 원인은 주로 이승만과 이후에는 이기붕까지를 포함한 정치지도자에 대한 충성경쟁 내지는 당내의 제2, 3인자의 자리를 얻기 위한 경쟁이었다. 자유당 내의 파벌은 창당시기의 원내와 원외의 대립, 창당초기의 족청계와 비족청계의 갈등, 자유당 중기의 주류와 비주류의 대립, 그리고 자유당 말기의 온건파와 강경파의 대립 등 다양한 형태로 이어졌다. 자유당에서 파벌 경쟁은 주류 및 강경파가 항상 승리했으며 특히 이승만의 노선을 비판 없이 수용하는 측의 승리로 끝났다. 이승만이 노쇠한 1950년대 후반 들어 자유당 내부의 권력 지향적 갈등이 노정되면서 파벌간의 갈등도 심화되어 갔다(손봉숙 1991: 55-56).

야당은 원천적으로 파벌의 정치로부터 비롯되었다. 사사오입 개헌 후 반이승만 세력이 결집하여 1955년 민주당을 창당할 때 과거 한민당-민국당 계통의 인사들이 구파로 당내 주류를 형성했고 신익희, 조병옥이 리더였다. 새로이 참여한 흥사단계, 조민당계, 그리고 자유당 원내파 등이 장면을 중심으로 비주류 신파를 형성했다. 그런데 이러한 신구파 파벌의 형성은 "이념이나 정책에 기반해서 이뤄진 것이 아니라 구성인자의 성분적 동질성, 정적 유대의식 등을 기반해서" 이루어졌다. 이 때문에 "민주당 내 파벌들은 인간관계와 친소관계를 중심으로 결속되어 있었다. 이것은 보스를 중심으로 한 가부장적 리더십 구조와 깊은 관련을 갖고 있다. 대체로 이러한 리더십 구조에서 지도자와 추종자는 조직적, 이념적 관계가 아닌 사적관계로 맺어져 있다. 따라서 이 관계는 합리성보다 신의와 명분을 중요시하고 이를 통해 결속을 도모한다. 결국 민주당의 파벌정치는 이러한 파벌구조로 인해 그 내부에 인적관계를 중심으로 이합집산할 수밖에 없는 파벌 갈등요인이 늘 잠재해 있었다."(오유석 2000: 316)

이들은 이승만 정권의 몰락 이후 제2공화국에서 집권당이 되면서 더욱 극심한 파벌 갈등을 벌였다. 신파와 구파는 1960년 7월 29일 선거를 앞둔 공천에서부터 극심한 대립과 갈등을 빚었고, 대통령과 총리 선출에서도 격렬한 파벌 간 다툼을 벌였다. 그러나 두 파벌 간 적대와 대립은 상이한 이념적 지향이나 사회·경제적 위치에 기초한 것이라기보다는 개인적 연줄과 즉각적인 개인적 이해관계에 일차적으로 기초하고 있었다. 경쟁은 대부분 개인적, 감정적 반감에서 야기되었다. 따라서 두 파벌은 동질적인 정책을 제시하였고, 같은 보수적 정치 틀 속에서 활동하였던 것이다. 두 파벌의 규모나 영향력이 비슷했던 것도 갈등의 강도를 높이는 데 영향을 미쳤다(한승주 1983: 105-126). 민주당의 파벌주의는 점차 단순히 신구파의 대립을 넘어 노장파, 소장파 등으로의 분열로까지 이어졌다. 소장파 의원들이 장관직과 같은 '전리품' 배분에 불만을 품고 당 리더십에 도전하게 되었다. 이 때문에 민주당의 소장파와 중진간의 분열은 구파와 신파 간 갈등만큼이나 심각했고 이로 인해 장면 정부는 당내 파벌 갈등으로 인해 국회 내에 안정된 다수를 확보하는 데 어려움을 겪었다(김학준 1991: 268－269). 이러한 제2공화국의 파벌주의는 보우첵(Boucek 2009)이 말한 퇴행적 파벌주의의 대표적 사례라고 할 수 있다. 원래 내재되어 있던 당내 파벌은 그 이후에도 계속해서 분절화되어 갔고 파벌 다툼의 요인도 내각의 직책 요구 등 매우 사적인 욕구에 기초해 있었다. 결국 제 2 공화국은 당내 파벌의 갈등이 체제의 몰락으로 이어지는 한 원인이 되었다(한승주 1983).

5.16 군사 쿠데타 이후 등장한 제 3 공화국에서도 파벌 정치는 이어졌다. 5.16의 주역 중 하나이고 민주공화당 창당의 핵심인 김종필이 파벌 다툼의 중심에 있었다. 민주공화당 창당 작업 때부터 이른바 '혁명 주체 세력' 간 갈등이 빚어졌다. 3선 개헌과 관련해서는 친김종필 계와 반김종필 계 간의 갈등이 격화되었다. 1968년 5월 '국민복지연구회' 사건이 발생했다. 김용태 등 김종필의 측근들이 국민복지연구회라는 사조직을 만들어 김종필을 차기 대통령으로 옹립하려는 반당(反黨) 파벌활동을 했다는 이유로 관련자를 제명하는 등 그 세력을 와해시켰다. 이 사건은 길재호, 김형욱 등 강경파가 3선개헌을 반대하는 김종필 세력을 거세할 목적으로 진행한 것이었고 결국 김종필이 이에 대한 책임을 지고 공화당을 떠났다. 김종필이 공화당을 떠났지만 당내에는 김종필의 승계를 추진하는 세력과 이를 저지하려는 파벌 간 갈등이 계속되었다. 이러한 상황에서 3선 개헌에 반대하는 친김종필 세력이 야당이 국회에 제출한 문교부장관 해임건의안에 찬성투표함으로써 이를 가결시켰다. 이른바 '4·8 항명'에 대해 격노한 박정희 대통령은 항명 주동자로 지목된 5명의 당 소속 국회의원들을 제명했고 그 이후 당내 친김 파벌은 약화되었다(김학준 1991: 276).

박정희 정권 시기의 야당 역시 파벌 갈등이 심했다. 5.16 쿠데타로 실권한 이후 민주당은 다시 구민주당 구파(신민당 그룹), 구민주당 신파(민주당그룹), 무소속 그룹, 구자유당 그룹 등으로 분열했고, 그 이후에도 야권 그룹 내 파벌 갈등이 오랫동안 지속되었다. 1967년 대통령 선거와 국회의원 선거를 앞두고 윤보선, 김도연 등의 민중당과 유진오, 박순천, 유진산 등의 신한당으로 분열되어 있던 야권은 신민당으로 통합되었다. 신민당의 창당에 이미 파벌 정치가 내재되어 있음을 알 수 있다. 유진산, 김영삼, 이철승, 다시 김영삼으로 이어지는 신민당 내 당수 선출 경선을 두고 파벌 간 연합과 대립이 반복되었다. 유신 직전인 1972년 신민당의 파벌은 범주류에 김

홍일 계, 유진산 계, 김영삼-고흥문 계, 이철승 계, 양일동 계가 있었고, 비주류에 김대중 계, 그리고 중도계와 소장계가 존재했다(박종성 1992: 68). 파벌 간 경쟁이 신민당 내 당권 경쟁을 이끌었다. 유신 체제하에서 체제 수용적인 중도통합론을 내세우 이철승과 체제 도전적인 선명야당론을 내세운 김영삼의 대결은 파벌 정치의 긍정적인 측면도 보여준다. 이들의 파벌의 기본적인 속성은 개인적, 후견주의적인 것이었지만, 신민당은 당내 파벌 경쟁을 통해 베처(Bettcher 2005)가 지적한 대로, 정당의 분열 없이 다양한 이해관계와 신념이 공존할 수 있고 또 정치 상황의 변화에 대응할 수 있는 유연한 대응력을 제공했던 셈이다.

민주화 과정에서 야권은 김영삼과 김대중을 중심으로 이른바 상도동계, 동교동계라는 양대 파벌로 나뉘었고, 결국 통일민주당에서 김대중이 평화민주당으로 분리해 나갔다. 그 이후 1990년 1월 민주정의당, 통일민주당, 신민주공화당이 민주자유당으로 3당 합당을 하면서, 이전 세 정당은 당내 파벌로 기능하게 되었다. 합당 이후 갈등도 적지 않았지만 기본적으로 당의 분열을 피하려는 구심적 유인(centripetal incentives)이 존재했다는 점에서 보우첵이 말하는 협력적 파벌주의의 예로 볼 수 있다.

2002년 대통령 선거에서 새천년민주당의 노무현 후보를 두고 당내에서 갈등이 생겨나면서 친노와 반노의 파벌이 생겨났고, 이는 결국 친노 그룹의 이탈과 열린우리당의 결성으로 이어졌다. 이후 정당 정치에서의 파벌주의는 특히 대통령 후보 경선을 두고 부상하게 되었다. 민주당 계열에서는 열린우리당이 다시 민주당과 통합하면서 대통합민주신당, 통합민주당, 민주당, 새정치민주연합, 더불어민주당으로 변화해 갔는데, 이들 정당들에서는 특히 대선 후보 경선을 두고 당내 파벌 정치가 부상했다. 2007년 대선에서는 정동영 계, 손학규 계 간의 대립이 있었고, 2012년 대선을 앞두고는 문재인을 중심으로 한 친노 계와 비노 계 간의 경쟁이 있었다. 2017년 대통령 선거 때에는 친문 대 반문으로 당내 파벌이 형성되기도 했다. 한나라당 계열에서는 2007년 대통령 당내 경선을 앞두고 이명박 후보 쪽의 친이계와 박근혜 후보 쪽의 친박계 간의 격렬한 갈등이 있었고, 2012년 대선에서는 친박 대 비박(非朴) 파벌 간 대립이 있었다. 이처럼 최근 들어서는 대통령 후보 선출을 위한 당내 경선 과정에서 파벌 형성의 유인이 강하게 작용하고 있다.

이념적, 정책적 차별성이 전혀 없다고 말할 수는 없지만, 한국 정당의 파벌은 여전히 개인적, 후견주의적, 이해관계의 파벌이라는 속성에서 벗어나기 어려워 보인다. 파벌 간 대립의 강도도 강해지고 있는데, 승자독식(winner-take-all)의 경쟁 원리가 여야 정당 간에서뿐만 아니라 같은 정당 내 파벌 경쟁에도 똑같이 적용되기 때문이다. 당수 경선에서 패배한 인사를 내각 구성에 포함하는 영국, 일본, 독일 등 내각제에서와 달리, 당내 경선에 승리한 후보가 대통령에 당선된 경우 그 전리품은 파벌을 중심으로 거의 배타적으로 분배되고 있다. 당내 경선에서 '선거 캠프'의 역할이 중요해진 것도 파벌의 결집력을 강화시키는 데 영향을 미치고 있다.

정당은 그 내부적으로 완전히 뜻을 같이 하는 이들의 집단으로 볼 수는 없다. 당내 민주주의와 정당 내부의 다원성은 정치체계에서의 민주주의와 다원성과 마찬가지로 중요하고 불가피한 것이다. 이런 관점에서 볼 때 상이한 생각과 이해관계를 갖는 파벌의 존재는 자연스러운 일이며 비판적으로만 볼 일은 아니다. 오히려 당내에 이견이 존재하지 않는 것이 더 문제일 수 있다. 앞서 살펴본 대로, 파벌 간 경쟁으로 인해 정당이 대표할 수 있는 사회적 영역의 확대될 수 있고, 당 지지자들에게 리더십이나 정책 면에서 복수의 대안을 제시해 줄 수 있다.[3] 다만 한국 정당에서의 파벌이 여전히 사적인 관계, 개인주의적이고 후견주의적인 속성에 머물러 있는 것은 아쉬운 점이다.

정당 정치의
변화와
새로운 정당

정/당/론

제11장

정당 정치의 변화와
새로운 정당

정치의 영역에서 선거는 경제 영역에서의 시장과 유사한 속성을 갖는다. 시장에서 제품을 두고 기업들이 경쟁을 한다면, 선거에서는 정책이나 후보를 두고 정당이 경쟁을 한다. 이런 속성에 주목하여 다운즈는 정당 경쟁을 경제적 합리성에 기초하여 설명한 '경제 이론으로 본 민주주의(An Economic Theory of Democracy)'를 펴냈다. 경쟁을 통해 새로운 도전자가 부상하고 기존의 세력이 약화되거나 도태되는 일은 시장 뿐만 아니라 사실 정치에서도 당연한 일이다. 그러나 새로운 도전자의 부상이 보다 용이하게 발생하는 경제 영역에 비해서 정치 영역에서는 기존의 정당 정치가 장기간 유지되는 일이 많다.

서유럽에서는 2차 세계대전 이후 정당 정치의 안정성과 변화에 대한 논의가 활발하게 전개되었다. 그 출발점은 립셋과 록칸의 정당 정치의 "동결(the freezing of major party alternatives)"의 주장이다. 립셋과 록칸(Lipset and Rokkan 1967: 50)은 다음과 같이 말했다.

> 1960년대의 정당체계는, 소수의 그러나 중요한 예외를 제외하고, 1920년대의 균열구조를 반영한다. …정당들은, 그리고 놀랍게도 많은 경우에 그 정당 조직들도, 대다수의 유권자들보다 오래되었다.

이들의 주장은 서유럽에서 1920년대의 정당 체계가 그 뒤 근본적인 변화 없이 지속되었다는 것이다. 제 3 장에서 살펴본 대로, 립셋과 록칸은 사회경제적 변혁에 따른 균열의 발생이 정당 정치를 규정한다고 보았다. 이들은 계급 정치에 기반을 둔 좌우 이념 균열이 유럽 전체에 걸쳐 보편적으로 적용되며 이러한 '1920년대의 균열 구조'가 그 이후에도 동결된 형태로 유지되고 있다는 것이다. 그러나 1970년대를 전후로 그 이전까지 보지 못했던 녹색당이나 극우 정당 등 새로운 정당이 출현하면서 정당 정치의 변화 여부를 둘러싼 폭넓은 토론이 전개되었다.

한쪽에서는 이러한 정치적 변화를 두고 기존 정당에 대한 지지의 정렬(alignment)이 약화되었고, 정당 체계의 분절과 변동성(fragmentation and volatility)이 증대되었다고 주장한다. 서구 민주주의 국가에서 전반적으로 과거의 정당 구조에 기반한 정치 질서는 붕괴되었다는 것이다(Dalton, Flanagan and Beck 1984: 451). 2차 세계대전 이후 대다수 서구 민주주의에서의 지배적인 정파적 균열이 노동계급 정당과 부르조아 정당 간에 형성되었다면, 그 이후에는 이러한 계급 균열이 쇠퇴해 갔다는 것이다(Flanagan and Dalton 1984: 8-10). 로즈와 맥칼리스터(Rose and McAllister 1986)는 이러한 변화를 그의 책 제목에서 '유권자들이 선택하기 시작했다(*Voters Begin to Choose.*)'라고 상징적으로 표현했다. 과거 유권자들이 계급 등 균열 축에 따른 정당 일체감이나 충성심에 의해 무조건적으로 지지를 표명했다면 이제는 그때와 달리 유권자들이 스스로의 판단에 의해 지지 정당을 '선택'하게 되었다는 것이다.

한편, 메이어(Mair 1997: 24-33)는 정당 정치의 적응력과 계급 블록 내의 안정성에 주목하여 이와 다른 견해를 제시하고 있다. 메이어는 좌-우의 구분은 서유럽 정치에서 여전히 정책 경쟁의 패턴을 규정하는 가장 중요한 단일 기준이며, 젠더 이슈, 생태주의, 삶의 질 등 많은 '새로운 이슈들'도 좌-우의 영역 속에 흡수되어 갔다는 것이다. 좌-우의 균열 축은 이러한 변화들을 흡수해 갈 만큼 적응력이 있으며 지속성을 이어갈 수 있는 근본적 힘(a fundamental force)으로 작용해 왔다는 것이다. 또한 정당 지지의 변동성의 증대와 관련해서도, 메이어는 블록 내부(within blocs or families of parties)의 변화와 블록 간(between the major blocs) 변화의 차이에 주목해야 한다고 주장했다. 즉, 새로운 정당의 출현이 생겨나고 정당 지지의 변동성이 커졌다고 해도 그것이 각 계급 균열 블록 내부에서의 변화라고 하면 그것을 본질적인 정당체계의 변화로 보기 어렵다는 것이다. 즉 좌파 진영 유권자의 일부가 녹색당의 출현으로 지지를 옮겨갔다고 해도 그것을 전반적인 좌파 진영의 약화나 근본적인 변화를 초래한 것으로 볼 수 없다는 것이다. 메이어는 외형상 선거에서의 불안정성과 정당 지지의 변동이 증가했지만, 그것이 심각한 블록 간 변동으로 이어진 것은 아니며, 따라서 서유럽 민주주의에서 나타나는 선거 불안정성은 보다 폭넓고 안정적인 정치적 배열 내에서 제한되어 있다고 보았다.

이러한 논쟁이 생겨난 배경에는 유럽 민주주의 국가에서의 정당 정치가 2차 세계대전 직후와 비교할 때 1970년대를 전후하여 크게 변화했기 때문이다. 대표적으로 독일을 예로 들 수 있다(유진숙 2018). 2차 세계대전 이후 독일은 기민-기사연합(CDU-CSU), 사민당(SPD)의 양대 정당과 이보다 당세가 약한 자민당(FDP)의 이른바 2.5당제를 안정적으로 유지해 왔다. 하지만 독일의 정당체계는 최근 들어 다당적 구도로 변모했다. 2021년 9월 실시된 총선에서는 기민-기사연합, 사민당, 자민당 이외에도 독일을 위한 대안당(AfD), 좌파당(Die Linke), 녹색당이 연방의회에 의석을 얻었다. 녹색당은 환경, 여성, 반핵, 평화 등 다양한 신사회운동 세력을 기반으로 1980년 창당되었으며, 통일 이후 동독 시민운동세력과 녹색당과의 통합을 통하여 동맹 90/녹색당을 구성했다. 좌파당은 구 동독의 집권당이었던 사회주의통일당(SED)을 전신으로 하는 민주사회당(PDS)과, 사민당에서 분당한 좌파 세력 '노동과 사회정의를 위한 선거대안(WASG)'에 기반을 두고 있는 강경 좌파 정당이다. 또한 독일을 위한 대안당(AfD)은 2013년 창당되었는데 명시적으로 네오나치즘을 표방하고 있는 것은 아니지만, 유럽통합에 대한 비판, 반이민 정서, 반이슬람 정서, 독일 대외정책의 급진적 개혁에 대한 요구 등에서 유럽의 다른 극우 정당과 비슷한 이념적 특성을 보인다. 이러한 최근의 총선 결과는 독일에서 전통적인 양대 정당인 기민-기사연합과 사민당의 지배력 약화와 함께 새로운 정당들이 정치적으로 부상했음을 알 수 있다. 또한 우파 쪽의 극단에는 '독일을 위한 대안'이, 좌파 쪽의 끝에는 '좌파당'이 세력을 확대하면서 전반적인 이념적 극화가 심화되었다.

스페인에서도 2015년 총선거에서 1975년 민주화 이후 지속되어 온 중도 우파 국민당(PP)과 중도 좌파 사회주의노동당(PSOE)의 양당 구도가 무너졌다. 신생 정당인 포데모스(Podemos)와 중도 우파 신생 정당인 시우다다노스(Ciudadanos)가 부상하면서 스페인의 정당체계가 재편되었다. 2019년 총선에서는 극우정당인 복스(VOX)가 사회노동당과 국민당에 이은 제3 당이 되었다. 비단 독일, 스페인 이외에도 유럽을 중심으로 곳곳에서 기존 정당체계의 변화가 일어나고 있다. 새로운 정당의 등장과 세력화, 그리고 이에 따른 정당 정치의 변화는 립셋과 록칸의 말한 '동결 명제'에 대한 분명한 도전이라고 할 수 있다. 유럽을 중심으로 나타나고 있는 새로운 정당의 등장 등 정당 정치의 변화에 대해 살펴보기로 한다.

1. 조용한 혁명(silent revolution)

2차 세계대전 이후 서유럽에서는 정치적 안정과 경제적 풍요가 이어지면서 이전 과는 상이한 삶의 환경이 마련되었다. 생존과 안전을 위협하던 전쟁의 위협, 물질적 궁핍에서 벗어나게 되면서 대중의 가치도 급격하게 변화했다. 대중의 관심이 물질적 풍요와 안전에 관심으로부터 삶의 질에 대한 것으로 급격하게 변화했다. 잉글하트 (Inglehart 1977)는 이러한 변화에 주목하면서 이것이 탈물질주의 정치의 등장으로 이 끌었다고 주장했다.

이전에 중시하던 가치가 경제적 풍요와 안정, 질서 유지, 경제적 이익 보호라는 물질주의적 가치(materialist)였다면, 이제는 자기실현, 지적, 심미적 만족, 참여 등 탈 물질주의적(post-materialist) 가치로 전환하게 되었다. 자본가-노동자 간 물질적 (material) 가치의 배분을 둘러싼 계급 간 갈등에 기반한 정치가 근대(modern), 산업 (industrial) 사회의 특성이라면, 이제는 이러한 물질적 가치로부터 탈물질적 (post-materia) 가치를 중시하는 탈근대(post-material), 혹은, 탈산업화 시대 (post-industrial)의 정치로 변화했다는 것이다.

잉글하트(Inglehart 1977)는 이러한 변화를 '조용한 혁명(Silent Revolution)'이라고 불 렀다. 프랑스 혁명이나 러시아 혁명처럼 격렬하고 과격한 변화의 과정을 수반하지 않았지만, 사회 내부적으로는 중대한 변혁이 발생했다는 것이다. 잉글하트는 특히 특히 세대적 요인에 주목했는데, 젊은 세대는 기성세대와는 다른 환경에서 성장했기 때문에 이들과는 상이한 문화적 가치를 갖게 되고, 이러한 세대적 차이는 점진적이 고 조용히 이뤄지지만 그것이 정치적으로 미치는 영향은 매우 지대하다고 보았다. 젊은 세대는 나이 든 세대와 달리 삶의 질, 인권, 환경, 여성, 소수자의 권리, 반핵 등 탈물질적 가치를 중시하고, 정치에 대한 관심도 크다. 정치참여와 관심의 증대로 과거의 정치 참여나 정책 형성이 '엘리트가 주도하는(elite-directed)'하는 방식이었다 면 이제는 '엘리트에 도전하는(elite-challenging)' 방식이 나타나게 되었다는 것이다. 따라서 새로운 세대는 직장 및 정부 정책이나 사회 문제에 상당히 적극적으로 개입 한다는 것이다.

이러한 '조용한 혁명'은 실제로 환경 정당 혹은 녹색 정당을 비롯한 탈물질주의 정 당 출현의 배경이 되었다. 기존 포괄정당들(catch-all parties)이 경제 성장과 환경 파 괴의 문제에 대해 제대로 대응하지 못하면서 이에 대한 정치적 저항으로부터 서유럽 지역에서 녹색당의 창당과 성장이 이뤄졌다(Müller-Rommel 1985: 484). 대표적으로 독일에서는 환경운동, 반전반핵운동, 여성운동 등 신사회운동에서 출발하여 1980년 독일 녹색당이 창당되었다. 녹색당은 1983년 독일연방의회선거에서 5.6%의 지지를 얻어 처음으로 연방의회에 진출했고 1998년에서 2004년까지 사민당과 이른바 적 -녹 연합(red-green alliance)를 통해 연립정부를 구성할 만큼 이제는 독일 정당 정치에서 간과할 수 없는 중요한 요소가 되었다(김영태 2007: 194). 2021년 결성된 사민당 주도의 연립정부에도 녹색당은 자유민주당과 함께 참여했다. 핀란드에서도 녹색당은 1995년 유럽에서 최초로 내각에 참여한 바 있다.

2. 조용한 반혁명

1980년대 들어 유럽에서 극우 정당들이 부상하기 시작하였다. 이들은 자국 의회나 유럽의회에 당선자들을 배출하기 시작했는데, 이런 정당들이 1980년대 초에는 6개에서, 1980년대 말에는 10개로, 그리고 1990년대 중반이 되면 15개로 늘어났다(Ignazi, 2003: 1). 프랑스의 국민전선(FN: Front National), 네덜란드의 민주주의를 위한 포럼(FvD: Forum voor Democratie), 이탈리아의 북부동맹(Lega Nord), 오스트리아의 자유당(Freiheitliche Partei Österreichs), 독일의 독일을 위한 대안(AfD: Alternative für Deutschland), 그리스의 황금새벽당(Χρυσή Αυγή), 스웨덴의 민주당(SD: Sverigedemokraterna), 덴마크의 인민당(Dansk Folkeparti), 노르웨이의 진보당(Fremskrittspartiet) 등 유럽 각국에서 극우 정당이 출현했다.

이들 정당들은 일시적으로 선거에서 지지도가 상승하거나 일부 의석을 차지한 수준에 그치지 않고 최근 들어서는 권력 참여가 가능한 정도로까지 지지세가 증가했다. 프랑스의 극우정당인 국민전선의 당수 마린 르펜(Marine Le Pen)은 2017년 프랑스 대통령 선거에서 결선투표에까지 진출한 바 있다. 오스트리아의 자유당은 2017년, 이탈리아의 북부동맹은 2018년 연립정부에 참여했다. 독일을 위한 대안은 2017년 연방의회 선거에서 기민-기사연합, 사민당에 이어 제3당으로 부상했다. 이와 같은 극우정당의 부상은 이제 그것이 일시적이거나 병리적 현상이 아닌 장기간에 걸쳐 진행된 정치변동의 결과라는 것을 보여 준다(박기성, 박재정, 2018: 134). 이와 같은 극우정당들은 인종주의, 민족주의, 반자유주의 등의 이념을 내걸고 반이민뿐만 아니라 낙태, 동성 결혼 등에 대해서도 반대의 입장을 분명히 한다. 이들의 정치적 부상에 대해서 경제적 어려움과 높은 실업률과 같은 경제적 측면이나 외국인 혐오주의

(xenophobia)와 같은 문화적 요인이 그 원인으로 제시된다.

그런데 이냐찌(Ignazi 1992; 2003: 201)는 이를 앞서 본 '조용한 혁명'과 같은 맥락 속에서 설명했다. 그에 따르면, 서구 사회에서 탈물질사회로의 발전은 경제적인 것과 연관된 균열을 약화시키는 한편 비물질적 갈등(non-material conflicts)의 부상을 가져왔다. 이러한 시대적 변화는 '삶의 질'을 중심으로 한 "가치에 기반한(value-based)" 새로운 갈등의 축을 만들어 냈다. 이러한 변화는 1960년대의 청년들에 의한 정치적 저항에서 나타났듯이, 자기 가치 확신(self-affirmation), 개인화된 삶의 방식, 민주적 참여, 평등, 비공식적인 사람 간의 관계 등의 강조로 이어졌다. 그리고 기존의 좌파 대 우파라는 표준화된 정치적 대립의 틀을 뛰어넘는 정치적 변화로까지 이어졌다. 여기까지는 잉글하트가 말한 '조용한 혁명'과 유사한 과정이다.

그런데 이냐찌는 '탈물질주의가 촉발한 계급 정치와 가치에 따른 기존 정당 지지의 이탈은 그와 다르고 오히려 반대 방향의 반응을 낳았다'는 것이다. 한 쪽에서는, 잉글하트가 말한 것과 같은, 탈물질적 어젠더와 그것의 정치적 부산물인 좌파-자유지상주의 정당이나 녹색당이 자기 가치 확신을 위한 움직임을 만들어 낸 것에 비해, 국가 권위의 약화, 전통적 사회 유대의 침식, 전통적 윤리 기준과 성적 관습이 붕괴되었다는 인식, 또한 질서 있고 위계적이고 동질적이며 안전한 사회의 쇠퇴라고 하는 또 다른 가치에 대한 관심을 불러 왔다. 이러한 가치에 대한 강조는 자기방어와 자기 안심(self-reassurance)에 대한 필요성을 강하게 불러왔다(Ignazi 2003: 201). 여기에 세계화와 EU와 같은 초국가기구의 영향력 확대로 인한 국가 정체성의 약화는 불확실성과 밀려남(displacement)에 대한 위기감을 더욱 강화시켰다.

그러나 한동안 이러한 심리적 흐름은 좌파의 경우와 다르게 정치적으로 대표되지 못한 채 '조용한 채' 유지되어 왔지만, 결국 극우정당의 출현과 이에 대한 지지로 이어지게 되었다. 이냐찌는 잉글하트의 조용한 혁명에 빗대 이러한 정치적 현상을 '조용한 반혁명(silent counter-revolution)'이라고 불렀다.

탈물질주의의 부상으로 인한 전통적 윤리의 위기가 좌파에게는 해방, 자유로움으로 받아들여진 반면, 동일한 이슈가 우파에게는 매우 통탄스럽고 부정적인 현상으로 간주된 것이다. 이처럼 '조용한 혁명'과 '조용한 반혁명'은 모두 탈물질주의의 부상으로 인한 결과이며, 조용한 혁명이 환경, 여성, 생태주의, 반핵 등의 어젠더를 이끌었다면, 조용한 반혁명은 인종주의, 민족주의, 권위에 대한 강조로 이어졌다.

이냐찌는 극우정당을 파시즘에 대한 연계에 따라 두 종류로 구분했다. 전통적 극우정당은 산업사회 이전의 시대라는 '과거 회상(nostalgia)'를 대표하며, 산업사회의 발전에서 비롯된 갈등과 관련이 깊은 것으로 보았다. 특히 1920년대와 1930년대 계급정치의 부상과 그에 따른 격렬한 갈등과 대립에서 비롯된 것으로 보았다. 공산당과 마찬가지로 파시스트 정당 역시 산업혁명의 부산물로 간주했다. 이에 비해 1980년대에 등장한 극우정당은 상이한 맥락과 조건 속에서 등장했다. 이들 정당은 기존 정치체제의 정당성을 부정한다는 점에서는 전통적 극우정당과 유사하지만, 1920-30년대와 달리 탈산업사회의 정당들이라는 점에서 근본적 차이가 있다. 더이상 물질적 이해관계가 중심적이지 않으며 부르조아와 노동계급도 명료하게 정의되기 어렵고 서로 심각하게 적대적이지도 않은 환경으로 변모했다. 반면 서비스 섹터의 발전, 사회 관계를 규정하는 노동 역량의 약화, 원자화와 세속화 과정은 상이한 균열과 이익결집을 낳았다. 따라서 전통적 계급정치의 약화와 함께 물질적 이해관계가 아니라 가치가 갈등의 핵심에 놓이게 되었다(Ignazi 2003: 33-34). 이런 점에서 1980년대 이후 극우정당은 과거의 파시스트 전통에 따른 향수의 부활이 아니라 '조용한 반혁명'이라는 것이다. 후기산업사회로 이끈 과정은 그 과정으로 인해 영향을 받은 특히 자영업과 육체노동자들과 같은 집단의 지위를 약화시켰다. 특히 사회적 연대의 상실, 정치제도와 대의기구에 대한 거리감과 소외는 분노를 키웠다. 이러한 감정은 정치적으로 엄격한 법과 질서, 민족 정체성과 자부심, 전통적인 도덕 기준, 국가 공권력 강화 등에 대한 요구로 이어졌는데, 이 모든 것은 상징적 소속감을 재구성해야 한다는 정서를 반영한 것이다.

3. 좌파-자유지상주의 대 우파-권위주의

전통적인 좌파 대 우파 정치는 소득이나 물질, 자산 등에 기반한 갈등이었다. 그러나 복지국가의 등장 이후 정부 권력을 통한 분배, 복지가 구현되었고, 앞서 본, 탈물질적 가치의 부상과 함께 전통적 의미의 좌파와 우파 정치와는 상이한 정치적 선호가 나타나게 되었다. 1970-80년대가 되면서 서구의 정치는 더 이상 경제적 가치의 배분에 중심을 둔 '좌파-사회주의' 대 '우파-자본주의'의 구도로만 설명하기 어렵게 되었다.

좌파 진영 내에서 새로운 정치적 태도가 나타났다(Kitchelt 1988). 이들은 2차 세계대전 이후 자본과 노동 간의 전후 합의에 기초한 사회적, 제도적 발전의 논리에 반대한다. 또한 경제 성장을 우선시하는 것에 반대하며, 정책 결정의 과정이 중앙집중화된 이익집단 간 엘리트 간의 협상에 국한되어 민주적 참여를 억제하는 것에 불만을 갖는다. 시장 경쟁과 관료 조직이 사회적 생활을 지나치게 지배하면서 사적 영역에서의 연대 의식과 공적 영역의 결정과정에서 정치적 숙의를 배제해 버렸다는 것이다. 이들은 시장이 인간의 선호를 물질적 상품의 추구로 이끌고 비시장적 공공재의 공급을 소홀히 한다는 점에서 시장을 불신한다. 그런 점에서 이들을 좌파적이다. 그러나 동시에 이들은 중앙집중화된 관료적 복지국가에 반대하고 공공 정책과 공적 사회에서 직업적 전문성의 지배(the hegemony of professional expertise)에 반대한다. 즉, 중앙집중화된 복지국가에서의 관료 지배 체제가 시민 개인의 일상에 대한 과도한 개입으로 이어졌고, 공적 영역에서 엘리트 중심의 정책 결정이 시민의 참여를 제한하고 있다는 데 대해 비판적이었다.

이들 새로운 '좌파'는 집단적으로 공유된 가치의 순응, 문화적 동질성, 전통, 종교 등 지배적 신념 체제의 존중보다, 시민의 개인적 자유, 관용, 사회경제적 차이에 대한 존중, 자율적 참여와 결정을 중시하는 태도를 보인다. 이들은 전통적인 보수주의나 사회주의 강령 모두 반대하며 개인의 자율성과 대중의 참여를 선호하지만, 동시에 평등에 대한 좌파적 관심은 유지한다. 이러한 태도를 키트쉘트(Kitschelt 1988: 195-197)는 좌파-자유지상주의(left-libertarian)라고 불렀다. 이러한 입장을 취하는 좌파-자유지상주의 정당(left-libertarian party)은 사회주의적 관점에서 시장에 반대하고 연대 의식(solidarity)과 평등을 강조한다는 점에서 '좌파(left)'적이지만, 동시에 중앙집중화된 관료제를 거부하고 개인의 자율성, 참여, 그리고 분권화된 공동체의 자치(self-governance)를 강조하다는 점에서 자유지상주의적(libertarian)이다(Kitschelt 1988: 197). 이들 정당은 관료적 복지 국가, 노동의 코포라티즘, '합의제(consensual)' 민주주의에서의 엘리트 간 거래(bargaining)의 구조적 경직성에 대한 문제점을 지적하고 있다.

키트쉘트(Kitschelt, 1994: 10)는 좌파-자유지상주의적 가치의 부상과 함께 서구의 탈산업화 사회에서 정당 정치의 경쟁 구도가 2차원적이 되었다고 주장했다. 즉, 전통적인 사회주의(left)-자본주의(right)의 차원뿐만 아니라 여기에 자유지상주의(libertarian)-권위주의(authoritarian)라는 또 다른 차원이 등장하여 이러한 두 가지 차원 속에서 정당 경쟁이 이뤄지게 되었다는 것이다. 사회주의와 자본주의 정치 간의 대립은 자원의 배분(the allocation of resources)과 관계되어 배분의 '결과라는 속성'(the nature of the outcomes)이 중요하다면, 자유지상주의 대 권위주의 정치 간의 대립은 집단적 결과물을 만들어 내는 '과정의 질(the quality of the process)'에 대해 보다 주목하는 것으로 보았다. 사회적 결정 과정에서 권위주의적 정치가 위계적 (hierachical) 의사 결정 과정을 선호한다면, 자유지상주의적 정치는 참여적 의사결정 과정을 중시한다. 권위주의 정치가 법과 질서, 종교적·전통적 가치와 위계질서 등 집단적으로 공유된 규범과 사회적, 도덕적, 정치적 권위에 의해 통치되는 사회적 삶의 양식을 선호한다면 이에 비해 자유지상주의 정치는 삶의 양식에 대한 개인의 자율성을 강조하며 사회문화적 차이에 대한 관용과 존중을 중시한다. 또한 집단적으로 구속력을 지니는 정치적 결정에 있어 개인의 자율적 참여를 선호한다.

키트쉘트는 1980년대 이후 후기산업사회 서구 민주주의 국가들의 정당체계에서 전통적인 노동−자본의 균열에 기초한 좌파−우파적 대립이 약화되는 반면, 사회문화적 속성을 갖는 자유지상주의−권위주의 차원의 대립이 강화되면서, 정당이 이 새로운 균열 축을 따라 정렬되어 갔다고 주장했다. 좌파 자유지상주의 정당의 지지자들은 상대적으로 젊고 교육 수준이 높은 중산층과 교육, 보건, 사회복지 등 대인 서비스 영역의 직업군, 그리고 중도좌파적 정치 신념과 '탈물질주의' 가치에 동의하며 환경, 여성, 평화 운동에 동조적인 사람들이라는 것이다(Kitschelt 1988: 198). 키트쉘트는 사회구조적 변화에 따라 계급이 갖는 정치적 호소력이 떨어졌다는 점에 주목했다. 계급보다 교육, 직업, 성, 고용 섹터에서 노동 간 차이가 생겨났고, 이런 차이가 정당의 정치적 호소에 강하게 반응하게 되었다는 것이다(Kitschelt 1994: 6).

이에 따라 좌파에 정체성을 가진 유권자들은 점차 자유지상주의적으로, 우파 유권자들은 권위주의적 특성과 혼합되게 되었다. 이러한 유권자 특성의 변화는 특히 사회민주주의 정당에게 어려움을 주었고 결국 좌파 정당이 자유지상주의적 호소를 포용하는 형태로 변모해 가도록 했다는 것이다. 이에 따라 1980년대의 주요 사회주의 정당들은 노동계급 유권자들과의 조직적, 선거적 유대를 희석시켰다. 즉, 기존의 대중정당 조직을 방치하거나 약화시켰고 좌파적 분배에 대한 호소로부터도 멀어져 가게 되었다(Kitschelt 1994: 38).

전통적인 좌−우 축에서 좌파 영역에 위치했던 사민주의 정당이 좌파−자유지상주의 축으로 이동하면서 노동계급은 이들 정당으로부터 소외감을 갖게 되고 정치적 지지를 철회하게 되었다. 이들은 자유지상주의적 노선에 대해 비판적 입장을 취하면서 인종주의, 외국인 혐오를 주창한 극우 정당에 대한 지지로 입장을 바꾸게 되었다. 극우정당은 복지국가와 재분배 경제 정책에 동조하지 않는 입장이지만, 사회민주주의 정당의 노선 변화가 과거 사민주의 정당 지지자들의 일부를 우파−권위주의 정당에 대한 지지로 이끌었다는 것이다(Kitschelt, 1994: 31-33). 키트쉘트는 2000년대에 들어서면서 경제적 배분을 둘러싼 정당 간 입장의 차이는 상당히 줄어들었고, 그 대신 자유지상주의 대 권위주의적이라고 하는 사회-문화적 입장(socio-cultitral position)의 차이는 더욱 커졌다고 주장했다(Kitschelt 2004: 6-8).

이에 대해 더치와 스트롬(Duch and Strøm 2004)은 자유지상주의 대 권위주의보다 자유지상주의 대 공동체주의(libertarian vs communitarian)의 대립이 보다 적절한 표현이라고 주장했다. 자유지상주의가 자기표현, 자율, 개인적 자유를 강조한다면, 공동체주의는 공동체, 사회적 유대, 통합, 정체성의 정치를 강조한다고 했다. 즉, 자유지상주의가 개인 권리와 자유의 지지, 국가의 제한적 역할을 중시한다면, 공동체주의는 국가 차원이든 공동체 차원이든 개인보다 공동체의 집단적 이해를 중시한다는 것이다. 그런 점에서 우파뿐만 아니라 좌파 공동체주의(leftist communitarianism)도 가능하다고 보았다. 또한 키트쉘트가 말한 권위주의에 대해서도, 자유지상주의자들이 권위에 대해 회의적 입장이기는 하지만 모든 형태의 질서를 거부하는 것은 아니며, 우파뿐만 아니라 좌파 권위주의도 가능하다고 지적했다. 또한 보수정당, 특히 온건 우파의 경우 좌파 정당보다 자유지상주의에 덜 우호적이라는 증거도 충분히 않다고 비판했다.

좌파-자유지상주의의 부상 역시 계급정치에 기반한 정당 정치로부터의 변화를 잘 보여 주고 있다.

4. 포퓰리즘

최근 들어 주목할 만한 정당 정치에서의 변화는 포퓰리즘의 부상이다(이하 강원택 2019b). 2016년 미국 대통령 선거에서 트럼프의 당선과 영국 브렉시트 국민투표를 통해 포퓰리즘 정치의 부상에 대해 주목하게 되었지만, 보다 중요한 사실은 포퓰리스트 정당의 부상이다. 2019년 4월을 기준으로 유럽연합 회원국 28개 국가 중에서 포퓰리스트 정당이 의회에 의석을 확보한 곳은 23개 국가로, 포퓰리스트 정당의 의회 진출이 없는 아일랜드, 몰타, 포르투갈, 루마니아, 크로아티아 등 5개국이 '예외적'이라고 할 정도이다(Independent 29 April 2019).[1]

포퓰리즘은 사실 오랜 역사를 갖는다. 독일 나치즘이나 이탈리아 파시즘 모두 포퓰리즘 정치에 기반해 있었다. 최근 서구 정당 정치에서 나타나는 포퓰리즘 역시 극우정당과 관련이 있다. 유럽의 극우 정당은 이데올로기 구성에서 민족주의(nationalism), 급진주의(radicalism), 그리고 포퓰리즘(populism)이라는 세 가지 요소를 공통된 특징으로 한다. 인종주의(racism)나 순혈주의(nativism), 국수주의(chauvinism) 등의 형태로 표출되는 민족주의와 자유민주주의 질서의 권위주의적 재편을 강조하는 급진주의 이데올로기가 극우 정당의 정치적 지향성을 구성하는 것이라면, 포퓰리즘은 이들의 주장에 대중적 호소력을 가미하는 이데올로기이자 전략으로서의 역할을 수행한다(배병인 2017: 74). 그러나 포퓰리즘은 반드시 극우정당에만 적용되는 것은 아니다.

시리자(SYRIZA)라고 불리는 그리스의 급진좌파연합은 좌파 포퓰리즘 정당으로, 이들의 이데올로기적 성격은 사민주의보다 더 좌파적이면서도 공산당 등 전통적인 물질주의 좌파와도 다른 탈물질주의적 속성을 갖는다. 또한 이탈리아의 오성운동(M5S: Movimento 5 Stelle)은 탈이데올로기적인 속성을 가지며, 당명에 나타난 '5개의 별'은 공공 수도, 인터넷 접속권, 지속 가능 교통 수단, 지속 가능 개발, 생태주의와 같은 일상적 삶의 문제와 관련이 있다(정병기 2021: 84–90). 포데모스(PODEMOS)는 2008년 글로벌 경제위기와 유로존 위기 이후 스페인 정부의 긴축재정과 구조조정으로 인한 높은 실업률, 은행의 강제퇴거 등에 반대하는 '분노한 사람들(los indignados) 운동(15M)'이 정당으로 제도화된 것이었다.(임유진 2020: 200). 포데모스는 2014년 1월[좌파 인텔리겐차들과 극좌파 정당 반자본주의좌파(IA)라는] 2개의 그룹이 주도한 선거 연합으로 출발하여 같은 해 3월에 단일 정당으로 창당되었고, 2016년 총선에서는 좌파연합(IU)과 선거 연합을 구성했다. 포데모스는 현재 단일 정당으로 활동하고 있지만, 여전히 연합적 성격을 버리지 않았으며 특히 지역 조직의 자율성이 강하며 지역주의 정당들과 다양한 방식으로 연합 정치를 실현하고 있다(정병기 2017: 196).

남미의 경우에도, 베네수엘라의 차베스, 볼리비아의 모랄레스 등이 신자유주의 세계화에 대항한 좌파 신포퓰리즘의 예라면, 페루의 후지모리, 아르헨티나의 메넴, 멕시코의 살리나스 등은 신자유주의와 결합한 우파 신포퓰리즘의 예다(정병기 2021: 76). 이처럼 포퓰리즘 정당은 우파뿐만 아니라 좌파와도 결합하여 등장하는데 이는 포퓰리즘이 갖는 '약한 이데올로기성'과 관련이 있다(정병기 2021: viii). 우파 포퓰리즘은 인종주의나 민족주의를 강조하여 외부의 '적'이나 '남'으로부터 '인민'을 구분지으려고 한다면, 좌파 포퓰리즘은 국가나 자본과 같은 사회 구조나 제도와의 관계 속에서 '인민'을 정의하고자 한다.

포퓰리즘은 잘 정의된 하나의 이데올로기로 볼 수는 없지만 일반적으로 현실 정치에서 나타나는 공통의 특성은 찾아볼 수 있다(강원택 2019). 첫 번째, 포퓰리즘은 기본적으로 인민(people)을 강조한다. 포퓰리즘에서 인민에 대비되는 존재는 엘리트이다. 포퓰리즘은 고결하고 순수한 보통의 대중들, 인민이 타락하고 비도덕적이며 무능한 엘리트에 대항하는 정치라는 점을 강조하며, 정치는 인민의 일반 의지(volonté générale)의 표현이어야 한다는 것이다(Mudde 2004; Mudde and Kaltwasser 2017). 이처럼 포퓰리즘은 기본적으로 반엘리트주의의 속성을 갖고 있다. 엘리트에 대해 불만을 갖게 된 데에는 여러 가지 요인이 있을 수 있지만, 최근 유럽을 중심으로 나타나는 현상 속에서는 기존 정당 정치, 더 나아가 대의민주주의 전반에 대한 불만이 중요한 원인이 되고 있다. 정치 엘리트가 유권자들 자신의 의견을 통치 과정에서 제대로 반영하지 않는다는 불만이다(Norris 2005). 국가 기구를 담당하는 정치 엘리트가 실업의 증가, 경제적 양극화의 심화 등 대중의 경제적 어려움을 해결해 내지 못한다는 것인데, 이러한 '무능'에 정치권의 부패가 더해지면 포퓰리즘 정치의 부상에 매우 유리한 환경을 조성하게 된다.

두 번째 특징은 기존 정당체제에 대한 불신, 대의민주주의에 대한 비판이다. 포퓰리즘 정당은 "기존 정당을 비판하면서 기존에 시도되지 않았던 정당 형태를 택하고 정치 이슈에 대한 입장을 정한다. 정당 조직 측면에서 포퓰리즘 정당은 기존 정당 조직을 의도적으로 거부한다. 포퓰리즘 정당은 기존 정당이 합의한 정당 시스템과 자신이 다르다는 것을 드러내기 위해 사회 분열로 이어지는 안건들에 집중한다. 이를 통해 스스로를 차별화시키며, 정치 전반으로부터 소외되었다고 느끼는 유권자의 지지도 극대화시킨다."(Taggart 2017: 150−152) 기존 정당이나 정치 엘리트는 기득권을 대표할 뿐이기 때문에, 기존 정당이나 이익집단의 매개보다 대중의 정치 참여와 이를 통한 의사의 직접적 표출, 즉 직접민주주의 방식을 선호한다. 그러나 현실적으로는 유럽 대다수 국가의 경우 대의민주주의의 틀 속에서 포퓰리즘 정치가 나타나고 있으며, 그 체제를 부정하거나 붕괴시키려는 시도는 나타나지 않고 있다.

포퓰리즘 정치의 세 번째 특징은 분열의 정치, 배제의 정치다. '아군과 적'의 명백한 구분이 있으며, 배제, 증오의 대상이 존재한다. 최근에 나타나는 포퓰리즘의 경우 '우리'가 종교, 인종, 계층, 풍습 등 문화적 요인에 의해 매우 협소하게 정의되면서 (Galston 2019: 11) 그 이외의 '그들'에 대한 적대감과 배척이 이뤄지고 있다. 유럽에서 나타나는 민족주의, 인종주의. 애국주의, 지역주의의 정서와 이로 인한 반이민, 반난민, 국수주의, 보호무역주의, 분리주의, 반EU 등의 주장에서 이런 특성을 확인할 수 있다.

네 번째는 반자유주의적, 집단주의적 속성이다. 포퓰리즘은 그 단어의 의미에서 집단주의적 속성을 갖는데, 특히 문제가 되는 것은 자유민주주의 핵심적 가치인 다원주의를 부정한다는 점이다. 자유롭고 동등하며 축소될 수 없는 다양한 시민들 (irreducibly diverse citizens)이 함께 살아간다고 하는 다원주의는, 인민의 의지를 강조하고 특정 집단의 다른 집단에 대한 우위와 순수성을 전제로 하는 포퓰리즘에서는 수용되기 어렵다(Galston 2019: 12-13).

다섯 번째는 공동체 내부에서 이상화된 관련으로 받아들여지는 마음속 이상향 (heartland)(이하 Taggart 2017: 163-169)에 대한 강조이다. 마음속 이상향은 상상된 공간이며, 이런 이상향이 명시적으로 요구되는 시기는 고난의 시기다. 이런 이상사회는 유토피아가 아니며, 현재 잃어버린 것을 찾기 위해 과거에 대한 회상을 기반으로 마음속에 그려진 이상향이다.

여섯 번째는 카리스마적 리더십을 갖는 강한 지도자에 대한 선호이다. 이러한 지도자들은 청렴, 정직, 소박함과 같이 인민들이 정치 지도자들에게 소망하는 가치를 구현하고 있을 뿐만 아니라 위기적 상황에서 인민을 구출해 내고 수호해 줄 수 있는 특별한 권능을 지닌 이들로 간주된다(주정립 2006: 59-61). 이런 성향은 때때로 앞서 지적한 비자유주의적 민주주의, 위임민주주의적인 형태로 이어지기도 한다. 그러나 개인의 카리스마적 리더십이 아니더라도 포퓰리즘 정당의 지지자들은 권위주의적 법과 질서, 사회적 이슈에 대한 강경한 대응을 선호한다.

포퓰리즘은 이데올로기적으로 어떤 정형화된 속성을 갖고 있지는 않지만, 현실 정치적으로는 이와 같은 다양한 공통의 특성을 나타내고 있다. 이런 점들을 고려할 때 포퓰리즘은 "사회를 인민과 엘리트라는 두 진영의 적대 구도로 파악하며, 정치는 인민의 의사를 가능한 한 직접적으로 반영해야 한다고 주장하는 이념"(정병기 2021: 7)으로 정의할 수 있다.

5. 극우정당/포퓰리즘 정당 부상의 원인

리드그렌(Rydgren 2002: 32)은 크게 정당의 부상 원인을 열 가지로 구분해 설명하고 있는데, 대체로 네 가지 정도로 요약해 볼 수 있다. 첫째, 경제 구조의 변화와 세계화이다. 리드그렌은 탈산업경제(a post-industrial economy)와 경제위기와 실업을 원인으로 제시했다. 세계화와 탈산업화(post-industrialization)로 인해 급격한 사회경제적 변동이 생겨났고 이러한 변화는 경제적으로 낙오 계층을 만들어낸다는 것이다.(배병인 2017: 70). 경제구조에서는 제조업 분야가 쇠퇴하고, 서비스, 금융, 지식중심의 산업 형태로 변모해 가고, 중국 등 개발도상국의 경쟁력이 강화되면서 계층에 따라 각기 상이한 조건이 마련되었다. 탈산업화 시대가 되면서 교육에 기반한 실력 중심의 사회(education-based meritocracy)로 변모했고, 이로 인해 노동 시장이 급격하게 변화하게 되었다(Galston 2019: 8). 교육 수준이 낮은 미숙련 노동자의 경우 만성적인 실업의 위험에 노출되어 있을 뿐만 아니라 이민 노동자와의 일자리 경쟁에 일상적으로 노출되면서 기존 정치권과 기득권층에 대한 불만이 높아졌고 이민 노동자 등에 대한 적대감이 커지게 되었다(배병인 2017: 71). 계층적 양극화에 더해 경제적인 활력이 대도시에 편중된 모습을 보이면서 한 국가 내에서도 지리적 불평등의 문제가 증대되었고, 세계화된 경제 상황에서는 일자리가 개발도상국에 몰리면서 선진경제국가의 중산층과 노동계층은 어려움을 겪게 되었다(Galston 2019: 7). 이 때문에 포퓰리즘 정당에 대한 지지자들은 대체로 사회적 패자(losers)로 불릴 수 있는 이들이 적지 않다. 탈산업사회 과정에서의 '패자들'은 불안하고 당혹스럽고 불안정하고 분노를 느끼며, 과거의 현상유지, 혹은 '전통적 가치'로의 복귀에 대한 요구로 이어진다.

두 번째는 문화적 요인으로 정체성과 전통적 규범에의 도전 때문이라는 것이다. 리드그렌은 다음과 같은 네 가지 점을 지적했다.

- 기존 정체성의 분해, 문화적 분절화, 다문화
- 사회문화적 균열의 현저성의 증대
- 외국인 혐오증과 인종주의
- 신좌파, 녹색정당이나 운동에 대한 반발

1970년대 탈물질주의의 부상으로 인해 세계주의(cosmopolitanism)나 다문화주의, 자기표현 등 문화적 측면에서 큰 변화가 발생하면서 젠더, 인종, 환경과 같은 비물질적 이슈가 주목 받게 되었다. 그런데 기성세대, 특히 교육 수준이 낮은 백인들의 경우 전통적인 가족 규범이나 가치가 상이한 가치로 대체되는 데 대해 불만을 가지는 한편, 한 때 문화적으로 지배적 위치에 있던 자신들이 지위가 침해된 데 대해서도 분노를 느끼게 되었다. 이처럼 개인의 자유, 다문화주의 등을 강조하는 탈물질주의적 코스모폴리타니즘(cosmopolitanism)의 확산이 이에 반발하여 전통적인 가치의 고수를 주장하는 '조용한 반혁명(silent counter-revolution)'(Ignazi 1992)을 불러왔으며 그것이 포퓰리즘 정치의 부상으로 이어졌다는 것이다(Inglehart and Norris 2016). 이들의 설명에 따르면, 서구 민주주의 국가에서의 포퓰리즘에서 볼 수 있는 인종주의, 국수주의, 순혈주의 등은 바로 이러한 문화적 반발의 결과인 것이다.

또한 유럽연합이라는 초국가 기구의 권위와 영향력이 강화되면서 전체로서의 '유럽 정체성'과 개별 국가에 대한 정체성의 갈등이 생겨나게 되었고 이 과정에서 유럽 통합에 반대하거나 회의를 갖는 이들은 극우정당의 지지기반이 된 것이다.

세 번째는 정당 정치의 변화와 정치적 불만과 같은 정치적 요인이다.

- 광범위한 정치적 불만과 환멸
- 정치 스펙트럼에서 기존 정당들의 수렴
- 오래된 정당 균열을 가로지르는 국민투표의 경험

복지국가, 계급정치의 약화 등 사회경제적 환경의 변화로 인해 정치적으로 기존 정당 정치와 연계(link)되어 있지 않는 유동적인 유권자가 크게 늘어났다. 이로 인해 선거 때마다 유동성이 높아졌다. 또한 이 과정에서 근대 민주주의 등장 이래 정치적 동원과 소속감에서 중요한 역할을 해 온 노조와 교회의 역할이 크게 약화되었고, 사회는 보다 개인주의화되었다. 유권자들은 노조와 교회와 같은 조직으로부터 벗어나면서 정치적으로 보다 독립적이 되었지만 동시에 그만큼 기존 정치체제에 대한 신뢰와 애착심도 약화되었고, 이 때문에 포퓰리스트의 호소에 보다 취약해진 상황을 맞게 되었다(Rooduijn 2018). 또한 기존 정당, 기존의 정치제도에 대한 불만, 불신의 증대된 것도 극우정당이나 포퓰리즘 정당의 부상의 원인이다. 이는 기존 정당체제가 사회적인 문제에 대한 해결 능력이 약화되었다는 사실과 관련이 있다. 최근 미국에서 보듯이, 정치적, 이념적 양극화가 지속되고 심화되면서, 정당 간 대화와 타협을 통해 문제를 해결해 내기보다 적대적 대결과 교착으로 이어지는 경우가 잦아지면서 정치 시스템의 효율성이 떨어졌다. 갈등과 문제 해결이 제대로 이뤄지지 않으면서 생겨난 정치적 불만이 포퓰리즘에 대한 지지로 이어지게 되었다.

서유럽 국가의 경우에는 오히려 수렴의 정치(convergence), 합의의 정치(politics of consensus)로 인한 정치적 대안의 부재가 문제가 되기도 했다. 영국 노동당 블레어 총리나 독일 사민당의 쉬로더 총리에서 보듯이, 유럽 정당 정치에서 온건 좌파와 온건 우파 간 수렴의 정치가 이뤄졌다. 그러나 이러한 수렴의 정치는 그것이 사회경제적 문제 해결에 대해 효과적으로 작동하지 않을 때에는 정치적으로 새로운 대안을 찾는 것을 어렵게 만든다. 또한 이와 같은 수렴의 정치로 인해 이념적으로나 정책적으로 자신을 대표하는 정당이 없다고 정치적으로 소외감을 느끼는 유권자들도 늘어나게 된다(Rooduijn 2018).

이와 관련해서 지적할 수 있는 또 다른 원인은 세계화와 함께 기존 정당체계에서 해결할 수 없는 문제가 부상한 것이다. 대표적인 경우가 영국이다. 전후 영국 정치를 이끌어 온 보수당과 노동당의 정치적 경쟁은 국가 대 시장으로 대표될 수 있는 경제정책, 자유지상주의 대 법과 질서로 요약할 수 있는 사회정책, 혹은 미국의 세계 질서에의 동참 여부 등의 차원에서 이뤄져 왔다. 그러나 유럽연합의 탈퇴 문제, 이민자 문제 등은 이러한 기존의 정치적 균열 선으로는 명확하게 나눠질 수 없는 것이다. 이 때문에 보수당도, 노동당도 이에 대한 분명한 당의 입장을 정할 수 없었고, 결국 의회주권의 원칙을 버리고 국민투표에까지 이르게 된 것이다.

이처럼 경제적 구조의 변화, 문화적 충격, 정당 정치의 변화로 인해 현실적 문제에 대해 기존 주요 정당들이 제대로 대응하지 못하고 있다는 광범위한 인식이 극우 정당이나 포퓰리즘 정당과 같이 대중의 불만을 정치적으로 활용하려는 정당에게 기회를 제공하고 있다.

네 번째는 정치제도적 영향이다. 리드그렌은 비례대표 선거제도를 그 원인으로 제시했다. 다수제 선거제도에 비해서 비례대표 선거제도는 소수 정당이나 신생 정당에게 제도적 유리함을 준다. 노리스(Norris 2005: 105-126) 역시 극우정당 출현에 비례대표 선거제도의 효과가 있다는 점을 확인했다. 노리스는 선거제도의 효과가 득표율보다 의석 점유에 영향을 미친다고 하면서 심리적 효과보다 기계적 효과의 중요성을 강조했고, 비례대표 선거제도 중에서는 의석 배분의 진입장벽(electoral threshold)의 영향이 특히 중요하다고 주장했다.

루카르디(Lucardie 2000)는 신생 정당의 성공을 분석하면서 제도적 요인을 고려했는데, 선거제도는 1인 선거구 단순다수제를 채택한 국가에서는 캐나다 퀘벡당이나 영국의 스코틀랜드민족당처럼 지역적으로 밀집된 지지를 갖지 않는 한 신생 정당의 성공이 쉽지 않다고 보았다. 또한 대통령제를 채택한 곳에서는 정치의 양극화, 정당의 중앙 집중 경향으로 신생 정당 출현이 어렵다고 보았다. 루카르디는 이외에도 비공식적 절차나 문화적 장벽 같은 비공식적 제도의 영향도 지적했다. 한편, 와일리(Wiley 1998)는 선거구의 크기, 연방제 여부, 대통령제와 의회제 등 정치제도의 차이에 따른 신생 정당의 정치적 성공 여부에 대해 분석했는데, 이 가운데서 한 선거구에서 선출하는 의원의 수, 즉 선거구의 크기(district magnitude)가 영향을 미친다고 결론지었다. 즉, 한 명의 의원을 선출하는 1인 선거구보다 여러 명을 선출하는 선거구를 갖는 선거제도의 경우에 신생 정당의 출현 가능성이 크다고 보았다.

뒤베르제의 법칙

이와 관련하여 '뒤베르제의 법칙'에 대해 살펴볼 필요가 있다. 뒤베르제(Duverger 1954: 217-226)는 정당체계에 영향을 미치는 선거제도의 효과에 대해 설명했다. 뒤베르제는 소선거구 단순다수제 선거제도(single-ballot majority vote)에서는 양당제로 귀결되는 경향이 있으며, 비례대표제나 결선투표제(two ballot majority system)에서는 다당제가 나타날 가능성이 크다고 했다. 그는 이러한 선거제도의 영향을 사회학적 법칙(a true sociological law. Duverger 1954: 217)이라고 했으며, 이로 인해 이러한 선거제도와 정당체계 간의 관계를 일반적으로 '뒤베르제의 법칙'이라고 부른다. 뒤베르제는 다수제하에서 양당제가 만들어지는 이유를 기계적 요인(mechanical factor)과 심리적 요인(Psychological factor)의 두 가지로 설명했다. 기계적 요인은 다수제 선거제도하에서 소수당의 상대적 불리함을 말한다. 예컨대, 소수 정당 A가 모든 선거구에서 15%를 득표했다면, 300석이 정원인 의회에서라면 비례대표제라면 45석을 할당받을 수 있겠지만, 다수제 방식에서 15% 득표로는 지역구 당선자를 배출하기는 매우 어려울 것이다. 심리적 요인은 바로 이런 기계적 요인으로 인해 유권자들이 소수 정당에 투표하기를 꺼리는 태도를 말한다. 즉, 사표(wasted vote) 방지 심리로 인해 소수 정당을 가장 좋아하더라도 당선 가능성이 있는 후보의 정당에 표를 던지게 됨으로써 소수 정당의 경쟁력은 더욱 낮아지게 된다.

이에 비해 비례대표제는 기본적으로 각 정당이 득표한 비율대로 의석이 할당되는 것이기 때문에 소수 정당이라도 (법으로 정해진 최소 득표 비율을 넘어서면) 당선자를 낼 수 있다. 따라서 사표 방지 심리의 영향 없이 투표할 수 있어서 소수 정당도 의석을 차지할 수 있다. 다당제로 이어질 가능성이 큰 것이다. 결선투표제는 1차 투표를 통해 후보자들 가운데 일부만을 선출하여 2차 결선투표에 나가게 하는 방식이다. 유권자에게는 두 번 선택의 기회가 주어지기 때문에 1차 투표 때는 자신이 가장 선호하는 정당에게 투표하게 된다. 정당 입장에서도 1차 투표에서 지지자를 많이 확보한다면 결선투표에 나아갈 수 있기 때문에 별개의 정당을 창당하려는 유인이 존재한다. 뒤베르제의 법칙에 대한 다양한 문제 제기가 있었지만, '뒤베르제의 법칙'이 근본적으로 부정되었다고 볼 수는 없다(Norris 2004: 94).

6. 한국의 경우

한국의 정당 정치 변화는 서구 민주주의 국가와는 다른 모습을 보이고 있다. 우리
나라에서 정당 정치의 근본적 변화가 발생한 것은 민주화와 함께라고 할 수 있다.
그 이전까지 권위주의 체제를 대변하는 여당과 그 체제에 저항하는 야당 간의 경쟁
은 민주화 직후 지역주의 정당체계로 변화했다. 1987년 대통령 선거, 1988년 13대
국회의원 선거는 그런 점에서 정초선거(critical election)이라고 말할 수 있다. 민주화
직후 만들어진 지역주의 4당 체제는 1990년 1월 3당 합당을 통해 민주자유당과 민
주당 간의 양당제로 변모했다. 이러한 두 거대 양당 중심의 정당체계는 그 이후 상
당한 안정성을 보였다(노기우, 이현우 2019). 내용적으로도 큰 변화가 없었다. 녹색당
과 같은 조용한 혁명, 극우정당과 같은 조용한 반혁명, 포퓰리즘 정당, 좌파 지상주
의 정당 모두 한국 정당 정치에서는 찾아볼 수 없다. 한국 정당 정치의 속성은 매우
협소하고 단순하다.

그렇지만 사실 그 사이에 적지 않은 수의 새로운 정당이 등장해 왔다. 대통령 선
거에서 제 3당과 관련해서 보면, 1992년에 제3당인 통일국민당을 창당한 정주영이
16.3%를 득표했고, 1997년 대통령 선거에서는 한나라당 경선에 불복하여 국민신당
을 창당한 이인제 후보가 19.2%를 득표했다. 2002년 대통령 선거에서는 국민통합21
의 정몽준이 선거 막판 노무현과 단일화로 사임했지만 한때 여론조사에서 30% 가까
운 지지를 얻었다. 2007년 대통령 선거에서는 무소속으로 출마한 이회창이 15.1%를
득표했고 창조한국당의 문국현은 5.8%를 득표했다. 2012년 대통령 선거에서는 무소
속으로 출마한 안철수 후보가, 선거 후반에 사임했지만, 상당한 지지를 받았다.

국회의원 선거에서도 1992년 민자당과 민주당 이외에도 통일국민당이 17.4% 득표
에 31석을 얻었다. 1996년 총선에서는 신한국당과 새정치국민회의 이외에도 자유민
주연합이 50석을, 그리고 통합민주당이 15석을 얻었다. 2000년 총선에서도 두 거대
정당 이외에 자민련이 17석을 얻었다. 2004년에는 열린우리당, 한나라당 이외에 민
주노동당이 10석, 새천년민주당이 9석 그리고 자유민주연합이 4석을 얻었다. 2008년
에도 통합민주당과 한나라당 이외에도 자유선진당이 18석, 친박연대가 14석, 민주노
동당이 5석, 창조한국당이 3석을 얻었다. 2012년에는 통합진보당이 13석, 자유선진
당이 5석을 얻었다. 2016년 총선에서는 국민의당이 25석을, 정의당이 6석을 얻었다.
2020년에는 두 거대 양당 이외에 정의당이 6석, 국민의당이 3석 등을 얻었다.

민주화 이후의 선거제도가 소선거구 단순다수제이기 때문에 뒤베르제의 법칙이

말하는 대로, 소수 정당이나 신생 정당은 제도적인 불리함(기계적 요인)을 갖고 있고 이로 인한 유권자의 사표 방지 심리(심리적 요인)로 더욱 어려움을 갖기 마련이다. 그럼에도 불구하고 3당 합당으로 만들어진 양당적 흐름에 만족하지 않은 상당수의 유권자들이 매 선거마다 나타나고 있다. 다만 민주노동당－통합진보당－정의당으로 이어지는 진보정당을 제외하면 정치적 생명이 길게 이어지지 않고 있다. 그동안 한국 정당체계가 보수적이거나 자유주의적 속성을 가진 정당만이 정치적인 의미를 갖고 있었는데, 스스로 노동자의 정당임을 주창하는 정의당의 존재는, 반공주의의 강한 영향을 받아온 보수정당 일변의 한국 정당 정치에서 새로운 속성의 정당의 등장을 의미한다. 정의당을 제외하면 한나라당－민주당으로 대별되는 거대 양당은 물론 그동안 등장한 제3 정당들도 큰 틀에서 볼 때 보수주의 혹은 자유주의 정당 군에 포함된다는 점에서 민주화 이후 한국 정당 정치는 그 구성의 다양성에서는 커다란 변화가 일어나지 않았다.

보다 비례성이 높은 선거제도가 도입이 된다면 한국 정당체계도 새롭고 다양한 속성을 가진 정당의 출현이 가능해질 수 있다. 매우 양당적 구도가 된 2020년 21대 총선에서의 비례대표 득표율을 보면, 더불어민주당의 '위성정당'인 더불어시민당은 33.4%, 그리고 미래통합당의 '위성정당'인 미래한국당은 33.8%를 득표했다. 정당투표를 기준으로 할 때 두 거대정당의 득표율의 합은 67.2%에 불과하다. 비례의석의 수가 늘어난다면 우리 사회의 다양한 요구와 이해관계를 반영할 수 있는 다양한 정당이 제도 정치에 참여할 수 있을 것이고, 그로 인한 정당체계의 대표성도 확대될 수 있을 것이다.

새로운 시대적 요구를 담는 다양한 속성의 정당이 등장할 수 없다는 것은 한국 정당 정치의 심각한 문제이다. 정치제도를 통해 새로운 환경 속에서 형성된 예전과 다른 요구가 표출될 수 있어야 하지만, 민주화 이후 한 세대 이상의 시간이 흐른 지금도 정당 정치가 대표하는 내용은 협소하다. 사실 한국 정당체계의 협소한 대표성은, 지역(sub－national) 수준으로 가면 더욱 심각한 문제를 갖는다. 오랜 지역주의 정당 정치로 인해 지역에서는 일당 지배가 장기간 지속되고 있다. 정치적 참여와 대표성의 기반이 되어야 하는 지역 수준의 정치적 다원주의가 확립되어 있지 않고, 이로 인해 지역 유권자의 선택권도 크게 제약을 받고 있다. 국회의원 선거에서의 비례성 증대와 함께, 지방의회 선거에서 지역 정당의 설립을 가능하게 하는 등 정치적 경쟁성을 확보하기 위한 제도적 개선의 노력이 필요하다.

12
CHAPTER

정당의
미래

제12장

정당의 미래

정당은 근대 민주주의 이후 정치과정에서 중심적 역할을 해 왔다. 샤츠슈나이더 (Schattschneider 1942: 1)의 유명한 말대로, "근대 민주주의는 정당에 대한 것을 제외하면 생각할 수 없다." 그보다 앞선 1920년대 이미 제임스 브라이스(Bryce 1921: 119)는 "정당은 꼭 필요한 것이다. 정당이 없다면 누구도 어떻게 대의제 정부가 작동되고 있는지 보지 못했을 것이다."라고 말한 바 있다. 실제로 정당은 오랜 기간동안 정치적 대표, 정부의 조직, 민주적 책임성을 위한 핵심적 기제로 작동해 왔다(Bartolini and Mair 2001: 328).

그러나 오늘날 정당이 '위기'에 처했거나 '쇠퇴'하고 있다는(Daalder 1992; Ignazi 1996; Whitely 2010) 평가가 적지 않다. 포린 폴리시(Foreign Policy 2005. 8. 30)는 "오늘은 존재하지만 내일은 사라지는 것(Here Today, Gone Tomorrow)"을 주제로 한 특집을 실었는데, 그 대상 중 하나가 정당이었다. 즉 정당은 향후 35년 이내에 사라질 수도 있는 것 중 하나로 간주되었다. 실제로 정당이라는 정치 기구가 곧 사라질 것은 아니겠지만, 이러한 논의는 대의 민주주의 체제에서 그동안 핵심적 기제로 역할을 해 온 정당의 역할이 전에 비해 취약해졌음을 시사한다. 슈미터(Schmitter 2001)는 '정당이 예전 같지 않게 되었다(Parties are not what they once were.)'고 이러한 변화를 요약했다.

1. 정당의 위기

사회경제적 변화는 정당 정치에도 영향을 미치기 시작했다. 기존 정당의 당원 수가 감소하기 시작했고, 정당일체감도 약화되었으며, 당비나 기부금을 내는 지지자들의 수도 줄어들었다. 사회적, 정치적 통합의 매개체로서 정당의 전통적 역할이 약화되면서, 계급과 같은 집단적 정체성이나 소속감에 의해 투표하는 것이 아니라 선거 이슈나 후보자 요인 등과 같은 단기적이고 비구조적인 요인에 의해 투표하는 이들이 늘어나게 되었다. 이에 따라 선거 때마다 지지율의 변화가 커지는 선거 변동성(volatility)도 증대되었다(Scarrow, Webb, and Farrell 2000: 129). 정당의 위기 징후는 여러 가지가 있을 수 있지만 여기서는 당원의 감소, 정치적 일체감의 약화, 대안적 매개체의 부상 등의 세 가지로 요약한다.

(1) 당원의 감소

정당의 약화와 관련된 가장 뚜렷하고 지속적인 증거는 정당에 가입한 당원 수의 감소이다. 유럽 각국의 정당에서 당원의 수는 절대적인 수에서나 유권자 대비 당원의 비율에서 크게 줄어들었다. 이와 함께 당비나 기부금을 내는 당원이나 지지자의 수도 줄어들었다. 달턴과 와튼버그(Dalton and Wattenberg 2000)가 편집한 '선진 산업 민주주의 국가에서의 정치 변화'라는 부제가 달린 책의 제목은 '당원 없는 정당(Parties without Partisans)'이었다.

실제 당원 변화의 수치를 보면 감소의 폭이 매우 크다는 것을 알 수 있다. <그림 12−1>은 영국의 주요 세 정당인 보수당, 노동당, 자유민주당의 1928년부터 2008년까지의 당원 수의 변화를 보여주고 있다. 1945년 전까지 보수당의 당원 수는 대략 100만−150만 명 정도였고 1950년대 초에 그 수가 280만 명 정도로 최대에 도달했다. 그 무렵 노동당의 당원 규모는 100만 명 정도에 달했다.[1] 그러나 최근 들어 영국의 당원 수는 크게 줄어들었다. 이에 비해 환경 관련 단체인 왕립조류보호협회(the Royal Society for the Protection of Birds)의 가입 회원 수는 2011년 110만 명으로 <그림 12−1>에서 보듯이, 영국의 주요 세 정당의 당원 수를 합한 것보다 두 배 이상이 되었다(Thompson, Hawkins, Dar, and Taylor 2012: 141−142).

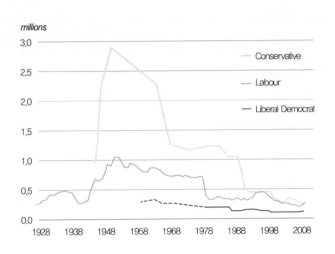

자료: Thompson, Hawkins, Dar, and Taylor(2012: 142).

그런데 이러한 변화는 비단 영국에서만 발생한 현상은 아니다. <표 12−1>에서 보는 것처럼 유럽 각국에서 당원 수는 1980년대 이후 급격하게 감소하고 있다.

▼ 표 12-1   유럽 국가에서의 당원 수의 변화

국가	기간	유권자 대비 당원 변화율	당원 수 증감(명)	당원 수 증감률(%)
영국	1993 − 2008	−2.91	−1,158,492	−68.42
프랑스	1978 − 2009	−3.20	−923,788	−53.17
이탈리아	1980 − 2007	−4.09	−1,450,623	−35.61
독일	1980 − 2007	−2.22	−531,856	−27.20
스웨덴	1980 − 2008	−4.54	−241,130	−47.46
네덜란드	1980 − 2009	−1.81	−126,459	−29.35
덴마크	1980 − 2008	−3.17	−109,467	−39.70
벨기에	1980 − 2008	−3.45	−191,133	−30.97

자료: 김면회(2016: 37) 중 일부 선택.

1960년대 서유럽 국가에서 정당 당원의 수는 유권자 전체의 평균 15% 정도였다. 이러한 높은 비율의 당원의 존재는 유럽 국가의 정치 과정에서 정당이 큰 역할을 수행했다는 사실을 알게 한다. 그러나 2009년이 되면 전체 유권자 가운데 당원의 비율은 4.7%로 크게 줄어들었다. 이러한 변화는 유럽에서 정당 정치의 위기의 한 증거로 볼 수 있다(김면회 2016: 36).

(2) 정치적 충성심의 약화

정당 지지의 안정성은 유권자와 정당 간의 지속성을 갖는 정치적 연대, 유대 속에서 이뤄진다. 캠벨과 동료 학자들(Campbell, Converse, Miller and Stokes 1960)은 .The American Voter라는 책을 통해 정당일체감(party identification)의 중요성을 강조했다. 정당일체감은 유권자가 특정 정당에 대해 갖는 심리적 애착심(enduring psychological attachment to a political party)으로, 유권자 개인이 자신을 특정한 정당 혹은 정당의 지지자 집단과 정서적으로 동일시하는 것이다. 이러한 정당일체감은 어린 시절 정치적 사회화 과정을 통해 부모라든지 혹은 관련된 사회집단으로부터 전수받으며, 이는 성인이 된 이후에도 지속적으로 유지된다고 보았다. 그런 점에서 정당일체감은 정당체계의 안정성의 근간이 되며 선거에서 정당 지지의 지속성과 안정성을 부추긴다. 이러한 정당일체감은 전반적인 정치적 태도나 판단의 기준(perceptual screen)으로 작동하기도 하고, 복잡한 정치세계를 쉽게 이해할 수 있는 형태로 단순화시켜주는 정보 습득의 지름길(information shortcut)을 제공하기도 한다. 정당일체감은 선거나 정치에 대해 충분한 정보나 지식을 갖지 못한 유권자들에게 적은 비용으로 분명한 투표 선택의 단서(cues)를 제공한다. 선거 기간 중 논의되는 이슈나 사건에 대한 해석도 이러한 정당일체감에 기반하여 해석하고 이해하게 되는 것이 일반적이다. 그런 점에서 정파성(partisanship)은 이슈와 인물을 평가하는 단서의 기반이 되는 참조집단(reference-group)의 역할을 수행한다(Dalton 1984: 264-5).

미국 선거에 있어서 수천만의 미국인들이 두 정당 중 하나에 대해 지속적인 애착심을 유지하고 있다는 사실보다 중요한 것은 없다. 이러한 충성심이 선거 역량의 기본적인 배분을 형성하고, 이러한 틀 안에서 선거경쟁이 벌어진다. 그리고 이것이야말로 정당체계 자체의 안정성 보장한다(Campbell et al. 1960: 121).

그런데 <그림 12-2>에서 보듯이, 미국, 영국, 독일, 영국 등 주요 서구 민주주
의 국가에서 정당일체감을 가진 사람들의 비율은 최근으로 올수록 크게 낮아지고 있
다. 정당일체감의 약화는 선거에서 정당 지지의 변동성을 높였고, 정당 지지의 안정
성은 그만큼 낮아졌다. 이러한 정당일체감의 약화는 기존 정당에 대한 유권자 지지
배열의 변화, 즉 정파적 이탈(partisan dealignment)로 이어졌다(Clarke and Stewart
1998). 즉 유권자들은 이제 정당에 구속되지 않은 채 스스로의 판단에 의해 투표 결
정을 내리기 시작한 것이다(Rose and McAllister 1986).

▼ 그림 12-2   정당일체감의 변화

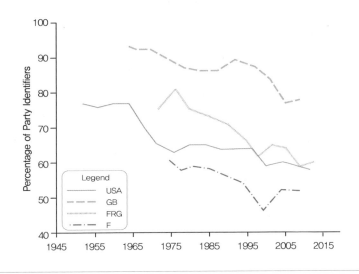

자료: Dalton(2016).

이러한 변화가 발생한 데에는 여러 가지 요인이 있지만 시대적 환경의 변화와 함
께 유권자들이 선거나 정치, 후보자에 대한 정보 획득의 비용이 크게 줄어들었다는
점을 원인으로 생각해 볼 수 있다. 우선 사회경제적 변화와 함께 그동안 정당이 기
반해 온 산업사회의 균열 구조가 다른 형태로 변모하게 된 것이다. 이러한 정치 환
경의 변화는 기존 정당과 지지자들 간의 정치적 연계를 약화시켰고 그에 따라 사회
적, 정치적 통합의 매개체로서 정당의 전통적 역할도 위축되었다. 따라서 계급과 같
은 집단적 정체성이나 소속감에 의해 투표하는 것이 아니라 선거 이슈나 후보자 요
인 등과 같은 단기적이고 비구조적인 요인에 의해 투표하는 이들이 늘어나게 되었

다. 선거마다 지지율의 변화가 커지는 선거 변동성(volatility)의 증대는 바로 이러한 변화를 보여 주는 것이다(Scarrow, Webb, and Farrell 2000: 129).

또 다른 요인은 매스 미디어의 등장, 의무교육의 확대, 그리고 오늘날에는 인터넷을 통한 정보의 획득, 공유, 확산이다. 이런 변화는 유권자들이 정당에 의존한 정보의 획득과 그에 따른 투표 결정을 내리는 것이 아니라 스스로 정보를 얻고 판단할 수 있게 되었다. 교육 기회의 확대와 정보 수준의 상승으로, 그리고 매스 매디어와 정보화의 발전으로 인지적 동원이 가능해진 개인은 더 이상 사회적 집단과의 연계를 통하지 않고도 스스로 정치적 판단을 할 수 있게 된 것이다. 이러한 점에 유의하여 달턴(Dalton 1984; 2012)은 시민들이 정치 과정에 참여하고 동원되는 두 가지 일반적 방식을 구분했다. 정당 체감에 의한 참여 동원을 정파적 동원(partisan mobilization), 유권자들이 스스로의 정보나 지식에 의해 정치를 해석하고 참여하는 경우를 인지적 동원(cognitive mobilization)이라고 불렀다. 인지적 동원은 시민들이 정당과 같은 외부적 단서(cues)에 거의 의존함 없이 정치에 참여하는데 필요한 기술과 자원(skills and resources)을 스스로 소유함을 의미하는 것이다. 또한 인지적 동원은 정치에 대한 심리적인 개입(psychological involvement)을 의미한다고 보았다(Dalton 1984: 267). 인지적 동원의 개념은 기존 정당 지지로부터의 이탈, 소속감이나 충성심이 약화된 상황에서 정치 지식의 역할에 주목한 것이라고 할 수 있다.

그리고 이와 같은 정파적 동원과 인지적 동원의 강도라는 두 가지 개념을 중심으로 <표 12-1>에서 보는 것과 같이 네 가지의 유권자 범주를 제시했다. 인지적 동원이 높고 정파적으로 독립적인 유권자들은 인지적 무정파(apartisan)로, 인지적 동원이 높고 특정 정당에 일체감을 갖는 유권자들은 인지적 정파(cognitive partisan)로, 인지적 동원이 낮고 정파적으로 독립적인 유권자들은 정치 외면(apolitical) 집단으로, 그리고 마지막으로 인지적 동원이 낮고 정당일체감을 갖는 유권자들은 습관적 정파(ritual partisan)으로 구분했다. 달턴은 인지적 동원에 의존하는 이들은 젊고, 보다 교육 수준이 높고, 그리고 정치적으로 세련된(sophisticated) 유권자들로 정치에 대한 관심과 정보가 있지만 정당에 의존하지 않는 새로운 형태의 비정파적 유권자들이라고 설명했다. 과거에는 정당이 동원의 주체가 되는 정파적 동원이 중요했지만, 이제는 유권자 스스로 정보를 얻고 정치적 판단을 내리는 인지적 동원이 보다 중요해졌다는 것이다. 그런 만큼 지지자 동원에 대한 정당의 영향력은 축소된 것이다.

▼ 표 12-2 달턴의 인지적 동원 모델

구분		정파적 동원 party mobilization	
		독립적(independent)	정당일체감(weak/strong PID)
인지적 동원 cognitive mobilization	높음 high	인지적 무정파[2] apartisan	인지적 정파 cognitive partisan
	낮음 low	정치 외면 apolitical	습관적 정파 ritual partisan

자료: Dalton(2012: 38) Table 1.

(3) 대안적 정치 소통의 매체

정보통신 기술의 발전과 함께 인터넷을 통한 정치 참여가 활성화되면서 전통적으로 정치 참여의 채널 역할을 담당해 온 정당은 새로운 도전에 직면하게 되었다(이하 강원택 2007). 정당과 같은 기존의 제도적 기구에 의존하기보다 인터넷을 통해, 혹은 그것에 기반한 운동이나 단체를 통해, 이익 표출이나 이익 집약을 도모하는 일이 크게 늘어났다. 한때 정당을 중심으로 하는 공급자 중심의 정치 과정이었다면 이제는 수요자였던 일반 시민이 보다 큰 역할을 맡게 되었다. 정당의 '대안적' 조직과 운동이 시민들이 정책 결정 과정에 연계시키는 데 보다 효과적이거나 만족스러운 수단을 제공하게 되었다. 무엇보다 시민들은 정치적 매개체에 대한 의존 없이 직접적 행동에 대한 역량을 갖게 되었다(Bartolini and Mair 2001: 333). 정치적 이슈의 제기와 의제 설정을 통해 지지를 규합하고 사회 내 갈등을 해소해 내는 '전통적인' 정당의 역할이 크게 약화되고 있다.

정치 과정상의 매개 채널으로의 역할의 약화에 더하여 정보통신 기술의 발달은 정치적 의사의 대의(representation)와 관련한 정당의 역할을 어렵게 만들고 있다. 과거에 정당은 계급, 지역, 종교 등 '집단적으로 공유하는' 정치적 일체감에 의존해 왔다. 유권자는 몇 개의 커다란 '묶음'으로 존재해 왔고 각 정당은 그 묶음 가운데 하나를 집단적으로 대표해 온 셈이다. 어떤 정당은 노동계급의 집단적 지지에 의존했고, 다른 정당은 중산 계급의 지지에 의존했고, 또 다른 정당은 특정 지역의 집단적 지지에 의존했다. 이런 상황에서 정당은 자신이 정치적으로 의존하는 집단의 요구에 맞는 정책 대안이나 정강 정책을 마련하여 제시하고 그 대가로 정치적 지지를 확보할 수 있었다. 그러나 인터넷을 통한 정치 참여는 기본적으로 개인화, 다양화, 분절화 등의 특성을 갖는다. 이 때문에 관심 영역의 과도한 분절화(hyper-segmentation)

(Chadwick 2006: 39)가 생겨날 수 있다. 사실 사회적 이해관계와 요구는 점점 더 파편화되었고 보다 특수해졌고(more particularistic), 보다 일시적인 것이 되었다(Bartolini and Mair 2001: 333). 이런 상황에서 정보통신혁명은 정당이 요구를 결집하는 역할을 더욱 어렵게 만들고 있다. 개인이 갖는 정치적 정체성이 미세화, 개인화됨으로써 이를 집단적으로 묶어내는 일이 이전에 비해서 훨씬 어려워졌기 때문이다. 즉, 공동의 정치적 정체성을 가진 집단이 아니라 수많은 소단위로 분절화된 다양한 소수의 요구에 응답해야 한다는 점에서 정당은 단순한 계급성의 약화보다 더욱 어려운 도전에 직면해 있다.

또한 정보통신의 발전과 그에 따른 미디어 기반 선거운동(media-based campaigns)은 시민과 정치 엘리트 간의 관계에도 변화를 가져왔다. 정치인들은 이제 직접 대중과 소통할 수 있게 되었고, 대중은 정당을 통하지 않고도 개인적 기반에서 후보자에 대해 '안다(know)'고 느끼게 되었다. 이는 유권자들은 중간 매개자로 역할 했던 정당 조직과 활동가를 우회하게 되었고 정보 제공자로서 정당의 역할을 더욱 약화시켰다. 또한 후보자 중심의 정치가 강화되면서 선거 운동의 개인화(personalization) 경향을 강화시켰다(Dalton and Wattenberg 2000: 279-280).

이런 변화 속에서 정치적 소통의 매개체로서 정당의 역할은 축소되었다.

2. 정당 위기의 의미

이처럼 오늘날 정당은 예전에 비해 그 역할의 중요성이나 영향력이 줄어들었다. 정당 정치가 '위기' 상황을 맞이한 것이다. 달더(Daalder 2002)는 '정당의 위기'라는 표현 속에 담긴 의미를 네 가지로 정리했다. 첫째, 정당에 대한 부정(the denial of party)이다. 이러한 관점에서는 정당에 부여된 적법한 역할이 부정되고 정당은 '좋은 사회의 위협(a threat to the good society)'으로 간주한다. 정당에 대한 부정에는 두 가지 견해가 있다. 하나의 관점은 정당의 등장 자체를 원천적으로 부정적으로 평가하는 경우이다. 정당 이전에 사회적 조화(pre-existing harmony)가 존재해 왔는데, 경쟁하는 정당들 간의 분열적 다툼으로 그것이 훼손되었다는 것이다. 정당은 국가의 영역에 대한 원치 않는 침입(an unwanted invasion)이며, 장기적이고 총체적 이익을 지켜야 할 국가가 정당이 추구하는 단기적 속성의 사적 이익으로 인해 위협을 받게 되었다는 인식이다. 여기서 정당은 이데올로기로 위장한 채 사적 이익을 보호하려는 정치엘리트의 도구에 불과한 것이다.

또 다른 관점은 조직으로서의 정당이 개인의 자유를 억압한다는 것이다. 오스트로고르스키(Ostrogorski 1902)는 스스로 결정을 내리는 개인들의 최종적 권리를 부정한다는 점에서 대중정당을 비판했다. 개인의 의지에 따른 완전한 활동(full play)을 가능하게 하는 임시적(ad hoc)인 단일 이슈 결사체(single–issue associations)로 정당이 대체되어야 한다고 주장했다. 제6장에서 살펴본 대로, 미헬즈(Michels 1962)는 그의 시대 독일사민당의 정책 결정 과정을 분석하면서, 소수 엘리트에 의한 정당 조직 지배의 불가피성을 보여주었다. 이들의 관점에서 정당은 개인들을 조직에 복속시키는 존재이며, 무책임한 엘리트가 주도하는 집산주의적 조직(collectivist organizations)을 위해 개인 활동의 자유를 빼앗아 가는 것이었다. 즉 개인에 대한 '정당의 폭정(the tyranny of party)'이 이뤄진다는 것이다. 이런 시각에서 정당은 대의를 위한 진정한 기구가 아니라 사적 이익을 위해 일반적 이익의 실현을 막는 장벽으로 간주된다. 따라서 정당을 통한 대의제보다 정치 지도자와 대중 간의 직접적 연계가 더욱 중요하게 된다(Daalder 2002: 39–42).

정당의 위기와 관련한 이러한 지적은 본질적 문제는 아니라고 생각된다. 다만, 정당이 사적 이익을 추구함으로써 전체 이익을 해칠 수 있다든지, 혹은 대중과 정치 리더 간의 직접 연계에 의한 직접 민주주의가 대의제보다 우월하다는 주장은 극우정당이나 포퓰리즘 정당 부상의 기반이 되는 반(反)정치의 정서나 정치적 혐오주의와 관련이 있다는 점에서 주의해야 할 시각이다.

두 번째는, 정당에 대한 선택적 거부(the selective rejection of party)이다. 특정 형태의 정당은 '좋은(good)' 정당이지만, 다른 형태의 정당은 '나쁜(bad)' 정당으로 간주하는 경우이다. 즉, 전면적으로 정당을 거부하는 것은 아니지만, 특정 유형(type)의 정당에 대한 거부를 의미한다. 특정 정당 형태에 대한 평가를 통해 어떤 것은 바람직하고 수용할 수 있지만 다른 형태는 위험하거나 바람직하지 않다는 것이다. 뒤베르제(Duverger 1954)는 코커스 정당에서 대중정당으로의 변화를 '발전'으로 보았고, 노이만(Neumann 1965)도 개별 대표성의 정당(parties of individual representation)으로부터 대중통합정당(parties of mass integration)의 변화를 긍정적으로 보았다. 이러한 시각은 대중정당이 시대적으로 가졌던 정치적 해방과 민주적 잠재력을 높게 평가하고, 또 책임 있는 정부나 정치적 안정에 대한 역할을 긍정적으로 평가하는 것이다. 그러나 대중정당에 대해서 부정적 평가도 가능하다. 대중정당은 이념적 도그마와 엘리트의 자기 이익의 결합에 국가와 유권자를 복속시키는 매우 이념화된 '싸움 기계(fight machine)'라는 비판을 받기도 한다. 대중정당의 강한 당 기율은 의회 정치의 본질인 자유로운 토론을 어렵게 한다는 비판도 받을 수 있다.

정당에 대한 선택적 거부는 정당이 어떤 형태를 취해야 한다는 규범적 지향점이 거나 편향성을 전제로 한다. 한국 정치에서 지구당을 갖춘 대중정당의 구조는 '돈 정치'의 원인을 제공하므로 '나쁜' 것이고, 정치 엘리트 중심의 원내 정당은 바람직한 것이라는 2004년 정치개혁 당시의 정당에 대한 시선도 '정당에 대한 선택적 거부'의 예로 볼 수 있다. 그러나 이 관점 역시 정당 정치에 대한 전면적 부정은 아니다.

세 번째는 정당체계에 대한 선택적 거부(the selective rejection of party systems)이다. 특정 형태의 정당체계는 '좋은(good)' 것이지만, 다른 형태의 정당체계는 '나쁜(bad)' 것으로 간주하는 경우이다. 과거 한 때 영국의 양당제에 대한 높은 평가가 있었다. 양당제인 만큼 한 정당이 과반의석을 차지하여 단일정당 정부를 구성할 수 있기 때문에 정치적 안정에 유리하고 정치적 책임성를 확보하기도 용이하다는 것이다. 여기에는 여러 개의 정당이 함께 정부를 구성하는 연립정부가 바람직하지 않다는 인식과 동시에 다당제에 대한 부정적 평가가 전제되어 있다. 앞 장에서 본대로, 뒤베르제(Duverger 1954)는 양당제를 가장 바람직한 것으로 보았고 경향의 이중성(duality of tendency)를 자연스러운 것이라고 했다. 알몬드(Almond 1956)는 영국을 원형으로 하는 앵글로 색슨 체제는 '유럽 대륙 체제(continental European system)와 비교할 때, 문화적 동질성과 매우 분화된 역할 구조를 갖고 있고 이념적이 아닌 실용적 타협을 가능하게 한다고 주장했다.

영국형 양당제에 대한 높은 평가는 다당제에 대한 거부로 이어졌다. 프랑스의 제3, 제4 공화국, 독일의 바이마르 공화국, 그리고 2차 세계대전 이후의 이탈리아와 같은 사례가 다당제의 정치적 혼란과 불안정을 보여주는 증거였다. 즉, 앵글로 색슨의 양당제는 우월한 것이며 '대륙'형의 다당제는 정당 정치가 행정부의 안정성을 보장하지 못하는 본질적 결점이 있다는 것이었다.

그러나 각국 정치 상황에 대한 비교 자료가 늘어났고, 정치학 연구가 영미적 관점을 넘어 점차 국제화되었고 연구 방법론이 발전하면서 다당제에 대한 새로운 평가가 이뤄졌다. 대표적인 성과가 레이파트(Lijphart 1984)의 연구이다. 레이파트는 민주주의 체제를 다수제 모델(majoritarian systems)과 합의형 모델(consensus systems)를 구분했다. 웨스트민스터 형 정치 혹은 다수제 모델은 집중된 행정권, 행정부의 우위, 양당제, 일차원의 정당체계, 단순다수제 선거제도 등의 특성을 갖는데 이는 영국을 모델로 한 것이다. 이에 비해 대다수 유럽 국가들은 행정권의 공유, 행정부─의회의 균형, 다당제, 다차원 정당체계, 비례대표 선거제의 특성을 갖는 합의제 모델에 속한다는 것이다. 레이파트의 관점에서는 영국의 정당체계는 '정상적(normal)' 모델이기보다 오히려 예외적인 것이 된다. 정당체계에 대한 선택적 거부 역시 정당 위기의 근본적 문제라고 보기 어렵다.

네 번째는 잉여적 존재로서의 정당(the redundancy of party)이다. 최근 논의되는 정당의 위기와 관련해서 가장 주목해 볼 지적이다. 이는 정당과 정당체계의 본질적 기능과 관련된 것이다. 여기에도 세 가지 상이한 견해가 있다. 하나는 새롭게 정치적 권리를 얻은 집단을 동원하고 이들을 정치 체제에 통합시키는 역할은 역사적으로 특정한 시기에 국한된 역할이었으며, 대중 동원의 시대에 주어진 일시적인(transient) 현상이었다는 것이다. 또 다른 견해는 차별화된 정책적 입장과 서로 다른 지지층을 대표했던 정당이 이제는 서로 비슷해져서 별 차이가 없는 것(tweedledeedee and tweedledeedum)이 되어 버렸다는 것이다. 키르크하이머(Kirchheimer 1966)가 말한 포괄정당이 이런 특성을 잘 지적한 것이다. 세 번째 견해는 다른 정치적 행위자들이 한때 정당이 맡았던 역할을 대신 차지함으로써 정당이 별로 중요하지 않게 되었다는 것이다. 네오코포라티스트(neocorporatist)의 시각에서는 국가 기구(state agencies)와 전문화된 이익집단 간의 직접적인 협상을 통해 정당의 개입 없이 정책이 수립될 수 있게 되었기 때문에 그만큼 정당의 역할은 덜 중요해진 것이다. 한편 신다원주의자(neopluralist)들은 일시적인 활동 그룹(ad hoc 'action groups')의 영향력 증대에 주목했다. 영역별 이익집단이 제도화된 채널을 통해 정부와 직접적으로 접촉할 수 있게 되었고, 이로 인해 정당을 통한 간접적 방식이 아니라 보다 직접적인 활동 전략이나 미디어 활용 등을 통해 정책 결정 과정에 보다 쉽게 접근할 수 있게 되었다는 것이다. 또한 국민투표와 같은 직접 민주주의 방식의 활동이나 정보화 발전에 따라 정당을 매개하지 않고는 결정이나 정치 토론도 가능해졌다는 것이다. 앞의 세 관점과 달리 '잉여적 존재로서의 정당'은 정당이 직면한 위기 상황을 잘 설명하고 있다.

3. 정당은 정말 위기일까?

이처럼 오늘날 정당의 '위기적 징후'는 곳곳에서 감지된다. 과연 정당은 정말 쇠퇴하거나 포린 어페어즈의 글처럼 사라지게 될 것인가? 위기 징후의 증거로 가장 많이 제시되는 것은 당원 수의 급감이다. 그러나 당원 수의 급감을 반드시 정당의 위기로 볼 수 없다는 시각도 있다.

당원 수의 감소를 정당의 위기로 보는 것은 '대중정당의 신화' 때문이라는 것이다. 뒤베르제나 노이만이 말한 의미에서의 대중정당은 이제는 현실에서 거의 존재하지 않는다. 대중정당은 산업화, 도시화와 정치적 동원, 대중참정권, 정치 조직이 우연하게도 맞물린 특수한 과정의 역사적 산물이라는 것이다 즉, 대중정당은 일시적이었을 뿐만 아니라 특별한 맥락 속에서 일어난 현상(context-specific phenomenon)이라는 것이다(Bartolini and Mair 2001: 332-333). 당원 수가 줄어든 것은 사실이지만 그것이 반드시 정당 조직의 힘(party organizational strength)의 약화를 의미하는 것은 아닐 수 있다(Scarrow 2000: 98-101). 왜냐하면 당원의 감소가 곧 정당에 대한 당원의 기여가 사라졌음을 의미하는 것은 아니기 때문이다. 그들의 역할은 정당에 여전히 중요하다. 당원 감소에도 불구하고 지역의 당 하부 풀뿌리 조직은 견고하며, 지역 정치에의 직접적 참여 역시 오히려 강화되었다. 당원의 절대적 수는 줄어들었지만 전문화된 조직의 효율성이 그것을 보완하고 있으며 많은 수의 당원이 정치적 업무를 실행하는데 반드시 효율적이기만 한 것도 아니다. 즉, 당의 대중적 기반은 취약해졌지만 정당은 조직적 기반을 확대하면서 보다 변덕스러운 선거 환경에 적응해 왔다(Dalton and Wattenberg 2000: 266-267). 선거 유세 기법이나 정치 커뮤니케이션의 발전이 오히려 당원의 필요성을 약화시켜서, 케이블 TV나 인터넷 등 특정 이해관계 갖는 별도의 집단에 차별화된 메시지 전달하는 방식의 선거운동을 펼치게 되었고, 그런 만큼 새로운 대중을 끌어들일 필요성은 줄어들게 되었다.

현실적으로 정당이 '쇠퇴'했다는 주장에 대한 반론도 존재한다. 정당의 영향력이 유럽에 비해 약하다고 알려진 미국의 경우 정치적 양극화와 함께 1970년대 중반 이후 20여 년 이상 당파적 태도에 따른 투표가 증가해 왔다(Bartels 2000). 공화당, 민주당과의 정당일체감이 유권자의 정치적 선택에 미치는 영향이 커진 것이다. 따라서 미국 정치에서 일반적으로 받아들여 온 '정당 쇠퇴'에 대한 통념은 맞지 않는다. 당파적 충성심은 1970년대 중반 이후 크게 높아졌고, 당파성이 투표 결정에 미치는 영향도 커졌다는 것이다.

정당 위기론에 대한 반박은 정당의 기능과 관련해서도 생각해 볼 수 있다. 정당이 갖는 여러 가지 기능은 두 가지로 요약해 볼 수 있다(이하 Bartolini and Mair 2001: 332-342). 하나는 대표성의 기능(representative functions)이다. 여기에는 이익 집약, 이익표출, 정책 형성 등이 포함된다. 다른 하나는 절차적 혹은 제도적 기능(procedural or institutional functions)이다. 여기에는 정치 지도자의 충원, 그리고 의회와 행정부의 조직 등이 포함된다. 이러한 구분을 보다 정당 출현의 기원이나 역사적 관점에서 본다면 하나는 사회적 투입 혹은 균열, 그리고 다른 하나는 제도적 조직이다.

그런데 사회적 투입의 관점에서 보면, 대표적인 정당 형태인 대중정당은 사실 특정 시대의 산물이며, 포괄정당모델에서 보듯이 유권자들의 요구에 대응하는 수요 중심적 형태로 바뀌었다. 또한 대안적 조직이나 운동도 활발하게 나타나고 있다. 이런 상황은 정당의 사회적 뿌리는 약화되고 있다. 그런 점에서 오늘날의 정당은 더 이상 과거의 정당이 아니다. 새롭게 등장한 정당들도 한때 서구 정치를 지배했던 정당들과 다르다. 또 한편으로는 정당에 대한 대중의 환멸, 보다 일반적으로는 정치권 전반에 대한 불신이 커졌다. 정당일체감의 약화, 정파적 충성심의 약화, 정당에 대한 대중적 신뢰의 하락, 당원 수의 감소, 투표 참여율의 하락, 신생정당이나 심지어 '반(反)정치' 정당의 부상, 이념 스펙트럼에서 극우와 극좌에 위치하는 반기득권(anti-establishment) 조직과 포퓰리즘 운동의 부상, 이 모든 것은 정당의 사회적 연계가 약화되었음을 보여주는 것이다. 즉 대표성을 갖는 기구로서의 정당의 약화를 보여주는 것이다.

과거에는 이익표출과 관련하여 특권적 지위를 누렸던 대중정당의 '황금기'가 있었지만 이제는 정당들로부터 독립적인 이익집단, 사회 운동, 시민 활동 집단(civic action groups) 등 대안적 채널이 출현했다. 여론조사 기관이나 매스미디어를 포함하여 정치 지도자에게 대중의 근심거리나 관심 사안을 알게 해 주는 다른 채널도 활발하게 활동한다. 정당은 더 이상 이익 대표의 기능(function of interest representation)에서 독점적 기구가 아니다. 그 역할은 도전받고 있다.

그러나 또 한편으로는 이것이 반드시 정당 자체에 대한 본질적 도전이라고 볼 수는 없다. 새롭고 대안적인 대표의 채널이 대중정당 시기에 정당이 행했던 기능을 잠식하거나 독점적 지위를 약화시켰다고 할 수는 있지만, 그것이 정당 자체를 불필요한 것(redundant)로 만들었다고 볼 수는 없다. 정당과 대안적 채널 조직들 간에는 기능적으로 서로 대립하기보다 공존할 수 있으며, 그런 조직들은 정당을 대체하기보다는 정당 활동에 대한 보완의 기능을 한다고 볼 수 있다. 즉 대안 조직들이 정당의 기능이나 존재를 통째로 부정하는 기능적 대체물이라고 보기는 어렵다.

한편 절차적, 제도적 기능에 대해서는 정당은 사실상 도전 받고 있지 않다. 제1장에서 논의한 대로, 정당을 다른 집단과 구분하게 하는 가장 중요한 요인은 권력의 장악이다. 따라서 정치 지도자의 충원, 정부의 구성, 의회의 구성 등과 같은 정당의 역할은 다른 대안적 기구나 조직에 의해서 대체되기 어렵다. 이와 관련해서 볼 때, 캐츠와 메이어(Katz and Mair 1995)가 말한 카르텔 정당으로의 변화 속에서 국가와 관련된 영역에서 정당의 위상은 더욱 강화되었다. 티이스(Thies 2000: 256)는 키(V. O. Key)가 구분한 정당의 세 영역과 관련해서 유권자 속에서의 정당, 조직으로의 정당의 약화가 생겨난다고 해서 그것이 정당의 몰락이나 쇠퇴로 이어지는 것은 아니라고 보았다. 그 셋 가운데 정부 속에서의 정당의 역할이 가장 중요한 것(primary)이어서, 유권자의 투표 행태나 인식의 변화가 정부의 '정당적 속성(partyness)'의 약화나 불안정으로 이어진다고 보기 어렵다는 것이다. 달턴과 와튼버그(Dalton and Wattenberg 2000: 275) 역시 제도적 측면에서 정당의 중요성을 강조했다. 정치 과정에서 여러 가지 요소들을 연계하는 역할을 수행하는 정당의 존재 없이 국가의 정부가 존재하는 것을 생각하기 어렵기 때문에, 정당은 대의제 민주주의의 중심적 속성(central feature)으로 지속된다는 것이다.

야나이(Yanai 1999: 14-15) 역시 정당이 위기를 넘어 생존할 수 있을 것이라고 보았다. 야나이가 주목한 것도 국가 영역에서 정당의 역할이다. 정당이 추구하는 목표는 정부 기관에 직을 맡고 또 공공 기관을 이끄는 것이다. 따라서 정당은 공직 후보자를 공천하고, 선거 공약의 형태로 공공 정책의 대안을 제시하고 후보자와 정책 대안에 대한 지지를 동원하는 기능을 수행해 왔다. 그런데 이러한 기능은 이익집단이나 일반 정치운동 단체와 구분되는 것이다. 정치 리더십을 위한 대중적 경쟁이 지속된다면 정당은 그 기능을 수행하는 특별 기구로서의 역할 유지할 수 있으며, 정당들은 정치적 경쟁의 정당성을 확보하는 데 기여할 것이다. 야나이의 관점은 다원주의적 경쟁이 유지된다면 정당의 역할은 지속될 수 있다는 것이다.

한편, 로손(Lawson 1988: 13-37)은 '연계(linkage)'의 관점에서 정당 기능을 파악했다. 그는 참여적 연계(participatory linkage), 선거적 연계(electoral linkage), 후견적 연계(clientelistic linkage) 그리고 지도적 연계(directive linkage)의 네 가지로 정당 기능을 구분했는데, 이들 각각은 공천, 선거운동, 지지자에 대한 혜택, 집권 등의 기능적 의미를 담고 있다. 이러한 연계에 대한 정당의 일부 기능은 약화되었다고 해도 이 네 기능을 종합적으로 담아낼 수 있는 조직으로 정당 이외의 대안을 생각하기는 어렵다. 로손은 기존 정당들의 기능적 약화가 일시적으로 경쟁적인 대안세력의 출현을 가능하게 하기는 하지만, 오직 정당만이 국가와 시민 간의 민주적 연계를 이끌 수 있다고 보았다.

바르톨리니와 메이어(Bartolini and Mair 2001: 338-341)는 통합의 기능과 관련한 정당의 역할에 대해서도 주목한다. 이들은 정치적 통합과 제도적 통합을 구분했다. 정치적 통합(political integration)은 정치적 충성심과 당파적 일체감, 그리고 정치적 연계, 물질적 보상, 후견적 네트워크 등을 통해 유권자, 이익집단, 사회운동, 의회 내집단 등의 행동을 조직하고 정치적으로 동원하는 것을 의미한다. 이와 대조적으로 제도적 통합(institutional integration)은 정치인에 대한 공천과 사회화, 의회 다수파의 형성, 행정부에 대한 정치적 지지의 조직, 상이한 제도, 지역, 기능적 하위 단위 간의 갈등과 긴장을 조정하는 것 등을 포함하는 제도적 질서의 전반적인 조화(the overall harmonization of the institutional order)를 추구한다.

이 가운데 정치적 통합에 대한 정당의 역량은 상당히 약화되었다. 그러나 제도적 영역 간 조화로운 작동을 추구하는 제도적 통합에 대한 정당의 역할은 여전히 중요하다. 그렇다고 해도 이 역할을 제대로 하기 위해서는 세 가지 조건이 충족되어야 한다. 첫째, 정당이 상대적으로 일관성 있는 내부적 위계질서(coherent internal hierarchy)를 갖추고, 그러한 위계를 하위영역이나 관련 단위에서 조직하고 규율을 갖게 할 수 있어야 한다. 즉 정부 내 정책을 형성하고 추진하고 또 그 정책이 입법화되기 위해서는 의회 내 여당의 단합을 유지해야 하고, 그 실행을 위한 하위 영역에서의 일관된 입장을 유지하기 위해서는 기율, 위계질서가 필요하다.

둘째, 정당은 자율성과 일관성을 회복할 필요가 있다. 정당이 외부 기관이나 전문가에게 지나치게 의존해서는 안 된다는 것이다. 정당이 갖는 정치적 정당성(political legitimacy)보다 전문성과 기술적 지식 등에 기반하는 '유능함(competence)' 혹은 전문가적 정당성에 의한 정책 결정에 지나치게 의존해서는 안 된다는 것이다. 또 의회가 결정하기보다 국민투표를 활동하거나, 규제기구나 사법부에 의존하여 제도적 해결책을 전가, 위탁하게 되면 다른 기관이나 외부 행위자에 의한 기능 장악을 부추김으로써 정당의 자율성, 책임성을 약화시킬 수 있다. 이는 우리나라에서 최근 나타나는 '정치의 사법화' 현상과 관련하여 주목할 만한 지적이다.

세 번째는 정당에 대한 대중적 신뢰의 약화와 관련된 것이다. 부패, 정책 결정의 투명성 결여가 대표적인 것으로, 법적, 도덕적 기준과 정치적 기준 간의 격차의 문제이다. 또한 대중이 느끼는 우려, 근심, 분노로부터 정치권이 단절되어 있다는 전반적 불신의 문제이다. 기존 정당들에 대한 신뢰의 약화, 대중들이 느끼는 거리감의 증대, 반정당적 대안에 대한 지지의 증가 등은 정당의 통합 역할 수행에 부정적 영향을 미친다. 이러한 세 가지 요인은 정부 조직이나 운영, 의회 조직 등 제도적 영역에서 정당이 여전히 도전 받지 않는 독점적 지위를 갖는다고 하더라도, 그 역할을 제대로 수행하기 위해서는 넘어서야 할 문제점이다.

지금까지의 논의를 종합해 보면, 정당 정치가 그동안 겪어보지 못한 도전에 직면해 있다는 것은 분명해 보인다. 이미 많은 대안적 조직이나 수단이 등장했고 앞으로도 정당들은 점점 더 많은 경쟁자들(competitors)에 맞서게 될 수 있다. 그러나 아직까지 정당은 그들의 지위를 위협하는 '진정한 대안(real alternative)'으로부터의 도전에 직면하지는 않았다. 물론 이것이 정당의 미래의 성공이나 생존에 대한 보장은 아니며, 정당은 단지 명목상의 존재로 몰락할 수도 있다. 그러나 정치적 통합과 제도적 통합의 기구로서 정당을 대체할 수 있는 것은 찾아보기 어렵다(Bartolini and Mair 2001: 342).

현실적으로 정당에 대한 비판은 정당이 운영되는 방식에 대한 실망과 민주주의의 건전한 수행에 필수적인 것으로 간주되는 많은 기능을 수행하는 데 점차 제 역할을 제대로 못하는 것으로 보이는 데 기인한다. 달더(Daalder 2002: 55)가 적절하게 지적한 대로, '정당의 위기는 사실은 정당이 싫다(a dislike of parties)는 것에 대한 완고한 표현'일 수 있다. 정치적 대표성, 동원, 사회적 통합, 연계 등과 같은 정당의 주요한 역할에 대한 정당은 예전과 같은 독점적인 지위를 갖지 못하며 기능적으로도 효율적이지 못한 모습을 보여주고 있다. 정당의 '위기', '쇠퇴', '실패'에 대한 논의는 이런 상황에서 제기되었다.

그러나 어떤 면에서 보면 정당은 쇠퇴해 가기보다 적응해 가고 있다고 할 수 있다. 새로운 이슈의 부상이 오늘의 정당을 분열시키거나 약화시킬 수 있지만 다른 한편에는 정당체계를 재조직하는 기반이 될 수 있다(Thies 2000: 257). 즉 오래된 일부 정당은 사라지고 새로운 정당이 그 자리를 대신할 수 있다는 것이다. 대중선거권이 확보될 당시의 정당의 역사적 역할은 오늘날 정당이 행하는 역할과는 다를 수밖에 없다. 여전히 민주주의 정치 과정에서 핵심적 역할을 하는 것은 정당이며, 민주주의의 장기적인 발전과 안정에 미치는 정당의 역할은 부정될 수 없다. 정당의 위기는 기존 거대 정당들의 위기 혹은 대중정당과 같은 이전의 지배적 정당 조직 형태의 위기일 수는 있지만, 정당을 통한 대의제 메커니즘의 약화나 와해를 이야기하는 것은 아니다.

4. 한국의 경우

한국에서 정당은 적어도 제1공화국 후반 이후 정치과정에서 중요한 역할을 수행해 왔다. 제도화의 수준은 낮았지만, 권위주의 체제하에서 권력자들은 집권당을 만들어냈고 자신들에 대한 지지를 동원하고 조직해 냈다. 그 정당이 권력자와 함께 붕괴되고 나면 또 다른 권력자의 정당이 그 역할을 대신했다. 야당은 끊임없는 이합집산과 당내 분열을 겪으면서도 대체로 일관된 정치적 계보를 이어왔으며, 불리한 여건 속에서도 권력에 대한 정치적 반대자를 결집해 내는 역할을 했다. 민주화 운동 과정에서도 '대통령 직선제 개헌'을 공약으로 내걸고 이 어젠더로 국민의 민주적 열망을 결집시키는 데 성공했던 것도 정당이었다. 그리고 민주화 이후에는, 많은 비판이 제기되었지만, 지역주의 정당체계는 각 정당들과 지지자들 간 매우 강하고 안정적인 연계를 이뤄냈다. 이른바 '3김 시대' 이후의 정당 정치에서도 열린우리당이나 민주노동당과 같은 새로운 정책적 지향점을 갖는 정당들의 출현으로 한국의 정당 정치는 새로운 환경에 적응해 갔다.

그러나 2004년 정치개혁 이후 정당의 조직이나 활동에 변화가 발생했고, '3김 정치 시대'에 비해 정당과 지지자 간의 연계도 약화되었다. 또 한편으로는 한국 정당 정치의 위기에 대한 언급이나 비판의 목소리가 높아지고 있다. 이러한 상황의 변화는 한국 정치에서 정당의 쇠퇴나 위기를 의미하는 것일까?

'정당 위기론'을 평가하기 위해서는 왜 정당의 약화, 혹은 실패가 나타났는지 살펴볼 필요가 있다. 앞 장에서 논의한 키(V. O. Key)와 달턴과 와튼버그(Dalton and Wattenberg 2000: 3–16)의 세 가지 정당 기능, 즉 유권자 속의 정당(parties in the electorate), 조직으로서의 정당(parties as organizations), 정부 내의 정당(parties in government)의 측면에서 한국 정당의 현실을 논의해 보자. 첫째, 유권자 속의 정당은 이전에 비해 다소 약화되었다. 정치 참여와 관련해서 볼 때 인터넷의 등장과 함께 정당을 '우회'하는 정치 참여, 시민들 간의 자발적 참여가 가능해졌다. 정당의 동원 기능은 약화된 것이다. 또한 이전에 비해 정당일체감도 약화되었다. 무엇보다 3김의 정치적 퇴장 및 지역주의의 약화와 함께 지역별 패권 정당에 대한 정치적 충성심이나 소속감은 이전처럼 견고하다고 보기는 어렵게 되었다. 이처럼 기존 지지 정당과의 연계는 약화되었지만 그것을 대체할 새로운 대안은, 찾기 어렵다는 점에서 정당 정치 전반에 대한 불만이 높아졌다.

두 번째, 조직으로서의 정당에서도 기능의 약화가 확인된다. 이미 지구당 조직은 폐지되었고, 정치 리더십의 충원이나 정치 엘리트 육성에 대해서도 정당이 이전만큼의 역할을 하고 있다고 보기 어렵다. 이미 선거 때마다 정당들은 당 외부에서 정치 엘리트를 충원하고 있다. 특히 여론조사가 대통령 후보 선정을 비롯한 주요 공직 후보 선출 방식에 많이 적용되면 될수록 정치 리더십 충원과 관련된 정당 자체의 기능은 더욱 줄어들 수밖에 없을 것이다. '욕먹고 비판 받기 쉬운' 정당 정치를 통해 성장하기보다 정치권 외부에 머물면서 좋은 이미지를 구축하는 것이 공직 획득에 더욱 도움이 될 수 있다. 정치적 이해의 결집도 사회적인 이해관계가 다양화되고 분절화되면서, 계급, 지역, 이념을 통해 하나로 쉽게 묶어내기 어려운 모습을 보이고 있다. 그만큼 정당을 통한 정치적 이해의 결집과 표출 기능도 이전보다는 약화된 셈이다.

세 번째인 정부 내의 정당의 기능은 여전히 견고한 것으로 보인다. 앞서 바르톨리니와 메이어(bartolini and Mair 2001)의 논의에서처럼 정당 이외의 대안적 조직이 정부를 구성하고 국회 내 다수파를 형성하는 것은 사실상 불가능하다. 그런 점에서 정부 내의 정당이라는 기능이 근본적으로 위협받고 있다고 보기는 어렵다. 다만 당정분리 주장처럼 통치 주체로서 정당의 역할을 약화시키려는 움직임도 있다는 점은 주목할 만하다.

결국 전체적으로 볼 때 이전에 비해 우리나라의 정당이 정치 과정상에서 차지하는 역할, 기능은 다소 약화되었다고 하더라도 이러한 변화를 지나치게 확대해서 해석하는 것은 조심해야 할 것 같다. 우리나라에서도 정당 위기에 대한 논의가 있지만, 정당을 대신할 다른 형태의 대안적 조직이 지속성을 갖고 이어질 것으로 보기는 어렵다. 정보통신 기술의 발전으로 인터넷이나 소셜 네트워크서비스를 통한 이익표출이나 정치적 동원은 분명히 높아졌지만, 인터넷이 정당을 제도적으로 대체한다는 것은 사실상 불가능하다. 대의민주주의가 전제로 하는 정치적 책임성이라는 관점에서도 정당 이외의 대안을 생각하기 어렵다. 따라서 우리나라에서도 정치과정에서 시민사회와 국가를 연계하는 매개체(agent)로서 정당의 기능이 약화된 것은 분명하지만, 그 생존 자체가 위협을 받고 있다고 보기는 어려울 것 같다.

또한 현상적으로 한국 정치에서 정당에 대한 불신은 매우 높지만 그것이 다수 유권자가 정파적 이탈을 통해 정당 정치로부터 벗어나 있음을 의미하는 것은 아니다. 실제 선거에서 유권자의 투표 행태를 분석한 연구 결과는 한국 정치에서 무당파층이 증가했다고 보기는 어렵다는 것이다(박원호, 송정민 2012). 그런 점에서 볼 때 한국 정치에서 정당 위기론의 근원은 정당이 제 역할을 못하는 데에 대한 불만에서 비롯된 것으로 보인다.

최근 들어 사회적으로 중요한 쟁점이 부상하게 되면, 정당 정치가 그 갈등을 제대로 해소하지 못하고 헌법재판소로 가져가거나 혹은 국민투표에 대한 요구로 이어지고 있다. 이런 현상으로 인해 정당을 통해 국회가 사회적 갈등을 '최종적으로' 해결할 역량이 있거나 해결해 낼 수 있다는 믿음이 약화되고 있다. 정당 정치를 통한 갈등 해소의 효능감이 약화된 것이다.

또 한편으로 이러한 정당의 위기는 정치적 경쟁성의 결여라고 하는 대의 민주주의의 기본 원리가 제대로 작동하지 않는다는 사실과도 관련이 있다. 지역주의 정당구도와 단순다수제 선거제도의 결합은 두 거대 정당에 대한 새로운 도전자의 출현을 제도적으로 막고 있기 때문에, 두 정당은 사실상 정치적 독과점 구조를 이루고 있다. 중앙 정치에서는 과점, 지방으로 가면 독점의 정치이다. 만약 경제 시장에서처럼 새로운 기업이 혁신적 상품을 들고 나와 소비자들의 선택을 받을 수 있는 구조라면 기존 기업들은 생존을 위해 변화하지 않을 수 없다. 정치적 경쟁 시장인 선거에서 새로운 정당의 출현이 가능하고 이들이 기존 거대정당들을 위협할 수 있는 경쟁성이 확보되지 않는다면 기존 정당들은 독과점 구조 하의 기득권 속에서 변화하려고 하지 않을 것이다. 기존 정당의 타성과 안주가 오늘날 한국 정당 정치에 대한 높은 불신으로 이어지고 있다.

정당 정치가 대중의 신뢰를 얻기 위해서는 정당 정치의 책임성, 반응성을 높일 수 있도록 경쟁성을 회복하게 만드는 것이다. 정당법 등 정치관계법을 통한 규제가 아니라 정당 스스로 변화하지 않으면 도태될 수 있는 정치 환경을 만드는 것이 우리나라에서의 정당 불신, 정당 위기를 극복하게 하는 가장 중요한 방안이 될 것이다.

환경의 변화 속에서 오늘날의 정당이 과거의 정당과는 다른 위상과 영향력을 보이는 것은 분명한 사실이다. 정당위기론은 이런 사실에 기반하고 있다. 하지만 대의 민주주의 체제에서 정당이 갖는 고유한 기능과 역할은 근본적으로 부정될 수 없다. 시대적 변화에 맞춰 정당 조직이 변해 온 것처럼 지금의 '위기'도 또 다른 대응을 통해 적응해 갈 것이다. 그런 점에서 '정당 이후'에 대한 논의가 아니라, 오늘날 정당의 대표성과 정치적 책임성을 보다 강화할 수 있는 방안에 대한 관심이 더 중요하다. 바르톨리니와 메이어(Bartolini and Mair 2001: 342)는 "정당이 담당해 온 정치적 통합과 제도적 통합이 더 이상 가능하지 않게 된다면 민주주의에는 무슨 일이 일어날까?"라고 물었다. 마찬가지로, 정당 정치가 제대로 작동하지 않는다면 한국의 민주주의는 어떻게 될까? 라고 우리 스스로에게도 물어볼 필요가 있다.

정당에 대한 로시터(Rossiter 1960: 1)의 글귀는 미국뿐만 아니라 우리에게도 똑같이 정당정치의 의미를 되새기게 하는 경구이다.

> 민주주의가 없다면 미국도 없다. 정치가 없다면 민주주의도 없다. 정당이 없다면 정치도 없다. 타협과 절제가 없다면 정당도 없다(No America without democracy, no democracy without politics, no politics without parties, no parties without compromise and moderation).

여전히 정당은 대의민주주의 체제의 핵심적 기제로 작동하고 있다.

▮미　주

| 제1장 |

1) 버크가 말한 정당에 대한 정의의 원문은 다음과 같다. "a body of men united, for promoting by their joint endeavours the national interest, upon some particular principle in which they are all agreed."

2) 메이어(Mair 1994: 4)는 행정부와 의회 내의 정당 조직을 지칭하는 '공직 내의 정당(the party in public office)', 당원 조직과 잠재적으로는 충성스러운 정당 지지자들과 관련된 '기층에서의 정당(the party on the ground),' 그리고 조직적으로 공직 내의 정당과 구분되고 전통적인 대중 정당 모델에서 기층에서의 정당의 대표체로서 '중앙 조직으로 정당(the party in central office)'로 구분했다. 키의 구분과 비슷하지만, 일반 유권자보다 당원과 당 조직을 보다 강조한 구분으로 볼 수 있다.

3) German Law Archive. Political Parties Act(Parteiengesetz, ParteienG). 1967년 7월 24일 제정, 1994년 1월 31일 개정. https://germanlawarchive.iuscomp.org/?p=235.

4) 정당의 의석 분포와 정당 간 이념적 거리, 정당 간 정치적 연합의 가능성 등으로 인해 때때로 의회 내 과반의석에 못 미치는 의석으로 구성되는 소수파 정부(minority government)가 나타나기도 한다.

5) https://eacea.ec.europa.eu/national−policies/en/content/youthwiki/52−youth−participation−representative−democracy−germany.
https://www.national.org.nz/more−about−membership.

6) 18명 의원은 집계에서 빠져 있음. https://commonslibrary.parliament.uk/house−of−commons−trends−the−age−of−mps.

7) 앵초(櫻草)를 의미하는 프림로즈는 디즈레일리 수상이 가장 좋아한다고 알려진 꽃으로 프림로즈 리그는 이 이름을 따서 명명되었다. 프림로즈 리그는 전국으로 보수당에 지지를 촉진하기 위한 노력을 기울였는데, 특히 새로이 선거권을 갖게 된 유권자들과 여성들이 보수당을 지지하게 만들도록 애썼다. 프림로즈 리그는 자발적인 당 활동가와 선거운동원을 충원하고 마련하는 데 큰 기여를 했다. 프림로즈 리그는 비록 선거권을 당시 갖고 있지 못했지만 많은 중산층 여성들이 참여했고 선거 비용 마련이나 선거운동에 도움을 주었다. 프림로즈 리그는 1914년까지 활발하게 활동했고 이후 여성들을 위한 선거 조직에 의해 점차 대체되었다(강원택 2020: 117−118).

8) 서독 정당법은 한국보다 시기적으로 늦은 1967년 7월 24일 공포되었다. 그러나 정당법과 관련된 논의는 이미 1950년대부터 시작되었다. 1955년에는 연방정부 내무장관이 정치학, 법학, 철학, 사회학, 역사학 등 여러 분야의 전문가 17인으로 정당법위원회(Parleienrechts−Kommission)를 구성했고, 이들은 1957년 연구 결과를 제출했고 이를 토대로 하여 1959년 서독 정부는 연방의회에 정당법 초안을 제출하였다. 그러나 이 초안은 의회의 논의에서 수용되지 않았고 그 뒤 사민당과 기민−기사연합이 각각 정당법 초안을 제시했으나 이 역시 법제화되지 못했다. 이들 주요 정당들의 공동안으로 정당법 초안이 1967년 초 의회에 제출되었고 의회 토론을 통해 수정을 거친 후 1967년 7월 공포되었다. 그런데 서독 연방정부가 1959년 12월 연방의회에 제출한 정당법 초안을 우리나라 법제처에서 1962년 12월 번역하여 『월간법제』에 그 내용을 게재한 바 있다. 군정 시기에 한국의 정당법 제정에 영향을 미친 서독 정당법의 내용은 여기에 기초해 있다. 한태연(1960); 갈봉근(1968) "서독 정당법대요(1)."(https://www.moleg.go.kr/mpbleg/mpblegInfo.mo?mid=a10402020000&mpb_leg_pst_seq=125121.; http://www.pol

itics.kr/?p=3781). 번역된 1959년 서독정당법 초안은 다음의 사이트를 참조할 것. https://www.moleg.go.kr/mpbleg/mpblegInfo.mo?mid=a10402020000&mpb_leg_pst_seq=124484&currentPage=2&&keyField=ALL&keyWord=&yr=1962&mn=.

9) "4·15총선 현역 의원 교체율 민주당 26%·통합당 37%."(여성신문 2020. 3. 9). https://www.womennews.co.kr/news/articleView.html?idxno=196914.

| 제2장 |

1) https://en.wikipedia.org/wiki/Centre_Party_(Germany).

2) https://www.bbc.co.uk/bitesize/guides/z9hnn39/revision/2.

3) 라팔롬바라와 웨이너는 여기에 하나를 더해 보다 폭넓은 근대화의 과정과 관련하여 정당의 출현을 설명하는 발전 이론(developmental theories)을 포함하여 세 가지 형태로 설명하고 있다. 그러나 근대화를 중시하는 관점은 기본적으로 위기를 강조하는 역사적–상황적 이론과 상당히 겹치는 점이 많다. 이들 스스로도 위기가 근대화의 일반적 과정과 밀접하게 관련되어 있다고 말하고 있다. 또한 근대화가 발생하지 않았다면 정당은 사실상 나타나지 않는다고 해서 정당 출현의 일종의 전제 조건으로 보고 있다(LaPalombara and Weiner 1966: 7-21). 이런 이유로 여기서는 제도적 이론과 역사–상황 이론 두 가지 관점만으로 정당 출현을 설명한다.

4) 국민대회준비위원회는 해방 이후 여운형 등이 주도한 건국준비위원회의 참여를 거부하고, 중국 충칭의 대한민국 임시정부를 중심으로 결집해야 한다는 '임정 봉대론'을 주장하는 송진우, 김성수, 김준영, 장택상 등이 결성한 단체이다.

5) 정당등록법 시행은 미군정기 정당 및 정치조직의 수를 파악하는 계기가 되었지만 그 수치는 명확하지 않다. 미군정정보장교 미드(Grant E. Mead)의 기록에는 1946년 6월에 107개로 파악되고 있지만, 군정청 여론국에 공식 등록한 정당 및 정치조직은 90여개로 집계되었으며, 소속 인원수는 15명에서 4백만명에 이르기까지 편차가 컸다. 반면 미군정의 공식 기록에는 총 98개, 우파가 49개, 좌파 32개, 중간파 17개로 나타났다. 이러한 차이는 각 정당의 지역조직이 별도로 등록하였을 가능성이 높기 때문인 것으로 추정할 수 있다(박경미 2010: 11).

6) 공산당 역시 상당한 수준의 조직적인 체계를 갖추고 있었다.

| 제3장 |

1) 립셋과 록칸의 주장대로, 국민혁명, 산업혁명이 서유럽 내에서 대체로 보편적인 균열과 정당 구성을 이끌어 냈지만 예외적인 경우도 존재한다. 대표적인 사례가 아일랜드이다. 아일랜드는 독립을 둘러싼 민족주의 갈등이 정치적으로 가장 의미 있는 균열로 등장했기 때문에, 다른 유럽 국가와는 달리 계급 정치는 상대적으로 매우 취약한 편이다. 아일랜드에서는 이보다 통합을 둘러싼 민족 문제, 국민혁명 시기의 중심–주변부 문제가 더욱 중요한 균열로 존재한다(김수진 2008a: 81-85).

2) 과거 동양척식회사나 일본인 지주의 토지는 해방 이후 신한공사가 관리하게 되었는데 그 토지의 총면적은 1948년 2월 말 기준으로 32만 4,464 정보이며 그 중 일반농지가 28만 2,480 정보, 과수 및 뽕밭이 4,287 정보이고 나머지 3만 7,697 정보는 산림이었다(유인호 2004: 491-492).

3) 민주당 노무현(盧武鉉) 대통령후보가 11일 "(민주당) 대선 후보 경선 과정에서 '미국에 가본 일이 있느냐'는 질문을 받았는데 바빠서 안 갔다고 했다. 노동위를 했는데 미국 갈 일이 있느냐. 미국 안 갔다고 반미주의자냐, 또 반미주의자면 어떠냐"고 말했다. 노 후보는 이날 오후 대구

영남대에서 열린 '한국 정치 현실과 개혁 과제'라는 제목의 초청 강연에서 역사 인식에 대한 견해를 피력하는 가운데 이렇게 말했다(동아일보 2002. 9. 11. https://www.donga.com/news//article/all/20020911/7861890/1.)..

| 제4장 |

1) https://d3n8a8pro7vhmx.cloudfront.net/aldeparty/pages/1589/attachments/original/159414 38326/2019_freedom_opportunity_prosperity_the_liberal_vision_for_the_future_of_europe _0.pdf?1594138326.

2) 시드니 웹은 영국 페이비언 협회(Fabian Society)의 일원이었고 노동당의 창당 멤버이자 지도 층이었다. 그는 1923년 노동당 전당대회에서 이러한 연설을 했다. "We must always remember that the founder of British Socialism was not Karl Marx but Robert Owen, and that Robert Owen preached not 'class war' but the ancient doctrine of human brotherhood."(Webb 1923: 15)

| 제6장 |

1) 한편, 노이만(Neumann 1956)은 명사정당을 개별 대표의 정당(Parties of individual representation), 대중정당을 민주적 대중 통합 정당(Parties of democratic mass integration)이라고 불렀다. 이와 함께 소련 공산당이나 파시스트 정당을 설명하기 위해 전체 적 통합정당(Parties of total integration)이라고 불렀다.

2) 후원 지향 정당 patronage oriented party; 새로운 정치 정당 new politics party; 강령정당 programmatic party

3) 1940년 국세조사에 의한 산업별 인구 비율을 보면, 농업과 같은 1차 산업의 비율은 76.3%(남한 77.6%, 북한 74.4%)였으며, 2차 산업의 비율은 전국이 6.6%였는데 북한이 9.1%, 남한은 5.0%에 불과했다(허수열 2012: 474-475).

| 제7장 |

1) National Conference of State Legislatures(NCSL). State Primary Election Types. https://www.ncsl.org/research/elections-and-campaigns/primary-types.aspx.

2) 더불어민주당 강령, 당헌, 당규, 윤리규범(https://theminjoo.kr/introduce/rule/const).

| 제8장 |

1) 2007. 6. 8. 원광대 명예정치학 박사 학위 수여식 연설. http://news.naver.com/main/read.nh n?mode=LSD&mid=sec&sid1=001&oid=078&aid=0000033821&(검색일 2009. 8. 9).

| 제9장 |

1) 제166조(국회 회의 방해죄) ① 제165조를 위반하여 국회의 회의를 방해할 목적으로 회의장이 나 그 부근에서 폭행, 체포·감금, 협박, 주거침입·퇴거불응, 재물손괴의 폭력행위를 하거나 이러한 행위로 의원의 회의장 출입 또는 공무 집행을 방해한 사람은 5년 이하의 징역 또는 1 천만 원 이하의 벌금에 처한다.

② 제165조를 위반하여 국회의 회의를 방해할 목적으로 회의장 또는 그 부근에서 사람을 상해하거나, 폭행으로 상해에 이르게 하거나, 단체 또는 다중의 위력을 보이거나 위험한 물건을 휴대하여 사람을 폭행 또는 재물을 손괴하거나, 공무소에서 사용하는 서류, 그 밖의 물건 또는 전자기록 등 특수매체기록을 손상·은닉하거나 그 밖의 방법으로 그 효용을 해한 사람은 7년 이하의 징역 또는 2천만 원 이하의 벌금에 처한다(전문개정 2018. 4. 17.).

2) 그러나 2020년 국회의원 선거 결과 더불어민주당이 전체의석의 2/3에 달하는 의석을 얻으면서 그동안 지켜져 왔던 국회의 관행이 무너져 버렸다. 원 구성에서부터 상임위원장을 여당이 모두 차지했고 국회 운영에서도 여당의 입법 '독주'가 나타났다. 이는 일시적인 일탈로 볼 수도 있지만 오랫동안 지켜져 온 관행이 깨졌다는 사실에 주목해야 한다.

| 제10장 |

1) https://billofrightsinstitute.org/primary−sources/federalist−no−10.

2) http://avalon.law.yale.edu/18th_century/washing.asp.; https://kr.usembassy.gov/ko/education−culture−ko/infopedia−usa−ko/famous−speeches−ko/george−washingtons−address−ko/#c.

3) "정권 내부의 '충성스러운 반대파'로서 친박계가 일종의 '기능적 역할'을 수행하였음이 나타났다. 친박계는 '여당 내부의 야당'으로서 과반수가 넘는 의석수를 점유하고 있는 한나라당과 이명박 정권의 전횡을 방지하는 역할을 수행하였으며, 다른 한편으로는 정당체계의 '경쟁성'을 만들어냄으로써 정권의 정치적 정당성 확보에 기여하였다. …파벌 간 경쟁이 종료되는 국면되는 국면이었던 19대 총선에서, 파벌은 '정당 내 권력교체'를 통해 주인 정당의 이미지를 쇄신하는 데 크게 기여하였고, 이는 19대 총선에서 예상을 뒤엎고 새누리당이 대승을 거두게 되는 주된 요인이 되었다."(송정민 2012: 148)

| 제11장 |

1) https://www.independent.co.uk/news/world/europe/spain−elections−far−right−party−eu−member−states−vox−parliament−a8891706.html.

| 제12장 |

1) 노동당과 관련된 노조들이나 사회주의 협회 등에 소속된 회원들까지 포함하면 1945년 이후 1990년대 초까지 광의의 노동당 당원 수는 500−600만 명 정도에 달했다. 그러나 그 이후 그 수가 감소해서 최근에는 노동당 관련 단체까지 다 합쳐도 그 수가 350만 명 정도로 줄어 들었다.

2) 달턴의 용어는 apartisan이지만 우리 표현으로 무정파는 다양한 의미로 해석될 수 있어 이 글에서는 인지적 무정파로 표현하기로 한다.

▌참고문헌

국내문헌

가상준·안순철, 2012. "민주화 이후 당정협의의 문제점과 제도적 대안." 『한국정치연구』. 21(2), 87－112.

강원택. 2020. 『보수는 어떻게 살아남았나: 영국 보수당 300년, 몰락과 재기의 역사』. 21세기북스.

_____. 2019a. 『한국정치론』. 2판. 박영사.

_____. 2019b. "포퓰리즘 정치와 한국 민주주의의 개혁 방안". 윤보선민주주의연구원 학술회의 '21세기 민주주의와 포퓰리즘' 발표 논문.

_____. 2018. "한국 정당 정치 70년: 한국 민주주의 발전과 정당 정치의 전개." 『한국정당학회보』 17(2), 5－31.

_____. 2015a. ""제한적 정당 경쟁과 정당 활동의 규제." 『한국정당학회보』 14(2), 5－32.

_____. 2015b. "통일국민당: 아산의 창당과 한국정당사에서의 의미." 김석근 외. 『아산, 그 새로운 울림: 미래를 위한 성찰(나라와 훗날』 아산연구총서 3, 189－240.

_____. 2013. 『정당은 어떻게 몰락하나?: 영국 자유당의 역사』. 오름.

_____. 2012a. "3당 합당과 한국 정당 정치." 『한국정당학회보』, 11(1), 171－193.

_____. 2012b. "제19대 국회의원의 이념 성향과 정책 태도." 『의정연구』 36, 5－38.

_____. 2011. "한국에서 정치 균열 구조의 역사적 기원: 립셋－록칸 모델의 적용." 『한국과 국제정치』 27(3), 99－129.

_____. 2009a. "한국 정당 연구에 대한 비판적 검토: 정당 조직 유형을 중심으로." 『한국정당학회보』 8(2), 119－141.

_____. 2009b. "당내 공직 후보 선출 과정에서 여론조사 활용의 문제점." 『동북아연구』 14, 35－62.

_____. 2009c. "한국 야당의 영향력과 역할에 대한 제도적 평가." 『한국과 국제정치』, 25(4), 155－179.

_____. 2008. "민주화 20년의 정당 정치: 평가와 과제." 『경제와 사회』 74, 66－83.

_____. 2007. 『인터넷과 한국정치: 정당 정치에 대한 도전과 변화』. 집문당.

_____. 2006. 『대통령, 의회제와 이원정부제: 통치형태의 특성과 운영의 원리』. 인간사랑.

_____. 2003a. 『한국의 선거정치: 이념, 지역, 계급과 미디어』. 인간사랑.

_____. 2003b. "정당의 공직 후보 선출과 당내 민주화." 심지연 편저. 『현대 정당정치의 이
해』. 백산서당, 239 – 266.

_____. 2001. "한국 정치에서 이원적 정통성의 갈증 해소에 대한 논의 : 준대통령제를 중심으
로." 『국가전략』 7(3), 29 – 50.

_____. 1999a. "의회 정치와 정당," 백영철 외. 『한국의회정치론』. 건국대학교출판부,
257 – 282.

_____. 1999b. "선거제도와 정치개혁." 『계간 사상』, 41, 91 – 112.

곽진영. 2009. "한국 정당의 이합집산과 정당체계의 불안정성." 『한국정당학회보』,, 8(1),
115 – 146.

_____. 2008. "비교정치: 정당 정치." 한국정치학회 편.『정치학 이해의 길잡이: 정치과정』.
법문사, 128 – 165.

_____. 2002. "정당 쇠퇴론의 대안적 설명 틀로서의 거버넌스: 이론적 논의." 『한국정당학회
보』 1권 1호, PP. 65 – 88.

고세훈. 1999. 『영국 노동당사: 한 노동운동의 정치화 이야기』. 나남.

고원. 2008. "촛불집회와 정당 정치의 개혁 모색." 『한국정치연구』 17(2), 95 – 119.

권찬호, 2010, '한국 당정협의 제도의 정치적 기능 연구: "거부권행사자 이론"에 의한 접근',
『의정연구』, 31, 95 – 125.

_____. 1999. "한국 정당과 행정부의 정책협의제도 연구: 이론적 근거를 중심으로." 『한국행
정학학보』 33(1), 221 – 237.

김만흠. 1995. "정치균열, 정당정치 그리고 지역주의." 『한국정치학회보』 28(2), 215 – 237.

_____. 1991. 「한국의 정치균열에 관한 연구: 지역균열의 정치과정에 대한 구조적 접근」. 서
울대학교 대학원 정치학과 박사 논문.

김면회. 2016. "독일 극우주의 정치 세력의 성장 요인 연구: 정당 쇠퇴와 정당체제 변화." 『유
럽연구』, 34(3) : 23 – 48

김석준. 1996. 『미 군정 시대의 국가와 행정: 분단국가의 형성과 행정 체제의 정비』. 이화여
자대학교 출판부.

김수진. 2008a. 『한국 민주주의와 정당 정치』. 백산서당.

_____. 2008b. "박정희 시대의 야당 연구." 『한국과 국제정치』. 24(4), 27 – 59.

김영태. 2007. "독일 녹색당의 기본강령 변화와 독일의 정당경쟁구조." 『한국정당학회보』
6(1), 193 – 215.

김용호. 2020. 『민주공화당 18년, 1962－1980년: 패권정당운동 실패의 원인과 결과』. 아카넷.

＿＿＿. 2007. "박정희와 정당 정치: 권위주의 정당체제 수립에 실패한 원인과 결과." 정성화, 강규형 편. 『박정희 시대와 한국 현대사: 연구자와 체험자의 대화』. 선인, 261－315.

＿＿＿. 2003. '한국 정당의 국회의원 공천제도: 지속과 변화'. 『의정연구』 9(1), 6－28.

＿＿＿. 2001. 『한국 정당 정치의 이해』. 나남.

김욱·이이범. 2006. "탈물질주의와 민주주의." 『한국정당학회보』 5(2), 89－124.

김욱·김영태. 2006. "쉬운 참여와 어려운 참여 : 대전과 목포지역 젊은이의 가치정향과 정치참여". 『정치정보연구』. 9(1), 179~202.

김일영. 2011. 『한국 현대정치사론』 김도종 엮음. 논형.

＿＿＿. 2004. 『건국과 부국: 현대한국정치사 강의』. 생각의 나무.

김주찬·이시원. 2005. "정책결정과정에서 야당의 영향력 연구." 『의정연구』 11(1), 27－60.

김학준. 2004. '분단의 배경과 고정화 과정". 송건호 외. 『해방 전후사의 인식 1』. 한길사, 82－126.

＿＿＿. 1991. "해방 후 한국 정당변천사연구." 『국사관논총』 25, 253－279.

노기우·이현우. 2019. "민주화 이후 한국 정당체계는 불안정한가?: 유효 정당 수와 선거 유동성 세분화를 중심으로." 『한국정당학회보』 18(4), 5－35.

마인섭·장훈·김재한. 1997. "한국에서의 탈물질주의적 가치관의 등장과 사회적 균열구조의 변화." 『한국과 국제정치』. 13(3), 29－52.

민주공화당. 1973. 『민주공화당사 1963－1973』.

민준기. 1987. "한국의 정당과 파벌: 제 3 공화국의 여당을 중심으로." 『한국정치연구』 1, 237－255.

박경미. 2010. "제1공화국의 정당 교체: 자유당과 민주당 형성." 『한국정당학회보』, 9(1), 5－37.

박기성·박재정. 2018. "극우정당의 등장과 성장에 관한 연구: 영국독립당(UKIP)을 중심으로." 『사회과학연구』 29(1), 133－152.

박원호·송정민. 2012. "정당은 유권자에게 얼마나 유의미한가: 한국의 무당파층과 국회의원 총선거." 『한국정치연구』 21(2), 115－143.

박종성. 1992. 『정치는 파벌을 낳고 파벌은 정치를 배반한다』. 한울.

박찬욱. 2004. "대통령제의 정상적 작동을 위한 개헌론." 진영재 편. 『한국 권력 구조의 이해』. 나남, 171－223.

＿＿＿. 1997. "민주화와 정치제도화." 『한국사회과학』 19(1), 23－58.

박찬표. 2010. 『한국의 48년 체제: 정치적 대안이 봉쇄된 보수적 패권 체제의 기원과 구조』.

후마니타스.

_____. 2007. 『한국의 국가형성과 민주주의: 냉전 자유주의와 보수적 민주주의의 기원』. 후마니타스.

_____. 2001. 『한국 의회정치와 민주주의』. 오름.

배병인. 2017. "유럽 민주주의의 퇴조와 극우 포퓰리즘 정당의 약진: 1990년대 중반 이후 유럽연합 회원국 의회 선거 결과를 중심으로." 『국제·지역연구』 26(4), 67－87.

성병욱. 2015. "한국 정당정치의 위기와 변화방향." 『대한정치학회보』 23(3), 217－238.

손호철. 2011. 『현대 한국정치: 이론, 역사, 현실, 19445－2011』. 이매진.

송정민. 2012. "정당 내 파벌의 '항의(voice)'와 정치적 효과: 2008년 이후 친박계의 활동을 중심으로." 『사회과학연구』. 38(2), 127－152.

신명순. 1993. 『한국정치론』. 법문사.

신병식. 1992. 「한국의 토지 개혁에 관한 정치경제적 연구」. 서울대학교 대학원 정치학과 박사학위 논문.

신진욱. 2015. "독일 사회민주당의 고데스베르크 강령과 한국 정치." FES Information Series 2015－02. 프리드리히 에버트 재단 한국사무소.

심지연. 1987. "보수 야당의 뿌리, 한민당의 공과." 이기하, 심지연, 한정일, 손봉숙. 『한국의 정당: 제1편 8.15에서 자유당 붕괴까지』. 한국일보사, 141－200.

_____. 1982. 『한국민주당 연구 I: 정치적 성장과정과 정치 이념 및 관계 자료』. 풀빛.

심지연·김민전. 2006. 『한국 정치 제도 의 진화 경로: 선거, 정당, 정치 자금 제도』. 백산서당.

어수영. 2004. "가치변화와 민주주의 공고화: 1990－2001 년간의 변화 비교연구." 『한국정치학회보』. 38(1), 193－215.

오유석. 2000 "민주당 내 신구 파벌 간 갈등에 관한 연구." 『국사관논총』 94, 303－333.

유인호. 2004. "해방 후 농지개혁의 전개과정과 성격." 송건호 외. 『해방 전후사의 인식 1』. 한길사, 447－540.

유진숙. 2018. "독일 정당과 정당체제." FES Information Series 2018－01. 프리드리히 에버트 재단.

이갑윤. 1998. 『한국의 선거와 지역주의』. 오름.

이계희. 1991. 「권위주의 정권하의 야당정치 연구: 신민당(1967－1980)을 중심으로」. 서울대학교 정치학과 박사학위논문.

이면우. 1996. "일본의 정계개편: 정치적 배경과 그 전망." 이숙종, 이면우 편. 『일본의 정계개편과 정책변화』. 세종연구소, pp.23－54.

이신일. 1983. "한국정당의 제도화에 관한 연구: 제3공화국의 민주공화당을 중심으로." 고려대학교 정치외교학과 박사 학위 논문.

이정복. 2008. 『한국 정치의 분석과 이해』. 서울대학교 출판부.

_____. 1983. "정당체계와 정치적 안정에 관한 연구 : 한국과 일본의 경우." 『사회과학과 정책연구』, 5(1), 291－322.

이정진. 2019. "정당 공천의 민주화: 당원 인식 조사를 통해 분석한 바람직한 공천 방향." 『미래정치연구』 9(1), 31－60.

이현출. 2005. "정당 개혁과 지구당 폐지." 『한국정당학회보』 4(1), 91－120.

_____. 2003. '대통령 선거와 총선의 후보선출과정'. 『의정연구』』 9(1), 29－59.

인촌기념회. 1976. 『인촌 김성수 전』. 인촌기념회.

임유진. 2020. "남부 유럽의 테크노 포퓰리스트 정당과 당내 민주주의에 대한 비판적 검토: 포데모스와 오성운동의 정당 조직과 정치적 결정 과정." 『담론 201』, 23(1), 193－221

장수찬. 2006. "충청 지역주의의 변화와 지역정당해체" 『한국정당학회보』 5(1), 147－169.

전재호. 2007. "세계화, 정보화 시대 한국의 정치적 정체성 변화: 반공의식을 중심으로." 손호철, 김영수, 전재호 엮음. 『세계화, 정보화, 남북한: 남북한의 국가－시민사회와 정체성』. 이매진, 243－270.

전진영. 2020. 「제 20대 국회 입법 활동 분석」. 입법 정책 보고서 68호, 국회입법조사처.

_____. 2009. "지구당 폐지의 문제점과 부활을 둘러싼 쟁점 검토," 『현대정치연구』 2(2), 173－196.

정병기. 2021. 『포퓰리즘』. 커뮤니테이션북스.

_____. 2017. "민주화 이후 스페인 정당 체제 변화: 파편화 양당제의 형성과 해체." 『유럽연구』, 35(2), 179－202

정병준. 2010. 『우남 이승만 연구: 한국 근대 국가의 형성과 우파의 길』. 역사비평사.

정진민. 2018. 『정당정치 변화와 유권자정당』. 인간사랑.

정진민. 2013. "정당개혁의 방향: 정당구조의 변화를 중심으로." 『한국정당학회보』 2(2), 23－39.

조기숙·박혜윤. 2008. "광장의 정치와 문화적 충돌." 『한국정치학회보』 42(4), 243~268.

조영철. 2003. "재벌체제와 발전지배연합". 이병천 엮음. 『개발독재와 박정희 시대: 우리 시대의 정치경제적 기원』. 창비, 133－160.

주정립. 2006. "포퓰리즘에 대한 이론적 검토." 『시민사회와 NGO』 4(1), 43－79.

최장집. 2002. 『민주화 이후의 민주주의: 한국 민주주의의 보수적 기원과 위기』. 후마니타스.

_____. 1988. 『한국의 노동운동과 국가』. 열음사.

최장집·박찬표·박상훈. 2007. 『어떤 민주주의인가』. 후마니타스.

최한수. 1996. "한국의 야당," 윤정석 외. 『한국정당정치론』. 법문사, 465－508.

최형익. 2001. "유럽 노동장 정치운동의 역사와 현실: 노조와 정당과의 관계를 중심으로." 『한국정치연구』 10, 399-426.

한승주. 1983. 제 2 공화국과 한국의 민주주의. 종로서적.

황병주. 2014. "한국 정치의 제도화와 보수 양당체제의 성립." 『황해문화』 85. 10-32.

허수열. 2012. "1945년 해방과 대한민국의 경제발전." 『한국독립운동사연구』 43집, 463-509.

허진. 2020. "국회의원 총선거의 당선 결정 요인 : 제21대 총선을 중심으로." 서울대학교 대학원 행정학과 석사 논문.

국외문헌

Albright, Jeremy. 2009. "Does political knowledge erode party attachments?: A review of the cognitive mobilization thesis." *Electoral Studies* 28, 248-260.

Allison, Michael. 2006. "The Transition from Armed Opposition to Electoral Opposition in Central America." *Latin American Politics and Society,* 48(4), 137-162.

Almond, Gabriel. 1956. "Comparative Political Systems." *The Journal of Politics* 18(3), 391-409.

Almond, Gabriel and Sidney, Verba. 1963. *The Civic Culture: Political Attitudes and Democracy in Five Nations*. Princeton, N. J.: Princeton university Press.

Bagehot, Walter. 1873. *The English Constitution*. (reprinted in 2007.) New York: Cosimo.

Barker, Rodney. (ed.) 1971. *Studies in Opposition*. Basingstoke: Macmillan.

Bartels, Larry. 2000. "Partisanship and Voting Behavior. 1952-1996." *American Journal of Political Science* 44(1),, 35-50.

Bartolini, Stefano and Peter Mair. 2001. "Challenges to Contemporary Political Parties." In Larry Diamond and Richard Gunther (eds.), *Political Parties and Democracy*, Baltimore: Johns Hopkins University Press, 327-43.

_____. 1990. *Identity, Competition, and Electoral Availability: The Stabilisation of European Electorates, 1885-1985*. Cambridge: Cambridge University Press.

Beller, Dennis and Frank Belloni. 1978. "The Study of Factions." Belloni and Beller (eds.). *Faction Politics: Political Parties and Factionalism in Comparative Perspective*.

Santa Babara: ABC−Clio, 3−17.

Belloni, F. and D. Beller. 1978. "The Study of Party Factions as Comparative Political Organization." *Western Political Quarterly* 29: 4, 531−549.

Beller, Dennis and Frank Belloni. 1976. "Party and Faction: Modes of Political Competition." Belloni and Beller (eds.). *Faction Politics: Political Parties and Factionalism in Comparative Perspective*. Santa Babara: ABC−Clio, 417−450.

Berelson, Bernard, Paul F. Lazasfeld, and William N. McPhee. 1954. *Voting: A Study of Opinion Formation on a Presidential Campaign*. Chicago: University of Chicago Press.

Bettcher, Eric. 2005. "Factions of Interest in Japan and Italy: The Organizational and Motivational Dimensions of Factionalism." *Party Politics* 11(3), 339−358.

Blondel, Jean. 2002. "Party Government, Patronage, and Party Decline in Western Europe," in Gunther, Montero and Linz (eds.) *Political Parties: Old Concepts and New Challenges*. Oxford: Oxford University Press, 232−256.

Blondel, Jean. 1997. "Political Opposition in the Contemporary World." *Government and Opposition* 32(4), 462−486.

_____. 1968. "Party Systems and Patterns of Government in Western Democracies." *Canadian Journal of Political Science* 12: 180−203.

Boucek, Françoise. 2014. "The factional politics of dominant parties: Evidence from Britain, Italy and Japan." Bogaards and Boucek (eds.) *Dominant Political Parties and Democracy*, Milton Park: Routledge117−139.

_____. 2009. "Rethinking Factionalism: Typologies, Intra−Party Dynamics and Three Faces of Factionalism". *Party Politics* 15:4, 455−485.

Bryce, James. 1921. *Modern Democracies*. vol.1. New York: Macmillan, 119.

Burke, Edmund. 1770. "Thoughts on the Cause of the Present Discontents." 1801. *The Works of the Right Honorable Edmund Burke*. Vol. I. London: F. and C. Rivington.

Campbell, Angus, Philip Converse, Warren Miller, and Donald E. Stokes. 1960. *The American Voter*. Chicago: University of Chicago Press.

Chadwick, A. 2006. *Internet politics: States, citizens, and new communication technologies*. Oxford: Oxford University Press.

Cheibub, J. A., 2002. "Minority governments, deadlock situations, and the survival of presidential democracies." *Comparative political studies*, 35(3), 284−312.

Clarke, Harold and Marianne C. Stewart. 1998. "The Decline of Parties in the Minds of Citizens." *Annual Review of Political Science* 1(1), 357−378.

Curry, J., and F. Lee. 2019. "Non−Party Government: Bipartisan Lawmaking and Party Power in Congress." *Perspectives on Politics,* 17(1), 47−65.

Daalder, Hans. 2002. "Parties: Denied, Dismissed or Redundant? A Critique," in Gunther, Montero and Linz(eds.) *Political Parties: Old Concepts and New Challenges.* Oxford: Oxford university Press, 39−57.

_____. 1992. "A Crisis of Party?" *Scandinavian Political Studies.* 15(4), 269−288.

Dahl, Robert. (ed.). 1966. *Political Oppositions in Western Democracies.* New Haven: Yale University Press.

_____. 1966. "Patterns of Opposition," in Dahl (ed.) *Political Oppositions in Western Democracies,* 332−347.

Dalton, Russell. 2016. "Party Identification and Its Implications." Oxford Research Encyclopedias: Politics; https://doi.org/10.1093/acrefore/9780190228637.013.72.

_____. 2012. "Apartisans and the Changing German Electorate." *Electoral Studies* 31, 35−45.

_____. 2002. "Political Cleavages, Issues and Electoral Change," in LeDuc, Niemi, and Norris (eds.) *Comparing Democracies 2: New Challenges in the Study of Elections and Voting,* pp. 189−209.

_____. 2000. "The Decline of Party Identification." Dalton and Wattenberg (eds.) *Parties without Partisans.* Oxford: Oxford University Press,19−36.

_____. 1984. "Cognitive Mobilization and Partisan Dealignment in Advanced Industrial Democracies." *Journal of Politics* 46(1). 264−284.

_____. 1984. Scott Flanagan and Paul Beck (eds.). *Electoral Change in Advanced Industrial Democracies: Realignment or Dealignment?,* Princeton: Princeton University Press.

Dalton, Russell and Martin Wattenberg. 2000. (eds.). *Parties without Partisans: Political Change in Advanced Industrial Democracies.* Oxford: Oxford University Press.

Dalton, Russell and Steven Weldon. 2005. "Public Images of Political Parties: A Necessary Evil?" *West European Politics,* Vol. 28, No. 5, 931-951.

Donald, Hancock, David ConradtB. Guy Peters, William Safran and Raphael Zariski. 1998. *Politics in Western Europe.* 2nd edition. London: Macmillan

Downs, Anthony. 1957a. *An Economic Theory of Democracy.* New York: Harper.

_____. 1957b. "An Economic Theory of Political Action in a Democracy."

Journal of Political Economy 65(2), 135－150.

Duch, Raymond and Kaare Strøm. 2004. "Liberty, Authority and the New Politics: A Reconsideration." *Journal of Theoretical Politics* 16(3), 233-262.

Duverger, Maurice. 1980. "A New Political System Model: Semi－Presidential Government" *European Journal of Political Research* 8(2), 165－187.

_____. 1954. *Political Parties*. London: Lowe & Brydone.

Epstein, Leon. 1967. *Political Parties in Western Democracies*. New Brunswick: Transaction Publisher.

Faulenbach, Bernd. 2012. *Geschichte der SPD*. 이진모 옮김. 2017. 「독일사회민주당: 150년의 역사」. 한울.

Field, N and M. Siavelis. 2008. "Candidate Selection Procedures in Transitional Polities: A Research Note." *Party Politics*. 14(5), 620－639.

Flanagan, Scott. 1987. "Value Change in Industrial Societies." *American Political Science Review* 81(4), 1303－1319.

Flanagan, Scott and Russell Dalton. 1984. "Parties under stress: Realignment and dealignment in advanced industrial societies." *West European Politics* 7(1), 7－23.

Gallagher, Michael and Michael Marsh (eds). 1988. *Candidate Selection in Comparative Perspective: The Secret Garden of Politics,* London: Sage.

Galston, William. 2018. "The Populist Challenge to Liberal democracy." *Journal of Democracy* 29(2), 5－19.

Gandesha, S. 2018. "Understanding Right and Left Populism." Morelock, J. (ed.) *Critical Theory and Authoritarian Populism*. London: University of Westminster Press. 49－70.

Gunther, Richard and Larry Diamond. 2001. "Types and Functions of Parties," in Diamond and Gunther (eds.) *Political Parties and Democracy*. Baltimore: The Johns Hopkins University, 3－39.

Hamilton, Alexander, James Madison, and John Jay. 2019. *The Federalist: A Collection of Essays, Written in Favour of the New Constitution, As agreen upon by the Federal Convention, September 17, 1787*. 박찬표 옮김. 「페더럴리스트」. 후마니타스.

Harmel, R, U. Heo, A. Tan and K. Janda. 1995. "Performance, Leadership, Factions and Party Change: An Empirical Analysis." *West European Politics* 18(1), 1－33.

Hazan, Reuven and Gideon Rahat. 2010. *Democracy within Parties: Candidate Selection Methods and Their Political Consequences*. 김인균 외. 2019. 「공천과 정당 정치」. 박영사.

Hellmann, Olli. 2014. "Outsourcing candidate selection: The fight against clientelism in East Asian parties." *Party Politics* 20(1), 52 – 62.

Hine, David. 1982. Factionalism in West European Parties: A Framework for Analysis. *West European Politics* 5, 36 – 53.

Hopkin, Jonathan and Caterina Paolucci. 1999. "The business firm model of party organization: Cases from Spain and Italy." *European Journal of Political Research* 35, 307 – 339.

Hume, David. 1877. *Essays: Moral, Political, and Literary.* Indianapolis, IN: Liberty classics.

Ignazi, Piero. 2003. *Extreme Right Parties in Western Europe.* Oxford: Oxford University Press.

_____. 1996. "The Crisis of Parties and the Rise of New Political Parties." *Party Politics* 2(4), 549 – 566.

Inglehart, Ronald. 1977. *Silent Revolution: Changing Values and Political Styles among Western Publics.* Princeton: Princeton University Press.

Inglehart, Ronald and Pippa Norris. 2016. 「Trump, Brexit, and the Rise of Populism: Economic Have – Nots and Cultural Backlash」. Faculty Research Working Paper series. Harvard university Kennedy school (August 2016).

Johnson, Nevil. 1997. "Opposition in the British Political System." *Government and Opposition* 32(4), 487 – 510.

Kang, Won – Taek. 2008. "How Ideology Divides Generations: The 2002 and 2004 South Korean Elections." *Canadian Journal of Political Science,* 41(2), 461 – 480.

Katz, Richard. 2001. "The Problem of Candidate Selection and Models of Party Democracy." *Party Politics,* 7(3), 277-296.

Katz, Richard. 1996. "The United States: Divided Government and Divided Parties," in J. Blondel and M, Cotta (eds) *Party and Government.* London: Palgrave Macmillan.

Katz, Richard and Peter Mair. 1995. "Changing Models of Party Organization and Party Democracy: The Emergence of the Cartel Party.", *Party Politics* 1(1), 5 – 28

Keman, Hans. 2006. "Parties and Government: Features of Government in Representative Democracies." in Katz and Crotty (eds.) *Handbook of Party Politics.* London: Sage, 160 – 174.

Key, V. O. 1964. *Politics, Parties and Pressure Groups.* 5th edn. New York: Crowell.

Kirchheimer, Otto. 1966. "The Transformation of the Western European Party Systems," in J. LaPalombara and M. Weiner (eds). *Political Parties and Political Development*. Princeton: Princeton University Press, 177 – 200.

Kitschel, Herbert. 1994. *The Transformation of European Social Democracy*. Cambridge: Cambridge University Press.

_____. 1988. "Left – libertaian parties: Explaining Innovation in Comparative Systems." *World Politics* 15, 194 – 234.

Knutsen, O. and Scarbrough, E. 1995. "Cleavage politics," in J. van Deth and E. Scarbrough (eds.), *The impact of Values*. Oxford: Oxford University Press, 492-523.

Koole, Ruud. 1996. "Cadre, Catch – all or Cartel. A comment on the notion of cartel party," *Party Politics*, 2(4), 507 – 523.

Kothari, Ranji. 1964. "The Congress party 'System' in India." *Asian Survey* 4, 1161 – 1174.

Kriesi, Hanspeter. 1998. "The transformation of cleavage politics. The 1997 Stein Rokkan lecture." *European Journal of Political Research* 33, 165-185,

Kuan, Hsin and Siu – kai Lau. 2002. Cognitive mobilization and electoral support for the Democratic Party in Hong Kong." *Electoral Studies* 21, 561 – 582.

Laakso M, and R. Taagepera. 1979. "Effective" Number of Parties: A Measure with Application to West Europe." *Comparative Political Studies*. 12(1), 3 – 27.

Langenbacher. Eric and David Conradt. 2017. *The German Polity*. 11th edition. Lanham: Rowman & Littlefield.

LaPalombara, Joseph and Myron Weiner. 1966. "The Origin and Development of Political Parties." LaPalombara and Weiner (eds.) *Political Parties and Political Development*. Princeton: Princeton University Press, 3 – 42.

Lawson, Kay. 1988. "When Linkage Fails," K. Lawson and P. Merkl (eds.). *When Parties Fail: Emerging Alternative Organizations*. Princeton University Press, 13 – 38.

Lawson, K and P. Merkl (eds.) 1988. *When Parties Fail: Emerging Alternative Organizations*. Princeton: Princeton University Press.

LeDuc, Lawrence. 2001. "Democratizing Party Leadership Selection." *Party Politics* 7(3), 323 – 341.

Levitsky, Steven and Daniel Ziblatt. 2018 *How Democracies Die*. 박세연 옮김. 『어떻게 민주주의는 무너지는가』. 어크로스.

Lijphart, Arend. 1992. *Parliamentary versus Presidential Government*. Oxford: Oxford university Press.

_____. 1984. *Democracies: Patterns of Majoritarian and Consensus Government in Twenty-One Countries.* New Haven: Yale University press. 최명 역. 1985. 「민주국가론」. 법문사.

_____. 1977. *Democracy in Plural Societies: A Comparative Exploration.* New Haven: Yale University Press.

Linz, Juan and Arturo Valenzuela. (eds.) 1994. *The Failure of Presidential Democracy: Comparative Perspectives.* Baltimore: The Johns Hopkins university Press. 신명숙·조정관 역. 1995. 「내각제과 대통령제」. 나남.

Lipset, Samuel and Stein Rokkan. 1967. "Cleavage Structures, Party Systems and Voter Alignments: An Introduction," in Lipset and Rokkan (eds) *Party Systems and Voter Alignments.* New York: Macmillan, 1-64.

Lipset, Samuel. 1962. *Political Parties: A Sociological Study of the Oligarchical Tendencies of Modern Democracy.* New York, Crowell-Collier Pub. Co.

Lucardie, Paul. 2000. "Prophets, Purifiers, and Prolocutors: Towards a Theory on the Emergence of New Parties.' *Party Politics* 6(2), 175-185.

Mainwaring, Scott. 1993. "Presidentialism, Multipartism, and Democracy: the difficult combination." *Comparative Political Studies,* 26(2), 198-228.

Mainwaring, Scott and Matthew Shugart. 1997. "Conclusion: Presidentialism and the Party System." in Mainwaring and Shugart (eds.). *Presidentialism and Democracy in Latin America.* Cambridge: Cambridge University Press, 394-439.

Mair, Peter. 2006. "Cleavages." in Katz and Crotty (eds.) *Handbook of Party Poltics.* London: Sage, 371-375.

_____. 2002. "Comparing Party systems,"in LeDuc, Niemi and Norris (eds.) *Comparing Democracies 2: New Challenges in the Study of Elections and Voting.* London: Sage, 88-107.

_____. 1997. *Party System Change: Approaches and Interpretations.* Oxford: Oxford University Press.

_____. 1994. "Party Organization: From Civil Society to the State." Katz and Mair (eds.) *How Parties Organize: Change and Adaptation in Western Democracies.* London: Sage, 1-22.

Michels, Robert. 1962. *Political Parties: A Sociological Study of the Oligarchical Tendencies of Modern Democracy.* New York, Crowell-Collier Pub. Co.

Miller, Patrick and Pamela Conover. 2015. "Red and Blue States of Mind: Partisan

Hostility and Voting in the United States." *Political Research Quarterly* 68, 225−239.

Mudde, Cas. 2004. 'The Populist Zeitgeist', *Government and Opposition,* 39(4), 541−563.

Mudde, Cas and Cristóbal Kaltwasser. 2017. *Populism: A Very Short Introduction.* Oxford: Oxford university Press.

Müller−Rommel, Ferdinand. 1985. "The Greens in Western Europe: Similar but Different." *International Political Science Review* 6(4), 483−499.

Norris, Pippa. 2006. "Recruitment." Katz and Crotty (eds.) *Handbook of Party Politics.* London: Sage, 89−108.

_____. 2005. *Radical Right: Voters and Parties in the Electoral Market.* Cambridge: Cambridge University Press.

_____. 2004. *Electoral Engineering.* Cambridge: Cambridge University Press.

Orlow, Dietrich. 2012. *History of Modern Germany, 1871 to Present.* 7th edition. 문수현 옮김. 2019. 『독일현대사: 1871년 독일제국 수립부터 현재까지』. 미지북스.

Ostrogorsk, M.1902. *Democracy and the Organization of Political Parties.* New York: Macmillan.

Panebianco, Angelo. 1988. *Political Parties: Organization and Power.* Cambridge: Cambridge University Press.

Parry, Geraint. 1997. "Opposition Questions." *Government and Opposition* 32(4), 457−461.

Polsby, Nelson. 1975. "Legislatures", in Greenstein and Polsby eds. *Handbook of Political Science.* Reading, MA: Addison−Wesley, 257−319.

Rabinowitz, George and Stuart Macdonald. 1989. "A Directional Theory of Voting." *American Political Science Review* 83(1), 93−121.

Rae, Douglas. 1968. "A Note on the Fractionalization of Some European Party Systems." *Comparative Political Studies.* 1(3), 413−418.

Rae, Nicol. 2006. "Exceptionalism in the United States."in Katz and Crotty (eds.) *Handbook of Party Politics.* London: Sage, 196−203.

Rahat, Reuven and Gideon Hazan. 2001. "Candidate Selection Methods: An Analytical Framework." *Party Politics* 7(3), 297−322.

Rokkan, Stein, 1968. "The Structuring of Mass Politics in the Smaller European Democracies: A Developmental Typology." *Comparative Studies in Society and History* 10: 173−210.

Rooduijn, Matthijs. 2018. "Why is populism suddenly all the rage?". *The Guardian* (20 N ovember); https://www.theguardian.com/world/political−science/2018/nov/20/why−i s−populism−suddenly−so−sexy−the−reasons−are−many

Rose, Richard. 1964. "Parties, Factions and Tendencies." *Political Studies* 12(1), 33−46.

Rose, Richard and Ian McAllister. 1986. *Voters Begin to Choose: From Closed−Class to Open Elections in Britain.* London: Sage.

Rossiter, Clinton. 1960. *Parties and Politics in America.* New York: Cornell University Press.

Rydgren, Jens. 2002. "Radical Right Populism in Sweden: Still a Failure, But for How Long?" *Scandinavian Political Studies* 25(1), 27−56.

Sartori, Giovanni. 1990. "The Sociology of Parties: A Critical Review," in Peter Mair (ed.) *The West European Party System*, Oxford: Oxford University Press, 150−182.

Sartori, Giovanni. 1976. *Parties and Party systems: A Framework for Analysis.* Cambridge: Cambridge University Press.

_____. 1968. "Representational Systems." *International Encyclopeida of the Scocial Sciences*, vol. 13, New York: Macmillam, 470−475.

_____. 1962. *Democratic Theory.* Detroit: Wayne State University Press.

_____. 2006. "The Nineteenth−Century Origins of Modern Political Parties: The Unwanted Emergence of Party−based Politics," in Katz and Crotty (eds.) *Handbook of Party Politics.* London: Sage, 16−24.

_____. (ed.). 2002. *Perspectives on Political Parties: Classic Readings.* New York: Palgrave macmillan.

_____. 2002. "Parties without members?: party organization in a changing electoral environment." Dalton and Wattenberg (des.) *Parties without Partissans.* Oxford: Oxford university Press, 79−101.

Scarrow, Susan, Paul Webb, and David Farrell. 2000. "From Social Integration to Electoral Contestation: The Changing Distribution of Power within Political Parties," in Dalton and Wattenburg (eds.) *Parties without Partisans: Political Change in Advanced Industrial Democracies.* Oxford: Oxford University Press, 129−153.

Schattschneider, E. E. 1960. *The Semi−Sovereign People: A Realist's View of Democracy in America.* New York: Holt, Rinehart and Winston.

_____. 1942. *Party Government.* New York, Farrar & Rinehart, Inc.

Shamir, Michal. 1984. "Are Western Party Systems 'Frozen'? A Comparative Dynamic

Analysis." *Comparative Political Studies* 17, 35−79.

Shedler, Andreas. 1996. "Anti−political−establishment Parties." *Party Politics* 2(3), 291−312.

Schmitter, Philippe . 2001. "Parties are not what they once were." in Diamond and Gunther (eds.) *Political Parties and Democracy.* Baltimore: The Johns Hopkins University, 67−90.

Siaroff, Alan. 2003. "Two−And−A−Half Systems and the Comparative Role of the 'Half'". *Party Politics* 9(1), 267−290.

Sidney, Hugh. 1984. "A Conversation with Reagan." *Time* (September 3).

Smith, Gordon. 1989. "A System Perspective on Party System Change." *Journal of Theoretical Politics 1(3), 349−363.*

Stepan, Alfred and Cindy Skach. 1993. "Constitutional Frameworks and Democratic Consolidation: Parliamentarianism versus Presidentialism." *World Politics* 46(1), 1−22.

Strøm, Kaare. 1990. *Government and Majority Rule.* Cambridge: Cambridge University Press,

Sunstein, Cass. 2011. *Going to Extremes: How Like Minds Unite and Divide.* Oxford: Oxford University Press.

Taggart, Paul. 2000. Populism. 백영민 옮김. 2017. 『포퓰리즘: 기원과 사례, 그리고 대의민주주의와의 관계』. 한울.

Ties, Michael. 2000. "On the Primacy of Party in Government: Why Legislative Parties Can Survive party Decline in the Electorate." in Dalton and Wattenberg (eds.) *Parties without Partisans: Political Change in Advanced Industrial Democracies.* Oxford: Oxford University Press, 238−257.

Thompson, Gavin, Oliver Hawkins, Aliyah Dar, and Mark Taylor. 2012. 「Olympic Brita in: Social and economic change since the 1908 and 1948 London Games」. House of Commons Library. https://www.parliament.uk/contentassets/3c816b8b41994f35bfb9b7e 912d8699e/olympicbritain.pdf#page=147.

Volkens, Andrea and Hans−Dieter Kligemann. 2002. "Parties, Ideologies, and Issues: Stability and Change in Fifteen European Party Systems 1945−1998," in Luther and Muller−Rommel (eds.) *Political Parties in the New Europe: Political and Analytical Challenges. Oxford: Oxford University Press,143−167.*

von Beyme, Klaus. 1985. P*olitical Parties in Western Democracies.* translated by Eileen Martin. Aldershot: Gower.

Ware, Alan. 1996. *Political Parties and Party Systems.* Oxford: Oxford University Press.

Ware, Alan. 1987. *Citizens, Parties and the State.* Oxford: Polity Press.

Webb, Sydney. 1923. "The Labour Party on the Threshold: The Chairman's Address to the Annual Conference of the Labour Party 26th June 1923." Fabian Tract No.207. http://webbs.library.lse.ac.uk/133/1/FabianTracts207.pdf

White, John K. 2006. "What is a Political Party?" in Katz and Crotty (eds.) *Handbook of Party Politics.* London: Sage, 5−15.

Whitely, Paul. 2010. "Is the party over? The decline of party activism and membership across the democratic world." *Party Politics* 17(1), 21−44.

Wiley, Joseph. 1998. "Institutional Arrangements and the Success of New Partues in Old Democracies." *Political Studies* 46, 651−668.

Wolinetz, Steven. 2006. "Party Systems and Party System Types" in Katz and Crotly (eds.) *Handbook of Party Politics.* London: ssage, 51−62.

_____. 2002. "Beyond the catch−all party: approaches to the study of parties and party organization in contemporary democracies." Gunther, Montero, and Linz (eds.). *Political parties: Old concepts and new challenges,* Oxford: Oxford University Press, 136−165.

Woodrow Wilson. 1885. *Congressional Government: A Study in American Politics.* Boston: Houghton Mifflin.

Yanai, Nathan. 1999. "Why Do Political Parties Survive?: An Analytical Discussion." *Party Politics* 5(1), 5−17.

Zariski, Raphael. 1978. "Party Factions and Competing Politics: Some Empirical Findings." Belloni, F. and D. Beller (eds.). *Faction Politics: Political Parties and Factionalism in Comparative Perspective.* Santa Barbara: ABC−Clio, Inc. 19−38.

강원택

서울대학교 정치외교학부 교수.

서울대 지리학과를 졸업하고 서울대 대학원 정치학과에서 석사학위를 받은 후, 영국 런던정
경대학(LSE)에서 정치학 박사 학위를 받았다. 대학에서 정당, 한국정치, 선거를 연구하고 가르
치고 있으며, 한국정치학회장(2016)과 한국정당학회장(2010)을 역임했다. 지은 책으로는 한국
정치론(박영사 2018), 한국정치의 결정적 순간들(21세기북스 2019), 한국의 선거 정치 2010-
2020: 천안함 사건에서 코로나 사태까지(푸른길 2020), 보수는 어떻게 살아남았나: 영국 보수당
300년, 몰락과 재기의 역사(21세기북스 2020) 등 다수가 있다.

정당론

초판발행	2022년 2월 20일
초판2쇄발행	2022년 10월 20일
초판3쇄발행	2024년 1월 31일
지은이	강원택
펴낸이	안종만·안상준
편 집	양수정
기획/마케팅	이영조
표지디자인	이현지
제 작	고철민·조영환
펴낸곳	(주) 박영사
	서울특별시 금천구 가산디지털2로 53, 210호(가산동, 한라시그마밸리)
	등록 1959. 3. 11. 제300-1959-1호(倫)
전 화	02)733-6771
f a x	02)736-4818
e-mail	pys@pybook.co.kr
homepage	www.pybook.co.kr
ISBN	979-11-303-1469-3 93340

copyright©강원택, 2022, Printed in Korea

* 파본은 구입하신 곳에서 교환해 드립니다. 본서의 무단복제행위를 금합니다.
* 저자와 협의하여 인지첩부를 생략합니다.

정 가   19,000원